陈秋杰 著

The Construction of the

Siberian Railway

and the Study of Russia's
Foreign Policy

西伯利亚大铁路修建
与俄国对外政策研究

社会科学文献出版社
SOCIAL SCIENCES ACADEMIC PRESS (CHINA)

前　言

　　西伯利亚大铁路是一项举世闻名的宏伟建筑工程。它西起莫斯科，东到符拉迪沃斯托克（海参崴），绵延9288公里，是迄今为止世界上最长的铁路。这条铁路从修建之初就引起各国的广泛关注。特别是取道中国境内的中东铁路的修建，更是引起远东国际关系的风云变幻。

　　19世纪末20世纪初，包括俄国在内的世界主要资本主义国家先后完成了由自由资本主义向垄断资本主义阶段的过渡。瓜分殖民地、分割世界领土是这一时期的主要特征。俄国为谋求在远东和太平洋地区的霸主地位，将侵略矛头直接指向了亚洲的邻国——贫弱的中国和朝鲜。

　　俄国战略重心从西方转向东方后，制定了相应的远东政策，这项政策的演变过程如下。为保护俄国远东利益和在建的西伯利亚大铁路，须借取道中国境内的中东铁路之机将西伯利亚大铁路与太平洋连接起来。这时俄政府通过实行和平经济渗入的政策取得铁路修建权，同时对中国东北地区进行经济侵略。随着中东铁路的修建，俄国在中国东北的独霸地位日益巩固，于是俄国一改此前的温和态度，变得愈发强硬。为保护中东铁路不被外国染指，俄国政府动用政治、外交、金融、军事力量捍卫俄国在中国东北的利益，实行了武力征服政策。日俄战争后，俄国在远东的独霸地位被日本撼动，无奈之下，只能把"丁"字形的中东铁路拆分成两部分，将南满铁路让给日本，只剩下了满洲里到绥芬河的干线铁路，从而形成了俄日对中国东北地区南北分治的局面。在俄国远东政策的演变中，西伯利亚大铁路不仅是制定这一政策的重要依托，还成为实现这一政策的最重要手段。沙俄的真实目的是实现政治野心，控制中国东北地区，把其变为囊中之物，借助铁路将俄国的影响渗入其他国家。然而，远东国际舞台上演的不是独角戏，海上霸主英国、提出"门户开放"政策的美国和明治维新后崛起的日本以及德、法等国都在密切关注着远东。由于无法解决的国内外矛盾交织在一起，俄国最后不得不为实现不切实际的计划与一个又一个的政治对手抗衡。

19世纪下半叶，日本在崛起后，对外扩张野心膨胀，邻近的中国、朝鲜成为其扩张的首选目标。日本确定的在东北亚扩张势力的目标范围与俄国的远东扩张行为锁定的区域基本一致，因此两国围绕西伯利亚大铁路，特别是直接关系两国利益的中东铁路展开了激烈争夺。作为同属于远东的两个国家，日俄之间的对抗和亲近成为远东国际关系的核心。俄国在远东进行的扩张令日本深感不安，日本更担心俄国进一步染指中国会直接威胁到日本的利益。日本非常清楚，西伯利亚大铁路建成后将改变太平洋地区的整体战略布局，因此在日俄争夺中国东北的竞争中，夺取中国在太平洋的出海口是取得优势地位的关键，中东铁路的归属权成为双方角逐的焦点。

日本是亚洲第一个走上工业化道路的国家，逐渐跻身于世界强国之列。其对外政策目标是：对西方，争取同列强立于平等地位；对东方，谋求远东霸主地位。19世纪末的远东舞台上，能够与日本抗衡的只有俄国，俄国成为日本扩张的最主要对手。日本和俄国间的政治关系一直处于一种复杂且微妙的状态：中东铁路是将俄日两国联系在一起的至关重要的纽带，日本为了夺取中国东北铁路路权，可以和俄国兵戎相见，甚至不惜发动战争；而当南满铁路归于日本掌控后，日俄在对外政策上利益趋同，为保护和巩固既得利益，两国一致对外，数次签订维护共同利益的密约。二者的关系可谓合作中有对抗，对抗中亦有合作。

甲午中日战争后，世界格局发生显著变化。日本的崛起及其向列强行列的迈进，改变了原来东西方关系的简单结构，列强在亚洲太平洋地区的均势状态被打破，开始了新一轮的以实行资金扶持、划分势力范围和输出资本等方式展开的殖民扩张，列强通过贸易、修建铁路、开设银行等方式向中国东北等地输出资本。列强围绕在中国境内修筑铁路的权益问题展开激烈角逐，由此引发了美、俄、日、英、法多国关注的"路权争夺战"。

除日、俄两个远东国家外，美国是对远东局势最为关注的列强之一。美国势力逐渐渗入亚洲太平洋地区始于19世纪中叶。美国一直自诩为自由的民主国家，但也不想失去扩大利益的机会，因此常常追随在英法之后分享其胜利果实。19世纪末，随着美国在亚太地区的羽翼日渐丰满，野心不断膨胀，其在亚太事务中开始扮演重要角色，制定出希望与老牌列强利益均沾的"门户开放"政策。

西伯利亚大铁路在美国全球化构想中的地位举足轻重。美国觊觎西伯利亚市场，却要面对日本、英国、德国及俄国的竞争。美国非常清楚，若想控制西伯利亚贸易，关键在于西伯利亚大铁路，谁掌控了这条铁路，谁就掌控了西伯利亚乃至与俄国贸易的未来。美国计划构建全球化的战略，并提出了多个具有世界意义的铁路设计方案，其中最重要的便是哈里曼提出的"环球铁路运输计划"。这一计划设想建立连接太平洋、日本、中国东北、西伯利亚、欧洲和大西洋的环行一周的世界运输体系，由美国进行操纵和控制。占领中国东北是实现这一庞大计划的第一步，也是至关重要的一步。美国最先瞄准的是中国东北的铁路利权。西伯利亚大铁路在中国境内的铁路线就敷设在东北地区，除此之外，这里还有深入中国腹地的多条支线铁路。美国幻想着以中东铁路为突破点，将铁路沿线地区作为夺取政治优势和势力范围的主要阵地，提出了收购南满铁路和中东铁路的计划。然而，费尽周折才得以盘踞东北的俄国和日本不可能将铁路拱手相让，美国和日俄之间围绕中东铁路问题展开一系列角逐。此后，新法铁路和锦瑷铁路方案相继夭折，美国在提出满洲铁路国际化的计划后，不但没能成功夺取南满铁路和中东铁路，反而使日本和俄国为抵制美国而加强了合作。这表明，美国在远东政治上被孤立，无力对抗欧洲列强和日本结成的统一战线，经济上也不具备与日俄及背后支持它们的其他列强抗衡的实力。这是美国"金元外交"的失败，也预示"门户开放"政策终将破产。尚处于成长期的美国试图通过投机的方式实现争夺西伯利亚大铁路、建设一条环球铁路的庞大计划，但这注定只能是一个无法实现的幻想。

作为老牌帝国主义国家的英国，拥有海上霸主地位、无人能敌的经济实力，自然会对西伯利亚大铁路给予相当多的关注。西伯利亚大铁路所具有的政治和军事战略意义，影响了欧洲列强之间的微妙关系。英国传统的对外政策表现为殖民扩张、夺取海外市场、保持政治优势，也就是要在领土完整的原则下确保英国与殖民地之间的经济、交通运输联系。英国不仅是拥有众多殖民地的大帝国，而且领先世界的工业又使其将贸易的触角伸到世界各个角落。为降低西伯利亚大铁路可能带来的影响，英国这架复杂的对外政策"机器"已经开到了最大马力。在多变的国际环境中，英国的重要任务是捍卫其世界领头羊地位，保持其世界战略交通要道的畅通，削弱西伯利亚大铁路的国际影响力。

俄国向东方的扩张渐渐地触碰到英国在亚洲太平洋地区的殖民利益。俄国政府计划修建西伯利亚大铁路的消息引起了英国的恐慌，俄国铁路网辐射到中国明显具有针对英国的战略意义。中国东北成为英俄展开较量的中心地区，这里发生的诸多事件促使英国改变对外政策的传统。地缘政治的现实决定了英国不可能继续奉行"光荣孤立"政策，寻找"志同道合"的政治盟友是其必然选择。在这一背景下，英国为了保护英属殖民地，寻找各种机会结交政治盟友：用开发中国的诱人前景迷惑美国，把美国变为盟友；拉拢美国和德国援助日本，增加日本在与俄国争夺中国东北地区中获胜的可能性；三次与日本结盟，巩固了英国在远东的地位，抵御了俄国、美国和德国的进攻。

西伯利亚大铁路的修建成为引发太平洋地区一系列国际冲突的主要原因之一，在俄国经历了外交和军事上的溃败后，这些国际冲突也随之结束。在俄国经济和技术相对落后的情况下，西伯利亚大铁路的修建具有冒险性和一定的殖民色彩。俄国出于军事战略目的，较多地限制了铁路的商业发展，不可能实现更实际和更富有成果的俄国西伯利亚与远东地区的经济开发，也不可能实现占领国际市场的计划。

本书以西伯利亚大铁路的修建为切入点，深入剖析19世纪末20世纪初的俄国对外政策，从而为远东国际关系史研究开辟新视角。这一时期发生在远东国际舞台上的重大事件，以及俄政府制定的对外政策都或多或少与西伯利亚大铁路的修建有关。因此，理清由西伯利亚大铁路修建产生的俄国与其他国家关系发展变化脉络是研究两次世界大战乃至当今国际关系的基础。

俄国著名科学家罗蒙诺索夫在 18 世纪就做出了"俄罗斯的强盛有赖于西伯利亚"的论断，而今日俄罗斯的重新崛起仍然需要依靠西伯利亚。西伯利亚大铁路不仅是将俄东部地区与俄国欧洲地区连接起来的桥梁，也是将远东各国与欧洲、中东、中亚等地区联系起来的交通要道，还是韩日向欧洲尤其是中东欧运输货物的最近线路，在国际交通运输合作中发挥的作用日益凸显。西伯利亚大铁路至今仍有助于欧亚大陆的远东开发，扩大俄罗斯在远东国际关系中的影响力。

目　录

第一章

西伯利亚铁路修建方案出台

19世纪上半叶，世界交通运输业出现革命性的变革，产生了蒸汽火车、轮船等。19世纪中叶，蒸汽机被普遍使用，铁路建设大规模展开，世界迎来了"铁路时代"。这一时期，俄国工业资本主义处于起步阶段，不可避免地受到世界交通运输革命的影响。西伯利亚和远东地区地处欧亚大陆东北部，战略地位日益凸显。随着欧俄地区（俄国欧洲地区，以下简称欧俄地区）资本主义生产力的不断提高，地主和资本家纷纷要求扩大销售市场，改善与市场紧密联系的交通运输条件。他们将目光投向东部地区，提出修建一条通往西伯利亚和远东地区的铁路干线的设想。

第一节　修建西伯利亚大铁路的历史背景

19世纪初，俄国拥有1800万平方公里土地和7400万人口。在世界各国轰轰烈烈的铁路建设热潮中，俄国一些进步人士意识到铁路的积极作用，指出"没有铁路就没有文明"，特别是对蛮荒的东部边区来说，可以开发那里的矿藏、宣传西方民主革命思想，还可以促进东正教的传播。同时，俄国社会也存在一些反对声音，认为"在俄国东部敷设铁路将使俄国设在乌拉尔和西伯利亚的苦役流放制度遭到破坏，因为铁路建成后政治犯容易逃往中国、日本，之后再跑去欧洲，最后回到俄国继续从事革命活动"。[①]

① Лоскутов С. А. Великая магистраль на Восток: начало Транссиба//Вестн. Челяб. ун-та. Сер. 10. Востоковедение. Евразийство. Геополитика. 2003. № 1（2）. С. 158 – 159.

一　国际环境

19 世纪以来，发达的资本主义经济生产了大量工业品，由此掀起了世界性的铁路建设热潮。这一时期，欧美国家面临剩余资金大量闲置、销售生产出来的工业品和寻找原材料等问题。英、法、美等国趁俄国财政出现危机、俄国远东地区边境管理松懈之时，不断扩大在西伯利亚和远东地区的影响。

（一）世界性的"铁路热"

1784 年，英国人詹姆斯·瓦特发明了蒸汽机。这种蒸汽机最初用于汽车，后来才制成轨道上运行的蒸汽机车。1814 年，英国人乔治·史蒂文森制造出一台矿山用蒸汽机车。1823 年，他创办了蒸汽机车制造厂。1825 年，世界上第一条采用蒸汽机车牵引的铁路，即利物浦—曼彻斯特铁路投入使用。这条铁路上行驶的"火箭号"蒸汽机车的时速为 56 公里。1830 年，美国修建了从查理斯顿到奥格斯塔的铁路，长度为 64 公里。

铁路的诞生和发展贯穿于第一次技术革命——蒸汽时代和第二次技术革命——电气时代的整个过程中。技术创新和发明创造是促进世界经济发展的根本动力之一。按照铁路技术的发展历程，大致可以分为开创期、发展期、成熟期和新发展期。19 世纪末以前，世界铁路经历了开创期和发展期。

一般认为，19 世纪 20—40 年代为铁路建设的开创期。这个时期正值第一次工业革命后期，发达资本主义国家的钢铁工业、机器制造业已经发展到一定水平，但如何将原材料和生产出来的产品进行运输却成为工业发展面临的首要问题。于是，铁路建设迅速在世界范围内展开。继英国建成第一条铁路后，美国、德国、爱尔兰等国相继开始修建铁路。到 1850 年，世界上已经有 19 个国家建成铁路并开始运营，处于前十的依次是英国（1825 年开始运营）、美国（1830 年开始运营）、爱尔兰（1834 年开始运营）、德国（1835 年开始运营）、比利时（1835 年开始运营）、加拿大（1836 年开始运营）、古巴（1837 年开始运营）、俄国（1837 年开始运营）、奥地利（1838 年开始运营）和荷兰（1839 年开始运营）。

19 世纪下半叶被认为是铁路建设的发展期，在这一时期内有 60 多个国家和地区建成铁路并开始运营。19 世纪中叶，世界资本主义工业蓬勃发展，新技术在不同领域的广泛推广大大促进了铁路运输领域的技术变革。19 世纪下半叶，先进资本主义国家的铁路网已初具规模。美国成为这一时期世界铁路建设领域的领跑者：1861—1865 年南北战争后，美国的铁路建设进入前所未有的快速发展时期；1869 年 5 月，第一条横跨北美大陆的太平洋铁路建成通车，从而奠定了美国世界铁路强国的地位；此后的 30 年间，美国陆续建成了 4 条横跨大陆的铁路干线。1880—1890 年，美国共建设铁路 11.8 万公里，年均建设铁路 1.2 万公里。[①]

铁路建设为新发明和新技术的诞生创造了条件，同时新技术也促进了铁路建设的进一步发展。19 世纪下半叶，铁路建设技术和铁路机车制造技术不断取得新发展，如在铁路隧道开凿技术方面，1872—1881 年建成的圣哥达隧道首次采用了上导坑先拱后墙法施工；在铁路机车制造方面，蒸汽机车性能日趋完善，电力机车和内燃机车先后于 1879 年和 1892 年研制成功。在 1850—1900 年的 50 年内，全世界共修建了 75 万公里铁路，年均修建铁路 1.5 万公里。在世界各大洲中，发达的欧洲和美洲在铁路建设方面的优势地位十分明显，遥遥领先于其他各洲。1840—1890 年世界各洲铁路建设情况详见表 1-1。

表 1-1　1840—1890 年世界各洲铁路建设情况

单位：万公里

地区	1840 年铁路长度	各时期铁路建设里程				
		1840—1850 年	1850—1860 年	1860—1870 年	1870—1880 年	1880—1890 年
欧洲	0.34	2.06	2.86	5.31	6.32	5.41
美洲	0.56	1.03	3.89	3.92	8.15	15.68
亚洲	-	-	0.13	0.67	0.89	1.81
非洲	-	-	0.06	0.13	0.29	0.47

---

① 李宝仁：《从近代俄国铁路史看铁路建设在国家工业化进程中的地位和作用》，《铁道经济研究》2008 年第 2 期，第 25 页。

续表

地区	1840 年铁路长度	各时期铁路建设里程				
		1840—1850 年	1850—1860 年	1860—1870 年	1870—1880 年	1880—1890 年
大洋洲	–	–	0.04	0.14	0.61	1.10
总计	0.90	3.09	6.98	10.17	16.27 *	24.47

* 原文数据如此。

资料来源：李宝仁《从近代俄国铁路史看铁路建设在国家工业化进程中的地位和作用》，《铁道经济研究》2008 年第 2 期，第 26 页。

19 世纪中叶，俄国和美国几乎同时确立了资本主义制度，资本主义市场关系也随之产生和快速发展。美国的经济发展速度远远超过了俄国，已经开始修建连接大西洋和太平洋铁路的宏伟工程。这一时期，欧洲大陆的老牌列强——英国和法国也都在狂热地修建铁路，以巩固其在亚洲的殖民地，应对发展壮大的民族解放运动。19 世纪 60 年代初，俄国建成的铁路只有1600公里，美国的铁路总里程则高达 4.9 万公里，英国为 1.7 万公里，德国为 1.2 万公里，法国为 9160 公里。俄国在铁路建设方面显著落后于欧美国家，具体情况见表 1 - 2。

表 1 - 2　1840—1890 年世界各国铁路建设情况

单位：万公里

国家	1840 年铁路长度	各时期铁路建设里程				
		1840—1850 年	1850—1860 年	1860—1870 年	1870—1880 年	1880—1890 年
美国	0.4534	1.0	3.48	3.58	6.56	11.77
德国	0.0549	0.55	0.56	0.80	1.42	0.91
法国	0.0497	0.26	0.64	0.84	0.83	1.07
英国	0.1348	0.94	0.61	0.82	0.39	0.34
俄国	0.0026	0.05	0.11	0.95	1.23	0.87

资料来源：李宝仁《从近代俄国铁路史看铁路建设在国家工业化进程中的地位和作用》，《铁道经济研究》2008 年第 2 期，第 26 页。

从表 1 - 2 可见，俄国铁路建设起步要晚于其他资本主义国家。1840 年，当美国已经拥有 4000 多公里铁路时，俄国的铁路长度仅有 26 公里。

1861 年农奴制改革前，俄国铁路建设里程大大少于英、法、德等老牌资本主义国家，与新兴工业国家美国的差距更大。可以说，农奴制和封建专制制度严重制约了俄国资本主义工业和交通运输业的发展。这一时期，俄国虽然已经出现了资本主义萌芽，社会生产力取得一定发展，包括工业中大机器生产有所增加、工业革命缓慢进行等，但封建专制制度大大制约了生产力的发展。农奴制改革后，资本主义生产力得到发展，俄国铁路建设速度明显提高，已经赶超了英、法、德三国，但仍然显著落后于美国。很显然，对于一个地域庞大的沙俄帝国来说，交通不便严重制约了经济发展，影响了工业尤其是重工业部门的发展速度，从而导致俄国工业化进程相对落后。

（二）俄国东部地区战略地位日益提升

西伯利亚和远东地区地处欧亚大陆东北部，西起乌拉尔山脉，北濒北冰洋，东抵太平洋，东北角隔白令海峡与美国阿拉斯加相望，南邻中国、蒙古国，西南与中亚接壤，面积为 1276.59 万平方公里，占整个亚洲陆地面积的 1/3 以上。西伯利亚和远东地区拥有丰富的自然资源，自古就是多国激烈角逐之地。自 19 世纪六七十年代起，资本主义国家掀起了瓜分世界的狂潮。美、英、法、德等国的势力范围不断扩大，开始将目光投向西伯利亚和远东地区。

早在 19 世纪中叶中俄东段边界发生巨变之前，英美等国就已经敏感地觉察到这里所具有的特殊的经济和战略意义。1848 年，美国最高法院顾问巴里麦尔曾建议美国政府要获取在黑龙江及其支流自由航行的权利，这样可以帮助美国企业主进入中国的黑龙江、松花江流域及东北各口岸开展商业贸易活动。① 1852 年，美国人罗杰斯（Rogers）为实现这一计划，专门组织了一支军事考察队来到西伯利亚东北部地区。与此同时，柯林斯（Collins）也以美国商务代表的名义自黑龙江泛舟而下，在庙街②设立了办事处。此人奉命研究美国与西伯利亚东北部地区的贸易联系，还在 1857 年

---

① 张宗海：《远东地区世纪之交的中俄关系》，哈尔滨：黑龙江人民出版社，2000，第 29 页。
② 今阿穆尔河畔尼古拉耶夫斯克，1926 年以前称尼古拉耶夫斯克。

提出了修建通往西伯利亚的铁路并将之与黑龙江航运相连接的大胆构想。克里米亚战争后，美国资本家继续支持在西伯利亚东北岸的走私活动，开始制定和实施向东西伯利亚及远东地区进行经济渗透的计划，并决定把柯林斯提出的修建西伯利亚铁路方案作为扩张的有力武器。

这一时期，英国人也同美国一样垂涎西伯利亚和黑龙江地区。1848年，英国人希尔以学术考察为名穿越西伯利亚来到恰克图、雅库茨克以及鄂霍次克海岸，并在伊尔库茨克逗留。之后，英国人奥斯汀又以地质考察为借口来此并计划乘木舟沿黑龙江航行。① 英国企图把萨哈林和黑龙江河口纳入其势力范围，与俄国争夺黑龙江和美洲殖民地。东西伯利亚总督穆拉维约夫（Н. Н. Муравьёв-Амурский）对此心知肚明，曾几次奏明沙皇，指出英国设法孤立俄国的目的是占领堪察加，控制中国的东部海岸，最终把俄国从太平洋海岸排挤出去。19 世纪 60 年代，英国组织了一支前往西伯利亚东北海岸的海上考察队，企图深入鞑靼湾，进而占领这片海域。英国试图将阿穆尔河②河口作为一把钥匙，用来打开通往东西伯利亚和贝加尔湖的大门。穆拉维约夫再次识破了这一图谋，断然阻止英国人进入阿穆尔沿岸地区。

19 世纪下半叶，美国工农业迅猛发展，铁路建设取得傲人成绩，美国成为世界铁路建设强国。1894 年，美国工业生产跃居世界首位。随着经济实力的提升，美国加快对外扩张的步伐，日益扮演起"全球性大国"的角色。基于地处两大洋之间的地缘政治现实及孤立主义外交政策，再加上欧洲列强间的钩心斗角和动乱纷争，美国不愿过多地介入欧洲事务。因此，尽管欧洲仍不失为美国外交关注的重点地区，但美国外交中心的天平已经逐渐向亚洲太平洋地区倾斜，而俄国东部作为这一地区的核心自然受到美国更多的关注。美国向亚洲太平洋地区的渗透，就是为了能够在该地区的国际竞争中发挥越来越重要的作用。作为老牌帝国主义强国的英法两国，面对美国咄咄逼人的攻势，自然不甘示弱，也希望在亚洲太平洋地区的利益纷争中占据一席之地。德国是新兴的工业国家，经济处于上升趋势，为

① 张宗海：《远东地区世纪之交的中俄关系》，哈尔滨：黑龙江人民出版社，2000，第 30 页。
② 即黑龙江。

满足扩大资本主义市场的需要，其力争在多国利益较量中分得一杯羹。西伯利亚和远东地区成为这一时期列强展开角逐的舞台。

面对俄国国际地位下降、列强涉足西伯利亚和远东地区事务、中国不断加强边境防务的局面，俄国政界人士强调，只有俄国在亚洲进行扩张才能确保国家在东方的利益，强烈主张俄国在东方实行经济扩张政策。这就要求俄国必须在东部边疆区牢牢站稳脚跟，迅速建立起一条把欧俄地区与俄国东部地区连接起来的铁路，从而加强对远东的控制。

二 俄国国内环境

俄国横跨欧亚两大洲，幅员辽阔，交通运输条件直接决定了资本主义工业和商业贸易的发展水平。农奴制改革后，资本主义经济取得快速发展，为大规模建设铁路创造了物质条件。俄国政府逐渐意识到修建铁路的重要性，大力鼓励和扶持铁路建设，在19世纪下半叶掀起了两次铁路建设高潮。

（一）铁路网渐成规模

1825年，世界上第一条铁路在英国诞生。此后，各国争相修建铁路，掀起了世界范围内的铁路建设热潮。铁路作为一种新兴的运输方式，与此前的陆地交通运输工具马车相比，具有集中、便捷、安全、运输货物多、全天候运营等优势，促进了资本主义经济的快速发展。

随着工业革命对俄国经济各领域产生的影响不断深入，俄国政府意识到，必须将铁路建设问题提上日程。由于国土广大，各地交通联系不紧密，加之俄国内官僚主义滋生，沙皇下达的指令难以在遥远的东部边疆区落实。19世纪初，俄国各地最快的通信联系也需要几周甚至是数月的时间，从首都彼得堡到远东地区堪察加的通信甚至需要半年以上。

1837年，俄国建成了第一条铁路，即长25俄里（1俄里约合1.0668公里）的彼得堡—皇村铁路，它的建成对俄国铁路事业的发展起到了推动作用。1837—1838年，沙皇命梅利尼科夫（П. П. Мельников）中校率队前往铁路发源地——西欧国家进行考察。梅利尼科夫不仅是交通工程学院的教授，还是经验丰富的工程师。一年后，梅利尼科夫又来到与俄国气候和地理条件相似的美国考察，学习美国人修建铁路的经验。此后，俄国第一批铁路陆续开始修建。19 世纪 30 年代至 60 年代初，俄国相继建成彼得堡—莫斯科铁路（1842—1851 年修建）、彼得堡—华沙铁路（1852—1862 年修建）、里加—季纳堡①铁路（1858—1861 年修建）和莫斯科—下诺夫哥罗德铁路（1858—1862 年修建）等。到 1855 年，俄国建成铁路 980 俄里，仅相当于法国铁路总长度的 1/5，德国铁路的 1/6。② 农奴制改革前，俄国共建成铁路 1600 公里。

1853 年，为争夺巴尔干半岛的控制权，沙皇尼古拉一世（1825—1855 年在位）发动了侵略土耳其的克里米亚战争。战争初期，俄国黑海舰队全歼土耳其海军，军事优势明显。当时，英法等工业强国担心俄国继续疯狂扩张，于是与土耳其结成同盟，共同向俄国宣战。俄国的盟国奥地利、西班牙和瑞典害怕引火烧身，纷纷转向英法一边，给俄国施加压力。在战争中，英法联军具有明显优势。为加快军队和军用物资的运输，两国修建了一条从克里米亚半岛的巴拉克拉瓦到塞瓦斯托波尔的铁路。这条铁路成为联军攻占塞瓦斯托波尔并取得战争最后胜利的有力武器。当时，俄国国内仅有三条铁路线，并且都不通往黑海沿岸，从彼得堡派出的士兵要徒步 2700 公里才能到达战争前线，军事物资的运输全靠当地征调农民的马车，从位于克里米亚半岛北端的彼列科普运送粮草弹药到前线塞瓦斯托波尔需要几个月的时间，如此悬殊的交通运输能力最终决定了战争的结果。可以说，克里米亚战争失利是俄国扩张史中较为惨烈的一次挫败。

克里米亚战争后，俄国政府深刻认识到发展铁路事业的紧迫性和必要性，如果不修建铁路，统治阶级就无法把国家权力继续控制在自己手中。恩格斯在《〈论俄国的社会问题〉跋》一文中指出，"帝国的辽阔版图毁了军队，调兵到战场上去的漫长路程毁了军队；必须靠战略性的铁路网来消除这种距离遥远的状态"。③ 沙皇亚历山大二世（1855—1881 年在位）意识到铁路建设的重要性，于战败当年批准了《铁路网发展规划》，计划

---

① 今拉脱维亚第二大城市陶格夫匹尔斯（Daugavpils），1893 年以前称为季纳堡（Dinaburg）。
② 白述礼：《试论近代俄国铁路网的发展》，《世界历史》1993 年第 1 期，第 63 页。
③ 《马克思恩格斯选集》第 4 卷，北京：人民出版社，2012，第 447 页。

通过铁路将俄国 26 个省份连接起来,南部铁路从莫斯科修建到塞瓦斯托波尔,东部从奥廖尔修建到季纳堡,东南从叶卡捷琳堡修建到罗斯托夫,总里程达到 4816.7 公里。为了实施《铁路网发展规划》,亚历山大二世批准成立了俄国铁路总公司,政府还专门为公司提供 1 亿卢布股票的担保。①

19 世纪 60 年代初,俄国工商业资产阶级、地主和粮食出口商一致认识到,"铁路建设缓慢将对国家构成严重的政治威胁,建设铁路是俄国的迫切需要,在这方面愈拖延将愈落后于西欧,国家的完整和统一亦将受到威胁"。② 因此,他们强烈呼吁政府大力发展铁路建设事业。这一时期,莫斯科和彼得堡的报纸上热烈讨论俄国修建铁路的前景问题,以及在国内生产铁路建材和对进口铁、钢轨等实行高额关税的问题。随后,俄国掀起了大规模的铁路建设热潮。

俄国铁路建设经历了两个重要时期,即 19 世纪 60 年代末 70 年代初和 90 年代下半期。可以说,60 年代末 70 年代初第一次铁路建设高潮的出现是俄国在克里米亚战争中战败的直接结果。这一时期,建成的铁路将国家中心地区与北部地区、黑土地区、波罗的海及黑海各港口连接起来,莫斯科成为俄国最大的铁路交通枢纽。1869—1873 年,俄国铁路网年均增加 2096 公里,5 年内增加 10480 公里,而在这之前建成的铁路总长度仅为 3822 公里。先后建成的铁路线包括莫斯科—奥廖尔—罗斯托夫—弗拉季高加索、莫斯科—斯摩棱斯克—布列斯特—华沙、莫斯科—梁赞—坦波夫—萨拉托夫、莫斯科—沃罗涅日、莫斯科—库尔斯克—基辅—敖德萨、莫斯科—雅罗斯拉夫尔—沃洛格达、莫斯科—下诺夫哥罗德、库尔斯克—哈尔科夫、利亚日斯克—维亚济马等。③ 至此,俄国已经建立起以莫斯科为中心的铁路网,帝国中部与西部、伏尔加河流域、黑海和波罗的海沿岸各省之间保持稳定的铁路联

---

① 李宝仁:《从近代俄国铁路史看铁路建设在国家工业化进程中的地位和作用》,《铁道经济研究》2008 年第 2 期,第 28 页。

② 张广翔:《19 世纪俄国工业革命的特点——俄国工业化道路研究之三》,《吉林大学社会科学学报》1996 年第 2 期,第 10 页。

③ Сигалов М. Р., Ламин В. А. Железнодорожное строительство в практике хозяйственного освоения Сибири. Новосибирск, 1988. С. 7.

系，俄国铁路网初具规模。这时，由于俄国政府财政拮据，其集中主要力量修建具有战略性和商业作用的铁路，包括到达黑海、波罗的海各港口以及到达西部边境的铁路，但却没有计划修建俄国中心地区通往乌拉尔的铁路。

（二）掀起两次铁路建设热潮

克里米亚战争的失败让俄国政府深刻认识到铁路交通具有的战略意义和经济作用，并下定决心加快国内铁路建设。1857 年政府投入铁路和港口的建设资金为 6163.6 万卢布，到 1892 年增加到 10088.8 万卢布，几乎占国家预算总支出的 1/10。[①]

1. 第一次铁路建设热潮

为加快铁路建设，俄国政府采取了一系列举措。第一，鼓励和扶持私人资本参与铁路建设，建立以铁路固定资本和巨额收入为担保的一套体系，即"承租体系"模式。所谓"承租体系"，就是政府与从事私人铁路建设和经营的铁路企业主签订协议，允许企业主成立铁路股份公司，在承租期内铁路为股份公司的私有财产，承租期满后铁路则归国家所有。第二，1867 年设立铁路专项基金，为私人投资铁路建设提供固定的拨款来源。专项基金不仅可以用来购买私人铁路股份，还能提供各种形式的贷款和补贴。例如，工厂每生产 1 普特（1 普特约合 16.38 千克）钢轨，政府给予 20—50 戈比补贴。第三，通过国家或政府担保的形式吸引外国借贷资本。由于国家经济局势持续恶化，国库没有多余资金投入铁路建设，除鼓励私人投资外，吸引外资参与俄国铁路建设也不失为一种明智之举。19 世纪下半叶，外资为俄国铁路建设注入了活力，发挥着举足轻重的作用。[②]俄国以巨大的经济代价迎来了历史上第一次铁路建设热潮。19 世纪 60 年代中期至 70 年代中期，俄国共修建铁路 17000 俄里。[③]

---

① 李宝仁：《从近代俄国铁路史看铁路建设在国家工业化进程中的地位和作用》，《铁道经济研究》2008 年第 2 期，第 29 页。

② 张广翔：《外国资本与俄国工业化》，《历史研究》1995 年第 6 期，第 148 页。

③ 张广翔、逯红梅：《论 19 世纪俄国两次铁路修建热潮及其对经济发展的影响》，《江汉论坛》2016 年第 12 期，第 112 页。

到 19 世纪 70 年代初，俄国几乎全部铁路都被私营化。鼓励私人投资参与铁路修建在很大程度上可缓解铁路建设和运营的资金短缺问题，但也暴露出一些弊端。因为即使是私人投资，资金也主要依靠银行或政府提供的贷款，到 19 世纪 80 年代初，私人拖欠国家财政的内债已经超过 10 亿卢布。资本家不顾国家利益，随意出售、出租铁路的承租权和经营权，投机取巧，从中渔利，给国库造成了重大损失。私人投资建设的铁路缺乏统一规划，经常造成重复建设，还会引起恶性竞争，导致运营亏损。例如，70年代，圣彼得堡与加特契纳之间出现了两条几乎平行的铁路线，一条为政府投资修建，另一条为私人资金兴建，这两条铁路线之间的最短距离甚至不足 500 米。面对此种局面，连倡导自由经济的维特都主张："私营企业并不是永远都能满足社会需要的。例如，国家在一些地方修建铁路，这些铁路虽然不能在短时间内获得利润，但却可以为经济活动创造平台，并改善居民生活。"[①] 俄国政府及时扭转了局面，自 19 世纪 90 年代开始恢复铁路官办的原则，通过赎买方法将全部私人铁路收归国有，很快国有化铁路的占比达到 60%。

19 世纪 80 年代，俄国工业快速发展，国家经济颓废的局面得到改善，铁路政策随之发生重大变化，政府开始实行官资与私营资本共同修建铁路的政策。私营资本投资修建铁路的比例逐渐下降，使用官资修建的铁路越来越多。这段时期，巴库—第比利斯铁路、克拉斯诺沃茨克（Красноводск）—塔什干—安集延铁路和东里海铁路相继建成，特别是俄国中心地区修建了通往乌拉尔的铁路，为进一步向东部地区建设铁路奠定了基础。

2. 第二次铁路建设热潮

19 世纪 90 年代，俄国掀起了第二次铁路建设热潮。此时期，国家对铁路建设投入了巨额资金。在 1890—1900 年的 10 年间，国家对铁路建设和维修改造、运营投入的资金高达 25 亿卢布，远远高于同期俄国全部工业部门 21 亿卢布的投资额。[②] 俄国政府花费巨额资金将私人铁路收归国有，

---

① 李宝仁：《从近代俄国铁路史看铁路建设在国家工业化进程中的地位和作用》，《铁道经济研究》2008 年第 2 期，第 33 页。

② Хромов П. А. Экономика России периода промышленного капитализма. М., 1963. C. 141.

并加大了对铁路建设和运营相关企业的补贴力度，铁路运价逐渐得到统一。国家将具有重要商业意义和战略意义的铁路线牢牢控制在手中，特别是那些将欧俄中心地区与俄国南部、东部和西部地区的港口、大型工业城市连接起来的铁路线。

第二次铁路建设热潮与俄国政府的战略重心东移密不可分，俄国亚洲区域的大部分铁路为这一时期所建。在短短的 10 年时间里，俄国敷设了全国近 37% 的铁路，相当于过去 50 年内敷设铁路的 1/2。1891—1895 年新建铁路 6257 俄里，1896—1900 年新建铁路 15139 俄里。1894—1902 年，新增国有铁路 18761 俄里，私人铁路 3619 俄里。在不到 10 年的时间里，铁路总长度增长 59%，其中西伯利亚和中亚地区铁路长度增长 120%。由此可见，与第一次铁路建设热潮不同，西伯利亚和中亚地区是此次俄国铁路修建的重心，在欧俄地区修建铁路的规模较小，速度有所放缓。19 世纪末，俄国铁路总长度达到 5.1 万俄里，其中国有铁路为 3.414 万俄里（占近 70%），[1] 其余 1.6 万俄里控制在私营铁路公司手中。然而，如此轰轰烈烈的铁路建设热潮并没有改变俄国与发达资本主义国家相比铁路密度相对较低的状况。1895 年，即使在铁路网相对密集的欧俄地区，每平方公里只有铁路 9.7 公里，而当时英国的铁路密度为每平方公里 106 公里，德国为每平方公里 80 公里。[2]

19 世纪 90 年代的铁路建设热潮奠定了俄国工业高速发展的基础。90 年代，俄国冶金业快速发展：1890—1900 年，生铁铸造从 5600 万普特增加到 1.79 亿普特，增长了 2.4 倍；钢产量从 2600 万普特增加到 1.35 亿普特，增长了 4 倍多。[3] 铁路建设不仅拓宽了俄国重工业产品的国内销售市场，而且消费了俄国生产的大量钢铁（见表 1 - 3），还带动了能源行业、煤炭业、石油业、建筑业和轻工业的快速发展。这一时期，铁路线上满负

---

① Соловьева А. М. Железнодорожный транспорт России во второй половине XIX в. М., 1975. С. 252.

② 李延长：《1860—1913 年俄国铁路发展述略》，《西北第二民族学院学报》（哲学社会科学版）1992 年第 4 期，第 52 页。

③ 张广翔、逯红梅：《论 19 世纪俄国两次铁路修建热潮及其对经济发展的影响》，《江汉论坛》2016 年第 12 期，第 115 页。

荷运输着生铁、机器设备、铁路配件、铁轨、车厢、机车等。

表 1 – 3 　 1895—1899 年俄国钢铁产量及修建铁路用钢量占比

单位：亿普特，%

年份	钢铁产量	修建铁路用钢量占比
1895	0.806	58.5
1896	0.924	60.0
1897	1.061	58.3
1898	1.283	53.8
1899	1.477	65.0

资料来源：Соловьева А. М. Железнодорожный транспорт России во второй половине XIX в. М. , 1975. C. 276。

（三）资本主义经济发展为大规模建设铁路创造了物质条件

废除农奴制以后，俄国生产力获得解放，资本主义经济迅速发展。农业的发展使剩余农产品大量增加，俄国迫切需要建设通往全国各地的铁路网来运输这些剩余农产品。此外，现代化机器的广泛应用使劳动生产率提高，成千上万失去土地的破产农民涌入城市，成为廉价的劳动力。仅在 19 世纪 60 年代至 70 年代的 10 年间，平均每年领取外出证的农业人口即达 130 万人之多。这些廉价的劳动力是大规模铁路建设得以实现的生力军。

农奴制改革后，俄国工业取得了突飞猛进的发展。1864—1872 年，全俄工厂数量增长了 1.4 倍，工业品产值增长了 1.75 倍，工人人数增长了 1.5 倍。到 19 世纪 80 年代，俄国最重要的几个工业部门，如采掘业和冶金业的生产技术得到显著提高。"1875—1892 年，俄国蒸汽机数量增长了 1 倍，其功率增长了 2 倍。"[1] 随着先进的技术设备不断运用到生产实践中，劳动生产率不断提高。1860—1890 年，俄国开采的煤炭产量增长了 19 倍，生铁产量增长近 2 倍，铁和钢产量增长 3 倍。在石油开采、石油加工和机器制造等新兴工业部门发展起来后，俄国的石油产量也从 1870 年的 180 万

---

① 〔苏〕B. T. 琼图洛夫等编《苏联经济史》，郑彪等译，长春：吉林大学出版社，1988，第 69 页。

普特增至 1890 年的 2.4 亿普特。

冶金业为铁路建设生产了大量钢轨、钢轨扣件、客运车厢和货运车厢。19 世纪 90 年代前，乌拉尔地区一直是俄国冶金业的中心，产量占全俄的 2/3。乌拉尔冶金业的生产机械化水平较改革前明显提高，工厂开始广泛使用机器和蒸汽动力进行生产。1860 年，乌拉尔冶金业的蒸汽动力容量仅为 7%，1879 年增长到 23%。1860—1877 年，乌拉尔生铁产量增加了 10%。[①]

农奴制改革后，机器制造业也有所发展，原因如下。第一，工业生产的技术改造和大规模铁路建设需要大量机器设备，这为机器制造业发展创造了条件。第二，俄政府奉行鼓励民族工业发展的政策。例如，1861—1875 年，俄国政府先后授权 141 家机器制造企业免税进口金属，保证了企业的原材料供应，使其生产规模扩大。1860—1879 年，俄国机器制造企业数量增长 1 倍，产值增长 5.5 倍，平均每个企业产值增长 7 倍。[②] 1860—1890 年，私人拥有的机器制造厂从 92 家增加到 338 家，工人人数从 1900 人猛增至 4.3 万人。

此外，铁路建设也为俄国经济发展注入了强大活力。首先，铁路建设改变了货物运输品种。19 世纪 60—70 年代，铁路运输的货物中粮食所占比重为 40%，90 年代降至 25%。运输的主要商品也由农产品变为金属、木材、石油、煤以及工业加工产品。其次，铁路建设促进了采掘业等工业部门的发展。1860—1890 年的 30 年中，开采出的煤中有 36%、石油中有 44%、金属中有 40% 用于铁路修建。[③] 铁路建设推动了俄国资本主义向前发展。

（四）引进外资和技术确保铁路建设

俄国大规模兴建铁路之时，先期崛起的英、法、美等资本主义国家已

---

① 张广翔：《19 世纪俄国工业革命的特点——俄国工业化道路研究之三》，《吉林大学社会科学学报》1996 年第 2 期，第 13 页。

② 张广翔：《19 世纪俄国工业革命的特点——俄国工业化道路研究之三》，《吉林大学社会科学学报》1996 年第 2 期，第 13 页。

③ Лоскутов С. А. Великая магистраль на Восток: начало Транссиба//Вестн. Челяб. ун-та. Сер. 10. Востоковедение. Евразийство. Геополитика. 2003. № 1 (2). С. 160.

经步入经济发展的繁荣期，以蒸汽机为主的工业技术基本成熟，这些国家建立起较为发达的铁路网，铁路运输在国家经济生活中的作用日益重要。俄国作为铁路建设的后起之国，可以运用他国已经成熟的先进技术、设备和管理经验，因此具备更强的发展潜力。

俄国在铁路建设初期就大量引进欧美先进的技术和工艺，这使俄国原本十分落后的铁路装备制造业实现了跨越式发展，机车车辆和通信信号设备的生产数量和质量都追赶并超越了欧美国家。在大规模兴建铁路的实践中，俄国制造业的工艺水平及桥梁等的建筑能力都显著提高。技术的进步还表现在采用先进的生产方法上。例如，在俄国的铸钢工业中，先是采用英国人发明的贝式炼炉法，后又代之以法国人发明的马丁炉，生产效率随之大幅度提高。19世纪中叶，在吸收外国技术的基础上，经过加工和转化，一大批俄国科学家、工程师做出了大胆的创新：切尔诺夫为增加钢轨强度而发明了钢的热处理工艺；茹拉夫斯基研究了钢轨、路基和桥梁问题，是世界闻名的桥梁建筑计算理论的创始人；加多林在物质弹性和强度理论方面、基尔皮切夫在材料强度方面都有重大发现；甚至连著名的化学家门捷列夫也对铁路建设进行过研究。[1] 俄国已经跻身世界铁路大国和技术强国之列。

在俄国铁路建设的过程中，外资起到了非常重要的作用。"利用外国资本是国际经济交流与合作的基本形式之一。利用外国资本可以弥补建设资金的不足，发展新兴工业，扩大生产力，加快经济发展速度。"[2] 19世纪下半叶，"法国对外贸易总额的增长非常有限。特别严重的是，由于输入的增长大大超过了输出的增长，对外贸易的逆差扩大了"。[3] 为了稳定本国的经济地位，法国大量输出资本，其国外投资地主要集中在欧洲，俄国是最大对象国。这一时期，俄国引进的法国资本为近100亿法郎。19世纪下半叶，俄国的铁路交通业成为外资进入的热点领域之一，尤以法国投入

---

① 李宝仁：《从近代俄国铁路史看铁路建设在国家工业化进程中的地位和作用》，《铁道经济研究》2008年第2期，第32页。

② 陶惠芬：《俄国工业革命中的对外经济关系》，《世界历史》1994年第3期，第54页。

③ 樊亢等编著《主要资本主义国家经济简史》，北京：人民出版社，1997，第211页。

俄国铁路建设的资金最多。例如，由私人组建的俄国铁路总公司，就是主要以法国资本为基础建立的。除法国外，英国也把资本越来越多地投向俄国。19 世纪末 20 世纪初，用于铁路建设的外资一度占外资总额的 80%。俄国利用外资修建的铁路大约有 5 万公里，占全国铁路总里程的 70%。到 20 世纪初，俄国用于铁路建设的外债达到 15 亿金卢布，还发行了 15 亿金卢布的专项外债。①

随着俄国铁路网不断延伸，越来越多的外国资本投入与铁路运输业相关的各个领域，发挥的作用与日俱增。1870 年，俄国经济中的外国资本总额为 2650 万卢布，1880 年为 9770 万卢布，1890 年为 21470 卢布，1900 年为 91100 万卢布，平均每年增加将近 7000 万卢布。② 也就是说，19 世纪 90 年代的外资增长速度是 80 年代的近 10 倍。外国资本在俄国工业中的比重越来越高，特别是在采矿、冶金和机器制造业等与铁路建设相关的工业部门中的比例已高达 74%。1890—1900 年，英、法、美等主要资本主义国家投入俄国的资金增长了 3 倍多。③ 这一时期，俄国从外国进口了大量技术设备。例如，在工业和铁路资本中，有 25% 以上用于进口技术设备，俄国的铁路建筑材料、机车车辆等部门在生产、管理、技术各个方面在短时间内赶超西方发达国家。90 年代，俄国生铁产量增长了 190%，而英国只增长了 18%，德国增长了 72%，美国增长了 50%。在炼钢、机器制造等工业方面，俄国的增长速度也高于这些国家，其特点是速度增长快，生产集中程度高。④ 由此可见，正是仰仗西方先进国家提供的资金和技术，俄国才初步建立起各类工业部门，为铁路建设的进一步展开提供了资金和技术支持。

随着欧俄地区工厂生产力不断提高，资产阶级要求扩大销售市场，改

---

① 李宝仁：《从近代俄国铁路史看铁路建设在国家工业化进程中的地位和作用》，《铁道经济研究》2008 年第 2 期，第 29 页。
② 〔苏〕梁士琴科：《苏联国民经济史》第 2 卷，李延栋等译，北京：人民出版社，1954，第 216 页。
③ 陶惠芬：《俄国工业革命中的对外经济关系》，《世界历史》1994 年第 3 期，第 54 页。
④ 樊亢、宋则行主编《外国经济史（近代现代）》第 2 册，北京：人民出版社，1981，第 192、207 页。

善与市场紧密联系的交通运输条件。他们不满足于欧俄地区这一狭小的市场经济地域，希望把它延伸到广袤的东部地区，进而提出修建一条通往东部边区的铁路干线的设想。

第二节　19世纪30—90年代的西伯利亚铁路修建方案

从西伯利亚大铁路的最初设计方案到最终变为现实经历了数十年的时间。军界人士关心领土安全问题，特别是刚刚被纳入俄国版图但尚未得到开发的远东地区的安全问题；商界人士关心产品和原材料运输问题，希望解决乌拉尔到西伯利亚的道路不通畅问题。西伯利亚大铁路的许多设计方案都提出了近半个世纪，引起了国内外各界的广泛争论。

19世纪对于是否修建西伯利亚大铁路的问题有多种观点，赞成修建的主要观点是：（1）军事动机——为防护俄国的亚洲边境；（2）商业贸易动机——为在西伯利亚销售欧俄商品，从西伯利亚获取原材料；（3）社会动机——为加强西伯利亚移民运动，缓解欧俄地区深重的农业危机；（4）经济动机——为发展西伯利亚经济，开发当地的自然资源；（5）文化动机——为扩大东正教影响，将俄国文化渗透到东方；（6）国际关系动机——为扩大俄国在中国、日本、朝鲜和太平洋沿岸市场的政治经济影响，为与世界交通干线如苏伊士运河、巴拿马运河、加拿大铁路和美国铁路竞争，为把国际运输的乘客和商品吸引到西伯利亚大铁路上来。

一　19世纪30—50年代的西伯利亚铁路方案

在西伯利亚修建铁路的最早构想出现在19世纪30年代，几乎与俄国敷设铁路的最早一批方案同时提出。1838年，俄国铁路运输发展的忠实捍卫者、企业主穆拉维约夫（А. Н. Муравьёв）向俄政府递交了几份报告，指出必须举俄国国力修建总长2.1万公里的铁路网，其中包括在西伯利亚修建一条铁路干线。他在一份呈文中写道："西伯利亚很快将拥有700万—800万名俄国居民，那时许多商人将使用这条铁路……这条钢铁驿道从安加拉河口或者贝加尔湖西岸……通往伊尔库茨克、克拉斯诺亚尔斯克、托木斯克、鄂木斯克、乌法和萨马拉。"① 但这一提议并没有引起俄国政府的重视。

克里米亚战争失败后，俄国开始广泛讨论铁路问题，那时政府已认识到改善铁路运输的重要性。之后在西伯利亚和乌拉尔报纸上出现了相当多的关于在俄国东部地区修建铁路的方案。它们的设计者提出了不同的走向，为实现各自目标想尽办法：一些人希望修建畜力—铁路联运道路，把大小城市和河流水域连接起来；一些人幻想修建一条穿越整个西伯利亚和亚洲的连贯铁路，以使货物能实现跨国直达运输。无论哪种设计方案，都鲜明地表达出所代表阶级的利益诉求。例如，1857 年 5 月，有方案提议修建从彼尔姆经维尔霍图里耶（Верхотурье）、图林斯克（Туринск）、托博尔斯克到托木斯克的铁路，再将其与鄂毕河、叶尼塞河水域连接起来，之后铁路从伊尔库茨克绕过贝加尔湖，抵达赤塔和阿穆尔河。看看这一方案经过的城市就可以知道，这位设计者是想重振北部城市的"雄风"。他甚至提出把设计的这条托木斯克—托博尔斯克—彼尔姆铁路继续延伸修建至彼得堡，这样可以更快带动西西伯利亚的经济发展，并为这里的商品（粮食、油脂、毛皮）寻找到运往俄国西北地区的出口。② 他所设计的这条水陆联运方案曾在之后的六七十年引起各界广泛讨论。同一时期，西伯利亚大轮船主拉特金（Н. В. Латкин）提出自己的设计方案。在《托博尔斯克省通报》中，他为修建索锡维河（р. Сосьвы）到哈姆普特尔斯克海湾（Хампутырская губа）之间的铁路而兴奋不已，这条铁路可以穿过喀拉海峡（Карские ворота）和一年中大部分时间不利于航行的地方，在西西伯利亚与巴伦支海之间建立起联系。他设计的这条铁路可以降低欧俄商品运输到西伯利亚的成本，缓解西伯利亚原材料在国外市场销售的压力，削弱西伯利亚对欧俄资本家的经济依赖。上述两个方案反映了乌拉尔和西伯利

---

① Виргинский В. С. Первые проекты Великого Сибирского пути: (Из прошлого отечественного транспорта) //Железнодорожный транспорт. 1961. № 1. С. 92.

② Коновалов П. С. Проекты 50 – 80 – х гг. XIX в. строительства железных дорог в Сибири// Проблемы генезиса и развития капиталистических отношений в Сибири: межвузовский сборник научных статей. Барнаул, 1990. С. 17.

亚资本家的愿望，其希望寻找到当地商品经波罗的海港口运输到国外的直接出口，从而摆脱莫斯科、下诺夫哥罗德和喀山商人的掌控。

作为记者和社会活动家的瓦金（В. И. Вагин）提出几个从莫斯科至托木斯克的铁路走向的方案。具有代表性的方案是莫斯科经下诺夫哥罗德抵喀山，从这里经乌法、特洛伊茨克、谢德林斯克、鄂木斯克至托木斯克，另一种方案经马马德什（Мамадыш）、叶拉布加（Елабуга）、比尔斯克（Бирск）、别廖佐沃（Березово）、沙德林斯克（Шадринск）、伊希姆（Ишим）、卡因斯克（Каинск）① 抵达托木斯克。第一种方案途经西伯利亚农业最发达地区和采矿业发达的乌拉尔，② 意在削弱彼尔姆、维亚特卡、沃洛格达和叶卡捷琳堡商人对西伯利亚的影响。

著名商人诺斯科夫（И. Носков）反映了东西伯利亚资本家的意见，他提出沿西伯利亚驿道修建从下诺夫哥罗德途经恰克图抵达阿穆尔河岸的铁路。这一线路邻近下诺夫哥罗德集市和乌拉尔工厂，可以缓解西西伯利亚产品运往乌拉尔以及欧俄产品运往东西伯利亚的压力。诺斯科夫希望借助这条铁路把西西伯利亚和东西伯利亚的贸易中心连接起来，也将托木斯克、米努辛斯克和叶尼塞斯克的金矿区联系在一起，通过阿穆尔的轮船运输再扩展到太平洋沿岸。他强调，"如果建成这条铁路，不仅将对西伯利亚乃至全俄的贸易、工业带来重要变革，也会对欧洲与东方各国的贸易及经济往来产生影响"。③ 诺斯科夫提出把整条铁路分成几个独立的路段和区间来进行修建。30 年后，俄国政府正是按照这一方法修建了西伯利亚大铁路。

商业顾问索夫罗诺夫（А. Софронов）指出，对西伯利亚来说，最经济的铁路方案是从萨拉托夫经塞米巴拉金斯克、米努辛斯克、色楞金斯克

---

① 今古比雪夫。

② Борзунов В. Ф. Проекты строительства Сибирской железнодорожной магистрали первой половины XIX в. как исторический источник∥Труды Дальневосточный филиал СО АН СССР: Сер. Историческая. Благовещенск，1963. Вып. 4. С. 52.

③ Борзунов В. Ф. Проекты строительства Сибирской железнодорожной магистрали первой половины XIX в. как исторический источник∥Труды Дальневосточный филиал СО АН СССР: Сер. Историческая. Благовещенск，1963. Вып. 4. С. 53.

（Селенгинск）、阿穆尔河直抵北京，铁路全长约 5500 俄里。这样一条铁路，不仅可以削弱欧洲列强在中国的影响，还能够防止列强染指阿穆尔。索夫罗诺夫认为，铁路将改写欧俄地区经海路抵达远东地区的历史，增强俄国在中国、日本、太平洋群岛、美洲西部以及北印度群岛的贸易影响；铁路将打开通往中国之门，扩大俄国在亚洲的活动地域，加快向西伯利亚、远东地区的移民转入，促进欧俄商业资本向东转移。他特别提出使用俄国一国的资金和劳动力修建铁路的原则。这一原则在 19 世纪 80 年代被再次提出，最终在 90 年代付诸西伯利亚大铁路建设的实践中。尽管东西伯利亚总督穆拉维约夫对索夫罗诺夫提出的方案几经修改和补充，但由于没有经过实地考察和技术论证，他的方案被同时代人质疑缺乏理论基础。

军事工程师罗曼诺夫（Д. И. Романов）对索夫罗诺夫的方案提出很多疑问，同时罗曼诺夫也提出了自己设计的铁路方案。他研究了拉特金和索夫罗诺夫的方案，并补充了几条向东到达伊尔库茨克的线路。考虑到国家缺乏修建西伯利亚铁路的资金，罗曼诺夫提出首先发展河流运输，之后再修建铁路的构想。[①] 强调在西伯利亚修建铁路只是对水路运输方式的补充的观点不是第一次被提出，它建立在 19 世纪 30—40 年代提出的大力发展河流运输的基础之上，但类似的方案只适用于短距离运输和运输那些重量轻且价格昂贵的货物（毛皮、茶叶等）。对于需长时间、远距离运输的货物，特别是那些价格便宜且体积较大、重量较重的货物，铁路运输远比河运更有优势。因此罗曼诺夫指出，随着资本逐渐充裕，水路—铁路联运道路必将被单一运输的铁路所取代。

罗曼诺夫是建设西伯利亚铁路的忠实拥护者。他设计的索菲斯克（Софийск）—亚历山德罗夫（Александров）铁路只是西伯利亚整个铁路网的第一环，它可以把杰卡斯特里湾（Де-Кастри залив）的阿穆尔轮船运输业与彼得罗夫工厂、赤塔和上乌丁斯克[②]连接起来。1857 年 8—10 月，

---

① Борзунов В. Ф. Проекты строительства Сибирской железнодорожной магистрали первой половины XIX в. как исторический источник∥Труды Дальневосточный филиал СО АН СССР: Сер. Историческая. Благовещенск, 1963, Вып. 4. С. 54.

② 今乌兰乌德。

罗曼诺夫亲自带领勘测队沿设计的铁路线伐木开道。他设计的铁路"成本更低",火车预计时速为 10 俄里,使用简化的技术标准,但只能在非主要路段采取这种标准。他的设计方案还涉及发展西伯利亚采矿业、冶金业、钢轨轧制业,移民和农业开发的问题。罗曼诺夫指出,"西伯利亚当地不能生产钢轨,铁路修建就将长时间停留在不现实的幻想阶段"[①]。他建议采用蒸汽锤、机床、机器来"武装"彼得罗夫炼铁厂,把它变成西伯利亚生产铁路相关冶金产品的中心。根据他的计算,西伯利亚地产钢轨要比昂贵的外国钢轨便宜 1/2。他提出,要吸引中国劳工和本国士兵、流放犯作为劳动力来修建铁路。在 40 年后的西伯利亚大铁路建设中,俄国政府正是使用了这些劳动力。

19 世纪 40—50 年代,受刚刚开始的工业革命影响,交通运输业得以发展,修建通往西伯利亚的铁路成为热烈讨论的问题。修建这条铁路,可以解决俄国巩固边区军事力量和经济开发两个重要任务。这一时期的方案中涌现出许多宝贵的思想,有些思想甚至最后被运用到西伯利亚大铁路的实际建设过程中。但这些方案由于缺乏实际的勘测和技术统计数据,常常只具有争论性质,很少具有可行的实际价值。

二 19 世纪 60—70 年代的乌拉尔—西伯利亚铁路方案

19 世纪五六十年代,俄国历史上发生了两件大事,一是亚历山大二世改革,二是中俄《瑷珲条约》和《北京条约》将黑龙江以北、乌苏里江以东的广袤土地并入俄国。"这不仅引起俄国政府和社会的极大兴趣,也引起认为俄国新的东方边疆具有广阔发展前景的外国人的关注。"[②] 一些社会人士和媒体经常评说,必须建设稳固而安全的铁路来加强俄国偏远边区与欧洲部分的联系,这条铁路要经过乌拉尔、西伯利亚直到太平洋岸边。

俄国轻工业生产领域的工业革命导致产品产量增加,市场和原料产地问题日益显现,特别是西伯利亚和中亚的市场及原料产地备受关注。修建西

---

① Романов Д. И. Софийско-Александровская дорога. СПб., 1858. С. 48.

② Лоскутов С. А. Великая магистраль на Восток: начало Транссиба//Вестн. Челяб. ун-та. Сер. 10. Востоковедение. Евразийство. Геополитика. 2003. № 1 (2). С. 160.

伯利亚大铁路无论对于贵族地主还是对于资本家来说，都是一个重要的实践过程，这个实践过程首先从乌拉尔—西伯利亚铁路的设计方案开始。最初优先考虑修建乌拉尔铁路的设计方案是为了扶持乌拉尔工厂，工厂的生产力早在农奴制时期就开始急剧下降，面临工厂被投机商收购的威胁。19 世纪 60 年代，俄政府讨论把国有戈罗布拉戈达茨基矿区（Гороблагодатский казенный горный округ）出售的问题，于是有人提出通过在乌拉尔修建铁路来提高工厂生产力的解决办法。19 世纪 60—70 年代，取代原来的西伯利亚铁路方案，俄国开始讨论修建乌拉尔—西伯利亚铁路，其走向主要有三种方案。

（一）北线方案

该方案最先由矿业工程师拉舍特（В. К. Рашет）提出来。1862 年，他对设计的铁路进行了勘测，提出修建从彼尔姆经下塔吉尔到秋明的铁路，长度达 678 俄里，再敷设一条到达伊尔比特的长 13 俄里的支线。他设计的这条铁路往北偏离了原来的叶卡捷琳堡—秋明商路，主要可以运输西伯利亚原材料、莫斯科纺织品和乌拉尔铁。拉舍特成功地把乌拉尔和西伯利亚的油脂批发贸易吸引到设计的铁路方向上来，因为早在 1860 年叶卡捷琳堡至彼尔姆铁路修建时，油脂批发贸易就已经繁荣起来了。1869 年，彼尔姆—彼得堡铁路敷设，西伯利亚的油脂产品开始进入欧俄北部地区工厂。这条铁路部分解决了西伯利亚原材料输出问题。拉舍特的设计方案得到彼得堡、雷宾斯克（Рыбинск）、雅罗斯拉夫尔、科斯特罗马（Кострома）、维亚特卡（Вятка）、彼尔姆、伊尔比特和托博尔斯克商人的支持，他们在西伯利亚具有共同的商业利益。

乌拉尔—西伯利亚贸易之所以繁荣起来是由喀山东北部、下诺夫哥罗德和莫斯科的经济逐渐衰退引起的。随着伏尔加—卡姆斯科耶（Камское）轮船运输业的发展壮大，喀山贸易额逐渐下降，乌拉尔—西伯利亚货物被吸引到彼尔姆和维亚特卡，这两个城市逐渐成为运往欧俄地区和国外市场的乌拉尔—西伯利亚货物的仓储地。彼得堡、维亚特卡和彼尔姆的商人设法越过莫斯科、下诺夫哥罗德和喀山，直接与乌拉尔和西伯利亚市场建立联系。雷宾斯克、彼得堡和维亚特卡的轮船主和商人支持拉舍特的北线方案，因为这一方案不会与伏尔加—卡姆斯科耶的轮船运输业构成竞争，还会在彼尔姆为其提供补充货源的机会。

彼得堡、科斯特罗马、维亚特卡铁厂和机械制造厂的工厂主希望通过这条铁路获得乌拉尔的铁、维亚特卡边区的木材和粮食。他们试图建立一条从基涅什马（Тинешма）经维亚特卡到达西伯利亚的铁路，从而"去程销售自己的产品，回程获得西伯利亚原材料，主要是能源和木材。这些原材料不仅资源丰富的维亚特卡和科斯特罗马省需要，对于舒伊斯克—伊万诺夫厂区也是非常需要的"。① 这条铁路可以为向欧俄东北地区、西伯利亚和中亚销售产品提供补充通道。

接着再往东，拉舍特线路得到维亚特卡人的支持，他们希望维亚特卡成为西伯利亚原材料、欧俄和外国商品的仓储地，从而减少维亚特卡对喀山的依赖，用廉价的乌拉尔冶金产品来振兴这里的工业。维亚特卡人希望：莫斯科的纺织工业、小手工业经伏尔加、基涅什马扩展到维亚特卡，然后再进入乌拉尔、西伯利亚和中亚；沿喀山—北德维纳铁路这一最短路线把皮革、木材等商品销售到喀山和伏尔加河下游，从这里再获取维亚特卡工厂和北部贫瘠地区所需的粮食、肉、油脂及其他商品；垄断西伯利亚油脂和维亚特卡酒精的出口权。

欧俄北部城市的代表支持拉舍特的设计方案，他们希望要么把铁路修建到秋明，要么到托博尔斯克，要么往东南方向到中亚，这里也是一个新的原材料销售市场和能源产地。

彼尔姆、伊尔比特和托博尔斯克的资产阶级也支持拉舍特的方案。彼尔姆人为讨论修建西伯利亚铁路问题成立了专门的铁路设计委员会，地方当局、工商界人士、地方自治会和城市协会代表都是委员会成员。委员会选择以彼尔姆为中心，往东西两个方向设计铁路。托博尔斯克市代表尼古拉耶夫（К. Н. Николаев）和科尔尼洛夫（Корнилов）坚持铁路应从彼尔姆修建到托博尔斯克。尼古拉耶夫坦诚地说："对修建西伯利亚铁路感兴趣的人，每个人都是从个人利益出发或者至少也是从当地利益出发……任何人都需要一个既可获利又便捷的途径来出售商品，如库尔干人要出售油

① Виргинский В. С. Первые проекты Великого Сибирского пути：(Из прошлого отечественного транспорта）// Железнодорожный транспорт. 1961. № 1. С. 92.

脂，托博尔斯克人要出售鱼。谁也不能违背上帝的旨意。"①

因此，拉舍特的设计方案虽然考虑到满足乌拉尔北部工厂主这一狭小阶层的利益，但却与乌拉尔—西伯利亚资产阶级的工商业人士的利益相背离。把伊尔比特和秋明连接起来，将使很早以前就已结束的两城市之间的贸易竞争重新燃起。

拉舍特的设计方案反映了西西伯利亚北部、乌拉尔北部和欧俄北部地区资产阶级的地方利益。互相争斗的各个集团的利益交织在一起，淹没了拉舍特设计方案的总体思想。拉舍特设计的铁路为乌拉尔北部地区的工厂主和商人提供了很多特权，因为铁路途经下塔吉尔（Нижний Тагил）和叶卡捷琳堡之间的所有工厂，但却对乌拉尔中部和南部地区的油脂厂、皮革厂、榨油厂和采矿场的所有者利益构成了威胁。于是，这些资本家为寻找其产品销售到下诺夫哥罗德、莫斯科等市场的出口，全力寻找与"北线"方案相对立的"南线"方案。

（二）南线方案

"北线"方案的提出引起欧俄工商业中心地区、乌拉尔中南部地区商人和工厂主的强烈恐慌，他们仿效"北线"支持者也紧急成立了为西伯利亚铁路选择最佳走向的设计委员会，组织人力勘察和测量，花费巨额资金收买那些可以左右西伯利亚铁路命运的有影响力的人物。波格丹诺维奇（Е. В. Богданович）上校成为他们的理想人选。

1866 年 1 月，波格丹诺维奇被派往维亚特卡和彼尔姆省弄清歉收原因。在了解当地情况后，他于 3 月 23 日致电内务大臣，"解决乌拉尔边区饥荒的唯一有效方法就是在今后修建一条从内地省份（欧俄省份）到叶卡捷琳堡，之后到达秋明的铁路。这条铁路，将继续经西伯利亚敷设到中国边界，必定会具有重要的战略和国际贸易意义"②。他设计的铁路走向为从

---

① Виргинский В. С. Первые проекты Великого Сибирского пути：(Из прошлого отечественного транспорта) // Железнодорожный транспорт. 1961. № 1. С. 92.

② Коновалов П. С. Проекты 50 – 80 – х гг. XIX в. строительства железных дорог в Сибири // Проблемы генезиса и развития капиталистических отношений в Сибири：межвузовский сборник научных статей. Барнаул, 1990. С. 23.

萨拉普尔（Сарапул）经叶卡捷琳堡至秋明。为论证萨拉普尔—秋明铁路设计方案的可行性，他亲自走访铁路沿线地带，搜集相关信息。1867 年底，他故地重访，积极宣传这条线路将会为乌拉尔和西伯利亚商人带来巨大益处。在获得必要的资金后，波格丹诺维奇于 1868—1869 年进行了勘测，并研究了从维亚特卡省的叶尔绍沃村（Ершово）经叶卡捷琳堡到秋明的铁路。此后的几年，他不断充实和修改自己的设计方案，但最初的走向一直保留着。相对于"北线"设计方案，波格丹诺维奇提出的设计方案被称为"南线"方案。

下诺夫哥罗德商人一致支持萨拉普尔—秋明铁路，希望在西伯利亚、中亚和中国打开新的市场，占领西伯利亚通往欧俄的直达运输线路，并乘机削弱喀山、维亚特卡和彼尔姆商业贸易的竞争力。以这一方案为基础，下诺夫哥罗德人还设计了向西延伸的铁路方案，即由萨拉普尔经桑丘尔斯克（Санчурск）、谢苗诺夫（Семенов）至下诺夫哥罗德和莫斯科。

19 世纪 60 年代，下诺夫哥罗德是俄国铁路网的最东端，因此许多设计方案都把它作为设计中的西伯利亚铁路的起始点。下诺夫哥罗德商人早就设计了下诺夫哥罗德—秋明铁路和下诺夫哥罗德—塞兹兰（Сызрань）铁路。借助这两条铁路，下诺夫哥罗德集市垄断者很快就可以控制西伯利亚和中亚的直达运输线路。他们中最有权势的是来自莫斯科、奥列霍沃－祖耶沃（Орехово-зуево）、弗拉基米尔（Владимир）的商人和工厂主。他们希望"用敷设下诺夫哥罗德通往秋明的铁路来巩固下诺夫哥罗德集市已有的地位，然后把在集市上没有售完的货物直接运送到西伯利亚各集市和俄国东部地区"。《莫斯科消息报》评论这一设计方案没有任何技术基础，完全是出于贸易竞争而提出的。①

喀山商人和工厂主首先想到通过降低下诺夫哥罗德集市的商业作用来再现喀山城往昔的商业辉煌。基于此，他们设计了从秋明经萨拉普尔、奇斯托波尔（Чистополь）、缅泽林斯克（Мензелинск），沿卡马河岸到达喀山的铁路。喀山商人首先关注的是下卡马—喀山路段的铁路，它可以与秋

---

① Виргинский В. С. Первые проекты Великого Сибирского пути：(Из прошлого отечественного транспорта) // Железнодорожный транспорт. 1961. № 1. С. 92.

明到喀山的直达运输线路连接起来。这条铁路将把喀山与秋明、鄂木斯克、塞米巴拉金斯克、土库曼斯坦和中国西部地区连接起来,将助喀山重振昔日茶叶贸易的辉煌。

秋明商人和轮船主对萨拉普尔至秋明的铁路非常关注,他们希望把秋明变成全俄港口和贸易中心,把伊尔比特排挤到二类贸易中心的行列中去。在秋明和伊尔比特的贸易竞争中,来自外地的伊尔比特商人发挥着特殊作用,他们中的多数人不肯投入资金在集市内修建商用建筑物,因此他们的货物在运送到集市的过程中经常要受到损失。这些商人希望脱离伊尔比特集市,积极支持修建到秋明的铁路设计方案。

叶卡捷琳堡、托木斯克商人和工厂主也支持萨拉普尔至秋明的“南线”方案。叶卡捷琳堡的批发商在乌拉尔以东地区购买哈萨克草原的油脂、鬃毛、动物皮等,把这些商品沿丘索瓦亚河(р. Чусовая)绕道运到下卡马河,然后用畜力车运送到彼尔姆,夏天时也可以用轮船沿卡马河和伏尔加河运送到莫斯科和彼得堡。萨拉普尔至秋明的铁路将大大降低这些商品的运输成本,连接秋明和卡马河的铁路将把叶卡捷琳堡变成欧俄与东部地区间贸易的仓储地。

西伯利亚商人和轮船主认为,“把西伯利亚和莫斯科通过铁路连接起来,对于俄国内部贸易和俄国与中国、中亚各国的贸易来说是刻不容缓的”。[①] 在他们看来,如果不把西伯利亚和莫斯科连接起来,俄国纺织品就失去了一个稳定的销售市场,在国内市场上无力与外国纺织品竞争。“北线方案或通往维亚特卡、科斯特罗马和雅罗斯拉夫尔的铁路,对于西伯利亚贸易来说毫无益处,甚至只能给它们带来亏损。”[②]

(三) 中线方案

彼尔姆的工厂主,西伯利亚西南部的农场主,彼尔姆、库尔干和伊希姆的商人以及在草原区和中亚从事垄断贸易的塔什干商人既不支持北线方

---

① Виргинский В. С. Первые проекты Великого Сибирского пути:(Из прошлого отечественного транспорта)// Железнодорожный транспорт. 1961. № 1. С. 92.

② Виргинский В. С. Первые проекты Великого Сибирского пути:(Из прошлого отечественного транспорта)// Железнодорожный транспорт. 1961. № 1. С. 92.

案也不支持南线方案。符合他们利益的，是彼尔姆商人、工厂主、轮船主和地方自治代表们提出来的乌拉尔—西伯利亚"中线"铁路方案，即从彼尔姆经叶卡捷琳堡到托博尔河的铁路方案。

在几种中线方案中，彼尔姆大船主柳比莫夫（И. И. Любимов）提出的方案最具代表性。他设计的铁路从彼尔姆出发，经昆古尔（Кунгур）、叶卡捷琳堡、沙德林斯克到达托博尔河上的白湖村（Белоозерская слобода）。此后又将其发展为从彼得堡经雅罗斯拉夫尔（Ярославль）、科斯特罗马、维亚特卡、彼尔姆、昆古尔、秋明、亚卢托罗夫斯克（Ялуторовск）、彼得罗巴甫洛夫斯克（Петропавловск）、鄂木斯克至科雷万（Колывань）或者巴尔瑙尔（Барнаул）的铁路。这条铁路线可以发挥以下四点作用：（1）缓解西伯利亚商品进入彼得堡的压力，降低成本；（2）把食品从沙德林斯克运送到叶卡捷琳堡；（3）运送大部分工厂的冶金产品；（4）满足彼尔姆省工商业发展的需要。

柳比莫夫作为彼尔姆一个大造船主，最关心的是如何缓解叶卡捷琳堡运输粮食、劳动力、煤炭和金属以及维亚特卡运输木材和劳动力的压力。他是西伯利亚油脂批发商，须用铁路把油脂运输到彼得堡销售。柳比莫夫还是彼尔姆的轮船主，他更关注如何增加彼尔姆的轮船货运量。作为乌拉尔金属的垄断收购商，他深知缺少卡马河岸到彼尔姆之间的铁路线，为销售和运输乌拉尔工厂产品带来极大不便。可以说，他的设计方案主要满足了彼尔姆人的利益。

乌拉尔—西伯利亚铁路还有其他一些修建方案，除俄国人参与设计外，也有外国人跃跃欲试。但是报纸上和学术界进行的争论主要围绕上述三个设计方案，分别将其称为北线、南线和中线方案。它们具有不同目的：北线方案是为了满足乌拉尔采矿业发展和伊尔比特集市贸易的利益；中线方案主要是为了在彼得堡、彼尔姆与中亚市场之间建立起联系；只有南线方案在很大程度上是为西伯利亚地方贸易服务的。

为解决长期的争论，俄政府于1870年成立了专门委员会，用以确定乌拉尔—西伯利亚铁路究竟应该采取哪种走向来修建。委员会得出结论，即一条铁路不能同时解决乌拉尔工业发展和西伯利亚贸易需求这两个问题，因为工厂是"从南往北分布在乌拉尔河沿岸",而"商品货物运输的方向是从西往东"。① 因此委员会建议首先修建一条通往乌拉尔的铁路,然后再考虑通往西伯利亚的铁路。政府采纳了这一提议,1875 年 2 月 22 日,批准成立乌拉尔铁路矿业公司,随即开始修建乌拉尔矿场铁路。在西伯利亚土地上修建铁路的问题被推后到不确定的时间。

在俄国政府无视西伯利亚需求的大背景下,一些社会活动家和记者尝试把修建西伯利亚铁路的注意力重新吸引过来。其间,别佐布拉佐夫(В. Л. Безобразов)提出敷设从秋明经伊尔库茨克到符拉迪沃斯托克(海参崴)铁路的方案。② 波列季克(В. А. Полетик)提出将"北线"与"中线"结合的方案,即从雷宾斯克经雅罗斯拉夫尔、科斯特罗马、维亚特卡、叶卡捷琳堡("北线"方案的一部分)、沙德林斯克到托博尔河("中线"方案的一部分)的方案等。但这些提议都没有引起俄国政府的重视,西伯利亚修建铁路问题被束之高阁。

三 19 世纪 80—90 年代的铁路设计方案

19 世纪 80 年代,由于俄国与欧美列强在太平洋水域和中亚的矛盾日益尖锐,遭到搁置的西伯利亚铁路问题再次被提起。这一时期,俄国的奥伦堡铁路、乌拉尔铁路和叶卡捷琳堡—秋明铁路相继竣工,铁路网敷设到西伯利亚西部边界,为继续向东修建铁路奠定了基础。这时各界人士对于修建西伯利亚铁路的意义和必要性都已达成共识,争论焦点集中在铁路走向和修建方法上。

工程师奥斯特罗夫斯基(Островский)提出的方案最具代表性。1880年,他提出,为发展西伯利亚经济必须首先改善地区内部交通运输状况,之后再继续朝乌拉尔方向发展,实现对接。为解决这一任务,奥斯特罗夫

---

① Коновалов П. С. Проекты 50 – 80 – х гг. XIX в. строительства железных дорог в Сибири // Проблемы генезиса и развития капиталистических отношений в Сибири: межвузовский сборник научных статей. Барнаул, 1990. С. 17.

② Ламин В. А. Экономико-географические условия выбора генерального направления трассы Сибирской железной дороги // Социально-экономические отношения и классовая борьба в Сибири дооктябрьского периода. Новосибирск, 1987. С. 52.

斯基认为必须尽快修建三条铁路，即彼尔姆—托博尔斯克铁路，可以连接卡马河和额尔齐斯河；托木斯克—克拉斯诺亚尔斯克铁路，可以连接鄂毕河和叶尼塞河；鄂木斯克—巴尔瑙尔铁路，可以连接额尔齐斯河和鄂毕河，继续把铁路敷设到比斯克。他认为最后一条铁路具有特殊意义，不仅可以缩短从富饶的阿尔泰矿区到托博尔斯克的水路距离，还能够巩固经比斯克、科布多（Кобдо）[1]、乌里雅苏台（Улясутай）[2] 与中国进行的贸易。只有水路运输得到充分开发，才能使作为西伯利亚中心地区的伊尔库茨克与欧俄中心地区的莫斯科间建立起成本低廉的铁路运输线路。奥斯特罗夫斯基设计的铁路经过梁赞（Рязань）、斯帕斯克（Спасск）、乌法，继续向东经过兹拉托乌斯特、车里雅宾斯克、彼得罗巴甫洛夫斯克、鄂木斯克、卡因斯克、托木斯克、马林斯克、阿钦斯克、克拉斯诺亚尔斯克、卡恩斯克、乌丁斯克和巴拉甘斯克（Балаганск），直到伊尔库茨克，这条超长的铁路线经过西伯利亚的主要行政中心和贸易集散地，途经人口最密集的地带和适于耕种的黑土区。[3] 这一走向的设计方案除部分地段外，都与之后建成的西伯利亚大铁路相吻合。

1881 年，在恰克图和莫斯科从事贸易活动的商人奥尔洛夫（М. Г. Орлов）提出修建塔吉尔（Тагил）—伊尔比特—托博尔斯克铁路。莫斯科和伊尔比特商人支持这一方案，因为借助这条铁路可以扩大他们在伊尔比特集市的资本。奥尔洛夫建议在托博尔斯克建立一个欧俄—西伯利亚的商品仓储地。借助于塔吉尔—托博尔斯克铁路，乌拉尔工厂与西伯利亚市场间可以建立起最短距离的联系。托博尔斯克的轮船主们也希望借这条铁路提高托博尔斯克的地位，从此可以摆脱莫斯科—下诺夫哥罗德、叶卡捷琳堡—彼尔姆资本家的控制，直接与欧洲进行货物运输和商业贸易往来。

工程师西坚斯涅尔（Сиденснер）提出了最具诱惑力的铁路修建方案。在对鄂毕—叶尼塞运河进行勘测后，他提出，随着运河的修建和安加拉河下游部分石滩的清理，可以打通一条秋明至贝加尔的长达 5000 俄里的水陆

---

① 位于今蒙古国境内。
② 位于今蒙古国境内。
③ Сибирь и Великая железная дорога. СПб. , 1896. С. 258.

联运道路。设计者认为，在资金不充裕的情况下，为使整条水路通航，只需在阿列伊湖（оз. Арейское）上的雅布洛诺夫山脉（Яблоновый хребет）到坦吉夫村（с. Тангивское）之间修建铁路，就可以把鄂毕河—叶尼塞河水域与太平洋海岸连接起来。[①] 其他专家对这一方案表示怀疑，因此国家财政对西坚斯涅尔打算补充勘测的提议没有划拨资金。

1886 年，东西伯利亚总督伊格纳季耶夫（А. Г. Игнатьев）和阿穆尔沿岸地区总督科尔夫（А. Н. Корф）向沙皇呈送了几份报告，他们在报告中指出了改善西伯利亚内部交通运输状况的重要性，提出应尽快修建伊尔库茨克到托木斯克、贝加尔到斯列坚斯克的铁路。按照他们的构想，这两条铁路将把西西伯利亚与东西伯利亚的轮船运输业连接起来。

企业主戈洛赫瓦斯托夫（А. Д. Голохвастов）在 1881 年出版的宣传手册中指出，在西西伯利亚和欧洲之间建立稳定的贸易联系是最为迫切的任务，为此必须修建一条长达 360 俄里的铁路。他强调，"这条铁路最合适的一端为鄂毕河至沃伊卡尔河（Войкар）河口，另一端为北海至海普德拉河河口（Хайпутырская губа）"。[②] 作者认为使用轮船代替火车可以降低 1/4 的运输成本。但是这样极具诱惑力的前景并没有吸引那些商界人士和学者们更多的注意力，因为修建这条铁路解决的只是局部问题，且在北极冻土带修建铁路成本非常昂贵。

19 世纪 80 年代，海军上将科佩托夫（Н. В. Копытов）为敷设从奥伦堡到阿克莫林斯克（Акмолинск）、比斯克、米努辛斯克、下乌丁斯克、伊尔库茨克，继续经中国东北到符拉迪沃斯托克（海参崴）的铁路而不懈努力。如果实现这一方案，西西伯利亚和东西伯利亚的大部分地区将被排除在未来的社会经济发展规划之外。科佩托夫的方案满足了欧俄商界人士的利益，仍旧视西伯利亚为欧俄地区的农业原料附属地。1889 年

①　Коновалов П. С. Проекты 50 – 80 – х гг. XIX в. строительства железных дорог в Сибири // Проблемы генезиса и развития капиталистических отношений в Сибири: межвузовский сборник научных статей. Барнаул, 1990. С. 26.

②　Коновалов П. С. Проекты 50 – 80 – х гг. XIX в. строительства железных дорог в Сибири // Проблемы генезиса и развития капиталистических отношений в Сибири: межвузовский сборник научных статей. Барнаул, 1990. С. 27.

4 月 14 日，科佩托夫在俄国皇家技术协会会议上说，"如果要在俄国东部地区修建一条大规模铁路的话，那么在选择走向时不能只关注人口稀少的西伯利亚的自身利益"[①]。

西伯利亚实业界人士在这次争论中持不同观点。秋明、库尔干和鄂木斯克的代表起初支持工程师奥斯特罗夫斯基提出的托木斯克—克拉斯诺亚尔斯克—伊尔库茨克铁路方案，但自 1885 年起，他们对西伯利亚铁路按照哪种走向修建已经没有多大兴趣了，因为叶卡捷琳堡—秋明铁路的运营在很大程度上已经满足了他们的需求。

综上所述，西伯利亚大铁路的设计过程可以划分为以下三个时期。

第一时期是 19 世纪上半叶，出现最早的铁路设计方案，涌现许多宝贵的思想，设计者更多地考虑到已经成熟的海上贸易和乌拉尔采矿业的发展需求。受刚刚开始的工业革命影响，俄国铁路建设快速发展。这一时期寻找通往西伯利亚地区铁路的最佳方案成为热议问题，但因农奴制改革很快便停止了争论。

第二时期是 19 世纪 60—70 年代，俄国经济形势发生很大变化，出现了众多西伯利亚铁路修建方案。在讨论过程中提出了乌拉尔—西伯利亚铁路的 3 个基本走向，即"北线"——满足乌拉尔北部地区矿场和伊尔比特集市贸易的利益；"中线"——为彼得堡和彼尔姆建立与中亚市场及国外的联系；"南线"——发展西伯利亚当地贸易。这一时期，设计的西伯利亚铁路要么是一条直达太平洋海岸的连贯铁路，要么是一条水陆联运道路。但各种设计方案都是建立在技术和勘测资料非常匮乏的基础上的，因此具有片面性，尚不具有说服力。

第三时期是 19 世纪 80 年代至 90 年代初，俄国继续探讨铁路走向的各种方案。面对复杂的国际形势，沙皇政府最终决定用十多年的时间来修建通往西伯利亚的铁路。随着俄国资本主义不断向纵深发展，边疆地区的资本家和地主在全俄工商界和政府内的影响力也在逐渐增长。

---

① Коновалов П. С. Проекты 50 – 80 – х гг. XIX в. строительства железных дорог в Сибири // Проблемы генезиса и развития капиталистических отношений в Сибири: межвузовский сборник научных статей. Барнаул, 1990. С. 28.

西伯利亚铁路的命运以及走向的最终决定权受到强大的乌拉尔和欧俄地区资产阶级集团左右。事实上，落后的西伯利亚当地的资产阶级力量薄弱，其主要充当欧俄商品和西伯利亚原材料贸易的中间商。西伯利亚市场上真正的统治者是乌拉尔和欧俄地区的工厂主，他们向西伯利亚商人提供贷款，把西伯利亚贸易牢牢控制在自己手中。他们希望设计的西伯利亚铁路能缓解欧俄地区与西伯利亚之间的商品运输压力，为乌拉尔、维亚特卡、喀山、莫斯科、彼得堡等地的工厂主带来更多的利益。

第三节　俄国政府落实西伯利亚铁路修建方案

19 世纪末，俄国经济出现"工业高涨"，迫切需要新的原料产地和销售市场，而它们就在东部地区。军界人士迫切需要修建一条通往西伯利亚的铁路，其目的在于保护广大边区免受日本、美国、英国"热心人士"的骚扰。东西伯利亚总督伊格纳季耶夫和阿穆尔沿岸地区总督科尔夫多次向沙皇上报这一情况。最终，1886 年，亚历山大三世（1881—1894 年在位）就伊格纳季耶夫的报告做如下批示："我已经多次审阅东西伯利亚总督的报告，但却不得不怀着遗憾和抱愧的心情承认，到目前为止，国家还没为这一富庶而空旷的边区做些什么。是时候了，早就是时候了！"[1]

沙皇的这一批示使长达几十年的、围绕修建通往东部地区铁路的各种讨论画上了句号。所有人都很清楚，争论和相互指责持续了太长时间，问题终于迎来了解决的时刻。亚历山大三世责成沙皇技术协会最高委员会审查、评估所有在西伯利亚修建铁路的提议和论据，修建西伯利亚铁路已经提上俄国政府的议事日程。

一　政府内部讨论西伯利亚铁路问题

1884—1885 年的英俄政治危机险些引发对英战争，沙皇亚历山大三世担心在中亚和中国会产生新问题。尽管俄国政府已经深刻认识到修建西伯

---

① Корелин А., Степанов С. С. Ю. Витте—финасист, политик, дипломат. М., 1998. C. 101.

利亚铁路的重要性，但资金短缺一直是制约铁路修建的主要原因。陆军部虽对在西伯利亚修建铁路持支持态度，但也担心因资金分散而无法为军队配备新式武器，因此更专注俄国海上舰队建设以防与英国或中国发生冲突。外交部推行狂热的外交政策，积极寻找盟友。在这种形势下，交通部不得不开始对铁路沿线地区进行勘测，在集中全力结束萨马拉—兹拉托乌斯特铁路建设后，着手研究西伯利亚轮船运输业，为最终的铁路选址做准备。这一时期，在俄中央和地方政府中主要针对以下几方面问题进行讨论。

（一）关于铁路建设资金问题

虽然对于西伯利亚铁路的修建问题，在政府各部内已经达成了共识，但围绕即将修建的铁路的资金落实问题仍然争论不断，特别是交通部与财政部之间的分歧最大。

按照科尔夫所设计的外贝加尔铁路方案，勘测总长度为 900 俄里的上乌丁斯克到涅尔琴斯克（尼布楚）的窄轨铁路和到色楞金斯克的铁路，需要 16.89 万卢布，研究色楞格河、石勒喀河（Шилка）等河流的水路交通状况需要 6.3 万卢布，共计 23.19 万卢布。1887 年 4 月，交通大臣波谢特向财政大臣维什涅格拉德茨基讨要这笔资金，财政部拒绝支付，于是当年由政府出面组织对外贝加尔铁路的勘测没有实现。

1887 年 11 月，波谢特向大臣委员会提交报告，出于政治考虑，他请求 1888 年开始伐木、挖煤，筹备钢轨、钢轨扣件等建筑材料。他担心，如果不提前筹备，铁路修建工程就无法在 1890 年春天前开工。波谢特极力强调，推迟修建铁路就会增加它的修建成本，因为大部分勘测数据都在过时，必须为新的研究投入补充资金。陆军大臣万诺夫斯基（П. С. Ванновский）和海军部负责人梅斯塔科夫（Местаков）支持波谢特的观点。

但是，在同月 17 日和 24 日召开的会议上，财政大臣维什涅格拉德茨基以国家财政负担沉重为由，再次拒绝了为修建铁路划拨资金。维什涅格拉德茨基指出，在当时欧洲货币市场疲软的状况下，不可能再举借外债。1888 年可用于铁路建设的只有 3000 万卢布的预算资金，这笔资金只够为在建的铁路支付火车机车、铁路附属设备的定金，以及勉强维持个别港口的建设。国务会议国家经济厅的代表和国家检察长索利斯基（Д. М. Сольский）赞同维什涅格拉德茨基的观点。

在这两次会议上，波谢特和维什涅格拉德茨基展开激烈争论，这使西伯利亚铁路修建问题成为亟待解决的重要问题。面对财政大臣的不合作态度，波谢特使出浑身解数，提出许多有益的建议。第一，他建议采用出售铁路沿线国有土地的办法来筹备修建铁路所需的资金，这可以保证正在修建的乌法—兹拉托乌斯特铁路顺利建成。并且波谢特希望争取到拨款以把这条铁路延伸到车里雅宾斯克，因为修建兹拉托乌斯特—车里雅宾斯克铁路对西伯利亚大铁路至关重要，它是乌拉尔通往西伯利亚的入口，是一条"必须要建设的铁路"。第二，波谢特提出把萨马拉—兹拉托乌斯特铁路延伸到车里雅宾斯克和叶卡捷琳堡，并在 1889 年开始修建乌苏里铁路和阿钦斯克铁路。修建这些铁路的资金从 1889 年的特别资金中划拨。

但波谢特并没有等到他的全部设想和建议付诸实施。由于就铁路资金落实一事经常与财政大臣维什涅格拉德茨基发生争执，加之不得沙皇信任，他不得不离开交通大臣的职位。随着波谢特的离职，围绕西伯利亚铁路展开的讨论再次陷入停顿。

维特在与财政大臣维什涅格拉德茨基的明争暗斗中，得到了亚历山大三世的支持。沙皇早就有意修建西伯利亚铁路，但却总是受到各大臣、大臣委员会以及国务会议官员们的阻挠。维特写道："他（沙皇）起用我，意在让我完成他的修建铁路设想。我开始任交通大臣，后于 1892 年 8 月 30 日出任财政大臣，无论是亚历山大三世在位的时候还是之后的一段时期内，我都把沙皇修建西伯利亚大铁路的思想贯彻到底，不管前任的那些大臣们如何阻挠铁路修建，我都要直接听命于沙皇，尽快把这一铁路建成……不夸张地说，如果是因为我推动了这一伟大事业的完成，那当然是首先取得了亚历山大三世和尼古拉二世（1894—1917 年在位）两位沙皇的支持。"[1] 维特作为铁路金融事务的大管家，代表和维护着俄国地主和资产阶级的利益。

（二）关于铁路修建意义问题

19 世纪 80 年代中期之前，主张修建西伯利亚铁路的多是工商业资产阶

---

[1]　Витте С. Ю. Воспоминания. Т. 3. М. , 1960. С. 355.

级，因此他们着重强调的是铁路所具有的经济意义。到了 80 年代中期，随着国内外形势发生变化，西伯利亚铁路的修建目的逐渐转向军事战略方面，军界代表言论成为主流。在他们的影响下，铁路的意义成为供给军队粮草的运输工具，铁路对西伯利亚经济发展的影响在于向欧俄国防工业提供原材料。

1. 地方官员强调铁路的军事意义

这一时期，俄地方政府官员力陈西伯利亚铁路修建迫切性的呈文，几乎都将这条铁路所具有的战略意义放在首位。例如，1886 年 7 月初，阿穆尔沿岸地区总督科尔夫向交通部递交了一份关于修建外贝加尔铁路的呈文。他在呈文中写道："中国政府意识到在军事方面处于劣势，因此编造各种借口采取一些暂时性禁止措施，如暂时禁止中国东北向俄国出口粮食和牲畜等。在战时，如果中国完全禁止出售粮食和牲畜，将置我们于危险境地，那时再打开新市场将为时晚矣……"① 科尔夫认为，出于战略考虑，设计中的铁路应该为阿穆尔沿岸地区打开外贝加尔农业市场，减少对中国东北的经济依赖。此外，铁路在建成后可以减少政府用于阿穆尔军队的补给和培训费用，政府不用继续实行对布拉戈维申斯克（海兰泡）等地扩充军队的计划。因为随着铁路建成，政府就可以把外贝加尔军队甚至是乌拉尔军队快速派往阿穆尔地区。在呈文的最后，科尔夫再次强调了阿穆尔沿岸地区的重要战略地位。他指出，一旦与中国爆发冲突，至少要在第一时间内依靠本国的军事力量与中国开战，而西伯利亚铁路邻近乌拉尔地区的路段却无法像设计的外贝加尔铁路那样完成指定任务，因此修建西伯利亚铁路迫在眉睫。

1886 年 11 月，伊尔库茨克军区司令列维茨基（Левицкий）将军递交给东西伯利亚总督伊格纳季耶夫的呈文也阐明了"在东西伯利亚修建铁路的必要性"。呈文指出，东西伯利亚面临的形势非常严峻，须履行作战军队稳定战略后方的责任。列维茨基故意夸大了中国对俄东部地区造成的威胁，指出："热爱和平的、存在了一个多世纪的清帝国可以视为维持亚洲

---

① Прохаска Л. И. К двадцатипятилетию закладки Великого Сибирского пути 19 мая 1891 г. − 19 мая 1916 г. : Краткий исторический очерк. Пг. , 1916. С. 3, 4.

边界安宁的保护屏障的时代已经一去不复返。在与西方列强的冲突中，中国逐渐强大起来……在这种形势下，建立东部地区与欧俄之间的联系具有特殊意义。但现有的道路使这种联系不够稳定。西伯利亚驿道运送军队需要数月时间，环球海上航行受到英国的威胁，而西伯利亚河流冬天结冰，一年中有 7 个月轮船无法航行。现有的财政资金无法维持在阿穆尔沿岸地区部署足够的军队来应对与中国爆发的冲突，因此迫切需要解决通过铁路从伊尔库茨克军区和托木斯克军区向远东地区运送军队的问题，伊尔库茨克—托木斯克铁路可以保证在外贝加尔地区集结军队。"① 列维茨基认为，可以利用铁路对中国构成威胁，维持与中国的"睦邻"关系，虽然这条铁路最初将不会带来收入，但可以实现更高的战略目标。他希望把铁路变成对中国施压的政治武器和沙皇侵略远东的工具。

1887 年 4 月 17 日，东西伯利亚总督伊格纳季耶夫递交给交通部、财政部和陆军部一份呈文，指出与中国发生冲突的危险性。他认为修建铁路是巩固阿穆尔沿岸地区边防的重要举措，因为"通过铁路可以快速把军队和货物从俄国中心地区经西伯利亚运输到阿穆尔沿岸地区"；"应通过铁路将符拉迪沃斯托克（海参崴）与松花江连接起来，如果二者不连接，我们在太平洋上重要的港口就是一个与国内交通中断的孤立基地"。② 出于这一目的，他还建议同时要大力发展西伯利亚各条河流上的轮船运输业，仅靠托木斯克—伊尔库茨克铁路还无法保障俄国在远东的政治利益。伊格纳季耶夫认为，修建西伯利亚铁路可以用来解决西伯利亚面临的全部经济问题，巩固西伯利亚与欧俄地区的联系，消除西伯利亚地方自治活动鼓吹的经济特殊和政治孤立因素。他指出，"所有这些问题中最重要的就是修建一条连贯的、把欧俄和西伯利亚到太平洋连接起来的铁路。对于俄国来说，完成这一任务只是时间问题。在当前的政治环境下，西伯利亚铁路问题是关乎国家战略目的的头等重要问题。如果及时修建外贝加尔铁路，就

---

① Борзунов В. Ф. История создания Транссибирской железнодорожной магистрали XIX - нач. XX вв. Диссертация доктора исторических наук. Томск, 1972. C. 305.

② Кругликов А. Сибирская железная дорога с экономической и стратегической точки зрения // Северный Вестник. Кн. 3. Отд. II. СПб., 1891. № 3. C. 5.

会熄灭即将燃起的战争火苗，缓解与中国的纠纷，修建到达太平洋的铁路毫无疑问是维护和平的可靠方法"。[①] 此外，伊格纳季耶夫试图证明从修建铁路中可以得到一些收益。他指出，要扩大商业运输，就必须提高铁路的运输能力，使它可以一直满足实际运输货物的需要。按照他的计算，铁路可以使国家财政在爆发战争时为运送军队而节省资金，节省的资金加上它运营带来的收入，共计 250 万卢布。

地方官员的这些强调修建西伯利亚铁路战略性的呈文自然引起了沙皇及其政府的重视，并促成了 1887 年冬总司令部主持下的特别会议的召开。特别会议讨论了阿穆尔沿岸地区的安全问题，并决定一旦与中国爆发冲突，将增加从西伯利亚和欧俄抽调军队的数量。按照当时的交通状况，从伊尔库茨克到达斯列坚斯克或者祖鲁海图（Цурухайтуй）的战备物资将在开战后3.5 个月后、军队将在 7 个月后到达，那么军队抵达战场时已经为时晚矣，将把阿穆尔沿岸地区置于毫无喘息时间的境地，整个军事形势将变得异常复杂，也会浪费巨大资金。特别会议提出，之前从托木斯克把军队运送到斯列坚斯克需要数周，而通过铁路运送只需 10 天，因此主张向俄政府申请修建托木斯克—伊尔库茨克—斯列坚斯克铁路。特别会议得出结论，保护中国东北通往波谢特湾的陆路出口非常重要，一旦与中国开战或者英德支持中国展开反俄行动，俄国可以对中国施加压力，借助铁路可以保持俄国在欧洲列强中的"强硬地位"。此时，在俄中央政府内已经对修建西伯利亚铁路达成了共识，"在不久的将来修建直达运输铁路是必然的"，在西伯利亚修建铁路的主要目的是"保证铁路可以运送军队"，它具有"特殊的国家意义"。[②]

2. 以维特为首的中央政府官员从理论层面指出铁路的意义

自 1888 年起，维特开始进入俄中央政府工作。1889 年 3 月 10 日，维特被任命为财政部铁路司司长，主管全俄铁路事务。此后又先后被任命为交通大臣和财政大臣。维特虽然不是西伯利亚大铁路的首倡者，但他一直

---

① Кругликов А. Сибирская железная дорога с экономической и стратегической точки зрения // Северный Вестник. Кн. 3. Отд. Ⅱ. СПб., 1891. № 3. С. 5.

② Кругликов А. Сибирская железная дорога с экономической и стратегической точки зрения // Северный Вестник. Кн. 3. Отд. Ⅱ. СПб., 1891. № 3. С. 5.

是修建这条铁路的坚定捍卫者和具体实施者。维特善于利用沙皇对铁路修建问题的支持。维特写道："这一想法深深植根于沙皇亚历山大三世的头脑中，从我被任命为大臣以来他就常常和我谈起修建这条铁路一事。"① 沙皇对铁路问题的这一态度帮助维特迈出了最初的艰难步伐。维特作为这一时期俄政府官员中的掌舵者，在理论上指出了修建西伯利亚大铁路的意义。

首先，强调铁路的战略意义。维特赞同早在波谢特和久别涅特（А. Я. Гюббенет）任交通大臣时提出的看法，即不能单从狭隘的经济角度来评价铁路的意义。他认为，"西伯利亚、外贝加尔和乌苏里铁路修建最主要的目的是军事政治目的"。② 维特将地缘政治因素作为其最主要的论据之一："铁路可以缩短欧俄与东方亚洲之间的距离，它可以增加我们在那里的影响。"③ 毫无疑问，铁路在运营初期是亏损的，但它从长远来看是满足国家需要的。维特坚持铁路所具有的战略意义，他把西伯利亚大铁路的修建看作一个世界性战略，认为这条铁路在对外关系上将促进与中国、日本等亚洲国家及美国之间的政治、经贸和文化交往，在军事上将为俄国在太平洋发展海军舰队提供良好的环境，能"保障俄国舰队得到一切必需品，以便在欧洲和亚洲东部出现政治纷争时在太平洋各港口掌控所有的国际贸易活动"④。维特以加拿大铁路为例，提出在铁路出口的符拉迪沃斯托克（海参崴）建立轮船运输业，增强铁路在太平洋地区的竞争力，与中国、朝鲜和日本建立直接的贸易联系。维特的这些思想基本都是在重复前人的论断，只是为了一个主要论题做铺垫，那就是这条铁路值得花费巨额资金来修建，也昭示出沙俄政府修建西伯利亚大铁路的真实目的。

其次，注重铁路发挥的社会经济作用。维特认为，铁路的经济作用不

---

① Витте С. Ю. Воспоминания. Т. 3. М. , 1960. С. 354 – 355.

② Борзунов В. Ф. К вопросу об экономическом значении Сибирской железной дороги в конце XIX – начале XX вв. // Вопросы истории Сибири и Дальнего Востока. Новосибирск, 1961. С. 97.

③ Витте С. Ю. Конспект лекций о народном и государственном хозяйстве, читанных его императорскому высочеству великому князю Михаилу Александровичу в 1900 – 1902 годах. М. , 1912. С. 219.

④ 徐景学主编《西伯利亚史》，哈尔滨：黑龙江教育出版社，1991，第 323 页。

应局限在铁路直接辐射范围内的狭长地带，还应扩展到与西伯利亚各河流交汇的广阔地域，这里具有扩大开采矿物资源和农业开发的良好条件。

维特指出铁路最主要的意义在于建立西伯利亚和欧俄之间的联系。俄国东部地区历史上就是人口稀少、经济落后、文化水平较低的边区。他认为，用连贯的铁路把西伯利亚与俄国铁路连接起来可以拉近它与欧俄的距离，铁路使西伯利亚获得了与俄国其他地区同等发展的条件，从而可以加快融入俄国生活的步伐。

维特对铁路的经济作用给予很高的评价。西伯利亚大铁路深入农业区和土地肥沃的伊希姆（Ишимская степь）、巴拉宾（Барабинская степь）、库伦达草原（Кулундинская степь）地区。它为大规模农业移民打开了方便之门，在把欧俄少地农民迁移到东部地区这一过程中起到重要作用。维特认为，把少地农民迁移到这些自由土地的办法完全符合国家利益。着眼于资产阶级和地主阶级的利益，维特制定了两种西伯利亚移民方式：自由的农业移民和提供优惠条件的贵族移民。

维特把更多的注意力放在如何发挥铁路对西伯利亚工业发展的促进作用上。他认为，铁路对边区来说就是一部采矿工业的强大发动机。铁路是乌拉尔采矿业发展的强大支柱，为乌拉尔矿场打开了在欧俄地区、西伯利亚地区和中国销售产品的大门。铁路将把资本吸引到西伯利亚工业中，对发展西伯利亚采金工业具有特别重要的作用，这也是维特确定铁路具有国家意义的出发点之一。西伯利亚采金业为国家财政做出了重要贡献，正是仰仗西伯利亚开采出来的黄金，俄国才在国际金融市场中占有一席之地。维特对西伯利亚采金业发展和铁路对西伯利亚影响的问题进行了详细论述。按照维特的设想，铁路还应该显著增加"当地的农业生产，扩大矿业开采规模，使采金业和贸易得到发展"。维特强调"毫无疑问，铁路是西伯利亚地区经济发展的一个强动力，它将激活当地的生产活动，并逐渐将西伯利亚的文化和生活水平提升到与俄国欧洲部分相同的水平"。[①] 他认为，铁路应该确保西伯利亚"发展农业生产的最主要条件和

---

① Витте С. Ю. Воспоминания. Т. 3. М. , 1960. С. 328.

保证销售市场、吸引劳动力，为国家打通一条平稳而长久的道路来解决国家面临的难题之一——为欧俄内地省份的少地农民（在西伯利亚地区）安置土地"。①

维特认为，铁路对商业贸易的影响深远。他认为，铁路将加快商业资本运转，降低商品价格，加速俄国商品进入西伯利亚市场和中国市场。修建与太平洋和亚洲东部地区连接的铁路，将为俄国贸易和国际贸易打开一个新的通道。维特指出，西伯利亚铁路的战略意义将使它在人类历史中开创一个新纪元，还会引起国与国之间经济关系的根本转变。西伯利亚铁路的修建将使俄国取代英国在运输中国茶叶、与欧洲国家开展贸易中发挥的作用，还将大大提高西伯利亚的文化水平，把它从偏远落后的边区变为俄国繁荣的经济区。维特仔细研究了西伯利亚贸易的性质并得出结论，铁路将运输大量西伯利亚原材料，并能够使俄国工业品重新占领西伯利亚市场。

维特的这些思想反映了俄国资产阶级和地主阶级的利益，满足了俄国经济发展的需求。他希望资产阶级能够在西伯利亚站稳脚跟，把渗透到远东市场的外国人赶出去。俄国不仅要在远东取代外国资本，而且还要建立对太平洋地区全部贸易活动的垄断统治。这也是莫斯科手工工场主、乌拉尔工厂主和西伯利亚加工业企业主的计划。

维特从地主阶级的利益出发，为地主提供丰富的西伯利亚原材料，为中国和日本的军事和政治冒险者提供广阔的舞台。他希望一方面，借助铁路的经济作用、轮船运输业的发展和商业贸易活动来增加俄国资本在远东的竞争力；另一方面，依靠由太平洋舰队武装起来的军事力量和便捷的铁路运输扩大俄国在世界舞台上发挥的作用。

19 世纪 80 年代末，列强在新的国际政治形势下基本完成了对世界的瓜分。远东军事威胁论的蔓延以及对战争形势的过分夸大促使俄国政府下定决心启动西伯利亚铁路工程。

---

① Витте С. Ю. Конспект лекций о народном и государственном хозяйстве, читанных его императорскому высочеству великому князю Михаилу Александровичу в 1900 – 1902 годах. М. , 1912. С. 219.

二 最终确定铁路走向

尽管沙皇亚历山大三世已经正式批复关于西伯利亚铁路修建问题的奏疏，这条横贯俄国东西的铁路也因此正式获得高层许可并准备破土动工，但此时一个严重的问题困扰着俄国高层，那就是筹集修建铁路所需的巨额资金。为此，交通大臣波谢特与财政大臣维什涅格拉德茨基两人开始了长时间的推诿对垒。维什涅格拉德茨基以国家财政无力负担为由，多次拒绝为铁路的修建买单。为此，波谢特使尽浑身解数，软磨硬泡，依旧没能够赢得财政大臣及沙皇的信任，最终只能黯然辞职离去，致使铁路修建方案再次搁置。波谢特留下的所有文件转交给新任交通大臣保克尔（Паукер）。1888—1889 年的 4 个多月时间内，保克尔经常与万诺夫斯基通信，就修建铁路一事进行探讨。为了降低车里雅宾斯克铁路修建成本和加快修建进度，他提出简化技术标准的修建方法和从西端开始修建铁路。但很快保克尔身亡，形势发生了急剧转变，久别涅特被任命为交通大臣，他在 1880—1884 年曾和波谢特一同在交通部共事，他完全支持波谢特的设想。久别涅特继续坚持修建一条连贯的铁路方案，他急于尽快结束西伯利亚考察研究，并派工程师前往美洲实地获取加拿大铁路的信息，因为这条铁路的修建条件与西伯利亚铁路十分相似。面对复杂的国内外形势，西伯利亚大铁路在 19 世纪 80 年代末终于被确定修建。

（一）中国因素促成铁路修建

自 19 世纪 80 年代后半期起，随着英俄在东方的矛盾日益加剧，西伯利亚铁路修建问题成为俄国维护在中国的利益的一个主要筹码。德国、英国、法国和美国资本争相探讨在中国修建铁路的问题，这引起了俄国资本家和地主阶级的担忧。中国政府有意修建一条到达塔城①的铁路，它可以深入俄国境内，经比斯克进行茶叶贸易。李鸿章主张可以吸引外国资本来修建铁路，但慈禧不同意把铁路的修建和运营权交由外国人。由于清政府资金匮乏，这一计划最后遭到搁浅。同一时期，清政府向黑龙江沿岸地区

----

① 位于中国新疆境内。

迁移了大批中国人，架设了从北京沿黑龙江到达瑷珲的电报线缆，在松花江沿岸集结了大批中国军队，在吉林建设了兵工厂。

这一情况立即引起了俄地方官员的注意。阿穆尔河沿岸地区总督科尔夫在电报中反复强调，中国国防力量对俄国构成的威胁正在扩大，中国在英国工程师的帮助下，已经完成了对与俄国交界的珲春铁路的勘测。因此，科尔夫请求立即开始修建西伯利亚铁路。

俄政府各部相继从各种渠道获悉英国工程师在中国边境线活动的消息。1890 年 7 月 31 日，外交大臣吉尔斯（Н. К. Гирс）指出，19 世纪 80 年代末就出现了把北京和满洲铁路连接起来的构想。吉尔斯写道："中国人产生这一构想的主要动机是认为俄国在觊觎中国东北的领土。与俄国在东方竞争的英国支持中国，整个英中媒体都在提醒中国人要警惕俄国的威胁。可以这样说，受这些暗示的影响，中国人的头脑中已经酝酿形成了修建满洲铁路的计划，这一计划暂时没有实行主要是因为中国没有筹措到足够的资金。"[①]

吉尔斯认为，俄国在太平洋水域的战略和政治地位与 19 世纪 80 年代末 90 年代初俄政府的政治方针一致，英国的阴谋是俄中关系发生诸多变化的诱因。俄国不愿与中国发生冲突，他写道："我们针对中国的政策主要是与其保持友好关系，消除造成严重误会的羁绊。远东的国际形势发生了变化，但是政府的责任在于寻找到缓解与邻近国家紧张关系的方法，以便在形势危急时可以在边疆地区实行防御措施。实现这一目的的唯一方法就是把铁路延伸到太平洋。俄国修建铁路可能会使中国加紧在满洲修建铁路，但这不应该使俄政府停止建设计划，因为把铁路延伸到太平洋需要很长时间。越快修建铁路，就越能使俄国适应在远东随时可能面临的新纠纷。"[②]

鉴于此，沙皇责成交通部和财政部开始筹备修建铁路。1890 年 8 月 24 日，久别涅特致信吉尔斯，询问从远东政治形势和俄中关系发展前景出

---

① Борзунов В. Ф. История создания Транссибирской железнодорожной магистрали ХІХ - нач. ХХ вв. Диссертация доктора исторических наук. Томск，1972. С. 334.

② Борзунов В. Ф. История создания Транссибирской железнодорожной магистрали ХІХ - нач. ХХ вв. Диссертация доктора исторических наук. Томск，1972. С. 336.

发，究竟西伯利亚铁路的哪段铁路是最为重要且亟须修建的。很显然，西伯利亚铁路的运输能力在未来一段时间内远远不能满足各种战略和经济发展需要，这就迫使俄国政府必须谨慎地衡量和比较提出的各种方案，从而确定最佳方案和修建顺序，因为要建成像西伯利亚铁路这种长度和修建难度极大的铁路需要巨额资金和数年时间。

优先选择哪段铁路开始修建，在很大程度上取决于当时的俄中关系、俄国对中国政府决策的影响力以及中国为修建中俄边境铁路可以投入的资金数额等。兴凯湖和松花江是把南乌苏里边区与阿穆尔沿岸地区、外贝加尔地区连接起来的唯一通道。英国看到了这一地区的战略地位，提出在中国境内修建铁路的计划，即从北京出发，途经牛庄、奉天①、吉林，之后与松花江的出口连接起来。相比之下，俄国的西伯利亚铁路方案具有更加明显的战略优势，因为拥有太平洋上的符拉迪沃斯托克（海参崴）港，其更易与中国东北通过铁路连接起来。可以说，当时的东北亚国际局势及中国因素促使俄政府最终下定决心修建西伯利亚大铁路。

（二）确定修建方案及细节

在俄政府内多方的努力下，西伯利亚铁路修建问题距离最终解决只差一步之遥。19 世纪 80 年代末 90 年代初，总司令部结束了对在远东部署积极行动计划细节问题的讨论，外交部密切关注列强在中国实施各种阴谋的新动向。国际政治的重心向东方倾斜，这里只要发生哪怕是一个微小的事件就会引发强烈反应，列强在远东的冲突一触即发。1887 年，在彼得堡召开了一次专门讨论西伯利亚大铁路修建之必要性的高级官员会议，与会者一致认为："为了国家利益……近年来愈益迫切需要在俄国欧洲部分和遥远的东方之间建立起最迅速的交通设施……"② 1890 年，沙皇亚历山大三世发出"从速着手西伯利亚铁路建设"的命令。③ 在这一形势下，西伯利亚大铁路的最终修建方案确定。

---

① 即沈阳。

② 〔美〕安德鲁·马洛泽莫夫：《俄国的远东政策（1881—1904 年）》，本馆翻译组译，北京：商务印书馆，1977，第 44 页。

③ Сибирь под влиянием рельсового пути. СПб., 1902. С. 6.

最终确定的铁路走向与之前确定的走向相比发生了很大改变。在这段时期内，奥伦堡铁路经伏尔加、乌拉尔矿场铁路延伸到秋明的线路已经运营通车；萨马拉铁路经乌拉尔修建到兹拉托乌斯特，从这里又把铁路修建到米阿斯（Миасс）；欧俄铁路网从兹拉托乌斯特、奥伦堡和秋明通向了西伯利亚北部、中部和南部地区。在此基础上，又出现了三种把俄国中心铁路延伸至下乌丁斯克的方案，即主要位于西西伯利亚境内的铁路方案。

第一种方案建议从秋明经托木斯克、克拉斯诺亚尔斯克至下乌丁斯克修建铁路，这条线路全长 3470 俄里。该方案被认为是花费最大的方案，因为那时的彼尔姆—秋明铁路还没有和欧俄铁路连接起来，这条铁路从秋明往东穿过的是林地和沼泽地。

第二种方案建议修建由奥伦堡经奥尔斯克（Орск）、阿克莫林斯克、米丘林斯克（Мичуринск）至下乌丁斯克的铁路，线路长达 3400 俄里。该方案也不太现实，因为它远离人口聚居区，并且线路途经之地荒无人烟，它的修建和运营需要大量资金。

第三种方案建议修建由米阿斯经车里雅宾斯克、库尔干、彼得罗巴甫洛夫斯克、鄂木斯克、克拉斯诺亚尔斯克至下乌丁斯克的铁路，全长 2643 俄里。该方案最终被通过和批准。这条线路穿越人口居住区，这里有充足的粮食和商品。它处于最为有利的地形，和其他线路比起来也是距离最短的。[①]

至于下乌丁斯克以东铁路的走向，仍按 19 世纪 80 年代讨论得出的方案，基本没有改变，即下乌丁斯克—伊尔库茨克—上乌丁斯克—赤塔—斯列坚斯科—哈巴罗夫斯克（伯力）—乌苏里斯克（双城子）—符拉迪沃斯托克（海参崴）。铁路走向确定后，交通大臣久别涅特倾尽全力推动铁路修建问题向前发展。他整理了俄国技术协会的相关资料，搜集了政府组织对铁路进行勘测的结果，在经过消化吸收后撰写了一份长达 120 页的报告。1890 年 11 月 15 日，他把这份报告分发给特别会议的所有成员，报告中对

① Лоскутов С. А. Великая магистраль на Восток: начало Транссиба // Вестн. Челяб. ун-та. Сер. 10. Востоковедение. Евразийство. Геополитика. 2003. № 1 (2). С. 163 – 164.

铁路修建的细节问题进行了分析，并提出相应建议。之后维特提出的几乎全部计划都来源于这份报告，只是对其进行了一些补充而已。

久别涅特在报告中建议，同时从东西两个方向开始修建铁路，西方从兹拉托乌斯特—米阿斯路段经车里雅宾斯克、鄂木斯克、托木斯克到伊尔库茨克，东方从符拉迪沃斯托克（海参崴）经哈巴罗夫斯克（伯力）、斯列坚斯克到伊尔库茨克。此外，必须把这条铁路与乌拉尔铁路和欧俄铁路网连接起来，修建从车里雅宾斯克至叶卡捷琳堡的铁路，还要修建到达鄂木斯克、托木斯克和叶尼塞河、安加拉河等的支线铁路。他还建议认真研究外国修建铁路的经验，可以将加拿大铁路作为西伯利亚铁路修建实际参考的样板。铁路敷设速度选择与加拿大铁路相同的速度——每年 275 俄里，整个工程需要 14 年才能完成。久别涅特提出，在修建铁路前，确定各路段的修建顺序、拨款时限和每笔款项的到位时间是非常必要的。他认为最先应该修建的路段为符拉迪沃斯托克（海参崴）至格拉夫斯卡亚（ст. Графская）、米阿斯至车里雅宾斯克，它们是西伯利亚大铁路东西两端的起始铁路线。他反对财政大臣提出的利用私人资本来修建铁路的提议，还建议"成立一个修建西伯利亚铁路特别中心会议"，这就是西伯利亚铁路委员会的雏形。

在久别涅特任职的 3 年时间里，他把西伯利亚铁路修建一事从"冰点"向前推动，直到开始修建，他还吸引俄国最优秀的科技人才来研究技术层面的所有重要问题。波谢特和久别涅特几十年来与持反对铁路修建意见的人士进行坚决斗争，他们在理论上和实践上使铁路修建成为可能，并促使它变为现实。但同时，与铁路相关的经济、技术和财政问题还没有得到明确解决，政府内部存在着推诿扯皮和左右摇摆等问题，为战胜这些困难需要一个人具备相当大的勇气，这个人要为实现 19 世纪这项伟大的工程担负起重要责任。维特就是具备这些特质的人，在久别涅特之后，他于 1892 年被任命为交通大臣。

1891 年 2 月大臣委员会通过的会议决定在西伯利亚铁路建设史上具有重要意义。在这次会议期间，俄政府放弃了修建水陆联运铁路的构想，最终决定修建一条连贯的铁路，并确定了铁路最终走向及同时从符拉迪沃斯托克（海参崴）和车里雅宾斯克东西两端开始修建，大臣委员会肯定了铁路的国家意义和世界意义。俄政府推翻了重商主义者的提议，决定修建一条以战略意义为主的西伯利亚大铁路，把俄国欧洲和亚洲部分的经济融合到一起。

| 第二章 |
俄国对华推行远东政策

西伯利亚大铁路是一项举世闻名的宏伟建筑工程。它西起莫斯科，东到符拉迪沃斯托克（海参崴），绵延 9288 公里，是迄今为止世界上最长的铁路。其主体工程主要位于俄国亚洲部分，于 1891 年从符拉迪沃斯托克（海参崴）和车里雅宾斯克东西两端同时破土动工修建，1904 年全线通车，收尾工程则延续到了 1916 年。这条铁路从修建之初起，就饱受各国的关注和诟病，特别是取道中国境内的中东铁路的修建，更是引发远东国际关系的风云变幻。

第一节　俄国向东扩张与远东政策演变

19 世纪 90 年代前，远东在俄国政府眼中还只是偏远闭塞、不受重视的蛮荒之地。但随着日本、欧美列强向远东的扩张，远东日益成为国际冲突的焦点。迫于国内外形势，俄国将战略重心从西方转向东方。俄国的远东政策经历了从和平经济渗入到武力征服，之后发展到联日侵华的几个阶段。

一　俄国战略重心向东转移

俄国版图横跨欧亚两大洲，亚洲部分的国土面积甚至远远大于欧洲部分的，但俄国却一直以欧洲国家自称，可见其自古以来国家的战略重心一直在西方。自 1581 年俄国哥萨克东征西伯利亚以来，俄国向东方的扩张从未间断。到 19 世纪中叶，即第二次鸦片战争前后，俄国通过不平等条约割占了中国东北地区的大片领土，使这种扩张达到了高潮。当时俄国东进的领军人——东西伯利亚总督穆拉维约夫还特意制定了专门的计划，俄国想要趁着向东北亚地区推进的机会，巩固和加强在该地区的影响力，甚至成为东北亚国际关系中的超地区国家。从当时俄国志在必得的进攻态势来看，其似乎已经将东北亚地区确定为继续扩张和侵略的目标。然而此后近30 年的发展却与目标背道而驰，事实表明俄国并没有将扩张重点放在东北亚。究其原因，可归纳为国内和国际两个方面。

从国内来看，俄国政府在夺取新土地后，向东北亚地区的继续扩张困难重重，无奈之下只得放慢扩张速度，扩张甚至被迫停滞。俄国通过《瑷珲条约》和《北京条约》占领中国东北大片土地，按原计划应随即向这里迁移大量欧俄和西伯利亚居民，使俄国在新占领土地上站稳脚跟。但是，新土地人烟稀少，交通不便，即便是从最近的外贝加尔招募的移民抵达乌苏里江流域竟然也需要一年半以上的时间。[①] 移民的招募本就困难，最终能顺利抵达新土地的移民就更少了。1861 年，沿整个黑龙江的交通线上仅有移民 16000 余人，分布在 60 多个村落中，开垦的土地也极为有限。[②] 新移民因不适应气候条件及当地农作物种植技术等，回迁率逐年递增。为此，俄国政府还颁布了专门的移民法令，对移居黑龙江、乌苏里江流域的农民给予特殊优惠待遇，即每人可以获得耕地 100 俄亩（1 俄亩约合 1.09公顷），每亩缴税仅 3 卢布，还可免服兵役 10 年，免除各种赋税 20 年等。[③] 然而，如此优厚的移民政策也仅在短期内起到了一定的刺激作用，不久便失去了吸引力。从最终的结果来看，俄国当时的移民政策基本以失败告终，将新土地变为俄国粮食基地的愿望也没能实现。与东北亚各国毗邻的新土地因缺乏劳动力而没有得到开发，俄国因此失去了向东北亚扩张的后方基地，扩张的步伐受到阻碍。

---

① 〔美〕安德鲁·马洛泽莫夫：《俄国的远东政策（1881—1904 年）》，本馆翻译组译，北京：商务印书馆，1977，第 2 页。

② 黄定天：《东北亚国际关系史》，哈尔滨：黑龙江教育出版社，1999，第 190 页。

③ 王晓菊：《俄国东部移民开发问题研究》，北京：中国社会科学出版社，2003，第 112 页。

从国外即从国际关系的角度来看，19世纪80年代中期前，俄国战略重心没有向东北亚转移与西方列强对俄国的牵制有关。19世纪中叶，俄国奉行"东西兼顾""以西为主"的外交政策。在中国第二次鸦片战争发生之时，俄国朝东西两个方向同时进行着积极的军事活动。在西方，俄国同英、法激烈争夺近东霸权，最终导致克里米亚战争的爆发。因此，当俄国向东方的黑龙江流域进行扩张时，较前谨慎许多，以免引起英、法的连锁反应。克里米亚战争失败后，俄国与英、法签订《巴黎和约》，虽然压力暂时得以缓解，但仍不能立刻将注意力转向东方，因为俄国在西方的"欧洲宪兵"地位已经发生动摇，还受到来自英国的强烈挑战。尽管之后的普法战争破坏了克里米亚战争中形成的反俄集团，但德国的崛起又对俄国构成了新的威胁，其不得不调动军队去防卫西部边界。俾斯麦的均势外交也使俄国同德、奥的"三皇同盟"在1878年后遭到瓦解，"大保加利亚"计划被迫搁浅。此外，英、俄在中亚的矛盾越来越尖锐。农奴制改革后，俄国加紧占领中亚地区，进攻并占领了布哈拉、浩罕、基发等地。而英国以印度为依托也欲向中亚扩张，与俄国的矛盾冲突加剧。由此可见，19世纪80年代中期前，俄国一直受到西方、近东及中亚国际事务的牵制，无暇东顾。

19世纪90年代前，远东在俄国政府眼中还只是偏远闭塞、不受重视的蛮荒之地。然而，随着日本、欧美列强向远东的扩张，远东日益成为国际冲突的焦点。甲午中日战争是一场瓜分中国和朝鲜的充满罪恶的国际争斗。在此之前，俄国的银行和金融机构依靠对内掠夺和举借外债已经积聚了大量资金，为政府从相对保守转为扩张的对外政策提供了重要的资金支持。19世纪90年代后，俄国战略重心开始向东转移，这又可从内部和外部两方面寻找到原因。

从内部因素来看，首先，俄国在东北亚国际社会中的地位下降，这引起俄国各界人士的广泛关注。特别是秉持东方学思想的俄国政界和学术界人士四处鼓吹东方文明、亚洲对于俄国的重要作用，强调俄国文化的东方属性，认为俄国只有不断向亚洲扩张，才能保护东方文明和俄国在东方的利益。东方学学派的思想和理论极大地影响了俄国政府的决策，进而使其相应调整了东北亚政策。这一时期曾先后执掌俄国交通和财政两大部门的维特拥有着特殊的权力，他是向东扩张政策的积极拥护者和执行者。维特在俄国政府内的特殊地位，决定了他的思想与态度在很大程度上会影响沙皇制定的对内对外政策。维特自 1892 年出任财政大臣以来，实行了一系列改革，国家政局趋于稳定，工业迅猛发展，吸引大量外资投入铁路建设等领域。随着欧俄地区工厂生产力不断提高，资产阶级要求扩大销售市场，改善与市场紧密联系的交通运输条件。他们不满足于欧俄地区这一狭小的市场经济地域，希望把它延伸到广袤的东部地区。19 世纪 80 年代中期，俄国政府内部开始讨论修建通往西伯利亚和远东地区的铁路问题，迫切希望用一条铁路将俄国的欧洲部分与远东连接起来，进而加强对远东的控制。无论是官员还是企业主、工程师、商人，都积极探讨铁路设计方案中。例如，海军上将科佩托夫设计了一条从奥伦堡到阿克莫林斯克、比斯克、米努辛斯克、下乌丁斯克、伊尔库茨克，继续经中国东北到符拉迪沃斯托克（海参崴）的铁路线，并将设计方案呈递沙皇亲阅。维特特别支持修建通往俄国亚洲部分的铁路，他强调这条铁路无论在军事战略还是经济贸易方面都具有极其重要的意义。这些舆论和行动对沙皇产生了极大的影响，亚历山大三世在审阅了关于修建通往西伯利亚的铁路的各种呈文后做出批示，"我必须以遗憾和愧疚的心情承认，对于这块富饶的地区，政府以前实际上没有做任何事去来满足它的需要，它被忽视了。但现在是时候了，而且早就是该采取行动的时候了"。因此，他命令："要按最短的路程修建一条横贯西伯利亚的铁路。"① 1893 年，维特说服沙皇任命皇储尼古拉担任西伯利亚大铁路管理委员会主席，俄国的远东政策趋于强化。

其次，19 世纪 80 年代，在欧俄地区狭小的地域上不断发展壮大的工业、金融资本主义与落后的农奴制之间的矛盾愈发尖锐，为开辟新市场，资本家将目光转向尚未开发的东部地区市场。这一时期，沙皇调整了向西伯利亚和远东地区移民的政策。在执行殖民政策的基础上，沙皇鼓励向东部地区移民，还支持国内生产力从西部向东部地区转移，但前提是不能损

---

① 〔美〕安德鲁·马洛泽莫夫：《俄国的远东政策（1881—1904 年）》，本馆翻译组译，北京：商务印书馆，1977，第 30 页。

害欧俄地主和资产阶级的利益。至于移民和生产力的转移是否会严重制约边疆区的经济发展，是否会人为扩大地主和资本家的活动范围则没有得到应有的关注。为满足地主和资本家的需要，俄国政府实行了鼓励向东部地区移民的政策。1882 年，俄国政府颁布了《官费移民南乌苏里边区》条例，该法令规定，"自 1883 年起三年之内，每年从欧俄各省份经海路迁移250 户居民到该地区。移民途中的一切花费、口粮及工具供应，以及在定居地点发放的安家费等一切开支均由国家担负，不需偿还"；每户移民可得 100 卢布安家费、两匹马或两头牛及初播种子和农具等。[①] 另外，1891—1892 年俄国国内接连发生饥荒，食不果腹的欧俄农民为了活命，也纷纷来到远东地区定居，促使远东地区的移民数量大幅增加。据统计，1893—1901 年，共有 55208 户家庭通过海路迁移到南乌苏里边区，其中7092 户（12.8%）为官费移民。[②] 随着移民人数不断增多，富饶的东部边疆区——西伯利亚和远东地区成为资本家掠夺资源的乐土，这就在很大程度上扩大了西伯利亚大铁路的影响，因为这条铁路打开了通往东部地区市场的工业开发和商业贸易发展之路。随着西伯利亚大铁路的修建，俄国东部边疆区最终被卷入全俄统一资本主义市场，沙皇向东扩张的物质基础条件日渐成熟。俄国沙皇实行军事独裁，拥有至高无上的权力，沙皇羽翼庇护下的欧俄资产阶级在经济上具有软弱性和依赖性，在经营不善时总希望沙皇可以为他们提供资金支持。对于在西伯利亚和远东地区诞生的新资产阶级和地主，沙皇采取资金收买、威逼利诱的方式将他们置于羽翼之下。在边疆区开发的过程中，伴随着资本主义发展的不只是对土著居民的半殖民化和奴役，他们还被带入全俄革命斗争的旋涡。

从外部因素来看，中国因素是促使俄国注意力东移的一个主要原因。俄国在夺取黑龙江以北、乌苏里江以东的领土后，对新土地的大规模移民活动并不成功。但这种垦殖边疆的政策引起邻近的清政府的恐慌，特别是对中国东北地方政府带来的恐慌更严重，进而出现了清政府在东北边疆地区实行的"移民实边"政策。实边政策主要体现在局部开放了边疆土地的

---

① 王晓菊：《俄国东部移民开发问题研究》，北京：中国社会科学出版社，2003，第 118 页。
② 王晓菊：《俄国东部移民开发问题研究》，北京：中国社会科学出版社，2003，第 123 页。

封禁，允许内地人民前来垦荒，从而使人口增加，扩大兵力来源，并加强训练，壮大守备力量。[①] 尽管清政府的这一政策取得的效果并不理想，但却对与中国相邻的西伯利亚行政机构造成强烈的刺激，也使俄国必须对中国在东北边疆地区军事力量的壮大给予充分重视。于是，1886 年，东西伯利亚和西西伯利亚两位总督多次向沙皇力陈，应该重视中国提高作战能力的行动，要求"将托木斯克至伊尔库茨克和贝加尔湖至斯列坚斯克一线在战略上的必要性问题提到首位"[②]。

此外，1880 年，俄国在中亚地区再次与英国发生冲突，俄国企图利用与德、奥的"三皇同盟"拉拢法国，压制意大利，从而达到孤立英国的目的。此后，摩擦不断升级，直到 1887 年 7 月英俄议定划界问题后矛盾才有所缓解。在西方外交中的挫败促使俄国把更多的注意力转向远东，希望通过远东扩张的胜利来一扫在西方失利的阴霾。这一时期，俄国也具备了把更多的军事力量转向东方的条件。

随着国内和国际条件日益成熟，俄国已经将对外扩张的战略重心从西方转向东方，拥有丰富资源的西伯利亚和远东地区成为沙皇向东北亚扩张的后方基地，而西伯利亚大铁路则成为实现远东扩张的战略工具。

二 俄国远东政策的演变

19 世纪末 20 世纪初，包括俄国在内的世界主要资本主义国家先后完成了由自由资本主义向垄断资本主义阶段的过渡。瓜分殖民地、分割世界领土是这一时期的主要特征。随着俄国的战略重心向东转移，为谋求在远东和太平洋地区的霸主地位，俄国更是将侵略矛头直接指向了亚洲的邻国——贫弱的中国和朝鲜。俄国的远东政策几经调整，从最初的和平经济渗入到武力征服，最后升级至联日侵华，俄国的侵略野心在逐渐膨胀。

（一）和平经济渗入政策

俄国的战略重心向东转移，最大的目标就是中国和朝鲜。正如沙皇尼

---

① 黄定天：《东北亚国际关系史》，哈尔滨：黑龙江教育出版社，1999，第 191 页。
② 〔苏〕鲍里斯·罗曼诺夫：《俄国在满洲（1892—1906 年）》，陶文钊、李金秋、姚宝珠译，北京：商务印书馆，1980，第 51 页。

古拉二世时期的大臣库鲁巴特金所说，"我们皇上的脑袋中有宏大的计划，为俄国夺取满洲，把朝鲜并入俄国"①。直到 19 世纪中叶，朝鲜与中国之间传统的藩属关系一直为国际社会所公认，因此夺取中国也就是夺取了朝鲜。俄国将中国特别是中国东北地区作为向东扩张的主要目的地。为获得在中国东北的"全面优势"，俄国对中国发动了一系列经济攻势，希冀借助铁路和银行推行所谓的"和平"经济渗入政策，自然而然地兼并中国东北土地，进而控制全中国，取代其他列强在中国的优势地位，最终实现独霸远东的野心。

1. 维特提出西伯利亚大铁路东段取道中国境内修建

在俄国的和平经济渗入政策中，西伯利亚大铁路发挥着举足轻重的作用。作为西伯利亚大铁路的总设计师，维特早在 1892 年就对铁路的战略意义给予充分肯定。他认为，西伯利亚大铁路是实现与中国政治联盟的工具，同时也是破除英国在东方殖民的一种手段。这一时期，尽管维特已经提出了这条铁路的战略性目标，但还没有研究具体的实施方法和步骤。在维特看来，中国东北地区是距离俄国最近的领土，"在最近的将来建筑一条这样的支线，未必会遇到严重的障碍"，这条支线铁路还可以"与人口极为稠密的中国内地省份直接进行贸易"。②

1894 年，铁路修建至外贝加尔路段赤塔附近的斯连坚斯克站，俄国人乘坐火车从欧洲直达太平洋岸边的梦想已经近在眼前。就在这时，用于选址的大量勘测数据表明，按照预计的阿穆尔线路，即从斯连坚斯克沿石勒喀河抵达波克罗夫斯卡亚镇，再沿阿穆尔河北岸到达哈巴罗夫斯克（伯力），之后与乌苏里铁路连接的方案，铁路在敷设过程中会遇到相当多的技术难题③，因为途经地区地形险恶、资源匮乏、气候恶劣，不易施工。

此时对于赤塔与符拉迪沃斯托克（海参崴）之间的铁路东段走向问题，俄国朝野上下有三种声音。第一种声音，主张遵照沙皇亚历山大三

---

① 张蓉初：《红档杂志有关中国交涉史料选译》，北京：生活·读书·新知三联书店，1957，第 271 页。

② 〔苏〕鲍里斯·罗曼诺夫：《俄国在满洲（1892—1906 年）》，陶文钊、李金秋、姚宝珠译，北京：商务印书馆，1980，第 77 页。

③ 宓汝成编《中国近代铁路史资料（1863—1911）》第 1 册，北京：中华书局，1963，第 342 页。

世的原计划,在俄境内沿着阿穆尔河北岸曲折向前到达哈巴罗夫斯克(伯力)之后,沿乌苏里江东岸向南与乌苏里铁路相接,最终到达符拉迪沃斯托克(海参崴)。第二种声音,是布里亚特蒙古人巴德马耶夫发出的。他主张,"不仅要将西伯利亚铁路敷设到符拉迪沃斯托克(海参崴),还要从贝加尔湖往南修,深入中国内地一千八百俄里,直修到甘肃省的兰州府。在那里事先建立一个藏、蒙、汉各族居民反清暴动的秘密政治中心,暴动以后,由这些民族的绅商贵族向俄国沙皇进行请愿,请求接纳他们为他的臣民"①。他认为,这条支线铁路可以带给西伯利亚大铁路巨大的经济意义,因为它是深入中国的一把钥匙,如此就可以不费吹灰之力将这些土地归并到俄国版图。第三种声音,来自维特。1892 年 8 月,维特从交通大臣一跃成为财政大臣,他一直是修建西伯利亚大铁路的积极倡导者。在 19 世纪 80 年代俄国政府征集的西伯利亚铁路设计方案中,海军上将科佩托夫的方案被认为最"与众不同",他的设计方案提出铁路东段取道中国境内,即从俄国的伊尔库茨克到达恰克图后,穿过中国境内的阿巴该图、齐齐哈尔、吉林和宁古塔②,抵达乌苏里边区的尼科利斯克村③。在众多铁路设计方案中,维特注意到科佩托夫提出的设计方案,并赞同按这一方向修建东段铁路。维特主张铁路借道中国东北北部的广阔平原及丘陵地带,直达符拉迪沃斯托克(海参崴)。他认为,如果"改从南下斜贯满洲内陆,以接于乌苏里线,不惟施工较易,且可节省大量资金,缩短途程五百一十四俄里"④。也就是说铁路需从赤塔进入满洲里,经过中国黑龙江省直接到达符拉迪沃斯托克(海参崴)。这里不仅地质和路况条件好,而且可以大大缩短工程长度、节省巨额开支,还能在中国境内解决征召劳动力的问题。最主要的是,可以实现俄国人梦寐以求的愿望,即把中国东北地区变为俄国的"国中之国"。

---

① 〔苏〕鲍里斯·罗曼诺夫:《俄国在满洲(1892—1906 年)》,陶文钊、李金秋、姚宝珠译,北京:商务印书馆,1980,第 60 页。

② 位于今黑龙江省宁安市。

③ 即今俄罗斯乌苏里斯克,中国将此地旧称"双城子"。

④ 戴鞍钢、黄苇主编《中国地方志经济资料汇编》,上海:汉语大词典出版社,1999,第926 页。

维特指出："如果铁路沿阿穆尔河修筑，就会与阿穆尔汽船公司发生营业上的竞争……"① 维特完全相信，一旦俄国手中有了通向符拉迪沃斯托克（海参崴）的铁路干线，那么，"不经俄国同意在中国北部就建造不了任何铁路或支线"，而这就使俄国可以"在满洲巩固自己的经济势力之前"，不允许建设通往牛庄的支线，从而保卫满洲，以防正在不断增加的通过该港进口的外贸深入到满洲内地去。② 他还认为，"修建这样一条支线铁路，在不久的将来不会遇到过多阻力，在此种情况下，依靠西伯利亚铁路运营带来的收入，我国与中国的贸易额会大幅增加，从而提升我国在国际贸易中的地位"③。通过中国东北的铁路"对俄国有经济的、政治的及战略的意义"。

然而在维特的计划中，政治及战略意义才是修建满洲铁路的真正动因。"从政治及战略方面来看，这条铁路将有这种意义，它使俄国能在任何时间内在最短的线路上把自己的军事力量运送到符拉迪沃斯托克（海参崴）及集中于满洲、黄海海岸及离中国首都的近距离处。相当数量的俄国军队在上述据点的出现，一种可能性是大大增加俄国不仅在中国并且在远东的威信和影响，并将促进附属于中国的部族和俄国接近。"④ 由此可见，沙俄欲取道中国东北修建铁路的真实意图就是利用这条铁路为俄国的远东政策服务，使之成为向东北亚扩张的工具，进而从政治、军事、经济等各方面实现侵略中国的目的。然而，在维特看来，"问题就在怎样用基于相互间的商业利益、和平的方法获得中国对这个计划的许可"⑤。

1895 年 5 月，俄国交通大臣奏请沙皇批准"对满洲线路进行勘察"。⑥

---

① 〔俄〕维特著、〔美〕亚尔莫林斯基编《维特伯爵回忆录》，傅正译，北京：商务印书馆，1976，第 67 页。

② 〔苏〕鲍里斯·罗曼诺夫：《俄国在满洲（1892—1906 年）》，陶文钊、李金秋、姚宝珠译，北京：商务印书馆，1980，第 93 页。

③ Нилус Е. Х. Исторический обзор Китайской Восточной железной дороги. 1896—1923 гг. Т. 1. Харбин, 1923. С. 14.

④ 张蓉初：《红档杂志有关中国交涉史料选译》，北京：生活·读书·新知三联书店，1957，第 169 页。

⑤ 〔俄〕维特著、〔美〕亚尔莫林斯基编《维特伯爵回忆录》，傅正译，北京：商务印书馆，1976，第 67 页。

⑥ 〔苏〕鲍里斯·罗曼诺夫：《俄国在满洲（1892—1906 年）》，陶文钊、李金秋、姚宝珠译，北京：商务印书馆，1980，第 79 页。

同年 9 月至 12 月，在俄交通部的倡议下，工程师斯维亚金和安德里阿诺夫各率一支勘察队擅自进入中国境内进行勘察。交通大臣对两支勘察队的最终考察结果进行了总结并指出，对于俄国来说，与原有设计的阿穆尔铁路相比，经过中国东北境内修建的铁路具有五方面优势。第一，总长度可以减少 500 多俄里，可以大幅降低过境货物运输的成本。第二，经过中国东北的铁路途经阿穆尔南部地区，这里相对于阿穆尔铁路来说气候条件更良好，土壤更肥沃，而且拥有盛产粮食的松花江盆地。第三，途经中国东北的铁路距离阿穆尔河较远，因此阿穆尔航运不会对铁路构成竞争，阿穆尔航运作为滨海地区最廉价的运输方式，也不会失去其作用。第四，修建途经中国的铁路不仅长度缩小，而且还无须修建跨阿穆尔河的多条铁路桥，节省建设成本。第五，修建这条铁路可以实现将符拉迪沃斯托克（海参崴）和欧俄地区连接起来的双重保障：除控制中国东北的直达铁路外，还可以继续修建俄境内的阿穆尔铁路，从而达到确保国家战略双保险的目的。因此，无论是从铁路的修建运营还是从经济意义来看，中国东北铁路相对于阿穆尔铁路都具有绝对优势。[①] 至此，俄国人已经从理论上和实地勘察中明确修建中国东北铁路的构想，接下来就需要寻找时机将这一构想付诸实施。

1895 年 11 月 11 日，维特向沙皇正式提出经过中国境内修建西伯利亚大铁路的建议。紧接着他又拟定了建设中国东北铁路的租让方案，于 12 月 9 日呈递给沙皇并立即获得批准。[②] 正是维特的一直坚持，才最终有了《中俄密约》的签订和中东铁路[③]的修建。

2. 引诱清政府同意修建中东铁路

甲午中日战争爆发后，远东的国际形势异常紧张。为确保西伯利亚大

---

① Нилус Е. Х. Исторический обзор Китайской Восточной железной дороги. 1896—1923 гг. Т. 1. Харбин, 1923. С. 13 – 14, 41.

② 〔苏〕鲍里斯·罗曼诺夫：《俄国在满洲（1892—1906 年）》，陶文钊、李金秋、姚宝珠译，北京：商务印书馆，1980，第 86 页。

③ 中东铁路（俄语：Китайско-Восточная железная дорога，简称 КВЖД）是“中国东方铁路”的简称，亦称“东清铁路”“东省铁路”。中东铁路是 19 世纪末 20 世纪初俄国为攫取中国东北资源、称霸远东而修建的一条“丁”字形铁路，干线和支线总长 2437 公里，是西伯利亚大铁路在中国东北境内的延伸，可以将符拉迪沃斯托克（海参崴）与俄国境内的西伯利亚大铁路东段连接在一起。

铁路在太平洋的自由出口，俄国政府决定不惜花费资金防止日本占领朝鲜南部，确保朝鲜独立，一旦日本表现出占领朝鲜领土的企图就给予回击。这时西伯利亚大铁路正在如火如荼地建设，俄国也在举全国之力完成这项伟大的建筑工程。所以此时俄国需实行克制政策，以赢得时间建设完成西伯利亚大铁路。俄国政府非常清楚，只有俄国军队在远东具备了相当的实力，才能在太平洋事务中发挥重要作用，才可以在远东舞台上拥有话语权。1895 年 3 月，俄国在获知日中和谈条件后，专门召开了一次专题会议，维特在会议上发表了意见。他认为，日本对中国的进攻是一个先发制人的动作，目的是抢在西伯利亚大铁路建成之前，避免日本的勃勃野心遭到大举抑制。他还断言，一旦日本人踏上中国国土，俄国将需要动用大量兵力才能将其遏制，而那样会耗费巨大的财政资源，终究会扰乱本已确立的财政稳定局面。[①] 于是，俄国在甲午中日战争后扮演着调停者的角色，主动向清政府示好。

《马关条约》签订以后，作为战败国，中国将辽东半岛和台湾割让给日本。这对清政府统治者来说，简直是奇耻大辱，因为其祖先的陵寝之地与辽东半岛近在咫尺。2 亿两白银的高额战争赔款，让清政府无力支付。举目四望，谁能在危难时刻伸出援手助其渡过财政难关呢？俄国在这个时候挺身而出，在对华外交上表现出极大主动性。俄国正是想要制造一个机会，扮演清政府"救世主"的角色，从而实现独霸中国东北的梦想。

在俄国政府中，时任财政大臣的维特积极主张向中国借款，他认为此举可以达到控制中国的政治目的。虽然这一时期俄国正在修建西伯利亚大铁路，国库资金储备频频告急，而且又刚经受过 1891—1892 年灾荒，无力在短期内筹措到大笔资金，但俄国外交大臣罗巴洛夫仍向清驻俄公使许景橙允诺，会"筹良策"助其渡过难关。所谓"良策"即由俄国出面，先联系德法两国，派联合舰队威胁日本，逼迫其放弃索取辽东半岛的图谋。在当时的局面下，日本无力与多个列强抗衡，只好同意放弃辽东半岛，俄德法三国成功实现了"干涉还辽"。清政府虽然赎回了辽东半岛，但代价是

---

① 〔美〕西德尼·哈凯夫：《维特伯爵：俄国现代化之父》，梅俊杰译，上海：上海远东出版社，2013，第 57 页。

多支付 3000 万两白银。在三国与日本进行交涉的过程中，俄国扮演了一个为中国"打抱不平"的"救星"角色，让清政府大为感激，殊不知其最终目的是向清政府索取"报酬"，从而为在中国扩大势力范围做铺垫。

能够让日本把到口的肥肉吐出实属不易，这让清政府朝野上下对俄国感激涕零，视俄国人为最可靠的朋友。俄国本想垄断对华借款，无奈财政拮据，只能寻求他国的帮助。法德两国由于积怨较深，都想联合俄国打败另一国实现对华借款。在法德争取俄国的过程中，法国因剩余资本雄厚而略占上风。为彻底将德国排除在外，法国同意俄国多出力、自己多出资来促成借款。为此，维特在其回忆录中记述，"我参与了同中国的谈判，提出我们愿意为中国所需的一笔巨额借款帮忙，以偿付对日赔款……关于在法国金融市场上的这次交易的交涉和商定，实际上完全由我负责办理。这次参与发行债券的金融机关有巴黎银行、佩伊巴斯银行、利奥内信托公司和奥唐热交易所。我许诺这几家银行的代表要帮助他们在中国的金融业务，以回报他们在这次中国借款事宜中对我的帮忙"[1]。1895 年 7 月 6 日，清政府派代表与俄国 4 家银行和法国 3 家银行签订了借款协议，共获得 4 亿金法郎借款，年息为 4%。俄法借款附有两项条款。（1）如中国不能如期还本付息，"许俄国以别项进款加保"，并可另商加保证之事。这实际上含有给俄国以超出金融保证的政治条件的意义。（2）中国应允俄国不许他国干预中国财政的监督与行政之义务，"如中国给允他国此种权利，要准俄国均沾"[2]。由此可见，俄国成为甲午中日战争的一个大赢家。

协议签订后不久，在维特的策划下，于同年 12 月成立了一家华俄道胜银行，由俄法两国共同出资、共同管理。法国金融家为主要股东，包括法国霍丁格银行、巴黎荷兰银行、里昂信贷银行、巴黎国家贴现银行等，法国募集资本占银行总资本的 5/8。俄国资本占 3/8，主要由俄国圣彼得堡万国商务银行投入相应资本。华俄道胜银行总行设在圣彼得堡，注册资本为600 万卢布。银行的正副董事长均由俄国皇室成员和财政部官员担任，在

---

① 〔俄〕维特著、〔美〕亚尔莫林斯基编《维特伯爵回忆录》，傅正译，北京：商务印书馆，1976，第 66 页。

② 黄定天：《东北亚国际关系史》，哈尔滨：黑龙江教育出版社，1999，第 195 页。

"董事会的 8 名董事中，俄国董事占了 5 席，法国董事只占 3 席"。维特承诺，华俄道胜银行将得到俄国政府的庇护，"以便以最广泛的方式在东亚诸国开展活动"，特别是"夺取在全中国范围内修筑铁路和敷设电线的租让权"等。① 既然这家银行是为掠夺中国而设的，就必然要让中国人加入其中。1896 年 6 月，《中俄密约》刚刚签订，沙俄就派乌赫托姆斯基来北京活动，商议将银行改为中外合办，拉清政府入伙。1896 年 8 月 27 日，中国政府与华俄道胜银行签署了中东铁路合同，这家银行的幕后操作者实际是俄国政府。华俄道胜银行名义上为中、俄、法三方合资组建，以私人资本为主，实际上是俄国财政部的一个变相的分支机构，不过是为沙俄对华资本输出做掩护，是个彻头彻尾的殖民银行，俄国此举意在攫取路权，②使整条铁路处于俄国政府的完全监控之下。

19 世纪末，俄国政府主要推行和平经济渗入的远东政策，维特是积极主张先以经济开路，通过修建西伯利亚大铁路取道中国境内的中东铁路和成立华俄道胜银行等经济手段实现"润物细无声"侵略的代表人物。俄国是想披着"和平"的外衣掩盖真实的侵略目的，以便为此后的武力入侵扫清障碍。

（二）武力征服政策

进入帝国主义阶段后，俄国垄断资产阶级的贪婪本性暴露无遗，他们不再满足于"和平经济渗入"取得的成果，而是希望俄国政府采取军事扩张的手段以进一步扩大海外市场。垄断资产阶级的这一要求，正好迎合了尼古拉二世的意愿，于是俄国政府开始考虑"是否把满洲夺过来作为我们的一个省"③。

1. 俄国充当镇压义和团运动的急先锋

1899 年，中国爆发了以"扶清灭洋"为口号的义和团运动，起义最先

① 〔苏〕鲍里斯·罗曼诺夫：《俄国在满洲（1892—1906 年）》，陶文钊、李金秋、姚宝珠译，北京：商务印书馆，1980，第 84—85 页。

② 马蔚云：《中东铁路与黑龙江文化——中俄（苏）关系中的中东铁路问题》，哈尔滨：黑龙江大学出版社，2010，第 19 页。

③ 〔俄〕谢·尤·维特：《俄国末代沙皇尼古拉二世——维特伯爵的回忆》，张开译，北京：新华出版社，1983，第 138 页。

在山东一带爆发。山东巡抚袁世凯残酷镇压,不但没能阻止运动发展,反而使矛盾更加激化,反抗的怒火迅速向周边省份蔓延。地处偏隅的东北地区也不甘落后,积极响应号召,高举义和团"扶清灭洋"的大旗,沿着正在建设中的铁路掀起滔天巨浪。此时距第一松花江大桥开工仅一个多月的时间,中东铁路沿线的很多工地骤然停工。6月28日,总工程师尤戈维奇"通电全路各工段,携带重要簿据、文件、款项及其他一切贵重工作器具,在西路者速退至后贝加尔,在东路者速退至绥芬河,在南路者速退至旅顺,在中路者速退至哈尔滨"。① 攻打哈尔滨的义和团从东、南、西三面进行合围,最先向顾乡屯、江北船坞和第一松花江大桥发起进攻。之后,占领顾乡屯的义和团再次攻克了中东铁路砖厂和酒厂,随后兵分两路,一路支援进攻埠头区,另一路沿铁路线向火车站发起猛攻。此时,俄国政府也组织了大批援军增援中东铁路护路队。② 从7月9日起,分工明确的俄军兵分四路侵入中国东北地区。15日至21日,俄国先后在海兰泡和江东六十四屯制造了骇人听闻的惨案,数不尽的中国无辜百姓惨遭杀害。7月末,俄国向中东铁路派兵人数从4500人增加到11000人。面对俄军的强大炮火,义和团最终没能攻克火车站,撤回了顾乡屯。

1900年5月28日,俄、英、美、德、法、日等国驻京公使联合发电,要求派遣一支海军分遣队增援在京公使馆警卫队,开启了列强联合镇压义和团运动的序幕。随后,意大利、奥匈帝国也派出兵力,组成"八国联军"共同出兵镇压中国的义和团运动。作为回应,清政府6月初下诏向英、美、法、俄等十一国宣战,令各省督抚召集义民成团,抵御外侮。俄国在镇压义和团运动中表现最为积极。6月10日,驻在旅顺的俄国军官阿列克谢耶夫迅速抽调4000人赶往大沽,成为进攻中国的八国联军中的主力。6月17日,俄国又调派3艘军舰参加攻打大沽的战斗,并将参加攻打天津的军队人数增加到4800人。8月中旬,联军攻破北京城。俄国在参与联军进攻北京时,仍时刻关注着东北地区的形势发展。阿列克谢耶夫曾露

---

① 转引自李济棠编著《中东铁路——沙俄侵华的工具》,哈尔滨:黑龙江人民出版社,1979,第69页。

② 沙俄以"保护"中东铁路为名,驻扎于铁路沿线的军队。

骨地表示:"我们的利益在满洲;我们的政治中心在那里,所以我们一切努力都应放在保障我们这一地区的地位上。局势把我们引到直隶,然而我们离开这里越快越好。"①

经沙皇批准,库罗帕特金下令将远东军队改编成 4 个军团,分别从东、北、西及东南方向对中国东北地区形成包围圈,并确定了 4 个军团向东北进军的路线和主要目标。俄军共有 128 个步兵营,78 个骑兵连,340 门火炮,总计逾 17 万人。② 此后,俄军快速进攻主要城市:8 月 3 日,俄军抵达哈尔滨;8 月 4 日,瑷珲失守;8 月 28 日,齐齐哈尔沦陷;10 月 1 日,俄军占领奉天;10 月 6 日,东南、北、西三方的俄军在沈阳会师,东北三省主要城市均被俄国攻陷。对此,沙皇尼古拉二世兴奋不已:"占领沈阳对于我们来说,和当时占领北京同样重要。这样迅速和意外地结束了我们在远东的行动,使我们对上帝感激不尽。"③ 俄国在中国东北地区的用兵人数远远超过了镇压义和团运动的八国联军总人数(不足 5 万人),俄国对中国东北的占领野心终于彻底暴露。

1900 年 7 月 28 日,当义和团与俄军激战正酣之际,中东铁路公司督办许景澄却由于向朝廷上书力主镇压义和团,反对破坏正在建设的中东铁路,在北京被处死。1900 年 8 月 3 日,沙俄救援哈尔滨兵团抵达哈尔滨。8 月 7 日,清政府委任李鸿章为全权钦差大臣,与各国议和。8 月 15 日,八国联军由东直门入城,北京失守。这时,由沙皇尼古拉二世自任总司令、陆军大臣库罗帕特金为参谋长的俄国大军长驱直入,在中国的东北攻城略地。1900 年 12 月 22 日,清政府与八国联军议和。

正当俄国上下为军事占领中国东北地区而沾沾自喜时,这却引起了同样参加八国联军的欧美列强和日本的强烈不满。俄国由于担心其有意经营的东北被其他列强染指,在八国联军攻占北京后立即提出从北京撤退的主张。此举遭到多数列强的反对,它们更加怀疑俄国的动机,以为俄国是要

① 〔俄〕科罗斯托维茨:《俄国在远东》,李金秋、陈春华、王超进译,北京:商务印书馆,1975,第 59 页。

② 黄定天:《东北亚国际关系史》,哈尔滨:黑龙江教育出版社,1999,第 212 页。

③ 〔美〕安德鲁·马洛泽莫夫:《俄国的远东政策(1881—1904 年)》,本馆翻译组译,北京:商务印书馆,1977,第 158 页。

撤回东北，为独霸东北做准备。事实上，其他列强都低估了俄国的扩张野心。俄国虽主动提出撤退，但却丝毫不放松华北地区的利益。俄国在攻打天津后，占据了白河东岸一带，并将此地辟为俄国租界，不许他国进入。这引起了美、英等国的强烈不满，其向俄国屡次提出抗议，但抗议无效。面对俄国的实际武力占领，其他国家却奈何不了它。于是，各国纷纷仿效俄国新辟或扩大在天津的租界，引起争划租界之风，也扩大了俄国与英、美、日等国的裂隙。

1900 年 11 月 8 日，俄国不顾其他列强反对，强迫清政府代表签署《奉天交地暂且章程》。章程规定：清政府应承担解散军队、拆毁炮台、销毁弹药、修复铁路等义务；俄军则有驻防省城等处并于沈阳设总管参与政事等权利。① 在两国代表谈判的同时，俄国政府又于 11 月 13 日召开外交、财政、陆军大臣会议，自行通过了所谓的《俄国政府监理满洲》原则。该原则将俄国在东北的权利更加明确和具体化，包括俄国阿穆尔军区司令监督黑、吉两省将军，在将军衙门内设俄国军务委员、外交代表，驻京公使与清政府协商委任将军、副都统等。② 俄国通过的这项原则是对中国主权的无耻践踏，俄国不满足于土地的占领，已经将触角深入中国的内政事务，"流氓警察"的丑陋嘴脸暴露无遗。然而，由于列强的强烈反对，俄国被迫在形式上宣布《奉天交地暂且章程》作废，转而同中国商订正约。因为引起各国的公然反对，俄国唯恐在国际社会被孤立，最终不得不放弃了通过条约形式使其侵占东北合法化的尝试。

在巨大的外交压力下，俄国于 1902 年 4 月 8 日与中国签订了《交收东三省条约》。主要内容包括俄国最迟在一年半的时间内，分三批撤出中国东北；随着俄军撤出，中国军队逐渐进驻，到最后完全取代；俄国应交还新民—山海关、新民—营口铁路。③ 这是俄国迫于多方压力，在万般无奈

① 步平等编著《东北国际约章汇释（1689—1919）》，哈尔滨：黑龙江人民出版社，1987，第 205 页。
② 〔苏〕鲍里斯·罗曼诺夫：《俄国在满洲（1892—1906 年）》，陶文钊、李金秋、姚宝珠译，北京：商务印书馆，1980，第 233 页。
③ 步平等编著《东北国际约章汇释（1689—1919）》，哈尔滨：黑龙江人民出版社，1987，第 242 页。

之下才签订的条约。俄国不甘心就此放弃在中国东北的各项权利，想尽一切办法力图东山再起。

2. 别佐布拉佐夫提出武力征服政策

与俄国政府内主张以经济开路、和平入侵中国东北的维特一派不同，以别佐布拉佐夫为首的政治集团一直主张武力占领中国东北和朝鲜。特别是在 1900 年俄军占领东北后，以别佐布拉佐夫为首的强硬派趁机崛起。义和团运动前，别佐布拉佐夫等人就对中国东北和朝鲜密切关注，还多次向沙皇递交呈文，强调增强俄国在朝鲜的影响的重要性，希望俄国能够取得在朝鲜的优势地位。1900 年 3 月，他向沙皇呈递了一份筹建东亚开发公司的计划。然而，鉴于当时的国际形势，加之维特等人的一再阻挠，计划遭到搁浅。此后，别佐布拉佐夫便与维特一派结怨，还在各种场合攻击维特提出的"和平经济渗入"政策，鼓吹只有使用武力占领中国东北才能确保俄国在东北亚的地位和利益。因此，别佐布拉佐夫等人对《交收东三省条约》中规定的撤兵条约竭力阻止。

1902 年 12 月，别佐布拉佐夫被沙皇派到远东进行调查。这次调查是在维特结束远东调查并已经向沙皇呈递报告之后进行的，可见沙皇已经决定放弃维特主张的"和平经济渗入"政策，而更倾向于别佐布拉佐夫主张的武力征服政策。别佐布拉佐夫被派往远东的时候，正值俄国应该履行约定从中国东北撤兵之际，狂热的别佐布拉佐夫集团拒绝履行撤兵条约，还叫嚣强行占领中国东北。面对这种强硬，连亲自主持签订《交收东三省条约》并同意撤兵的维特也不得不做出让步。因为此时中东铁路尚未完工，一旦铁路建设重蹈惨遭破坏的覆辙也是维特集团，包括陆军大臣库罗帕特金、外交大臣拉姆兹多夫（В. Н. Ламздорф）不愿看到的。

1903 年 1 月，俄国政府针对是否从奉天和吉林省撤军的问题召开了一次特别会议。会上，外交大臣提醒与会人士注意，正是由于俄国加紧在中国东北扩张，日本才站到俄国的对立面。作为俄国独自占领关东半岛和中国东北地区的补偿，日本要求俄国让出在朝鲜的既得利益，让日本在朝鲜问题上拥有比俄国更多的发言权；同时承认俄国此前在中国已经获得的利益，但今后俄国在对华问题上采取何种措施都要在日本的"帮助和同意"

下才能实行。也就是说，俄、日承认了对方的既得利益，但前提是将中国、朝鲜的主权作为交换条件的筹码。他指出，西伯利亚大铁路即将竣工，这就使俄国可以不用再看日本脸色行事，即短期内可以与日本发生冲突甚至战争。陆军部的代表们赞同外交大臣的提议。但维特却认为，为使中东铁路收尾工程进展顺利，还需要护路队在铁路沿线维持一年半的和平，因此在这段时间内必须与日本保持和平状态。为确保俄国的各项计划顺利实施，他建议在几年内都避免与日本发生军事冲突，更无须为朝鲜问题冒险。维特指出，俄国自 1896 年起就一步步地推行反日政策，这使日本与英国的关系拉近，促使日本军事实力大增，其才能够与俄国处处为敌。陆军大臣库罗帕特金则认为，中国东北地区就是沙俄帝国的组成部分，他希望在中东铁路竣工以及俄国太平洋舰队组建完毕前俄国军队能够继续留在中国东北地区，特别是部分军队需要驻扎在中东铁路沿线及阿穆尔河、松花江港口等地。陆军大臣还提议，俄国应遵循在中国东北继续扩张的方针，但西伯利亚大铁路在中国境内的铁路竣工前，须刻意表现出在中国东北军事上有所收敛。从这次会议的讨论内容中可以清楚地感受到，外交大臣和陆军大臣已经与维特意见相左，他们逐渐站到了别佐布拉佐夫一边，同意通过使用武力占领和征服中国东北地区。至此，别佐布拉佐夫主张的武力征服政策已经完全取代了之前的"和平经济渗入"政策。

武力征服政策的主要内容包括：留驻满洲，不从满洲撤军，相反还要增加军队；在维护俄国在满洲的军事利益的幌子下染指朝鲜，制止日本北进满洲的企图；禁止外国人进入满洲；建议设立由沙皇任主席的处理远东事务的大臣特别会议，并设立远东总督，以加强和协调对远东政策的实际指导。[①] 该政策的出台，标志着俄国在远东的扩张达到巅峰。然而，俄国的大肆扩张引起了以日本为代表的其他列强的强烈不满，东北亚国际舞台上的力量平衡被破坏。俄日之间的冲突日益扩大，特别是在对待中国东北和朝鲜问题上，两国剑拔弩张，矛盾随时有可能被激化，最终导致 1904 年日俄战争的全面爆发。

---

① 云继洲：《论四次日俄密约与俄国的远东政策》，黑龙江省社会科学院研究生部硕士学位论文，2002，第 4 页。

（三）联日侵华政策

日俄战争是日本和俄国两个帝国主义国家为了瓜分中国、重新划分在东北亚的势力范围而进行的一场非正义战争。战争的主战场在中国东北，主要位于中东铁路沿线地区。日俄侵略者疯狂践踏中国的领土主权，残酷蹂躏中国人民的生命和财产，其罪行令人发指。

日俄战争后，双方签订了《朴次茅斯条约》。该条约共有 15 条，其中第 2 条规定"俄国承认日本对朝鲜在政治军事经济上拥有绝对利益，听任日本随意对朝鲜采取指导保护监理等措施"；第 9 条规定"俄国将库页岛南部及其附近一切岛屿、该处一切公共营造物及财产之主权永远让与日本"。此外有 6 条款项涉及中国东北，可见中国东北问题是该条约的核心之一。《朴次茅斯条约》的主要内容有两项，一是俄国将旅顺口、大连湾及附近领土领水之租借权，以及租界内的公共营造物和财产均移让给日本；二是俄国将长春至旅顺口之铁路及一切支路，以及铁路附属的权利财产和煤矿无偿移让给日本。[1] 按照该条约的规定，日本攫取了中东铁路的南部支线，即从长春到旅顺口的长达 730 俄里的铁路。此外，总价值约为 1.23 亿卢布的大连港及铁路所有附属企业，甚至全部附属的支线铁路也都一并归日本所有。至此，日本终于实现了侵入中国东北的夙愿。

这个条约重新划分了两国在中国东北的势力范围。俄国将霸占中国的库页岛南半部及其附近岛屿割让给日本，同时将旅顺、大连及附近领土领海的租借权转交日本，并承认朝鲜为日本的势力范围。日本通过中东铁路南部支线控制中国东北南部地区，这直接为后来这片土地上的兵连祸结埋下伏笔。

《朴次茅斯条约》签订后，日本开始着手接收俄国在中国东北的权益。1905 年 12 月，清政府在《中日会议东三省事宜条约》上签了字。从此，中东铁路被一分为二，长春以南改称南满铁路，长春以北仍称中东铁路[2]。

---

[1] 步平等编著《东北国际约章汇释（1689—1919）》，哈尔滨：黑龙江人民出版社，1987，第 279 页。

[2] 此后"中东铁路"不再指"绥芬河—满洲里""哈尔滨—大连"的"丁"字形铁路，而特指除"南满铁路"外剩余部分铁路，即"绥芬河—满洲里""哈尔滨—长春"铁路。

《中日会议东三省事宜条约》的签订将日本已经夺取的在中国东北的权利进一步"合法化",把从俄国手中接管的旅大租借地,即关东州①据为己有,并将其分为大连、旅顺、金州三个行政区。日本对这一租借地投入了大量资金,使之成为向中国东北乃至全中国扩张的重要桥头堡。

日俄战争结束后,两国一度互相怀有戒心,还试图再经过一场斗争来一决高低,但双方都因战争元气大伤。日本虽然以战胜国自居,却也支出了高达20多亿日元的军费,实难再战。俄国更是因战争而债台高筑,处于内外交困之中。这次战争宣告了俄国在中国东北地区绝对主导地位的终结,日俄开始重新划分各自的势力范围。

1. 俄日在中国东北分而治之

1907年7月,日俄两国就在中国东北连接铁路问题达成协议,于30日签订了一份秘密协定,即日俄密约。其内容是在中国东北划定了一条界线:"从俄韩边界西北端起划一直线至珲春,从珲春划一直线到毕尔滕湖(即镜泊湖)之极北端,再由此划一直线至秀水甸子,由此沿松花江至嫩江口止,再沿嫩江上溯至嫩江与洮儿河交流之点,再由此起沿洮儿河至此河横过东经一百二十二度止。"② 由此,日俄两国正式划定了在中国东北的势力范围:"北满"仍处于俄国势力范围,"南满"(长春以南)则被划入日本势力范围。"北满""南满"的地理概念随之产生。

日俄密约的签订标志着两国结束对立状态,转为共同保护各自在东北取得的利益。日俄之间的联合让英、美等列强深感不安,其不断向日俄两国施加压力,然而这一压力反而促使日俄关系进一步密切。日俄两国在经历惨痛的战争创伤之后,开始改变对中国东北这块巨大蛋糕的争夺方式。在东北,日俄南北分治的格局已定。两国虽有血海深仇,但短时间内谁也无法凭借武力"吃掉"对方。

1909年10月,两国又一次开始谈判,其目的在于抵制其他列强染指

---

① 金州半岛南部地区,1898—1945年曾先后被迫租借给俄国和日本,包括今旅顺、大连两港。"关东"意为位于山海关以东。

② 步平等编著《东北国际约章汇释(1689—1919)》,哈尔滨:黑龙江人民出版社,1987,第320页。

中国东北，保护各自在东北的利益。俄国表示，"如果有一天满洲土地将属于别的国家，那只能属于日、俄两国"[①]。1910 年 7 月 4 日，两国第二次签订协定和密约，是为第二次日俄密约，确定了两国在中国东北利益上的协作关系。日、俄共同声称协调抵制"一切与彼此满洲特殊利益范围有共同关系之事"，"特殊利益如感受威胁时，两缔约国同意采取防卫此种利益之办法"，[②] 表明两国意欲联合起来共同对付第三国。此后，日、俄两国在东北的统治得到了进一步巩固，同时得到了抵制美、英势力的潜在力量。

俄国把南满铁路转让给日本后，就加强了对中东铁路的控制，并把触角从铁路本身伸向中东铁路附属地及沿线的民政事务。为维护在中国"北满"地区的既得利益，沙俄以哈尔滨为中心谋划着新的占领方式。1906 年，俄国通过《东省铁路附属地民政总则大纲》开始谋取对铁路附属地的民政权力，第一步是在当地居民中设置所谓的自治会。根据中东铁路管理局局长霍尔瓦特公布的《哈尔滨自治公议会章程》，将埠头区与新市街合计七平方公里的土地划为市区，归自治公议会管理。该章程规定，议会的议员须拥有相当财产，这就将大多数中国人排除在外。为此，清政府几次发表声明表示抗议。然而俄国根本无视抗议，相继在中东铁路沿线重要地区成立自治会，排斥中国官员及商民。为此，清政府派官员就此事与俄国公使科罗托维奇进行了谈判。谈判的结果是，俄国在形式上承认中国在铁路界内享有主权，清政府允许俄国成立自治会。这等于把主权移交到控制中东铁路的俄国人手中。

1906 年，原中东铁路管理局警察部改为民政部，下辖警务、地亩和学务三个处。这个所谓民政部，成为管理以哈尔滨为中心的中东铁路附属地的中央行政机构。在局长霍尔瓦特的努力下，哈尔滨至满洲里的客货列车恢复正常运行。随后，乌苏里铁路被划归中东铁路管理局经营，中东铁路管理局统辖的范围扩大了。这一年，俄国驻守中东铁路沿线的外阿穆尔军区部队升格为正规军，司令部设在哈尔滨。其下辖 66 个步兵连、36 个骑

---

① 黄定天：《东北亚国际关系史》，哈尔滨：黑龙江教育出版社，1999，第 245 页。

② 步平等编著《东北国际约章汇释（1689—1919）》，哈尔滨：黑龙江人民出版社，1987，第 442 页。

兵连、6 个机枪连、7 个教导队和 4 个工兵营，共有士兵 21000 余名，军马 6600 多匹。而哈尔滨的俄国警察局也在中东铁路附属地界内开始实施俄国国内的保安制度。此后，中俄在北京签署了《松花江行船章程》，正式接受俄国船只在松花江流域任意航行的既成事实。

《朴次茅斯条约》签订后，日本主要着手巩固其在"南满"地区的势力。1906 年，日本在大连成立了"南满洲铁道株式会社"（也称南满铁路公司），简称"满铁"，具有半官方性质。它是日本在中国东北的庞大殖民机器，总部就设在原来俄国人修建的中东铁路大连事务所内。满铁成立以后，就开始用各种手段强占中国的鞍山、抚顺、辽阳、本溪等地的矿产资源。同时满铁又酝酿了"满铁移民"，即从日本国内向满铁附属地进行移民，准备增加满铁附属地日本侨民的数量，同时极大地扩大了满铁附属地的面积。日本开始利用南满铁路带来的特权，积极在长春以南改造铁路干线，新建铁路支线，大肆掠夺矿藏，开发铁路附属地，不惜血本地为进一步侵占东北全境打下基础。1908 年春，首任南满洲铁道株式会社总裁后藤新平赴俄国考察。这位曾任台湾总督的殖民头目此行的重点是考察铁路以及与俄国协商中东铁路和南满铁路的联运问题。

1907 年 6 月，日本将南满铁路的干线和支线全部由俄国人的宽轨改为标准轨距，同时开工修建中朝边界上的鸭绿江铁路桥。这一系列动作直接暴露了日本对这片土地永久占领的野心。很快，日本在关东州租借地设立关东都督府，负责保卫南满铁路沿线的日军精锐部队则被命名为"关东军"。在旅顺，日本的"关东都督府"取代了日俄战争前俄国的远东总督府，成为对中国东北南部地区进行殖民统治的中枢。

除了南满铁路，满铁还获得了安奉铁路的经营权。安奉铁路中的安东至奉天路段是日俄战争期间日军擅自修筑的轻便铁路，全长 261 公里，1904 年动工，1905 年竣工。战后日本在《中日会议东三省事宜条约》附约中获得了将该铁路改成标准轨距铁路并继续经营 15 年的特权。满铁于 1907 年 4 月接管该铁路，清政府反对将安奉铁路并入满铁。但满铁仍遵照日本政府的指令，着手改建。1909 年 8 月安奉铁路强行动工，1911 年 10 月完工，11 月正式通车。该铁路连接南满铁路，直达中朝边境的安东，通过鸭绿江桥与朝鲜铁路相连，有着极其重要的军事意义。此外，满铁还获得了抚顺铁路（奉天至抚顺）、牛庄铁路（大石桥至营口）的路权。

日、俄两国在确定了对中国东北的南北分权而治之后，关系逐渐得到缓和，但在中东铁路和南满铁路的运行过程中经常会因接货、发货问题而产生纠纷。在两段铁路交接处的宽城子（长春）站是俄、日商品竞争最为激烈的地方。这时期两国间的铁路会议都是围绕各国的运费制度，以及如何在最大程度上为本国争取销售商品的良好环境等问题召开的。此后，随着中国东北的经济发展、出口贸易增加，日俄之间争夺宽城子（长春）站的竞争演变成中国东北的出口货物之争。之后两国间会议讨论的主要问题成为运输到波格拉尼奇内和长春的税费问题，以及在东部方向［波格拉尼奇内—符拉迪沃斯托克（海参崴）］和南部方向（长春—大连）分配东北出口货物的问题。

2. 俄日结盟无视中国主权

面对国家主权被迅速蚕食的局面，1910年9月19日，大清东三省总督锡良上奏朝廷，请求在东三省设立垦务局，招垦移民，分段垦辟，抵制外力。于是，清政府被迫正式开启了"移民实边"的闸门。1911年10月9日，东三省总督赵尔巽视察"北满"，在哈尔滨会见了中东铁路管理局局长霍尔瓦特。1913年10月5日，袁世凯与日本订立满蒙五路换文。日本取得修建四平街至洮南、洮南至承德、开原至海龙、长春至洮南、海龙至吉林五条铁路的特权，进一步扩大了在中国东北的势力范围。

1914年1月1日，中东铁路经南满铁路与京奉铁路开始联运，哈尔滨直达北京的火车开通。几个月后，英国驻哈尔滨领事无视中国政府的存在，擅自与俄国签署协定，率先承认并分享了俄国在中东铁路附属地内的一切特权。这个协定的主要内容就是英国人向哈尔滨自治公议会纳税，英国人有权享受自治公议会的所有权利和义务，英国人可以加入自治公议会成为议员。后来陆续加入自治公议会的这些议员除了英国人外也有日本人，同时还有中国人。但是不论怎么加入，最后俄国人占的比例始终是2/3以上。

1914年7月28日，欧洲大陆风云突变，奥匈帝国向塞尔维亚宣战，第一次世界大战爆发。德意奥和英法俄成为两大敌对阵营，远东力量对比发生了剧烈变化。被卷入战争的俄国因国内发生的革命而力量受到削弱，无法在远东发挥昔日的作用。其他觊觎中东铁路的国家都把关注焦点集中到欧洲阵线上，无暇东顾，日本在中国东北的地位进一步得到巩固。中国政府随即公布了对欧洲战事的"中国局外中立条款"，逐级下发传达至各级政府。8 月 23 日，日本借机对德宣战，进犯中国山东。

1915 年 2 月 23 日，俄国驻中东铁路沿线的外阿穆尔军区部队接到了迅速整编赶赴欧洲参战的命令。负责运送大军的中东铁路，早在战争爆发前一个月就已经进入了戒严状态。很快，战争对劳动力的空前需求显现出来，俄国开始在中国山东、河北等地招募价格低廉的华工，输送至中东铁路沿线各站以及哈尔滨、符拉迪沃斯托克（海参崴）等地从事繁重的体力劳动。

1915 年的俄国，面临西线欧洲战场上的巨大压力。为避免被两面夹击，俄日结成同盟，这刚好契合了日本侵占远东的夙愿。机不可失，1 月 18 日，驻京日本公使向袁世凯递交了所谓的"二十一条"。第二号第一款就是将旅顺、大连及南满铁路、安奉两铁路的租借期全部延至 99 年。也就是说，将南满铁路的租借期从 1903 年开始计算，一直租借到 2002 年；安奉铁路的租借期从 1908 年开始计算，一直租借到 2007 年。第二号第七款还提出，中国将吉林—长春铁路管理经营事宜委任日本，年限为 99 年。这一时期日本在中国东北的铁路建设政策扩大了对东北腹地南满铁路干线的影响力。

1916 年初，袁世凯复辟帝制，登基称帝。而后，他任命张作霖为"盛武将军"，督理奉天军务。从这时起，与日本人打交道的权力和压力便同时落在了张作霖的身上。1916 年 12 月 7 日，不顾中国外交部的抗议，日俄双方就转让哈尔滨至长春的中东铁路和松花江航行权等问题的谈判照常进行。中国的主权成为日俄双方你来我往、私相授受的筹码。更加无耻的是，为供应加入欧洲大战的庞大给养，俄国在中东铁路沿线设立了采办处，还使用已经大幅度贬值的俄国货币强行购买军需物资，铁路沿线的中国商民损失惨重。

综上所述，十月革命前，俄国远东政策的制定取决于太平洋地区复杂的国际环境，以及俄国在其中扮演的角色。俄国远东政策的演变过程如下。为保护俄国远东利益和在建的西伯利亚大铁路，必须借助取道中国境内的中东铁路将西伯利亚大铁路与太平洋连接起来。这时就需要通过和平的经济渗入取得铁路修建权，并对中国东北地区实行"润物细无声"的经济侵略。随着中东铁路的修建，俄国在中国东北的独霸地位日益巩固，于是俄国一改此前的温和，开始变得愈发强硬。为保护中东铁路不受外国染指，俄国政府不得不动用政治、外交、金融、军事力量捍卫俄国在中国东北的利益，实行了武力征服政策。日俄战争后，俄国在远东的独霸地位被日本撼动，无奈之下，俄国只能把"丁"字形的中东铁路拆分成两部分，南满铁路让给日本，俄国只剩下了满洲里到绥芬河的铁路，从而形成俄日对中国东北地区南北分治的局面。在俄国远东政策的演变中，西伯利亚大铁路不仅成为制定这一政策的主要工具，还成为实现远东政策的重要手段。

第二节　中东铁路成为俄国远东政策实施的工具

中东铁路最初确定的走向为：从俄国赤塔进入中国的满洲里，经海拉尔、齐齐哈尔、哈尔滨、牡丹江、绥芬河，最终到达俄国的符拉迪沃斯托克（海参崴）。然而，仅占领中国东北的北部地区，并不能满足沙俄帝国无限膨胀的贪欲。于是俄国又将旅顺、大连"租借"到手，修筑通往两地的支线铁路。至此，中东铁路从一条单一的跨境铁路成为"丁"字形铁路：一条主干线（满洲里—哈尔滨—波格拉尼奇内）加上支线（哈尔滨至旅顺口和大连港），全长 2489 公里。①

一　俄国政府修建中东铁路的目的

俄国修建中东铁路，既可以吞并中国东北地区，又可以夺取通往太平洋的良港，还可以独霸东北，防止其他列强染指，实现俄国的军事战略目

---

① 中国人民政治协商会议黑龙江省委员会文史资料研究工作委员会编辑部编《中东铁路历史编年》，哈尔滨：黑龙江人民出版社，1987，第 2 页。

的，可谓一举多得。

（一）和平"鲸吞"中国东北地区

中国东北地区与俄国东部地区毗邻，隔海与日本、朝鲜相望，还拥有大连、旅顺这样通往太平洋的良港，战略位置十分重要。俄国政府在 19 世纪中叶夺取了黑龙江以北、乌苏里江以东的广袤土地后，还梦想着将黑龙江南岸、乌苏里江以西更多的土地揽入怀中。然而，鉴于当时远东复杂的国际关系，俄国一国独霸的局面已经不复存在，只能通过较为温和的手段推进这一庞大的计划。俄国执政阶层幻想把中东铁路作为计划实施的工具，将铁路沿线乃至整个东北地区逐渐俄化，实现和平"鲸吞"的目的。

对此，维特提议向中国东北地区移民。因为移民是一种较为温和的侵略方式，它不同于直接侵略，直接侵略会引起当地中国人的强烈反抗，还会使其对俄国的远东政策产生不满。向铁路沿线移民，应以从事工商业活动的人士为先。俄国人的到来，可以让中国人更多地了解俄国，自主自愿地接受先进的俄国的经济和文化影响，从而最终实现和平"鲸吞"的目的。他主张"平稳地、循序地"推进移民政策的实施。维特认为，为满足西伯利亚大铁路和太平洋舰队的经济需求，必须发展铁路沿线和相关地域的工商业活动，在铁路沿线和水域附近提供各种企业需要的经济和政治上的庇佑以及安全的保障，这些都需要国家实力作为坚强的后盾。

维特极力反对陆军大臣库罗帕特金提出的在中国采用直接侵略的方式以实现扩张，因为以军事实力和侵略行动为出发点制定的政策不会给俄国带来任何益处。维特选择的执行远东政策的方法是，把更多的注意力放在移民和经济问题上，这可以开辟出一片没有硝烟的战场来夺取更多的胜利果实。他认为，在西伯利亚大铁路修建时期，俄国不宜使用军事力量来解决中国东北地区归属这样的政治问题。一旦发生冲突，非常不利于铁路及其辅助性设施的建设。特别是在复杂的国际环境下，如果俄国军事入侵中国东北，将会为日、英、德、美等国提供建立反俄政治同盟的口实，使俄国在国际社会中处于极其被动的地位。

1903 年 2 月 13 日，在彼得堡召开的特别会议上，维特的这些提议得到其他与会者的支持。会议决定，须分步骤、按计划向中东铁路沿线迁入工商业人士和后备军，在铁路沿线建立代理处，以巩固俄国在中国东北的地位。然而，通过的这些决议并没有得到落实，向中国东北移民的计划也遭到搁浅。

（二）抢夺太平洋良港

中东铁路破土动工后，俄国政府将目光瞄准了中国在太平洋地区的海港。在俄国选择太平洋海港的计划中，原本包括胶州湾，不想却被德国捷足先登。1896 年 12 月，德国正式向清政府提出要租赁胶州作为"储煤站"。1898 年 3 月，清政府与德国签署了租借胶州湾 99 年的《胶澳租界条约》。由于沙俄也想染指胶州湾，为了不引起沙俄的反对，德皇于 1897 年 8 月访俄，以支持沙俄强占中国大连湾为条件，与沙俄达成谅解。1897 年 11 月，德国占领胶州湾。随即，穆拉维约夫于 1897 年 11 月 11 日递交沙皇一份呈文，其中写道："对我们来说，无论如何也不能接受俄国在太平洋地区没有便捷而装备精良的港口来停靠我们的舰队这一事实。"[①]

除胶州湾外，大连湾和旅顺港是俄国政府最为看好的两个通往太平洋的出海口。1898 年 3 月 27 日，穆拉维约夫不顾维特的反对，与中国签署了租借旅顺港 25 年的《中俄会订条约》（又称为《中俄旅大租地条约》）。此后，两国又于 5 月 7 日签订了《续订旅大租地条约》。这两项条约的主要内容如下。（1）旅顺、大连及其附近水面租与俄国，为期 25 年。期满可"相商展限"，俄国在租借地内享有治理地方和调度水陆各军等全权，清政府无权驻军。（2）租地以北划出　段"隙地"（几乎包括了整个辽东半岛），未经俄方许可，中国军队不得进入。（3）中国同意俄国从中东铁路修一支线到旅顺、大连，"此支路经过地方，（中国）不将铁路利益给与别国人"。通过签订《中俄旅大租地条约》《续订旅大租地条约》，俄国强租旅顺和大连，在辽东半岛南端建立了海军基地。中东铁路把旅顺这个远离俄国本土的军港同俄国连接起来，东北三省变成俄国的势力范围，俄国在远东的战略地位大大提高。

---

① Борзунов В. Ф. Транссибирская магистраль в мировой политике великих держав. Ч. 1. М., 2001. С. 72.

1898 年 4—5 月，俄国选择地方建设大连港。1899 年 1 月 27 日，西伯利亚铁路委员会批准了将铁路干线与港口相连接的计划。然而，对于中东铁路在中国东北境内的南部终点的选择，俄国朝野内部分为两派。以陆军大臣库罗帕特金为首的一派支持旅顺港，而维特则倾向将大连湾作为中东铁路的终点。经过多方考量，俄国政府选择大连作为西伯利亚大铁路在太平洋的出海口，因为它既是便捷的良港，而且距离西伯利亚大铁路最近，可作为太平洋舰队的后方基地。最终，俄国政府划拨大量资金用来建设大连港，而投入旅顺港的资金却远远不够。西伯利亚大铁路问题除涉及西伯利亚内部和国际关系外，还具有中国色彩。满足俄国和国际过境运输需求的西伯利亚大铁路已经变成了俄国在太平洋地区殖民扩张的工具。

（三）防止其他列强染指中国东北

俄国在外交政策中最担心英国的扩张，因为英国是俄国在亚洲最重要也是最危险的对手。此前，俄国在远东与英国发生冲突时一直借用日本港湾，英日交好后俄国无法再使用日本港湾，俄国的海上军事力量被大大削弱。在这一背景下，俄国不得不集中全部精力在太平洋寻找不冻港，并且想方设法把西伯利亚大铁路与不冻港连接起来。为实现这一目的，俄国接受了法国的资金支持，还在甲午中日战争后为中国"筹良策"，与日本讨价还价，就是为了对抗英国。

1903 年，中东铁路正式运营。俄国远东政策中与西伯利亚大铁路相关的各个方面的政策也在同时向前推进。为保证铁路干线运营所需资金和巩固俄国在中国东北的经济地位，俄国对经中东铁路运输的商品征收税费（之前经这条铁路运输的商品不征收税费）。这一经济措施为俄国垄断中国东北贸易创造了一个宽松、优惠的环境，同时将美国商品排挤出去。

为扩大对中国、朝鲜的影响力，俄国在准备对日作战的同时，还积极改编阿穆尔沿岸地区的军队，加速铁路建设的收尾工程，以及装备舰队等。1900 年 3 月 14 日，陆军大臣库罗帕特金不无担忧地在一份报告中提到，在推动对日作战中"我们特别要筹备停当，以防日本突然进攻打得我们猝不及防。在尽快结束铁路网建设的同时，加快阿穆尔沿岸地区军队的集结，还要加强旅顺港的防务，我们应该大力发展海军力量，以便定期保护在远东的利益"①。

（四）实现军事战略目的

西伯利亚大铁路在沙俄的军事行动中占有重要地位。中东铁路是西伯利亚大铁路与海洋之间建立的最短距离的通道，是俄国在中国特别是中国东北地区推行俄国帝国主义政策的独立工具。库罗帕特金写道："取道中国东北境内的铁路对于我们来说是与外贝加尔—符拉迪沃斯托克（海参崴）铁路和旅顺港地位一样重要的铁路，我们应该采取一切措施来完善和巩固在中国东北的地位。"②

1900 年，沙俄政府向中国东北派驻了军队。俄国修建中东铁路早已引起了当地人民的愤慨，在义和团运动的感染下，东北人民纷纷奋起反抗。这一年，铁路沿线反对占地筑路的斗争时有发生，俄国铁路员工及护路队经常遭到袭击。库罗帕特金将镇压义和团运动看作"占领满洲的口实"③，派兵镇压东北的义和团运动。俄国政府担心义和团运动会阻碍俄国与符拉迪沃斯托克（海参崴）、旅顺港之间的联系，因此必须出兵加以保护。

日俄战争战败给俄国带来沉重打击，动摇了俄国在亚洲的根基，打破了俄国独霸中国东北的局面。日本的干涉、镇压义和团运动和修建铁路的巨大开销使俄国不堪重负，只能对日本重新分割中国东北势力范围的企图做出让步，最后只有中国东北的北部地区仍归俄国占有。在失掉东北的南部地区后，俄国仍不放松对中东铁路沿线地区的军事控制。在1903 年俄国召开的特别会议上，库罗帕特金提议，将阿穆尔沿岸地区总督辖区的军事防护范围从阿穆尔河扩大到铁路沿线直到符拉迪沃斯托克（海参崴），控制中国军队驻扎在东北地区的人员数量，迫使中国东北将军同意俄国军警进驻，对中国向东北的北部地区的移民数量加以限制，将俄国人迁移到中东铁路沿线地区。显然，在陆军大臣的眼中，中国东

---

① Борзунов В. Ф. Транссибирская магистраль в мировой политике великих держав. Ч. 1. М. , 2001. С. 67.

② Борзунов В. Ф. Транссибирская магистраль в мировой политике великих держав. Ч. 1. М. , 2001. С. 67.

③ 〔俄〕谢·尤·维特：《俄国末代沙皇尼古拉二世——维特伯爵的回忆》，张开译，北京：新华出版社，1983，第138 页。

北就是俄国的一个省份，而中东铁路就是其实现军事目的、对中国东北进行殖民统治的工具。

二 中东铁路的修建

通过《中俄密约》，俄国获得了在中国东北地区修建铁路的权利。这样，俄国不费一枪一弹，实际上已经把中国东北变成了俄国的势力范围。列宁曾写道："建筑铁路似乎是一种普通的、自然的、民主的、文化的、传播文明的事业。……实际上，资本主义的线索像千丝万缕的密网，把这种事业同整个生产资料私有制连结在一起，把这种建筑事业变成对10亿人（殖民地加半殖民地），即占世界人口半数以上的附属国人民，以及对'文明'国家资本的雇佣奴隶进行压迫的工具。"[1] 西伯利亚大铁路就是"文明"的欧俄和西方资本主义压迫落后的东部边疆区和中国人民的工具。中东铁路则是以俄国为首的列强在经济和政治上控制中国、开辟东北及内陆市场、获取自然资源、将中国变为政治附庸、施加各种影响的重要工具。

（一）中东铁路修建过程

1897年3月，俄国政府宣布正式成立中东铁路公司，随即成立中东铁路工程局。工程局临时驻地设在符拉迪沃斯托克（海参崴），尤戈维奇和伊格纳季乌斯分别出任总工程师和副总工程师，全权负责中东铁路筹建的相关事宜。同年7月，第一批俄国勘测人员进入中国东北地区，开始进行实地勘测，勘测活动一直持续到1900年上半年。整个中东铁路的走向，在1898年春天才最终确定下来。尤戈维奇、伊格纳季乌斯穿越3000多俄里，亲自考察了全部施工线路，共砍伐用于造船、铺路、建临时性桥梁及施工人员居住木屋的横木80万根。[2] 1898年4月，由希特罗夫斯基带领的中东铁路工程局先遣小分队到达哈尔滨，强占"田家烧锅"[3] 作为工程局驻地。6月9日，第一批建设人员进驻中东铁路工程局，俄国政府将这一天定为

---

① 列宁：《帝国主义是资本主义的最高阶段》，北京：人民出版社，2014，第6—7页。

② Нилус Е. Х. Исторический обзор Китайской Восточной железной дороги. 1896—1923 гг. Т. 1. Харбин, 1923. С. 13 – 14, 68.

③ 位于今哈尔滨市香坊区安埠街一带。

中东铁路建设纪念日。此后，中东铁路各路段相继开工建设，中东铁路工程局作为指挥机构，在铁路修建中发挥了重要作用。

沙皇政府为修建中东铁路制定了"在最短时间内以最快速度敷设铁轨"的任务。为此，中东铁路的筑路工程采取以哈尔滨为枢纽，朝东、西、南三个方向施工，并且从这三个方向的终点——乌苏里斯克（双城子）、后贝加尔斯克和大连向哈尔滨对向施工的方式。虽然是多处同时开工，但根据整体修建规划，各路段施工也有先后顺序：最先破土动工敷设的是南部支线铁路，之后不久开工修建东线，随后铺设西线。中东铁路工程局将驻地迁往哈尔滨，这里成为组织各路段施工的行政管理中心。

为加快筑路工程进度，中东铁路采取分段施工的方法。从 1898 年 5 月开始，东西干线从满洲里到绥芬河被划分为十三个工段，并任命了各段的负责人。在施工大规模展开的 1898 年和 1899 年，中东铁路工程局把远离指挥中心、临近中俄边界的路段划分为几个临时建筑处，各处都有专门的负责人。如满洲里站至博克图站的最西段，1899 年 1 月起由鲍恰罗夫负责；波格拉尼奇内至牡丹江的最东段，自 1899 年 1 月 1 日起由斯维亚金负责（其在完成尼科利斯克支线敷设后开始接手）；旅顺口至铁岭的最南段，自 1898 年 5 月起由吉尔什曼负责。这一分管部门施工格局一直持续到 1901 年，之后施工重点逐渐转向由希尔科夫公爵负责的松花江路段，并组建了哈尔滨建筑分局，该分局主管该路段的建设施工。在多方配合下，各路段的施工速度惊人。至 1900 年 6 月，在义和团运动在东北地区兴起之前，已经敷设铁轨 1300 俄里。[①] 1901 年末，遭义和团运动摧毁的路段基本重修完毕，逐渐建立起整条线路的运输联系。1902 年，全部铁轨和大部分铁路附属建筑设施已完工，施工路段数量大幅减少。

除铁轨敷设外，中东铁路附属建筑的施工同样按照部署在推进。1899年，哈尔滨火车站建设完毕，迎来第一辆蒸汽机车。1900 年 5 月，中东铁路西线哈尔滨至满洲里的第一座桥梁——第一松花江大桥开工修建，全长949.185 米，是中东铁路沿线跨度最大的单线铁路桥，由中东铁路工程局

---

① Нилус Е. Х. Исторический обзор Китайской Восточной железной дороги. 1896—1923 гг. Т. 1. Харбин, 1923. С. 122.

桥梁总工程师连多夫斯基亲自督建。1901 年 10 月，这座大桥投入使用。

尽管中东铁路按照沙俄政府的总体规划稳步推进，但由于一味追求建设速度，并采取一些临时性措施以达到按期完工的目的，中东铁路部分路段的列车通过能力低。1902 年，俄国财政大臣乘火车沿临时通车的中东铁路前往吉林与吉林将军会面，火车抵达目的地时竟然迟到 8 小时之多。①

沙俄政府深知，在境外修建的中东铁路必须要拥有一支纪律性强、认真负责的工程师队伍，因此对每一路段的工程师都进行了严格的挑选。完成中东铁路勘测工作后继续留下来的工程师们是尤戈维奇最得力的队伍，还有部分参与乌苏里铁路建设的工程师加入中东铁路施工过程。此外，总工程师还从欧俄招募了一批长期从事铁路建筑业的工程师和技术人员。这些工程师及技工由于工作经验丰富、服从指挥，成为中东铁路建设的领导大军。

中东铁路破土动工后，除工程师外，俄国还从国内招募了大批的技术人员和工人来到施工现场。参与修建这条铁路的既有亚美尼亚军官，又有久经沙场的将士，他们受到俄国政府的鼓动而来，也是受自身的贪欲所驱使。可以说，最后能够来到中国东北投入铁路建设大军的都是一些敢于冒险的人，当然这些人中也不乏孤儿、逃难者和投机者。然而，在中国境内修建绵延两千多公里的铁路工程，仅靠俄国的建筑工人显然无法完成，还需要大量的当地建筑工人。施工地最初只有零星的几个中国劳工，后来人数越来越多。但仅凭中国当地的劳动人口，根本无法满足对劳动力的巨大需求。开工之初，中东铁路副总工程师亲自去天津、曲阜、上海和烟台等地，一次招入筑路工人数万人。随后，为修筑铁路的主干线，俄国再次从内地招募了近十万华工。1900 年 6 月，中国筑路工人已经达到了 17 万人之多。② 他们主要从事土方工程、爆破、铺设枕木等笨重而危险的工作，还常常受到沙俄监工及护路队的压榨和鞭打。尽管中国劳工冒着严寒酷暑，劳动强度巨大，但却只能领到微薄的工资勉强度日，而且工资还经常被克扣。富拉尔基的多名中国筑路工人因向俄方工头索要工资而被枪毙。

---

① Корсаков В. В. В проснувшемся Китае. М., 1911. С. 164 – 168.
② 李济棠编著《中东铁路——沙俄侵华的工具》，哈尔滨：黑龙江人民出版社，1979，第68页。

由于修建中东铁路时俄国劳动力短缺，沙俄政府不得不从欧洲部分招来建筑工人，为此须支付给他们高昂的工资。在修建南部支线铁路时，普通俄国工人的工资为每年 500—700 卢布（同时期俄国工人的平均工资为每年 200 卢布），技工的工资为每年 1200—3000 卢布。各车站站长工资为每月 100—125 卢布，而同时期俄国其他铁路车站站长的工资为每月 35—40 卢布，中东铁路车站站长是其工资的 3 倍多。[①] 也只有实行这种高薪聘请的办法，才能吸引欧俄的工人、技术人员效力中东铁路。

义和团运动平息后，沙俄政府下令立刻恢复中东铁路的建设。自 1900 年秋开始，各施工地陆续复工，东部线路最先响应号召，施工速度不减从前，基本达到每天敷设 2.5 俄里的速度。[②] 第二年的 2 月 5 日，东线实现接轨，哈尔滨至符拉迪沃斯托克（海参崴）的直达列车开通运行。西部线路复工较晚，直到 1901 年初建筑人员才陆续回到施工现场。同年 5 月，铁轨敷设到扎兰屯，7 月到达博克图。10 月 21 日，距满洲里车站 203 俄里的乌奴耳附近举行了西线铁路的接轨仪式。南部线路也在义和团运动平息不久后复工建设。沙俄急于称霸太平洋地区，因此对于南线铁路给予的关注更多一些，南线铁路的修建工程以最快的速度向前推进。1901 年 7 月，南线铁路接轨。

除铁轨铺设外，中东铁路的附属建筑建设也相继展开。早在 1897 年俄国人第一次勘测中东铁路西部线路时，就曾提出要打通一条穿越兴安岭的隧道。这在当时无疑是一个极为大胆的构想。兴安岭山势险峻，是松嫩平原西北方的边际线。要想穿过它，必须在隧道东面的雅鲁河谷地中修建一条螺旋铁路展线，逐渐加高路基，这样才能让来自哈尔滨方向的火车经过七公里的绕行之后进入隧道。义和团运动爆发后，兴安岭工地一度陷入沉寂。复工之后，兴安岭隧道工程显然已成为整个中东铁路修建的最大难关。1901 年，中东铁路第四工段工程师鲍恰罗夫主持的隧道工程全面展开。兴安岭隧道因为施工难度超出了预想，直到中东铁路全线竣工时仍然

---

① Рупин С. В. В Маньчжурии. СПб., 1904. С. 161.

② Лукоянов И. В. «Не отстать от держав…». Россия на Дальнем Востоке в конце XIX – начале XX вв. СПб., 2008. С. 113.

没有完工。替代它的是一条 Z 字形越岭线。由于坡度太大，在这条临时线路上每辆机车只能牵引五节货车，每天运行三个来回。这种情况持续了整整一年。直到 1904 年 2 月，兴安岭隧道才正式通过列车。

义和团运动平息后的第二年，即 1901 年 10 月 2 日，第一松花江大桥正式竣工。一个月后，中东铁路全线临时通车。此外，嫩江、牡丹江、浑河等上的跨江桥梁陆续完工，各线车站、给水设备、附属工厂、大连港和哈尔滨市区等工程相继完成。1903 年 7 月 30 日，中东铁路工程局总工程师尤戈维奇通电全路，宣布中东铁路工程全线竣工。与此同时，中东铁路工程局完成其历史使命，将铁路及周边附属设施全部移交给中东铁路管理局运营。沙俄乌苏里铁路管理局局长霍尔瓦特上校被任命为中东铁路管理局局长。

中东铁路的修建资金主要来自华俄道胜银行。1896 年，在维特的撮合下，许景澄与华俄道胜银行总办乌赫姆斯基、银行总办罗启泰在柏林签署《中俄合办东省铁路公司合同章程》，另附《华俄银行总办罗启奏函》。规定成立所谓"中国东省铁路公司"，即中东铁路公司。合同绪言明确提出，"中国政府现定建筑铁路与俄之赤塔城及南乌苏里河之铁路两面相接，所有建造、经理一切事宜，派委华俄道胜银行承办"。[①] 还指出"华俄道胜银行建造、经理此铁路，另立一公司，名曰东省铁路公司。该公司应用之铃记，由中国政府刊发。该公司章程，应照俄国铁路公司成规，一律办理。所有股票，只准华、俄两国购买"。[②] 由此看来，华俄道胜银行为中东铁路的承办人，而中东铁路公司则隶属于该银行。合同名义上规定中东铁路公司为中俄合办之股份公司，股本总额为 500 万卢布，共发行股票 1000 股，每股 5000 卢布。而其实在此之前，华俄道胜银行就与俄国政府达成协议，协议规定华俄道胜银行认购中东铁路公司的全部 500 万卢布股本，并将认购的 70% 股票存于俄国国立银行，[③] 由俄国国立银行给华俄道胜银行以存

---

① 宓汝成编《中国近代铁路史资料（1863—1911）》第 1 册，北京：中华书局，1963，第 353 页。

② 徐寄顾编《最近上海金融史》（下），上海：上海书店，1926，第 66 页。

③ Романов Б. А. Россия в Маньчжурии (1892—1906). Очерки по истории внешней политики самодержавия в эпоху империализма. Л., 1928. С. 119.

储股票证书。1896 年 12 月 29 日，中东铁路公司公开招股，但却将招股广告仅刊登在当天的《政府公报》上，局外人根本无从知晓这一消息。结果可想而知，中东铁路公司的 500 万卢布股本其实全被俄国买入。[1] 于是，俄国政府成为中东铁路公司的唯一股东，中东铁路公司自然也就成为俄国政府独办的企业，根本不是中俄合办的股份公司。俄国政府建立这样一个股份公司只不过是为了掩人耳目，实则是想将中东铁路完全归于俄国的掌控之中。1897—1903 年，中东铁路公司先后发行 21 次股票，名义融资 3.28 亿卢布，实际筹得资金 3.16 亿卢布。[2]

华俄道胜银行虽然名字前冠以华俄二字，实际并无中国资本。"道胜银行系建筑中东铁路而设立，故其与中东铁路关系最为深切。"[3] 因此，华俄道胜银行的主要业务就是为中东铁路建设筹划资金。中东铁路全面开工后，面临的首要问题就是筑路经费和工人开支。于是，1898 年 7 月，华俄道胜银行在哈尔滨香坊设立了哈尔滨分行，负责承办铁路修筑的各种事宜，也便于支付筑路工人工资和筑路开销。华俄道胜银行还在中东铁路沿线发行了大量的俄国货币——卢布，东北当地居民称之为"羌贴"。随后华俄道胜银行陆续在营口、大连、旅顺、长春、满洲里等地开设了多家分行。

（二）俄国修建中东铁路的代价

19 世纪末，俄国实行"和平经济渗入"的远东政策，但伴随侵略活动的深入，其无视国际社会抗议和法律制裁的胆量越来越大。俄国对入侵拥有众多人口的中国有所顾虑，但在利益驱动下还是决定将乌苏里铁路从俄中边境继续向中国境内延伸。

在甲午中日战争惨败后，中国原本羸弱的国力变得更加衰弱。俄国的侵略野心愈加膨胀，变本加厉、有恃无恐。俄国甚至在中国不知情的情况

---

[1] 〔苏〕鲍里斯·罗曼诺夫：《俄国在满洲（1892—1906 年）》，陶文钊、李金秋、姚宝珠译，北京：商务印书馆，1980，第 109 - 111 页。

[2] Лукоянов И. В. «Не отстать от держав…». Россия на Дальнем Востоке в конце XIX - начале XX вв. СПб. , 2008. С. 105.

[3] 徐寄顾编《最近上海金融史》（下），上海：上海书店，1926，第 66 页。

下，于 1895 年秋组织了考察队在中国东北北部地区进行铁路勘测选址，根本就没有打算征求中国的意见。俄国设想可以毫无障碍地在他国境内修建铁路，还可以按照自己的意愿来运营。在这一背景下，西伯利亚大铁路最初的东段——阿穆尔铁路设计方案被束之高阁，兼具多重战略意义的中东铁路设计方案备受关注。俄国人甚至计划着不仅在中国东北北部的土地上敷设长度达 1500 俄里的铁路，还要在人口更加稠密的清王朝的发源地——东北南部地区再敷设 1000 俄里的支线铁路。这些方案将使俄国获得极大的物质利益，还会扩大俄国在太平洋地区的政治影响。

中东铁路是俄国政府完全在境外修建的一条铁路，距离俄中心地区遥远，加之这一时期俄官场贪腐盛行，常有盗用铁路建设资金现象发生，因此在铁路修建过程中不可避免地会产生许多预算外支出。1903 年 7 月中东铁路全线竣工之时，敷设铁轨总长 2377 俄里，其中主干线（满洲里—哈尔滨—绥芬河）1388 俄里，南部支线（哈尔滨—长春—旅顺口）980 俄里，大连支线 9 俄里。整条铁路线上建有 9 座隧道、7 座大型桥梁、107 个车站。据俄文文献的记载，截至 1904 年 1 月 1 日，中东铁路共花费资金 3.75 亿卢布。① 这一数字应该远远低于实际花费的金额。也有文献指出，俄国投入中东铁路的建设资金为 2.53 亿卢布，此外还有各种补充性支出约 1.57 亿卢布，其中用于改善中国境内河流与俄通航状况的支出 1032 万卢布，铁路维护和驻军开支 4629 万卢布，义和团运动造成的损失折合 7000 万卢布，用于建设大连及贸易码头的投入资金 1885 万卢布，中东铁路公司海运船队支出 1143 万卢布。由此可以得知，俄国国库投入中东铁路的资金共计 4 亿多卢布（不包括私人投资资金），平均每俄里投入 17.25 万卢布。② 中东铁路作为西伯利亚大铁路的一部分，其建设成本远远高于在俄国境内修建的铁路部分（平均每俄里 7.91 万卢布）。

显而易见，沙俄打着"缩短西伯利亚大铁路长度"的口号在中国东北

---

① Плохих С. В., Ковалева З. А. История Дальнего Востока России. Владивосток, 2002. С. 232.

② Цена транссиба. Сколько стоил Транссиб для Российской нации? http://www.transsib.ru/cat-value.htm.

地区修建了中东铁路，名义上宣扬为了节省资金，而实际上却为此花费了更多的资金。根据计算，俄在之后修建的阿穆尔铁路平均每俄里花费15.71万卢布，远远低于中东铁路的17.25万卢布。这真是"司马昭之心，路人皆知"。沙俄的真实目的是实现政治野心，控制中国东北地区，将其变为囊中之物。对于俄国来说，建设西伯利亚大铁路共花费近15亿卢布，如不修建中东铁路，可以节省29%（近乎1/3）的资金，用这些资金大力发展赤塔和哈巴罗夫斯克（伯力）之间的阿穆尔沿岸地区和滨海地区，那么会使俄东部边区的面貌大为改变。但由于当时俄政府不断膨胀的扩张野心，掌权阶层做出一些缺乏远见的错误决策，这使得本已捉襟见肘的俄国库付出了更为惨重的代价。

据苏博季奇（Д. И. Субботич）[1] 估算，在中国东北地区修建的中东铁路超过预算1.5亿卢布，这表明俄国对当时的财力缺乏清醒而正确的认识，同时对日本的进攻性也存在过分担心。事实上，日本对偏僻荒凉的西伯利亚并没有非分之想，只要俄国不干预朝鲜和中国内政，日本不打算侵略邻国土地，那么中日联手进攻俄国的局面就不会出现。

沙皇将西伯利亚大铁路作为实现俄国远东政策的主要工具，借助铁路欲将俄国的影响力渗入其他国家，然而无法解决的国内外矛盾交织在一起，最后不得不为这些不切实际的计划与一个又一个的政治对手相抗衡。西伯利亚大铁路最后断送了俄国参与国际政治的迷梦。苏博季奇写道："后贝加尔斯克到乌苏里边区的1500俄里中东铁路切断了俄国的西伯利亚大铁路，因为中国东北地区不属于俄国，以至于不可能实现可靠而安全的铁路运营。"[2]

中东铁路将西伯利亚大铁路分成两段，俄国本意是想控制大连、旅顺两港进而增加在太平洋水域的出海口，实则却使俄国的防务阵线过长，在整个远东侧翼显得更为薄弱，致使俄国在对日作战中惨败。可以说，中东

---

[1] 1902—1903年任阿穆尔沿岸地区军事总督，1903年3—9月任阿穆尔沿岸地区总督，曾受沙皇委派于1900年率军出兵中国东北镇压义和团运动。

[2] Борзунов В. Ф. Транссибирская магистраль в мировой политике великих держав. Ч. 1. М. , 2001. С. 75.

铁路是沙皇冒进的对外政策的执行工具，沙俄在中国东北南部地区修建的新铁路、港口以及组建好的舰队都在对日战争中遭到破坏。

第一次世界大战期间，由于西方战线吃紧，中东铁路经过的位于中国东北地区的狭长地带成为俄国与外界连接的重要通道。但铁路位于中国境内，对于俄国来说存在诸多不确定因素。为建立起对出海口的有效控制，俄国甚至在战前和战时最为艰苦的条件下都在集中力量加紧修建阿穆尔铁路，改变出海口不受掌控的被动地位，从而确保战时后方和前线能够及时获得补给。

对此，苏博季奇甚至提出建议，为巩固俄国在远东的地位，可以从中国手中购买东北北部地区，就像当时美国购买阿拉斯加一样；与日本建立和平的外交关系，联合日本与英美相较量；不再去寻找通往太平洋的出海口，不对世界其他国家构成威胁，而是和平地在远东传播俄国的生活方式。[①] 显然，他提出的这些建议只能是不切实际的空想，沙皇及其掌权者是不会停止扩张脚步的。

三　中东铁路对中国东北的影响

中东铁路是由俄国出资、中俄两国劳动人民共同修建的一条钢铁大动脉。一方面，它是沙俄侵华的产物，是中国的一部屈辱史；另一方面，它也对中国东北地区的经济社会发展产生重要影响。中东铁路修建前，中国东北北部地区的自然经济占主导地位，封建土地制度开始瓦解，原始的粗放耕种制遭到破坏，商品货币关系逐渐发展起来。这里的工业基础非常薄弱，加工工业逐渐从采掘工业中独立出来，小手工业从农业中分离出来。然而，由于没有道路，依旧使用畜力运输，内河运输不发达，当地居民承担着沉重的苛捐杂税。19 世纪 60 年代后，中国东北地区开始移民招垦，使自清初以来即被封禁的土地得以开发。随着移民大量涌入松花江、嫩江和辽河流域，中国东北北部地区的人口迅速增多。他们从事着原始的农业、畜牧业和小手工业，还与俄国远东地区的土著居民进行简单的贸易活动。

中东铁路使中国东北成为俄国掠夺资源、倾销工业品的殖民地。中东

---

① Борзунов В. Ф. Транссибирская магистраль в мировой политике великих держав. Ч. 1. М. , 2001. С. 75.

铁路建成通车后，其成为俄国商品进入中国东北的最短通道，南部支线则成为向中国北部市场销售俄国工业品的通道。沙俄殖民者通过中东铁路在中国东北地区掠夺大量资源、倾销本国工业品，把东北地区变成其殖民地。沙俄利用中东铁路在中国东北地区进行了疯狂的资源掠夺。1903 年，沙俄殖民者通过中东铁路从哈尔滨及其附近地区输出的农副产品达近 37 万普特。1904—1905 年，仅阿穆尔地区便从哈尔滨及东北北部地区低价收购农副产品 1400 万普特。1906 年，从东北北部地区经中东铁路运输到俄国的农产品多达 325 万普特。① 在掠夺资源的同时，沙俄殖民者还利用中东铁路向中国东北地区倾销商品。20 世纪初期，沙俄向中国东北倾销产品的数量逐年递增：1903 年倾销的各类商品总量为 140 多万普特，1905 年增至近 334 万普特，1906 年则达到近 560 万普特。② 然而对于中国东北地区来说，中东铁路是一把"双刃剑"：在带动该地区经济文化发展的同时，也扩大了它作为俄国殖民地的依附作用。

（一）积极作用

1. 带动经济发展

随着中东铁路的敷设，大量俄国人涌入中国东北，他们中有商人、企业主、军人、知识分子以及普通市民。俄国实业家们将中国东北地区视为资源丰富的宝地，在这里投资兴建了一批近代企业，它们带动了早期东北经济的发展。

（1）早期工业的产生

中东铁路开工修建后，中国东北诞生了一批现代工业企业，它们为近代东北工业的发展奠定了基础。具有代表性的工业行业如下。

采掘工业。中东铁路的敷设及其辅助设施的建设推动产生了对煤炭的大量需求，于是沙俄想方设法夺取位于中国东北地区的煤矿的开采权。1901 年，中东铁路公司代表达聂尔与吉林将军签订《改订吉林开采煤斤合

---

① 石方：《中东铁路的修筑对哈尔滨经济社会发展的作用与影响》，《学习与探索》1995 年第 4 期，第 138 页。

② 石方：《中东铁路的修筑对哈尔滨经济社会发展的作用与影响》，《学习与探索》1995 年第 4 期，第 138 页。

同》。1902 年，中东铁路公司代表达聂尔与黑龙江将军签订了《黑龙江开挖煤斤合同》。按照这些合同，中东铁路公司有权在铁路两侧各 15 公里以内勘探煤矿。东北北部地区最大的煤矿位于扎赉诺尔，1901 年由俄国工程师布龙尼科夫发现，1903 年在此建立了中东铁路煤矿，主要供应西线铁路用煤。[1] 为此，俄国人特意敷设了一条 1.5 俄里长的铁路支线将扎赉诺尔站和该煤矿连接起来。据 1904 年中东铁路管理局的一份报告，扎赉诺尔煤矿的年开采量为 1200 万普特，预计此后年开采量最低可达到 2600 万普特。[2] 此外，为供应中东铁路及沿线用煤，俄国人还先后开采了瓦房店、烟台驿[3]、昌图、抚顺、石碑岭及陶家屯、乌吉密河等地的煤矿。

电力工业。1903 年，沙俄在建设中东铁路时，对电力的需求增加，决定建设一家中东铁路发电厂，即中东铁路哈尔滨总工厂电灯厂。该厂位于总工厂院内，占地面积 2922 平方米，厂房建筑占地 519 平方米。该厂安装三相交流发电机 4 台，都是俄国制造的。其于 1905 年建成发电，是哈尔滨第一家发电厂，总容量 1100 千瓦，年发电量 30 万千瓦时。[4] 该发电厂所发电力除供给总工厂及火车站外，还向厂外铁路员工住宅及附近居民楼供电，这是哈尔滨历史上使用电灯和动力用电的开端。

至 1907 年，俄国在哈尔滨还建有 3 家出售照明用电的发电厂，其中 2 家位于道里，1 家位于南岗。同时，在哈尔滨还建有 6 家供中东铁路及其附属设施使用的发电厂，其中 4 家位于南岗，2 家位于道里。这 6 家发电厂中除道胜银行发电厂外，其余 5 家发电厂在满足自身用电的同时，还向私人出售用电。[5] 1908 年，海拉尔也建起 1 家俄资发电厂。[6]

---

① 〔苏〕加·尼·罗曼娃：《远东俄中经济关系（19 世纪至 20 世纪初）》，宿丰林、厉声译，哈尔滨：黑龙江科学技术出版社，1991，第 78 页。
② 〔日〕大草志一：《中东铁路的附属企业》，于滨力译，《北方文物》1995 年第 4 期，第108 页。
③ 地点在辽阳东北处，不是指山东烟台。
④ 哈尔滨史志网，http://www.hrbswszyjs.org.cn/news/471.html.
⑤ 张凤鸣：《中国东北与俄国（苏联）经济关系史》，北京：中国社会科学出版社，2003，第 65 页。
⑥ 陈真、姚洛、逢先知合编《中国近代工业史资料》第二辑，北京：生活·读书·新知三联书店，1958，第 795 页。

木材加工业。1897—1903 年，为满足中东铁路的敷设需要，铁路沿线的木材加工业发展起来。这一时期中国东北地区从事木材加工的最大企业是哈尔滨中东铁路木材加工厂。该厂建于 1901 年，在哈尔滨、老少沟①、一面坡三处分别建有厂房。中东铁路公司投资建立的林场主要包括东林场、岔林河林场、绰尔林场等。这些林场多建有火锯厂，有的还开设了松脂油厂、火柴厂、木材蒸馏厂等。此外，还有一些木材加工厂被俄国人斯基杰利斯基（Скидельский）和科瓦利斯基（Ковальский）租让，他们的木材加工厂分别位于帽儿山、苇沙河、马桥河、一面坡、亚布力、穆棱等地。② 这些工厂生产的木材供抚顺煤矿、鸭绿江和松花江的轮船公司使用。

1903 年 3 月，俄国木材工业公司在旅顺开办总公司和 9 个地方分公司。该公司总资本 200 万卢布，承租了几家木材租让企业。这家木材工业公司为抚顺煤矿和南部支线提供木料。

面粉加工业。小麦制粉在中国是个传统工业，但基本是以畜力、人力推磨制造面粉的。近代中国东北的机器制粉业的发展与中东铁路的修建密切相关。因为机器制粉业需要输入大批小麦作为加工的原材料，而制成的面粉也需要输出到其他地方销售。如果仅靠轮船、马车，运输量较少，面粉业无法获得大规模发展。中东铁路部分路段的临时通车，为中国东北机器制粉业的发展创造了条件。

面粉业是俄侨投资最多的农牧产品加工业部门。1900 年，满洲第一面粉公司在哈尔滨松化江岸边成立，它是由俄国人出资建立的第一家面粉厂，也是中国东北地区第一家现代制粉企业，拥有资本 38.4 万卢布。随后，中东铁路公司出资建立了第二家面粉厂，厂址就在第一面粉公司附近。1902 年，中东铁路公司将该厂转让给俄国私人经营，改名为松花江面粉公司。同年，科瓦利斯基在哈尔滨建立了以其名字命名的面粉厂。1903 年，在哈尔滨相继建立了捷秋科夫（Тетюков）面粉厂、俄国面粉

---

① 别称老烧锅。

② 〔苏〕加·尼·罗曼诺娃：《远东俄中经济关系（19 世纪至 20 世纪初）》，宿丰林、厉声译，哈尔滨：黑龙江科学技术出版社，1991，第 79 页。

公司、东方公司面粉厂、别列津（Березин）面粉厂，在长春建立了宽城子面粉厂，在一面坡建立了一面坡面粉厂。[①] 这些面粉厂生产出的面粉制品数量巨大，大部分通过中东铁路运输出去。

1904—1905 年的日俄战争极大地刺激了东北面粉业的发展。为满足集结在中国东北的百万俄军的日常所需，俄国要在当地筹集大量粮食，面粉业由此获得快速发展。1904 年，伊萨耶夫面粉厂在哈尔滨建立。1905 年，在双城堡建立了双城堡面粉厂，在傅家甸建成了里夫面粉厂。[②] 原有的面粉厂生产规模也不断扩大。到 1905 年末，哈尔滨已有 8 家俄国人兴建的面粉厂。日俄战争期间，仅东北北部地区的俄国面粉厂就供给俄军面粉 900 万普特。[③] 日俄战争后，在俄军尚未撤离的一段时间里，面粉业仍得到一定程度的发展。如 1906 年在海林建立了海林公司面粉厂，在阿什河建立了伊姆舍涅茨基面粉厂，在双城堡建立了南方公司面粉厂。[④] 随着大批俄军陆续撤离中国东北地区，依靠战争刺激而发展起来的面粉业逐渐陷入萧条。

这一时期，中国东北面粉业发展的主要原因如下。第一，中东铁路建成通车为面粉业的快速发展提供了前提条件。通过中东铁路，中国内地生产的小麦可以运输到东北地区进行加工，制成的面粉再通过铁路运输到国内其他地区；也可以把生产出来的面粉输送到俄国境内，或者运输到符拉迪沃斯托克（海参崴）后转运到欧洲其他国家。第二，俄国政府实行鼓励政策。俄国为实现对中国东北的殖民占领，鼓励俄国人移民东北并建立俄资企业。当时，俄国人在东北建立面粉厂等所需的启动资金中有 90% 是华俄道胜银行提供的。[⑤] 到 1907 年底，俄国在哈尔滨地区共有 14 家面粉厂，共向华俄道胜银行借款约 300 万卢布，因此所有权实际为华俄道胜银行哈

① Каваками Тосихико. Промышленность Северной Маньчжурии. Т. 3. Харбин, 1909. С. 16.

② Каваками Тосихико. Промышленность Северной Маньчжурии. Т. 3. Харбин, 1909. С. 16.

③ Штейнфельд Н. П. Русское дело в Маньчжурии: с XVII века до наших дней. Харбин, 1910. С. 105.

④ Каваками Тосихико. Промышленность Северной Маньчжурии. Т. 3. Харбин, 1909. С. 16.

⑤ 〔苏〕B. 阿瓦林：《帝国主义在满洲》，北京对外贸易学院俄语教研室译，北京：商务印书馆，1980，第 161 页。

尔滨分行所掌控。这 14 家面粉厂的具体状况见表 2 - 1。

表 2 - 1　1907 年哈尔滨地区的 14 家面粉厂概况

单位：万卢布，万普特

名称	所在地	资本	日耗原料
松花江面粉公司	哈尔滨	350	4
扎朱林斯基面粉厂	哈尔滨郊区		
格瓦列夫斯基面粉厂	哈尔滨郊区		
南方公司面粉厂	双城堡		
海林公司面粉厂	海林		
俄国面粉公司	哈尔滨郊区	80	0.7
博罗金面粉厂	哈尔滨香坊	40	0.4
满洲第一面粉公司	哈尔滨	30	0.25
德里金面粉厂	哈尔滨	35	0.3
布拉格为申斯克面粉厂	哈尔滨	15	0.15
一面坡面粉厂	一面坡	35	0.3
伊姆舍涅茨基面粉厂	阿什河	6	0.07
双城堡面粉厂	双城堡	15	0.2
于巽德面粉厂	海林	12	0.12
总计		618	6.49

资料来源：辛培林、张凤鸣、高晓燕主编《黑龙江开发史》，哈尔滨：黑龙江人民出版社，1999，第 748 页。

　　表 2 - 1 中的前 5 家面粉厂于 1907 年底合并为满洲面粉企业联合股份公司，成为当时哈尔滨地区最大的面粉企业。到 1910 年，俄国投资的面粉厂数量增至 15 家，其中有 8 家位于哈尔滨地区，还有 7 家位于中东铁路沿线地区。[①] 第一次世界大战前，俄国人投资开办的面粉厂已达 18 家。

　　制酒业。1900 年，俄国人西尼戈夫和克斯耶茨阿夫合伙在宁古塔建立了第一家伏特加酒厂。同年，第二家酒厂由中东铁路工程师柴可夫斯基在哈尔滨香坊创办。此后富拉尔基又建立一家俄资酒厂。1903—1904 年，在

---

① Митинский А. Н. Материалы о положении и нуждах торговли и промышленности на Дальнем Востоке. СПб., 1911. С. 70 - 72.

哈尔滨马家沟建立了一家俄资酒厂。[①] "到 1910 年，哈尔滨开办的伏特加酒厂发展到十一家，每年可生产伏特加酒 78120 箱。"[②]

在日俄战争期间及战后几年，新的俄资酒厂不断出现。截至 1907 年，设立在哈尔滨及中东铁路沿线地区的生产伏特加及酒精的酒厂共有 38 家，年产量 14 万桶。仅在哈尔滨一地就有生产酒精、白酒和啤酒的 8 家大型酒厂，分别由卢金、弗鲁布列夫斯基、安季帕斯、莫尔多霍维奇等人创办。此外，莫尔多霍维奇、希马尔 - 希尔曼在扎兰屯创办了 2 家生产伏特加的酒厂，科尔特金、尼尔科夫等在博克图建有生产伏特加的 4 家酒厂；在扎赉诺尔有罗森施泰因和满洲公司等 2 家酒厂，在海拉尔有萨姆索维奇公司、科列涅夫、斯皮诺夫等 7 家酒厂，在穆棱有季霍米罗夫、别克扎罗夫等 4 家酒厂，在绥芬河有隆东兄弟公司、罗捷夫等 4 家酒厂。[③]

1900 年，哈尔滨第一家啤酒厂建立，由乌卢布列夫斯基在南岗区花园街创办。这也是东北第一家啤酒厂。之后的几年内又有几家啤酒厂相继建立。至 1907 年，在哈尔滨及中东铁路沿线地区共有 10 家俄资啤酒厂，分别是位于哈尔滨的哈尔滨公司、鲁季切克、乌卢布列夫斯基等 6 家啤酒厂，位于满洲里的日尔加诺夫啤酒厂，位于博克图的拉多夫斯基啤酒厂，位于一面坡的一面坡公司和位于绥芬河附近的马切克啤酒厂。[④]

烟草业。中东铁路开始建设后，哈尔滨逐渐成为烟草业中心。最早出现的烟草产品出自 "英美烟草公司"。1904 年，该公司在哈尔滨设立分公司，标志着哈尔滨烟草业的诞生。同年，莫斯科老巴夺父子烟草公司开始在哈尔滨设厂并投入生产。1914 年，秋林洋行烟草工厂也开始在哈尔滨发展，与老巴夺成为竞争对手。该厂不断更新技术设备，生产的卷烟远销各地。

此外，这一时期中国东北地区还建立起种类繁多的工业企业，比如砖

---

① Сурин В. И. Промышленность Северной Маньчжурии и Харбина. Харбин, 1928. С. 79.

② 石方、刘爽、高凌：《哈尔滨俄侨史》，哈尔滨：黑龙江人民出版社，2003，第 217 页。

③ Каваками Тосихико. Промышленность Северной Маньчжурии. Т. 3. Харбин, 1909. С. 22 – 24.

④ 张凤鸣：《中国东北与俄国（苏联）经济关系史》，北京：中国社会科学出版社，2003，第 62、63 页。

瓦厂、炼铁厂、肥皂厂、棉纺织厂、罐头厂、皮革厂、通心粉厂等。这些工业都是伴随着中东铁路的建设而兴起的，并在短时间内迅速发展壮大。许多工厂利用哈尔滨、大连等地便利的交通和地理条件，把产品远销到欧美等地，获取丰厚的利润。

（2）交通运输业的发展

中东铁路运营后，长期处于亏损状态。1904—1914 年，中东铁路每年的亏损额高达 1.8 亿卢布，[1] 俄国政府对中东铁路追加的直接投资逐渐减少，但以弥补铁路经营"亏损"的形式提供给中东铁路公司的资金却很多。俄国资本在中国东北进行经济扩张的最主要工具是中东铁路公司。该公司除下属煤矿外，主要投资兴建松花江河运公司（1903 年有 16 艘轮船、58 艘驳船、3 艘帆船和 1 艘挖泥船）和海运公司（拥有 20 艘总价值 1150 万卢布的海船）。[2] 松花江河运公司不顾中国东北地方政府的抗议，经常在松花江、阿穆尔河、乌苏里江自由航行。中东铁路公司河运船队主要担负着运输中国东北北部地区农产品的任务。除此之外，一些私人船运公司也运输少量的农产品，如在松花江航行的柳季科夫（В. Н. Лютиков）公司、科热夫尼科夫（М. И. Кожевников）公司、在阿穆尔河上航行的阿穆尔船运公司、科西采斯（Г. Н. Косицыс）公司、阿列克谢耶夫（Б. А. Алексеев）公司、布亚诺夫（М. З. Буянов）公司等，它们都在西伯利亚大铁路修建期间承包过运输工程。日俄战争摧毁了中东铁路公司下属的许多企业，特别是航运公司受到重创。1908 年，松花江舰队才开始恢复商业活动。

（3）金融业的发展

华俄道胜银行是俄国推行扩张政策的得力工具，它在东北各地设有多家分行。1895 年 12 月，华俄道胜银行成立时仅有资金 600 万卢布。此后俄国两次增发银行股票 8 万份，俄国政府持股 36200 份，占 45%。[3] 华俄

① 〔苏〕В. 阿瓦林：《帝国主义在满洲》，北京对外贸易学院俄语教研室译，北京：商务印书馆，1980，第 168 页。
② Борзунов В. Ф. Транссибирская магистраль в мировой политике великих держав. Ч. 1. М., 2001. С. 85.
③ 〔苏〕鲍里斯·罗曼诺夫：《俄国在满洲（1892—1906 年）》，陶文钊、李金秋、姚宝珠译，北京：商务印书馆，1980，第 321 页。

道胜银行成立后，先后在世界各地设立分行，至 1901 年，已设有分行 31 处，代理处 10 处，其中设在中国的 19 处分行及代理处中东北地区就占 10 处，由此可见俄国对中国东北的重视程度。

日俄战争前，华俄道胜银行主要推行俄国政府的远东扩张政策，特别是在"和平经济渗入"政策中发挥重要作用。它在中国东北发挥的作用主要通过以下两种方式实现：一是进行直接投资，二是对俄国公司和私人的投资给予支持和帮助。日俄战争前，华俄道胜银行在中国东北的直接投资主要集中在煤矿、金矿。在支持俄国公司和私人的投资方面，扶持俄国满洲矿业公司（成立于 1902 年 7 月）向采矿公司投资，支持俄国私人投资东北的面粉厂和其他企业等。

华俄道胜银行在日俄战争前将大部分资金投放在东北南部地区，因此在战后陷入进退两难的困境。哈尔滨、奉天等几个分行的亏损额高达 700 万卢布。[1] 1906 年，华俄道胜银行的大部分股票转让给法国银行家，此后还关闭了吉林、奉天等地的分行。俄国在东北北部地区的地位巩固后，因华俄道胜银行的活动不能满足俄国政府的需要，遂于 1910 年对华俄道胜银行进行了改组，将其与北方银行合并，改称俄国亚洲银行（俄亚银行），资本总额达 4500 万卢布。"新银行开始积极地执行俄帝国主义的远东政策。"[2] 1916 年 5 月，俄亚银行资本已达 5500 万卢布。[3]

日俄战争后，由于华俄道胜银行活动范围压缩、贷款减少，俄国商人和企业主开始集资建立银行。1908 年 1 月，哈尔滨第一借款公司成立，资本金为 2.8 万卢布，一年后发展成周转额达数百万卢布的大银行。[4] 1910 年 5 月，哈尔滨第二借款公司成立，1916 年也发展成储备金高达 57 万卢布的银行。[5]

---

[1] Борзунов В. Ф. Транссибирская магистраль в мировой политике великих держав. Ч. 1. М. , 2001. С. 86.

[2] 〔苏〕B. 阿瓦林：《帝国主义在满洲》，北京对外贸易学院俄语教研室译，北京：商务印书馆，1980，第 162 页。

[3] 《远东报》1916 年 5 月 27 日。

[4] Штейнфельд Н. П. Русское дело в Маньчжурии：с XVII века до наших дней. Харбин, 1910.

[5] 《远东报》1916 年 7 月 26 日。

（4）当地商业的发展

西伯利亚大铁路建设前，中国东北北部地区的全部贸易都集中在陆路（经恰克图）、内河（沿松花江、鸭绿江、辽河、黑龙江）和海路（经牛庄港）上。中东铁路通车后，中国东北在全中国国内贸易中所占比重迅速提高：从 1872—1888 年的 0.5%—4% 增加到 1913—1915 年的 17.3%—18.4%。1842 年《南京条约》签订后，中国港口相继开放。1908 年前，中国东北最重要的贸易港口是牛庄港。来自国外及中国中部、南部地区的商品都运抵牛庄，中国东北地区当地生产的商品则经辽河输出。19 世纪 70 年代初至 90 年代初，中国东北商品输出量增长了 14 倍。1872—1893 年，牛庄的货运额从 500 万两海关银增加到 1800 多万两海关银（1893 年输入 760 万两海关银，输出 1050 万两海关银，中转运输 40 万两海关银）。[1] 安东、奉天、吉林、阿什河、宁古塔、珲春等地都向牛庄源源不断地运输货物。布拉戈维申斯克（海兰泡）对牛庄构成一定竞争，它会将向北运输的中国东北及内陆货物分流出一部分。中国东北向北输出的货物远大于输入的货物。

随着中东铁路的修建，俄国为实现远东政策，将中国东北地区变为俄国的商品交易中心和主要货源基地。1902 年，维特明确把哈尔滨定为俄国在远东的商务"总埠"。[2] 哈尔滨从一个小渔村发展成国际贸易中心，不仅成为地区内部贸易的枢纽，还肩负着对俄货物运输的重任。曾作为中国东北贸易转运中心的牛庄港被大连港所取代，大连港的国际地位不断上升。这一时期，大批俄国商品进入中国东北市场，特别是在中东铁路的几个大型车站的所在地，如哈尔滨、大连、旅顺等地的商行货栈数量迅速增多。

1902 年，中东铁路公司开办了一家商务公司，它是俄国政府设在哈尔滨的最大的商业企业。该公司在中东铁路沿线地区广设粮仓和货栈，还投资 200 万卢布在哈尔滨成立了一家莫斯科商场[3]，莫斯科商场成为当时俄

① Борзунов В. Ф. Транссибирская магистраль в мировой политике великих держав. Ч. 1. М., 2001. C. 88.
② 石方、刘爽、高凌：《哈尔滨俄侨史》，哈尔滨：黑龙江人民出版社，1998，第 225 页。
③ 位于今黑龙江省博物馆。

国人在中国开设的最大的商品交易场所。通过这家公司，中国东北生产的谷物、大豆等农产品被源源不断地输送到俄国及其他国家。俄国学者提供的统计资料显示，1903—1907 年，经中东铁路运输的谷物数量依次为 690 万、310 万、290 万、430 万、1170 万普特。其中日俄战争时期运输量最低，1906 年有所增长，1907 年则猛增至 1170 万普特，同比约增长 172%。[①] 这些谷物中的大部分都是通过莫斯科商场出口到俄国的。

中东铁路破土动工后，越来越多的俄国商人来到中国东北地区，对商业的投资日益增多。1898 年 8 月，俄商在哈尔滨香坊开设了第一家俄国商店，即专营化妆品的"鲁西阿尔商铺"。同年，波波夫兄弟开办了一家商会，专门为修建中东铁路供应木材。翌年 11 月，著名的阿格耶夫商会在哈尔滨道里创办，主要销售粮食和杂货。

1900 年 5 月，俄国商人伊·雅·秋林在哈尔滨香坊开设了大型商行秋林公司的分公司，这也是该公司在中国开设的第一家分公司。[②] 此后，其又相继在旅顺和营口开设了分公司。1902 年，秋林公司从香坊迁到南岗，还开设了同名的百货商店。此外，铁路沿线的一面坡也有秋林公司经营的百货商店。1903 年 1 月，俄商奇斯佳科夫在哈尔滨道里开设了一家茶叶商店。奇斯佳科夫常年从事中俄茶叶贸易，他已经在乌拉尔和西伯利亚建有多家分店，在中国开设分店是他的夙愿，因为临近茶叶产地可以获得品质更高的商品。随着哈尔滨分店的设立，奇斯佳科夫的茶叶生意越做越大，获利颇丰。

1903 年中东铁路通车后，中国东北封闭的自然经济被打破，越来越多的俄国商品通过铁路输入东北各地。为垄断中国东北地区的商业市场、加大倾销俄国商品的力度，"俄国国家银行海参崴分行便将 100 万卢布拨入华俄道胜银行哈尔滨分行，专门用以向俄侨私营主发放贷款"。[③] 当时的哈

---

① 〔苏〕加·尼·罗曼诺娃：《远东俄中经济关系（19 世纪至 20 世纪初）》，宿丰林、厉声译，哈尔滨：黑龙江科学技术出版社，1991，第 131 页。

② 〔苏〕加·尼·罗曼诺娃：《远东俄中经济关系（19 世纪至 20 世纪初）》，宿丰林、厉声译，哈尔滨：黑龙江科学技术出版社，1991，第 80 页。

③ 〔苏〕B. 阿瓦林：《帝国主义在满洲》，北京对外贸易学院俄语教研室译，北京：商务印书馆，1980，第 161 页。

尔滨，名为中国的城市，可却将俄国的卢布作为商品交易的货币，殖民性
质可见一斑。

日俄战争期间，大批俄国商人、投机者来到中国东北。仅哈尔滨一地
的俄侨人数就猛增至十多万人，[①] 铁路沿线地区的俄资商业企业数量随之
增多。至1907年末，哈尔滨（不包括傅家甸）共有各类商业企业1967
家，其中大型的公司多为俄资公司，主要从事食品、烟酒、服装、鞋、日
用百货、布匹、乐器、玩具、茶叶、家具、化妆品、办公用品等商品的经
营销售。具体情况见表2－2。

表2－2 1907年中东铁路哈尔滨附属地内（不包括傅家甸）商业企业数量

单位：家

序号	商业企业分类	数量
1	贩酒业	300
2	日用百货、食品零售业	450
3	特别营业（照相、印刷、锻冶作坊）	229
4	卖店	682
5	饭店	12
6	医药店	14
7	面包、果子店	34
8	浴池	17
9	旅店	20
10	刻字、誊写、订货等事务店	6
11	石油批发店	3
12	法律事务所	4
13	建筑事务所	2
14	香肠加工出售	7
15	肥皂生产出售	2
16	肉铺	90
17	裁缝店	34
18	理发店	32

①〔美〕雷麦：《外人在华投资》，蒋学楷、赵康节译，北京：商务印书馆，1959，第434页。

序号	商业企业分类	数量
19	洗衣店	29
合计		1967

资料来源：穆丹萍《近代哈尔滨地区俄国企业研究（1898—1926）》，东北师范大学博士学位论文，2012，第53—54页。

由此可见，20世纪初，哈尔滨一地的商业贸易已经非常发达，甚至比同时期的中国内陆城市还要发达，商业企业的类别已经划分得非常细致。

除俄国资本外，英国、美国和日本资本争先抢占中国东北市场。英国有意借助日本的支持，将美国商品从中国东北北部地区排挤出去。按照1905年12月22日的《中日会议东三省事宜条约》，中东铁路运营和中国东北16座城市对外开放后，贸易结构发生根本性变化，中国东北农产品的出口额急剧增长。

1906—1914年，几乎中国东北地区的出口贸易被10家大型外国工商业公司所垄断。其中规模最大的7家公司为2家丹麦公司、2家英国公司、1家日本公司、2家俄国公司。丹麦资本来自几个知名公司，如"东亚轮船"（1897年创建，中国东北北部地区分公司建于1904年）、"西伯利亚出口公司"（1904年创建的一家股份制公司）。英国资本则通过"中英东方贸易公司"运作，这家公司成立于1909年，专门往西欧、美国和日本出口中国东北北部地区的大豆、豆粕、豆油。此外，还有一家创建于1904年的英国索斯金（S. Soskin）公司。日本资本通过三井股份公司（创建于1876年，自1908年开始在中国东北北部组建分公司，专门从事大豆出口贸易）进入中国东北北部地区。

法国资本与俄国贸易公司——秋林公司保持着合作关系。秋林公司从事原料开采和加工业，拥有自己的交通工具，主要从事俄国商品的贸易。1914年，秋林公司的总资产达3000万卢布，净收入180万卢布，员工总数5 000人。德国资本渗透进中国东北北部地区是通过几家德国公司以及俄国的古恩斯特和阿利别尔斯（Кунст и Альберс）公司，这家俄国公司是将外国商品向俄国远东地区和中国东北地区出口的主要供应商。1914年，该公司的净收入为80多万卢布。与外国资本互相融合的俄国公司在20世

纪初的中国东北地区对外贸易中主要扮演着中间商的角色。1908—1914
年，西伯利亚出口公司、秋林公司、古恩斯特和阿利别尔斯公司使用彼得
堡工业银行的贷款将中国东北的大豆出口到英国、荷兰、丹麦等欧洲
国家。

这一时期的中国东北北部地区俨然成为外国商品汇集的市场，这里有
来自德国的铁制品、钢制品、机器、工具、电子技术设备、小五金零件、
文化用品、针织品，来自日本的棉布和文化用品，来自美国的柴油、矿物
油、风镜，来自澳大利亚的服装、日用百货，来自英国的棉布等。还有大
量的俄国欧洲地区商品进入中国东北北部地区：1913年，从欧俄地区进口
的纺织品占中国东北北部地区纺织品进口总额的2.6%，柴油和矿物油占
12%，砂糖占63%，铁、钢、金属制品占47%，文化用品占13%，药品
占27%，食品占24%，日用百货品占4%，烟草占53%，建筑材料占8%。
1913年，在中国东北北部地区进口商品中俄国商品所占比例达19%。此
后，这一比例逐年减少。[①]

第一次世界大战期间，中国东北北部地区的进口商品来源结构发生了
显著变化。德国商品在竞争中逐渐被淘汰，其原有地位被日本、美国、英
国、法国的商品所取代。俄国与日本之间的竞争朝着有利于日本的方向发
展。俄国在中国东北北部地区进出口贸易中所占比重呈下降趋势（从1913
年的19%降至1917年的不足10%），日本的贸易额则呈上升态势（在中国
东北南部地区的进口总额中从1913年的占63%升至1917年的占78%，
1909—1915年增长了4倍）。1917年，对日出口额占中国东北出口总额的
85%，从日本的进口额则占中国东北进口总额的70%。对俄出口额在中国
东北出口额中所占比重从1915年的10%升至1917年的21%。[②] 第一次世
界大战期间，日本在俄国远东地区和中国东北地区的经济地位进一步提高。
与此同时，在俄国与中国东北的边境贸易中谷物和牲畜的比例在增长。

---

① Борзунов В. Ф. Транссибирская магистраль в мировой политике великих держав. Ч. 1. М. , 2001. С. 91.

② Борзунов В. Ф. Транссибирска я магистральв мировой политике великих держав. Ч. 1. М. , 2001. С. 91.

2. 促进俄中贸易发展

维特曾说过,发展与中国的贸易是俄国修建中东铁路的目的之一。实际上,中东铁路在两国贸易发展中也确实起到了促进作用。中东铁路建成后,成为沙俄向中国东北经济输出的工具,粮食是运输的最主要商品。铁路货运主要输出煤炭,输入(从滨海边区和中国东北南部地区)畜产品、木材和其他商品。就粮食总量来看,中东铁路沿线地区的北部地区高于南部地区。这是因为南部地区人口密度大,当地居民消费的粮食更多一些。

中东铁路尚未建成通车前,中国东北商品运往俄国通常有三条路线,一条是沿松花江运输到哈巴罗夫斯克(伯力),从这里再运输到阿穆尔河下游直抵尼古拉耶夫斯克(庙街)或者沿乌苏里江向上抵达卡缅雷巴洛夫;第二条是沿松花江从瑷珲、萨哈林(阿穆尔省)运抵滨海省;第三条是从买卖城[①]直接到外贝加尔省的特罗伊茨科萨夫斯克。此外,用于中东铁路修建和运营的许多设备也是沿松花江运输的,1898—1902年,运输设备总重近65万普特。

随着中东铁路的修建,中国东北与俄国的贸易关系得到显著发展,主要呈现以下三个特点:一是贸易规模不断扩大;二是贸易不平衡性日益显著;三是从以边境贸易为主向以中国东北内地贸易为主转变。这些特点可以从表2-3的数据中看出。

表 2-3 1898—1905 年俄国经西段、东段陆路边界及海路与中国的贸易统计

单位:万卢布

年份	由俄国输出				向俄国输入				贸易总额
	经西段陆路边界	经东段陆路边界	经海路	总计	经西段陆路边界	经东段陆路边界	经海路	总计	
1898	—	—	—	625.6	—	—	—	4029.3	4654.9
1899	520	98	135	753	589	2254	1509	4352	5105
1900	496	59	115	670	651	1754	2190	4595	5265
1901	601	21	349	971	692	1235	2763	4690	5661

---

① 18—20 世纪末中国北部边境城市,专事对俄国贸易的商埠。

续表

年份	由俄国输出				向俄国输入				贸易总额
	经西段陆路边界	经东段陆路边界	经海路	总计	经西段陆路边界	经东段陆路边界	经海路	总计	
1902	701	77	153	931	604	1229	3385	5218	6149
1903	668	1371	205	2244	788	2291	2571	5650	7894
1904	—	—	—	2297.2	—	—	—	5245.5	7542.7
1905	—	—	—	3158.8	—	—	—	6054.9	9213.7

资料来源：Сладковский М. И. Очерки экономических отношений СССР с Китаем. М., 1957. С. 159；〔苏〕加·尼·罗曼诺娃《远东俄中经济关系（19 世纪至 20 世纪初）》，宿丰林、厉声译，哈尔滨：黑龙江科学技术出版社，1991，第 129 页。

从表 2 - 3 可以看出，1903 年中东铁路正式通车前，俄国与中国的贸易额并无显著变化。自中东铁路通车后，俄国向中国的出口额显著增加，这主要得益于从东段陆路边界，也就是经中东铁路向中国东北地区出口的贸易额的增加。1902 年，经东段陆路边界从俄国出口到中国东北的贸易额仅为 77 万卢布，1903 年这一数字猛增至 1371 万卢布，是 1902 年的近 18 倍。同样，经东段陆路边界从中国东北输入到俄国的贸易额从 1902 年的 1229 万卢布增至 2291 万卢布，增长约 86%。由此可见，中东铁路在两国贸易中发挥着重要作用，同时也引起了两国贸易地理方向的新变化，即从原来的以西段陆路边界为主转到东段陆路边界上来。中国东北与俄国的贸易在两国贸易中所占比重越来越大，特别是经中东铁路向中国东北输出的俄国商品数量越来越多。中东铁路建成通车后仅半年就爆发了日俄战争，战争期间中俄贸易额涨幅较大，特别是从中国输入到俄国的粮食等迅速增加，这主要是为了满足驻守在俄国远东地区的百万俄军的需要。

俄国在中国东北贸易中扮演中间商的角色，商品主要经中东铁路和乌苏里铁路运输。1908—1914 年，80%—90% 的中国东北出口货物经中东铁路和乌苏里铁路运输到符拉迪沃斯托克（海参崴），只有 10%—20% 的货物经过南满铁路运输。1913 年，中国东北出口货物中有 2300 万普特谷物经符拉迪沃斯托克（海参崴）转运，只有 430 万普特货物（占 15%）经大连转运。这些商品继续向东运输，出口到西欧、美国和日本。经俄国远东地区转运的中国东北商品占中国东北北部地区出口总额的 10%—15%。①

中国东北主要的出口商品是大豆。60% 的大豆经乌苏里铁路运输到符拉迪沃斯托克（海参崴），之后再运输到欧洲和日本，39% 的大豆经南满铁路直接运输到日本，剩余 1% 经外贝加尔铁路运输到欧俄地区。其他商品的出口比例也大体相同。例如，1912—1914 年，中国东北地区出口 80% 的肉、禽、蛋、脂油和 18% 的锯材运输到俄国远东地区。② 1911 年，中国东北地区向阿穆尔省和滨海省出口的粮食从 250 万普特增加到 1700 多万普特。1911 年，从哈尔滨沿松花江出口到阿穆尔省的面粉总额为 320 万卢布，经波格拉尼奇出口到滨海省的面粉为 70 万卢布。换句话说，日俄战争后，西伯利亚大铁路的远东路段更多地承担着将中国东北商品经符拉迪沃斯托克（海参崴）转运到国外的任务。③ 中国东北北部地区成为俄国远东地区向世界农产品市场出口的最大供应地，俄国远东地区则成为中国商品的最大消费地。滨海省是俄国远东各省中消费中国东北农产品最多的省份。

日俄战争改变了中东铁路货物运输的走向。1913—1917 年，经中东铁路向西中转运输的货物从 600 万普特增至 1940 万普特，向东中转运输的货物从 170 万普特增至 410 万普特。1917 年，经符拉迪沃斯托克（海参崴）运输的货物中的 85% 是中国东北的大豆及豆制品，占中国东北出口货物的 70%，其余 30% 中国东北出口的货物经南满铁路从长春运往日本。④ 西伯利亚大铁路成为一面向欧俄和西欧运输货物，一面向中国东北和俄国远东地区运输货物的干线铁路。西伯利亚大铁路加快了中国东北和俄国远东地区融入世界市场的步伐。

概括来说，19 世纪末至 1917 年，西伯利亚大铁路以及中国境内中东铁路的敷设对中国东北经济开发产生的影响可以按照时间脉络划分为三个

---

① 〔苏〕加·尼·罗曼诺娃：《远东俄中经济关系（19 世纪至 20 世纪初）》，宿丰林、厉声译，哈尔滨：黑龙江科学技术出版社，1991，第 97—98 页。

② Северная Маньчжурия и КВЖД. Харбин, 1922. С. 484.

③ Борзунов В. Ф. Транссибирская магистраль в мировой политике великих держав. Ч. 1. М., 2001. С. 90.

④ Сурин В. И. Железные дороги в Маньчжурии и Китае. Харбин, 1932. С. 129

阶段：第一阶段为 19 世纪末到日俄战争前，即 1891—1904 年；第二阶段为日俄战争和第一次世界大战之间，即 1904—1914 年；第三阶段为战后时期，即 1914—1917 年。

第一阶段（1891—1904 年），中东铁路的修建使中国东北自然经济瓦解，资本主义开始形成，农业商品化不断扩大，小麦和大豆加工趋于专业化。俄国资本越来越多地渗入中国东北地区，俄国企业迅速兴起。19、20 世纪之交的中国东北地区在交通运输业、采掘业、加工业等领域出现了许多俄国企业，界河上的轮船业也发展起来。这是俄国资本在中东铁路附属地进行蓬勃开发的初期阶段。在中东铁路修建时期，哈尔滨成为主要的贸易中心：俄国商品经符拉迪沃斯托克（海参崴）运输到哈尔滨，这为俄国人运来棉布、烟草、金属制品等，经松花江为中国人运来毛皮等；修建中东铁路所需的国外设备经符拉迪沃斯托克（海参崴）沿乌苏里铁路、阿穆尔河、松花江运输到哈尔滨。工业、交通运输业和商业的发展，加快了中东铁路附属地俄国工商业资本与金融资本融合的过程。1903 年中东铁路通车后，俄国向中国东北地区的商品输出额和输出量都显著增加：1903 年俄国对华商品出口额从 1902 年的 930 万卢布增至 2240 万卢布，增长 1 倍多；同期俄国对华商品出口量从 1800 普特升至 9700 普特，增长近 4 倍。[①] 虽然中东铁路 1903 年才刚开始通车，但却使俄国对华出口出现大幅增长。俄国实现了对中东铁路附属地最大限度地剥削和压榨，达到了掠夺原材料和倾销商品的殖民目的。

第二阶段（1904—1914 年），受日俄战争影响，中国东北地区的经济发展发生显著变化。日俄战争将中国东北作为主战场，当地经济受到重创。战争过后，东北地区的经济快速复苏。1904 年末至 1905 年初，一批新工厂如雨后春笋般涌现，如位于哈尔滨的伊萨耶夫面粉厂、松花江面粉公司，位于傅家甸的里夫面粉厂，位于阿什河、呼兰河的糖厂，还有一些玻璃厂、皮革厂、通心粉厂等。外国资本在中国东北的投资比例有所改变，俄国资本逐渐将日本、英国、美国和法国资本从中国东北北部排挤出去，日本资本则扎根在东北南部地区。1914 年前，中国东北北部地区的工

---

① 〔苏〕加·尼·罗曼诺娃：《远东俄中经济关系（19 世纪至 20 世纪初）》，宿丰林、厉声译，哈尔滨：黑龙江科学技术出版社，1991，第 83 页。

业总产值要比南部地区低 60%—70%。日本资本先后占领了东北南部地区的烟台驿煤矿和抚顺煤矿，于是俄国不得不将资本转向扎赉诺尔煤矿、穆棱（临近牡丹江）煤矿和吉林煤矿。1906—1907 年，中国东北共有130 多家外国商业公司，其中自 1907 年起处于主导地位的有俄国的"哈尔滨证券交易公司"和日本位于东北南部地区的"南满铁路证券公司"。日俄战争后，俄国将部分资本从中国东北南部地区抽调出来，转而投入北部地区的加工业、建筑业、贸易和银行业，促进了北部地区经济发展。1914 年，投入中国东北北部地区加工业的俄国资本达 5000 万卢布，林业中的俄国资本达 500 万卢布，建筑业、贸易和银行业中的俄国资本共4000 万卢布。[1] 日俄战争后，中东铁路的南部支线被日本占有，改称为南满铁路。于是两条铁路为争夺中国东北北部地区货物产生了竞争。战争前，中东铁路通过实行运费优惠政策，吸引中国东北北部地区出口的货物运抵大连，再转运到目的地；自 1908 年起，其只能将中国东北北部地区的货物运抵符拉迪沃斯托克（海参崴），之后再进行转运。

第三阶段（1914—1917 年），随着阿穆尔铁路的敷设，俄国在中国东北地区的经济影响不断减弱。1915—1917 年经铁路输入中国东北北部地区的俄国商品数量及其在该地区的所有外国商品总量中的占比情况见表 2-4。

表 2-4　经中东铁路输入中国东北北部俄国的商品数量及其在该地区的所有外国商品总量中的占比情况

单位：万普特，%

年份	经满洲里和绥芬河站输入的俄国商品	经长春和绥芬河站输入的其他外国商品	输入的全部外国商品总数	俄国商品所占百分比
1915	168.9	750.7	919.6	18.4
1916	161.3	1019.6	1180.9	13.7
1917	82.1	1209.9	1292.0	6.4

注：商品不包括煤、木柴和盐。

资料来源：张凤鸣《中国东北与俄国（苏联）经济关系史》，北京：中国社会科学出版社，2003，第 124 页。

---

[1] Сладковский Н. В. История торгово-экономических отношений народов России с Китаем（до 1907 г.）. М.，1974. С. 150，520，581.

从表 2 - 4 可以看出，经中东铁路输入中国东北北部地区的俄国商品数量及其在输入该地区的所有外国商品总量中所占比重呈现逐年递减态势。在这三年中输入的俄国商品的总量为 412.3 万普特，年均输入量约为 137.4 万普特，比 1910—1914 年的年均 179.7 万普特减少约 42.3 万普特，即减少 23.5%。[①] 此外，在这一阶段，俄国向中国东北北部地区输出的商品不仅数量大幅减少，而且商品种类也发生显著变化，其中 2/3 的商品为来自俄国远东地区的产品，如鱼类、木材、毛皮等，欧俄工业品数量急剧下降。这是因为在第一次世界世界大战期间，俄国中心地区工业投入军需生产，原来输入到中国东北地区的欧俄工业品，如棉织品、金属制品等都停产并不再出口。

这一时期，俄国资本主要投向中国东北的面粉业和煤炭开采业。由于第一次世界大战爆发，俄国远东地区和西伯利亚对中国东北面粉的需求大幅度增长，促进了中国东北地区新型制粉企业的发展。此外，战争对煤炭等能源的需求也在不断增长。1914—1915 年，扎赉诺尔煤矿的产量从 900 万普特增至 1250 万普特。[②] 第一次世界大战期间，西欧食品工业和涂漆工业对大豆、豆油和豆饼的需求迅速增加，中国东北南部地区成为大豆生产的主要中心，这里在第一次世界大战时期出现了近 20 家日本榨油厂。战争期间日本在中国东北地区的经济地位得到提升，与此同时，俄国在中国东北地区的经济影响力被削弱。

（二）消极影响

中东铁路是俄国推行远东政策的产物，它以不平等条约为基础，因此这条铁路的修建及运营都具有明显的侵略性。俄国利用中东铁路大肆掠夺中国东北地区的资源和原料，最大限度地压低中国农产品的价格、抬高本国工业品的价格，把东北地区变为其原料产地和工业品倾销市场，严重损害了中国的利益。

---

① 张凤鸣：《中国东北与俄国（苏联）经济关系史》，北京：中国社会科学出版社，2003，第 124 页。

② 〔苏〕加·尼·罗曼诺娃：《远东俄中经济关系（19 世纪至 20 世纪初）》，宿丰林、厉声译，哈尔滨：黑龙江科学技术出版社，1991，第 106 页。

1. 东北主权丧失

中东铁路的修建本身就是对中国主权的侵犯。在两国签订的《中俄合办东省铁路公司合同章程》和《东省铁路公议会大纲》中都明确规定"铁路界内，首先承认中国主权"的条款，但在实际执行过程中，俄国全然不顾中国的主权。为给殖民扩张寻找借口，沙俄故意歪曲合同文本，还牵强附会地将合同条款中"凡该公司之地段，一概不纳地价，由该公司一手经理"的"一手经理"解释为法文本的"治理"之意，借此要求对中东铁路沿线地区行使各种权利，把中国东北变成了一个清政府难以管理的"国中之国"。沙俄政府通过中东铁路管理局在附属地内进行殖民统治。中国军警不得入内，中国司法行政主权被夺。

土地权。中东铁路修筑之初，中俄签订的《中俄合办东省铁路公司合同章程》第六条规定："凡该公司建造、经理和防护铁路所必需之地，又于铁路附近开采沙土、石块、石灰等项所需之地，若系官地，由中国政府给与，不纳地价，若系民地，按照时价，或一次缴清，或按年向地主纳租，由该公司自行筹款付给。"从字面上理解这一条款，即中国政府允许俄方使用官家所有的"建造、经理和防护铁路所需之地"及"在铁路附近开采沙土、石块、石灰所需之地"。尽管这些土地可作为铁路的附属用地使用，但所辖范围狭小。而中东铁路公司却故意曲解铁路合同的有关条款，大肆侵占铁路沿线的大片土地。合同章程中明确规定，中东铁路占用的民用土地，按当时价格一次付清或者向土地所有者按年缴纳地租。而在实际过程中，中东铁路公司丝毫不遵照合同章程，常常超越范围购买当地居民的土地。俄国购买的民地，并不是按时价付款的，而是故意压低价格，巧取豪夺的。1901—1902年，俄国借口在吉林省怀德县公主岭修建车站，两次"减价强买"民地970余垧（1垧约合1公顷），民房800余间，所给之价尚不及当地时价的1/3。[①] 为在旅大开辟租界而占用的民地"不问地主愿否，辄自取去，而略与以值"[②]。对于不肯出售土地和房屋的农户，俄国政

---

① 李济棠编著《中东铁路——沙俄侵华的工具》，哈尔滨：黑龙江人民出版社，1979，第95页。
② 李文治编《中国近代农业史资料（第一辑）（1840—1911）》，北京：生活·读书·新知三联书店，1957，第246页。

府还派出护路队采取强硬手段对其进行驱逐。哈尔滨江北马家船口佃民张永录拒绝出售土地和房屋，结果就被哥萨克骑兵"时赴其家肆扰，毁墙捣壁，量地插标"。至1907年底，中东铁路在东线、西线、南线和哈尔滨地区，共抢占中国官、民土地达28万多垧。[1] 俄国的倒行逆施让铁路沿线的居民苦不堪言，中东铁路公司经常和当地蒙旗民、放荒的汉民发生纠纷。中东铁路公司在铁路沿线任意占购土地的行为，严重侵夺了中国的土地主权。

随着中东铁路的铁轨在中国东北地区不断延伸，俄国政府企图霸占中国土地的欲望越来越强烈。1900年11月4日，维特宣布把铁轨两侧5俄里以内的土地全部划为中东铁路附属地。[2] 为牢牢控制铁路沿线地区，维特还计划向中国东北迁移大量俄国居民，提议在中东铁路沿线地区建立俄国移民村屯。为此，他提出吸引移民的优惠政策：每个移居到中东铁路沿线地区的俄国家庭可以分得15俄亩耕地和数量不等的宅旁地。1903年5月23日，沙皇尼古拉二世下令，鼓励向中东铁路沿线地区迁移俄国人，还特意为他们在中国东北地区划分出15万俄亩土地。[3] 沙俄在中东铁路沿线地区"开辟俄屯，专为俄人居住之所"，拿中国的土地来吸引移民，使铁路沿线地区成为沙俄最直接的殖民区域，其最终目的是想把中国东北变为俄国的殖民地。

1903年，在中东铁路竣工和通车之后，沙俄先后以"防止水患""保护铁路"为借口，要求进一步侵占铁路沿线的土地。为此，时任中东铁路管理局土地科科长的达聂尔买通黑龙江铁路交涉局总办周冕，于1904年3月私自签订《黑龙江省铁路公司购地合同》。周冕在未得到清中央和地方政府的许可下，私自允许中东铁路公司自松花江北岸石当至满洲里的各大、小站扩展占地20万垧。得知此事后，黑龙江将军立刻上报朝廷，要求

① 李济棠编著《中东铁路——沙俄侵华的工具》，哈尔滨：黑龙江人民出版社，1979，第75页。

② Лукоянов И. В. «Не отстать от держав…». Россия на Дальнем Востоке в конце XIX - начале XX вв. СПб. , 2008. C. 110.

③ Лукоянов И. В. «Не отстать от держав…». Россия на Дальнем Востоке в конце XIX - начале XX вв. СПб. , 2008. C. 112.

俄国人终止扩展土地的行为。双方虽协商多次，均无结果，中东铁路公司继续任意扩展土地。地方当局为挽回周冕的错误，再三与俄人磋商，经过两年时间的谈判交涉，1907年8月，双方达成《更订吉黑两省购地合同》。尽管与周冕合同相比，新合同所规定的土地扩展范围有所缩小，但作为中东铁路枢纽的哈尔滨却被中东铁路公司合法占有了。到1912年，俄国人控制的中东铁路沿线土地高达105570俄亩，[1] 其中仅有小部分作为铁路及其附属设施的用地，其余绝大部分是闲置土地。

对于使用无耻手段获得的土地，沙俄变本加厉，通过种种方式攫取超额利润。1901年6月至1902年11月，沙俄先后三次拍卖哈尔滨市区内的土地，实得127万卢布。1902年11月1日，沙俄将在大连强制购买的土地127.5亩拍卖，实得42万多卢布。最初的强购价格仅为7卢布/亩，购买这些土地的费用为892卢布。沙俄通过一买一卖，转手间获取476倍的高额利润。这建立在铁路沿线农民丧失土地的基础上，是对他们最无情的剥削和压迫。

1909年，沙俄借签订的《东省铁路内公议会大纲》规定"沿铁路两侧15华里的土地为中东铁路属地之范围"，将这些土地统称为中东铁路附属地，由中东铁路管理局划分地段，可以高价出租或出售。这样以哈尔滨为中心，沿数千公里铁路向两侧扩展，这一范围内的土地包括铁路车站辐射的广大地域，构成中东铁路附属地。事实上，中东铁路附属地都处于中国有效管辖范围之内，是中国领土的一部分，并没有依据条约租借给沙俄，因此这些土地的行政主权理所当然归中国享有。沙俄仗势欺人，强行宣称铁路附属地归沙俄独立占有，并称拥有对其处分的行政权，还声称清政府已赋予其长达80年的行政权，这是对中国土地所有权的严重侵犯。

驻军权。早在中东铁路还在选址勘测时，沙俄政府就以确保勘测队员人身安全为由，派出了由近800名士兵组成的护卫队随行。[2] 这些士兵多

① Нилус Е. Х. Исторический обзор Китайской Восточной железной дороги. 1896—1923 гг. Т. 1. Харбин, 1923. С. 416.
② Нилус Е. Х. Исторический обзор Китайской Восточной железной дороги. 1896—1923 гг. Т. 1. Харбин, 1923. С. 38.

为俄国欧洲地区的哥萨克，还有很多人曾在中亚边境和外高加索部队中服过役。1897 年 10 月，沙俄以保护铁路建设为名，委派第四外里海步兵营营长格尔恩格罗斯正式组建中东铁路护路队，下设 5 个骑兵连。这支军队先在敖德萨集结，乘坐一个多月的轮船，于同年的 12 月 26 日抵达符拉迪沃斯托克（海参崴）。除骑兵连外，沙俄政府还在 1898 年从阿穆尔军区中抽调 250 名士兵组建了一个步兵连。同年 12 月初，该连从尼科利斯克出发抵达哈尔滨。根据陆军大臣的提议，格尔恩格罗斯被任命为护路队司令。护路队士兵配备来复枪和军刀，军官还配有左轮手枪。

由于中东铁路在多处同时开始施工，部队驻地须在多地分散，加之不断受到中国"红胡子"的骚扰，沙皇遂决定扩编护路队。1899 年初，沙皇下令招募 10 个骑兵连，将之编入护路队，总人数为 1390 人，其中包括 1 个捷列克连、2 个库班连、3 个顿河连、3 个奥伦堡连和 1 个乌拉尔连。① 随后，在同年的 3 月、6 月和 11 月，俄国又相继组织了多个步兵连和骑兵连加入护路队，陆续驻扎在中东铁路沿线地区。

至 1900 年 6 月 1 日，整个中东铁路护路队的兵力，包括 8 个步兵连、19 个骑兵连、1 支独立侦察队，共有 62 名军官、1950 名步兵、2450 名哥萨克骑兵和 2005 匹马。② 随着护路队不断增编，同年末，其实际人数已经达到 11000 人，之后增加到 16000 人。这是一支荷枪实弹的真正军队，不仅配有机枪，还有大炮、装甲列车和炮艇。③ 沙皇政府每年要投入大量资金维持护路队的开销。

根据 1896 年《中俄密约》和《中俄合办东省铁路公司合同章程》的相关条款，俄国不仅无权在铁路沿线地区驻扎军队，而且在利用该铁路运送军队时，不得中途借故停留。因此，沙俄在中东铁路沿线地区组建的战斗力等同于正规军的护路队，是对上述条约和合同章程的粗暴违反，也是对中

---

① 〔俄〕B. B. 戈利岑著，〔俄〕H. M. 奇恰戈夫、Л. Г. 沃洛钦科编辑《中东铁路护路队参加一九〇〇年满洲事件纪略》，李述笑、田宜耕译，北京：商务印书馆，1984，第 16 页。

② 〔俄〕B. B. 戈利岑著，〔俄〕H. M. 奇恰戈夫、Л. Г. 沃洛钦科编辑《中东铁路护路队参加一九〇〇年满洲事件纪略》，李述笑、田宜耕译，北京：商务印书馆，1984，第 112 页。

③ Лукоянов И. В. «Не отстать от держав…». Россия на Дальнем Востоке в конце XIX - начале XX вв. СПб. , 2008. С. 103.

国主权的严重侵犯。为了给自己的越界行为寻找借口，沙俄故意歪曲合同章程中关于"需用华洋人役，皆准该公司因便觅雇"的规定，狡辩称护路队不是正规部队，是铁路公司雇来"保护"与修建铁路相关的俄国人的。为掩人耳目，沙俄还命护路队官兵不得佩戴肩章，代之以黄龙图案的领章。无论沙俄采取何种方法掩饰，都是欲盖弥彰，难掩护路队是一支正规军队的事实。

中东铁路护路队侵入铁路沿线各地，名为"护路"，实为残害中国百姓的工具。1900 年，当不堪忍受压迫的中国东北人民掀起义和团运动之时，铁路护路队对其进行了疯狂镇压。1900 年 7 月 12 日前，沙俄已将护路队中的 8 个步兵连和 10 个哥萨克骑兵连集结在哈尔滨，分别驻守在老哈尔滨①、新市街②和马家沟村③、埠头区、船坞等地。此外，俄国在中东铁路的哈尔滨—阿什河④区段（35 俄里）及区段内的三个哨所、阿什河车站和南部支线的西屯车站⑤都布置了全副武装的护路队队员。⑥ 他们随时准备对义和团、爱国清军和赤手空拳的百姓发起进攻。仅 7 月 13 日一天，护路队就在埠头区、船坞、新市街、老哈尔滨等地击退了中国军民的多次进攻，残忍杀害中国人达 2000 人之多。⑦ 尽管中国军民携手在中东铁路沿线地区发动了多起遏制俄护路队进攻的精彩战役，但最终因武器装备落后等败下阵来。在镇压义和团运动中，沙俄已经完全撕去了护路队为铁路雇佣军的伪装，以俄国正规军的身份参加了镇压活动。

为实现长期占据中国东北地区的野心，沙俄于 1901 年初将中东铁路护路队扩建为外阿穆尔边防军，驻扎在哈尔滨，编入外阿穆尔边防军区。5月，经沙皇尼古拉二世批准，这支边防军共有 55 个步兵连、55 个骑兵连、

---

① 相当于今哈尔滨市香坊区。
② 原区名，相当于现在哈尔滨市南岗区中心部分。
③ 位于今哈尔滨市南岗区马家街一带。
④ 即阿城。
⑤ 即兰棱。
⑥ 〔俄〕B. B. 戈利岑著，〔俄〕H. M. 奇恰戈夫、Л. Г. 沃洛钦科编辑《中东铁路护路队参加一九〇〇年满洲事件纪略》，李述笑、田宜耕译，北京：商务印书馆，1984，第278—279 页。
⑦ 〔俄〕B. B. 戈利岑著，〔俄〕H. M. 奇恰戈夫、Л. Г. 沃洛钦科编辑《中东铁路护路队参加一九〇〇年满洲事件纪略》，李述笑、田宜耕译，北京：商务印书馆，1984，第278—284 页。

6 个炮兵连、25 个教导队，编成 4 个旅，总兵力 25000 人，驻扎在中东铁路沿线地区，由萨哈罗夫将军任边防军司令。[①] 然而，这些驻扎在中东铁路沿线地区的边防军，经常以"剿匪"为名，四处抢劫财物，滥杀无辜百姓，烧毁房屋和村庄，犯下种种罪行，给中国平民百姓带来无尽的痛苦和灾难，充分暴露出沙俄的侵略本质。

1902 年，沙皇尼古拉二世在圣彼得堡的御前会议上宣布"满洲将来必须归并俄国，至少要成为完全依附于俄国的附属国"，加强了对中国东北的军事控制。沙俄不仅在铁路沿线地区驻扎大量军队，构筑营房、哨所、仓库等多个军事设施，而且还对中国军队进入中东铁路附属地进行种种限制。最初规定"驻扎近路华兵，佩带中俄合璧枪牌号目以为标识"才能入界。沙俄将中东铁路附属地全部纳入其军事管辖范围内，称中国军队进入"铁路界内或搜捕及屯扎"，须经中东铁路公司允准方可。发展到后来，连中国政府在黑龙江、吉林两省招募新兵、驻军等还须经"俄员应允"，令人匪夷所思。中国军队在自己国土上驻扎和布置军力，完全是中国的内政，任何国家无权干涉。然而沙俄暗中支持中东铁路公司，对中国内政指手画脚，恣意践踏中国主权，实为强盗之举。

设警权。1899 年，哈尔滨的俄国移民已达 14000 人，包括俄罗斯、波兰、犹太、格鲁吉亚在内的 28 个民族。这年 6 月，中东铁路工程局总工程师尤戈维奇发布命令，规定了俄国移民在中东铁路辖地内的居住权，并单方面确定俄国拥有设警权。《中俄合办东省铁路公司合同章程》第五条明确规定："凡该铁路及铁路所用之人，皆由中国政府设法保护。"[②] 这就给予了中国政府组织警力以保护铁路和维持沿线地区治安的权力。毫无疑问，铁路沿线地区的设警权应该属于中国政府。然而，沙俄政府无视中国的主权，寻找各种借口称应"由（中东铁路）公司委派警察人员担任警卫之职，并由公司特定警察章程"，轻而易举地就攫取了中东铁路沿线地区的设警权。

---

① 李济棠编著《中东铁路——沙俄侵华的工具》，哈尔滨：黑龙江人民出版社，1979，第 87 页。
② 步平等编著《东北国际约章汇释（1689—1919）》，哈尔滨：黑龙江人民出版社，1987，第 136 页。

铁路开工后，为保护中国东北境内地区的俄侨，总工程师尤戈维奇授权护路队军官代行警察职务。义和团运动时期，由于大部分护路队参加俄国对华作战，无暇顾及铁路沿线地区日益增多的俄国侨民，而铁路附属地的治安状况堪忧。趁此时机，沙俄铁路当局在没有知会中国有关当局的情况下，擅自在哈尔滨设立了临时性的警察机构。护路队哥萨克骑兵连连长卡扎尔金中尉被任命为哈尔滨警察局首任局长。这时，警察的职能除维护社会治安外，还负责审理俄国侨民简单的诉讼案件、处理民事纠纷等。其尽管还是临时性的警察机构，但已经逐渐脱离护路队，成为独立的体系。之后，警察机构不断完善，不再执行检查和司法职责，专司治安事务。

1903 年中东铁路正式运营后，铁路及其附属地的民事和刑事案件随之增多。于是，中东铁路管理局决定除哈尔滨外，还要在铁路各主要路段设置警察机构。同年 10 月，中东铁路管理局局长霍尔瓦特任命边防军上校扎列姆巴为警察局局长，直属中东铁路管理局民政部。此外，中东铁路管理局还从边防军中抽调 18 名军官和 714 名士兵到哈尔滨担任警务工作。[1] 自此，沙俄正式在哈尔滨设置警察局，同时在铁路沿线地区设立 7 个警察分局。1904 年，哈尔滨警察局升格为警察总局，在市区内按地域成立 4 个分局，分别为新埠头、旧埠头、新市街和老哈尔滨警察分局。1908 年 3 月，中东铁路管理局局长发布命令，在铁路全线正式建立 4 个警察分局：第一分局辖满洲里车站至伊列克德车站路段；第二分局辖伊列克德车站至船坞车站（哈尔滨江北）路段；第三分局辖新市街车站至宽城子车站路段；第四分局辖哈尔滨车站至绥芬河车站路段。此外，俄国在扎兰屯、昂昂溪、安达、一面坡、穆棱、绥芬河等各大站设立警察署。

除行政警察外，沙俄还在中东铁路及其附属地设置了铁路警察——宪兵警察队。1908 年 7 月，宪兵警察队被撤销，铁路警察局取而代之。它直接隶属于俄国内务部和警察署，主要任务是保护铁路、车站、机车库、货站、仓库及其他铁路附属建筑物的安全和维持秩序。另外，列车上还有执勤的乘警，负责维护车内秩序。沙俄铁路警察名义上的职责为维护列车秩

---

① 沈悦：《中东铁路及其附属地警察机构浅析》，《西伯利亚研究》2013 年第 6 期，第 83 页。

序，实际上主要控制、查验中国乘客和货物。哈尔滨市中国商会揭露沙俄铁路警察行为时说道："俄警之顽恶，擢发难数。除包运私货，吓诈行旅，私卖乘客外，别无能事。"①

中东铁路成为沙俄在东北进一步实行殖民侵略的工具，是为其远东政策服务的。沙俄的最终目的是要兼并中国东北的领土，进而控制全中国，取代其他列强在中国的优势地位和实现雄踞远东的狂妄野心。沙俄殖民者在中东铁路附属地建立起一整套殖民统治体系，它独立于中国行政和法律制度，对铁路沿线人民进行了残酷的奴役和压迫，不仅攫取了铁路沿线的土地权，还强行驻军、设警，使东北主权沦丧。

2. 俄国大肆掠夺中国东北地区的资源

中国东北地区资源丰富、土壤肥沃，一直为俄国所垂涎。随着中东铁路的修建，对木材的需求量猛增，沙俄殖民者想方设法地掠夺东北的森林资源。1898 年 6 月 22 日，中东铁路总工程师尤戈维奇与吉林交涉总局商议 12 条伐木章程，其中规定"……砍木期限为 6 年，砍木只准修造铁路，不准运出中国境界，并根据树木尺寸交树价银"。② 从章程来看，其对沙俄殖民者掠夺东北的森林资源进行了一定限制。而实际上，为满足不断增长的需求，俄方经常破坏规定，盗采林木，尤其在人烟稀少的林区更是肆无忌惮。1900 年，俄国出兵占领中国东北，对森林资源肆意掠夺。此后，在日俄战争爆发前，俄国人已将伐木的触角延伸到铁路沿线地区及大兴安岭、呼兰河两岸、松花江北岸等地的林区。

东北的煤炭也是沙俄觊觎的主要资源之一。沙俄采取威逼利诱的方式，强迫吉林、黑龙江两省分别签订了在其境内开采煤炭的合同。1901 年 7 月 14 日，中东铁路公司代表达聂尔与吉林将军长顺签订《改订吉林开采煤斤合同》，规定中东铁路公司有权"采看、开挖吉林省于该路便宜之煤矿"。也就是说，中东铁路公司有权开采吉林省内的全部煤矿。1902 年 1

---

① 李济棠编著《中东铁路——沙俄侵华的工具》，哈尔滨：黑龙江人民出版社，1979，第 91 页。

② 转引自张凤鸣《中国东北与俄国（苏联）经济关系史》，北京：中国社会科学出版社，2003，第 93 页。

月 14 日，达聂尔再次与黑龙江将军萨保签订《黑龙江开挖煤斤合同》，其内容与《改订吉林开采煤斤合同》基本相同。① 可笑的是，这两份合同都赋予俄方开采中国境内煤矿的权力，而中方却对铁路两侧 30 华里之内的煤矿无权自行开采。这是俄国对中国主权的肆意践踏。

此外，中国东北沃土上盛产的粮食作物及畜类产品也让沙俄殖民者垂涎三尺。20 世纪初，由于中东铁路的修建和俄国远东地区人口的增加，俄国对农副产品的需求量激增。1903 年，仅沿松花江运往阿穆尔沿岸地区的粮食就达 118.6 万普特。日俄战争期间，沙俄军需部门在中国东北征集粮食 7000 万普特，其中有 1400 万普特运往阿穆尔沿岸地区。② 东北的粮食价格较俄地产的粮食价格更低，于是大量粮食被运往俄国远东地区。例如，日俄战争前，阿穆尔沿岸地区的小麦价格为每普特 100—120 戈比，而东北粮食产区的小麦价格仅为 20—30 戈比。如此大的差价，引致大量东北粮食被俄国人掠夺。对于从中国东北掠夺粮食，沙俄一直采取鼓励政策。例如，1906 年，沙俄政府下调了经中东铁路运往符拉迪沃斯托克（海参崴）粮食的运费。1909 年 3 月，俄国在撤销中俄边界 50 俄里之外的免税区后，对向非免税区输出的中国东北粮食仍然实行免税。特别是在 1910 年以后，每年输出到俄国远东地区的中国东北粮食（主要是小麦）都在 1000 万普特以上。除粮食外，牲畜、畜产品也是从中国东北输出到俄国远东地区的主要农副产品。1904—1905 年，阿穆尔沿岸地区从中国东北北部地区低价收购的农副产品共计 1400 万普特。③ 1906—1910 年，从中国东北输出到俄国远东地区的粮食数量分别为 216.3 万、510.1 万、815 万、878.4 万和 1255.3 万普特。④

显然，遭到掠夺的不只是中国东北的林业、煤炭和农业资源，修筑和运

---

① 王铁崖编《中外旧约章汇编》第 2 册，北京：生活·读书·新知三联书店，1959，第 30—32 页。

② Давыдов Д. А. Колонизация Маньчжурии и С.-В. Монголии（области Тао-Нань-Фу）. Владивосток, 1911. С. 158.

③ 石方：《中东铁路的修筑对哈尔滨经济社会发展的作用与影响》，《学习与探索》1995 年第 4 期，138 页。

④ 张凤鸣：《日俄战后帝俄与中国东北部的贸易》，《求是学刊》1987 年第 3 期，第 91 页。

营中东铁路所需要的庞大能源，几乎全部来自它所到之处的沃野之下。

3. 东北地区进一步沦为俄国的原料产地和商品倾销市场

在中东铁路修建期间及运营初期，与原料加工密切相关的面粉业、酿酒业、榨油业、制糖业等迅速发展起来。生产出来的商品除在当地销售外，还大量运往临近中国的阿穆尔边区和滨海地区，解决了俄国远东地区农产品短缺问题。

俄国人还在中国东北地区兴建了肥皂厂、皮革厂等，利用当地廉价的原料和劳动力，再加上军队订货包销，从中渔利。例如，仅一个月产 25—30 吨产品的小肥皂厂，其年利润竟超过投资额的 50—100 倍。① 俄商投资中国东北加工业所获的利润加速了本国商业资本的周转，促进了俄国东部地区资本主义的发展。

1898 年，中东铁路工程局落户哈尔滨之后，华俄道胜银行迅速在这里开设了分行。华俄道胜银行从 1896 年设立上海分行开始，就没有停止过对中国的经济侵略，它对中国东北乃至全中国进行巧取豪夺。华俄道胜银行是推行沙俄政府远东扩张政策的工具，在实现对中国东北进行"经济侵入"的计划方面发挥了重要作用。至 1901 年，华俄道胜银行设在中国的分行多达 16 处，代理处 3 处，广布中国各地。在这 19 处分行及代理处中，10 处位于中国东北，足见东北在沙俄侵华政策中的重要性。

沙俄利用中东铁路便利的运输条件，从中国东北掠夺了大量原料，同时把俄国生产的工业品等输入东北地区，把中国东北视为其殖民地。这从铁路的运价中可窥一斑。1903 年中东铁路通车后，曾实行两种运价制度，即中东铁路本路运输运价和中俄联运运价。中东铁路本路运输的完全是中国货物，因此规定的运费很高。比如当时在俄国境内的铁路上运输一类货物的运费为每普特俄里 1/10 戈比，而在中东铁路上一类货物的运费为每普特俄里 1/7 戈比。② 中俄联运运价则比中东铁路本路运输的

---

① 徐景学主编《苏联东部地区开发的回顾与展望——西伯利亚开发四百年》，长春：东北师范大学出版社，1988，第 159 页。

② Экономическое Бюро Китайской Восточной железной дороги. Северная Маньчжурия и Китайская Восточная железная дорога. Харбин, 1922. С. 677.

运价低得多，从莫斯科至哈尔滨的一类货物的运费为每普特俄里 1/45 戈比。"盖由莫斯科至哈尔滨之距离共为七千五百十一公里，由大连至哈尔滨之距离共为九百四十六公里，路线之长短相差极巨，而运费所差甚微。"[①] 如此规定运费的目的只有一个，那就是鼓励俄国商品输入中国东北，同时，这一规定还对其他国家商品进入东北设置了屏障，可谓一举两得。

帝国主义的特征之一便是资本输出，沙俄帝国主义自然也不例外。随着 19 世纪末 20 世纪初俄国出现工业高涨，大量剩余产品无处销售，工业同样发达的西方市场很难进入，于是落后的东方就成为沙俄急于开拓的市场。修建中东铁路便是沙俄实现向中国输出商品的手段。这条铁路的建成，大大促进了俄国商品向中国输出。中东铁路建成前的 1902 年，俄国向中国的商品输出额为 931.5 万卢布。中东铁路建成通车后，沙俄殖民者利用铁路向中国东北倾销的商品数量逐年增加。1903 年，俄国向中国倾销的各类商品总量为 140 多万普特，总价值 2241 万卢布；1905 年倾销商品总量增至近 334 万普特，1906 年则高达 560 万普特，总价值 5733 万卢布。[②] 这些商品中的 80% 销往哈尔滨及北部铁路沿线地区，中国东北成为沙俄倾销工业品的巨大市场。

第三节　西伯利亚大铁路改变俄中经贸关系

西伯利亚大铁路是俄国远东政策的产物，即使是对俄国对外政策持不同政见者在分析和评价俄国远东政策时也都普遍赞同这一观点。他们意见的分歧在于对西伯利亚大铁路地位的评价：有人认为西伯利亚大铁路是全球政策的基础，有人认为它是远东政策的基础，还有人仅仅从俄国甚至是西伯利亚地方的立场来解读西伯利亚大铁路的地位。但无论对西伯利亚大铁路的地位做何阐释，都无一例外地指出了它不可替代的政治军事和战略意义。

---

① Экономическое Бюро Китайской Восточной железной дороги. Северная Маньчжурия и Китайская Восточная железная дорога. Харбин, 1922. С. 313.

② 徐景学主编《苏联东部地区开发的回顾与展望——西伯利亚开发四百年》，长春：东北师范大学出版社，1988，第 160 页。

一 铁路修建提升俄国远东地区的经济地位

西伯利亚大铁路的地方意义在于对俄国远东地区发展的影响。在西伯利亚大铁路修建前,俄国远东地区是欧俄地区的原料产地和工业品销售市场。这里人口稀少,受道路不通畅制约,工业、农业、商业、交通运输等领域发展缓慢。19 世纪 80 年代末,俄国远东地区才开始向大机器生产和资本主义农场农业过渡。

(一) 促进俄国远东地区经济发展

远东地区并入俄国版图后,俄国政府为掌控新土地,想方设法地向这里移民。1861 年 4 月 27 日,沙皇政府颁布了第一个向阿穆尔省和滨海省迁移的法令,其中规定:每户移民的每个人最多可占 100 俄亩土地,每俄亩缴税 3 卢布。它还规定免除兵役 10 年,免除各种赋税 20 年……①在这一移民法令的号召下,19 世纪 60 年代,有 15 万—20 万名农民越过乌拉尔山向西伯利亚和远东地区迁移。② 19 世纪 70—90 年代是远东地区人口增长最快的时期。19 世纪 90 年代前,每年经海路来到阿穆尔省的移民达 1.2 万—1.6 万人。随着大量欧俄移民的到来,西伯利亚和远东地区的人口迅速增加。但即使如此,人口也仍然不多,仅为 450 万人,人口密度自西向东逐渐递减,仅为每平方俄里 0.3 人,而同时期欧俄 50 个省的平均人口密度为每平方俄里 14.5 人。1860—1897 年(这一年乌苏里铁路投入运营),远东地区的人口从 5 万人增加到 100 多万人,增长了 20 倍。③

自 19 世纪 60 年代起,远东地区的采掘业开始发展起来,包括采金业、采煤业和森林采伐业等。远东地区的采金业具有全俄意义。1895 年,阿穆尔金矿区约有 20 个年产黄金不少于 1 普特的公司,其中最大的是上阿穆尔

---

① 〔美〕安德鲁·马洛泽莫夫:《俄国的远东政策(1881—1904 年)》,本馆翻译组译,北京:商务印书馆,1977,第 10—11 页。

② 刘爽:《西伯利亚移民运动与俄国的资本主义化进程》,《学习与探索》1995 年第 2 期,第 131 页。

③ Сергейко М. С. Хозяйственное освоение дальневосточных земель населением России в эпоху капитализма (1861—февраль 1917 г.). Автореф. канд. дисс. Владивосток, 1979. С. 15.

公司和结雅公司。[①] 19 世纪末，该矿区出现了采金业联合体。尽管手工劳动仍占很大比重，但机械化生产已成为大规模采金业的基础。阿穆尔矿区是俄国东部地区较早使用挖土机的矿区，其技术设备处于全俄领先水平。19 世纪 70—80 年代，远东地区的加工业发展起来，包括面粉业、制革业、制砖业、榨油业、玻璃制造业、轮船维修业等。远东地区工业的发展缓解了资金不足、地方市场狭窄、外国商品充斥、劳动力和技术工人短缺、交通运输网稀疏等问题。

西伯利亚大铁路修建前，远东地区最主要的交通运输形式是内河运输。阿穆尔航运业发展最为迅速，1889 年时拥有 40 艘轮船和 43 艘平底船。[②] 19 世纪 90 年代前，轮船运输业已经出现垄断趋势。在阿穆尔河及其支流航行的所有轮船都归阿穆尔航运公司所有，该公司垄断运费价格，自行规定运输货物的数量和种类、从事运输的轮船数量等。轮船主为了抬高运费人为地滞留货物，私人货物保存和送货时间都没有保障，这对远东地区工商业的发展产生不利影响。

西伯利亚大铁路修建前，远东地区的农业属于粗放发展。这里气候条件恶劣，劳动力短缺，农业设备落后，采用原始的轮作制和撂荒制耕地方式。远东地区居民居住分散，交通不畅，没有固定的粮食销售市场。远东地区的宅旁地种植业、畜牧业、养蜂业、家畜饲养业和其他副业（狩猎业、马车运输业等）缓慢发展。可供当地居民消费的地产食品，如面包、牛奶、肉、鱼、蛋等不够充足。只有阿穆尔省的农产品可以达到自给：1884—1894 年，阿穆尔省的谷物生产增长了一倍。远东地区的大部分粮食须从欧俄、西伯利亚、中国东北北部地区、西欧、美国、澳大利亚运输而来。例如，蔬菜、水果、大米、煤、工业品从日本进口，金属制品从英国进口，农业机械从美国进口，肉从澳大利亚进口，盐、玻璃、金属制品从德国进口，粮食、牛、肉、植物油、茶叶从中国进口。

1897 年，乌苏里铁路修建完工。铁路迅速改变了远东地区落后的经济状况，加快了资本主义发展速度，吸引越来越多的移民定居远东地区，进而出

---

① 徐景学主编《西伯利亚史》，哈尔滨：黑龙江教育出版社，1991，第 285 页。
② Шулятиков М. Очерк парыходства по рекам Западной Сибири. М. , 1893. C. 4, 10 – 12.

现了许多新的居民点和城市。采掘业、加工业、食品加工业迅速发展，工厂工人人数不断增加。来自欧俄中心省份的资本逐渐控制了远东边疆区，并与外国资本相互竞争。远东边疆区丰富的自然资源、优惠的税费政策和当地居民不断增长的需求，成为吸引外国资本家不断到来的原因。俄国资本家则通过销售本国商品、购买工厂股票、加强矿区建设、扩大贷款等方式，将外国资本一步一步地排挤出去，从而减少远东地区对进口外国工业品和农产品的依赖。

1897—1912 年，俄国远东地区谷物总产量从 570 万普特增至 2450 万普特。[①] 1915 年，谷物净产量（不含种子）为 4000 万普特。随着工业发展和远东移民不断增多，粮食始终不能自给。1897 年，粮食缺口约为 300 万普特，1909—1913 年为 1200 多万普特，1914 年为 600 万普特，1915 年为 300 万普特。所缺粮食的大部分（约占 75%）从邻近的中国东北运来。[②]

就谷物总产量来看，阿穆尔省稳居第一，外贝加尔省次之，滨海省的产量最低。1897—1915 年，阿穆尔省谷物总产量从 260 万普特增至 2600 多万普特；外贝加尔省从 80 万普特增至 1000 多万普特；滨海省从 230 万普特增至 400 多万普特。与中国东北北部地区廉价的粮食相比，俄国远东地区当地种植的粮食毫无竞争力，地产粮食价格高于中国东北地区：1902 年，俄国远东地产粮食价格为每普特 70 戈比，中国东北则为每普特 45—49 戈比。[③] 面对如此之大的价格差，俄国远东地产粮食根本无法与中国东北粮食相竞争。俄国政府为了减轻销售地产粮食的压力，1915 年提高了阿穆尔省和外贝加尔省进口中国东北谷物和豆油的关税。1917 年前，俄国远东地区小麦、黑麦和燕麦的平均产量远远低于中国东北地区的产量，其中阿穆尔省的产量为每俄亩 40—60 普特，滨海省为 30—50 普特，外贝加尔省为 15—18 普特，而中国东北则为每俄亩 150 普特。[④] 远东地区的种植业

---

① 此统计数据涵盖地域包括阿穆尔省、滨海省和外贝加尔省。
② 〔苏〕加·尼·罗曼诺娃：《远东俄中经济关系（19 世纪至 20 世纪初）》，宿丰林、厉声译，哈尔滨：黑龙江科学技术出版社，1991，第 80、100、109 页。
③ 〔苏〕加·尼·罗曼诺娃：《远东俄中经济关系（19 世纪至 20 世纪初）》，宿丰林、厉声译，哈尔滨：黑龙江科学技术出版社，1991，第 81 页。
④ Крушанов А. И. Октябрь на Дальнем Востоке. Ч. 1. Русский Дальний Восток в период империализма (1908 – март 1917 г.). Владивосток, 1968. С. 46.

基本处于粗放、原始的生产阶段，畜牧业和其他农业领域也处于相同的阶段。

西伯利亚大铁路促进了农业规模的扩大，在一定程度上降低了远东地区对进口农产品的依赖。但是人口稀少、劳动力短缺、缺少通往铁路干线的道路，加上与中国东北北部地区和外国廉价农产品的竞争，这些都使远东地区的农业发展面临重重困难，直到西伯利亚大铁路建成通车，这些困难也没能够克服。类似的状况也存在于工业中，当地对工业品的需求基本都依靠进口才能满足。

（二）俄国远东地区与中国东北的边境贸易联系加强

俄国远东地区地理位置独特，是西伯利亚大铁路巩固和扩大对世界经济政治区域性影响的主要阵地。中国东北与俄国远东地区一衣带水，西伯利亚大铁路的修建能够加强两个毗邻地区的经济和贸易联系。西伯利亚大铁路修建前，俄国与中国东北的贸易主要依靠俄国和外国出资的陆路商队、河运和海运。19 世纪沙俄政府鼓励发展海上贸易，对河运运费给予优惠。

19 世纪 50—60 年代，阿穆尔航运公司拥有的轮船承担着敖德萨到符拉迪沃斯托克（海参崴）的粮食运输任务。19 世纪 70—90 年代，志愿商船队则更多地往返于敖德萨与符拉迪沃斯托克（海参崴）之间。秋林公司与古恩斯特和阿利别尔斯公司的船只负责地方河运，在短短 20 多年的时间内，这两家公司的贸易额从最初的几千卢布增加到几百万卢布。此外，俄美公司、西伯利亚河运船队等也参与远东地区的地方河运；托克马科夫（Токмаков）公司和舍韦廖夫（Шевелёв）公司等参与近海和内河货物运输；松花江上的小宗货物运输则由中国船只和俄国轮船、驳船完成。

根据 1858 年的《瑷珲条约》《天津条约》和 1860 年的《北京条约》，俄国政府大力发展对华边境贸易。从欧俄地区向中国东北地区运输的商品包括棉布、金属、金属制品、煤油、火柴等；从俄国远东地区向中国东北运输小麦、皮革、鱼、盐、海带、海参、螃蟹、鹿茸等商品。俄国商品从符拉迪沃斯托克（海参崴）经波尔塔夫卡、珲春和上曼谷盖、格拉夫斯卡亚等地沿乌苏里江运往中国东北。俄国远东地区的商品从滨海省运往中国东北也沿上面的路线,而从阿穆尔省运出的商品经布拉戈维申斯克(海兰泡)运输至瑷珲(黑河),从外贝加尔省输出的商品沿额尔古纳河经阿巴该图、新祖鲁海图进入中国东北。此外,从中国内陆经牛庄、符拉迪沃斯托克(海参崴)及滨海省边防哨所进入俄国远东地区的商品有服装、鞋、蜡烛、瓷器、麻布等。

从中国东北运往俄国远东地区的商品有:茶叶(主要运往西伯利亚和欧俄)、牛、马、养、猪、面粉、小麦、大豆、植物油(中转后运往国外)、蛋、禽等。19世纪80年代,中国东北的家畜、小麦、面粉、植物油占俄国远东地区进口商品的60%,粮食占进口商品的25%。家畜主要从中国东北的西北部地区,即与现蒙古国交界的地区进口,粮食主要从齐齐哈尔、呼兰河、江苏、山西进口。西伯利亚大铁路在远东地区的路段修建期间和运营初期,即1893—1900年,俄国远东地区与中国东北的贸易额从260万卢布增至620万卢布,其中滨海省从150万卢布增至400万卢布,阿穆尔省从100万卢布增至200万卢布,外贝加尔省从10万卢布增至20万卢布。[①]

俄国远东地区3/4的货物运输由乌苏里铁路承担,符拉迪沃斯托克(海参崴)是这条铁路的重要交通枢纽。符拉迪沃斯托克(海参崴)港始建于1860年,1870年已经成为滨海省的重要港口,随着乌苏里铁路的建成通车,成为中转运输的专业性港口。1897—1900年,该港运输货物总值500万卢布,其中12%为俄国货物,75%为中国货物,还有13%为外国货物。[②]中东铁路没有建成通车时,中国内陆和南方的商品经符拉迪沃斯托克(海参崴)运往中国东北地区是距离最短、最为经济的路线。中东铁路通车后,符拉迪沃斯托克(海参崴)的地区性交通枢纽地位迅速上升。1906年,中东铁路和乌苏里铁路实行统一管理,即将乌苏里铁路转由中东铁路管理局接管,这更加提升了符拉迪沃斯托克(海参崴)的地位,因为中东铁路管理局主要负责中国东北事务,此举可以把国际中转运输的货物

---

① Борзунов В. Ф. Транссибирская магистраль в мировой политике великих держав. Ч. 1. М., 2001. С. 80.

② Борзунов В. Ф. Транссибирская магистраль в мировой политике великих держав. Ч. 1. М., 2001. С. 81.

吸引到符拉迪沃斯托克（海参崴），进一步增加与中国东北的贸易额。为此，1908年，俄国在符拉迪沃斯托克（海参崴）辟出一个中转港湾，专门用于向欧洲转口大豆、油粕等商品。同年，原归内务部管辖的符拉迪沃斯托克（海参崴）港口移交给工商业部。1908—1912年，该港的总货运量从2400万普特增至7760万普特，其中进口从1800万普特增至5000万普特，出口从680万普特增至2700万普特。[1]

第一次世界大战期间，黑海港口的航线数量大幅减少。西伯利亚大铁路的商业运输业务基本停止，转为运送军用物资。德国商品不再运往俄国远东地区，英国、法国、美国，特别是日本的进口商品锐增。符拉迪沃斯托克（海参崴）和阿尔汉格尔斯克成为俄国最重要的进口粮食和其他重要物资的港口。符拉迪沃斯托克（海参崴）成为向西伯利亚、欧俄运输货物的最重要中转运输中心。1914—1916年，其中转货运量从2800万普特增至1.38亿普特。[2]

远东地区贸易（主要指外贝加尔与中国东北之间的贸易）面临传统的西线恰克图贸易的竞争。1900年，外贝加尔铁路建成通车。三年后，中东铁路投入运营。这两条铁路大大提升了远东地区货物运输的效率，其在欧洲与中国之间发挥的货物中转运输的作用显著扩大。为扩大对中国东北地区的贸易规模，俄国政府在20世纪初几次调整远东地区的关税政策：取消19世纪下半叶在远东地区实行的自由港政策，1901年相继关闭了符拉迪沃斯托克（海参崴）和尼古拉耶夫斯克（庙街）自由港，除中俄边界50俄里之内仍准中国商品免税输入外，其他外国商品（食品、机器、金属除外）进入阿穆尔沿岸地区一律征税；1904年日俄战争爆发后，准许外国商品免税输入该地区；1909年3月，取消中俄边界50俄里之外的免税区，但对向非免税区输出的中国东北粮食仍然实行免税；[3] 1910年，俄国政府通过了沿松花江可自由航行和自由贸易的条例；1913年，中俄边界50俄里之内再次实行免

---

① Куртеев К. К. Экономическая проблема Приамурья. Владивосток，1921. С. 5.

② Борзунов В. Ф. Транссибирская магистраль в мировой политике великих держав. Ч. 1. М.，2001. С. 81.

③ 张凤鸣：《中国东北与俄国（苏联）经济关系史》，北京：中国社会科学出版社，2003，第117页。

税贸易政策。与此相对应，中国政府于 1907 年在满洲里站设立关税哨卡，1909 年在哈尔滨、三姓、拉哈苏苏三地实行关税检查。[①] 这些措施显著扩大了俄国与中国东北地区的货物运输规模。1908—1914 年，经铁路输往俄国的中国东北商品数量从 21.7 万吨增加到 42.3 万吨，增长近 1 倍。[②] 与之相反，恰克图贸易额从 1899 年的 2330 万卢布降至 1910 年的 670 万卢布。[③] 满洲里站成为中国东北商品进入俄国的重要车站，从这里向西运输的货运量直线上升。

二 西伯利亚大铁路对俄中经贸关系的影响

西伯利亚大铁路是俄国推行远东政策的主要工具，它对亚洲太平洋地区的国际关系产生重要影响，影响程度最大的莫过于俄中经贸关系。这一时期，俄国和中国经济活动的中心都在向东转移。从世界经济关系来看，这是生产力从西方向东方转移进程中的一部分；而从欧亚地区发展来看，则是俄国远东边疆区和中国东北地区的经济开发。俄国远东和中国东北两地区都远离各自行政中心，封建残余长期存在，经济建立在原材料贸易基础之上，这大大制约了两个地区的发展，使其成为工业品的倾销市场和原料供应地，成为世界资本的"经济殖民地"。"殖民"关系决定了俄国远东地区和中国东北地区人口稀少、经济发展落后的特点。两个边疆区对外和对内的经济联系的发展加速了两个封建王朝的瓦解，也使俄中两国从平等、互利的陆路贸易朝向殖民地输出资本阶段过渡。俄国和中国经济发展惊人的同步性表明了 19 世纪末 20 世纪初世界生产力和市场关系形成的规律。

（一）推动俄中贸易中心改变

在全球化进程中，西伯利亚大铁路在促进经济发展方面发挥了不可替

① Григорцевич С. М. Дальневосточная политика империалистических держав в 1906 – 1907 гг. Томск, 1965. С. 378.
② Грузооборот и финансовые результаты эксплуатации КВЖД//Вестник Маньчжурии. 1928. № 6. С. 11 – 12.
③ Борзунов В. Ф. Транссибирская магистраль в мировой политике великих держав. Ч. 1. М. , 2001. С. 82.

代的作用。它将俄国和中国两国人民联系起来，推动荒蛮的俄国远东地区和中国东北地区经济获得发展。18 世纪至 19 世纪初，俄中传统的陆路商队贸易优势逐渐丧失；19 世纪至 20 世纪初，俄中海路和铁路交通联系开始发展。俄中两国的经济一步一步地被卷入世界市场的影响范围。19 世纪 60—70 年代，这种影响的辐射带包括欧俄南部、中心地区、西北和西部地区以及中国南部和东部地区；19 世纪 80 年代，影响范围包括西伯利亚西部、滨海省和中国西南地区；19 世纪 90 年代，辐射范围扩大到俄国东部地区（西伯利亚和远东地区）及中国东北地区。相对应各个时期，俄中两国的经济活动中心发生转移，俄中关系随之产生相应变化。

17 世纪俄中关系建立时期，俄国的贸易中心是涅尔琴斯克（尼布楚）和色楞金斯克。此后，贸易中心发生转移。18 世纪的贸易中心变为恰克图和祖鲁海图。早期恰克图贸易进行时，由于清王朝具有防卫能力，俄中两国进行的是互惠互利的"买卖事宜随其所愿"的平等贸易。尽管是平等贸易，但俄中双方所获利益却相差很大。有俄国学者指出，"恰克图贸易是俄国获利最大的贸易，大概俄国人所从事的任何一种无法与之相比"。① 当时的恰克图云集了来自莫斯科、阿尔汉格尔斯克、沃洛格达、托博尔斯克、伊尔库茨克的俄国商人，他们经常与来自中国的晋商进行贸易，当时占据主导地位的是易货形式的商队贸易。季节性的定期集市可以为恰克图贸易提供源源不断的商品，特别是位于索利卡姆斯克和托博尔斯克之间的伊尔比特集市在西伯利亚曾名噪一时，它不仅可以将欧俄和西伯利亚各城市的货物集中起来，还是销售中国商品的重要市场。集市上最初的交易商品是毛皮，慢慢地，茶叶和棉布制品的交易量不断增加。恰克图贸易在俄中贸易中发挥着不可替代的作用。

19 世纪 50 年代末，世界市场开始形成。茶叶的海路运输通道开辟，中国陆路中转运输和恰克图贸易的垄断地位被动摇。从广州向伦敦经海路运输茶叶的运费为每普特 34—40 戈比，而经恰克图运往莫斯科的陆路运费

---

① 〔苏〕П. И. 卡巴诺夫：《黑龙江问题》，姜延祚译，哈尔滨：黑龙江人民出版社，1983，第 69 页。

则为每普特 6 卢布。① 运费如此悬殊，无疑给恰克图茶叶贸易带来灭顶之灾。

19 世纪 50—80 年代，资本主义列强在太平洋地区的扩张导致俄中贸易中心再次迁移，转移到了中亚和俄国远东地区。这次贸易中心的转移不仅是海路运输变化的结果，还促使俄中两国政府开始关注边疆地区，使边疆地区与国内其他地区的联系得到加强。19 世纪下半叶，俄国远东地区和中国东北地区被卷入俄中两国的统一市场。

（二）促进俄中经贸关系发展

19 世纪中叶，国际形势发生重大变化，资本主义列强掀起了一场世界范围内的瓜分殖民地的狂潮。最先挑起这次瓜分狂潮的是英国，此后法国、美国、日本、德国和俄国先后加入。1842—1860 年，一系列不平等条约签署后，中国的港口和几个内陆城市被迫开放，中国的对外贸易完全控制在外国资本手中，中国沦为西欧、日本和美国资本的半殖民地。列强先后进入帝国主义时期后，变本加厉。19 世纪 90 年代，全球掀起了争夺铁路修筑权和海上基地的斗争。列强把中国划分成各自的势力范围，并先后在其势力范围内修建铁路、建设海港。外国资本使中国的自然经济和封建制度再次遭到冲击。

此时，列强对外政策的重心纷纷转向亚洲太平洋地区，对俄国远东地区虎视眈眈。在这样的背景下，俄国政府实行了鼓励向东部地区移民的政策，促进东部地区的城市发展，大力发展这里的工业、农业、商业，还加强了海上运输建设，修建西伯利亚大铁路。归根结底目的只有一个，那就是在远东站稳脚跟，将实力作为在国际社会发声的筹码。实际上，这一时期，俄国在中国的影响力远远低于其他列强。俄国在 19 世纪 80 年代才刚刚完成工业革命，还没有储备起廉价的工业品，即殖民他国所用的重型大炮。19 世纪 90 年代末前，俄国在远东实行韬光养晦政策，与中国保持着睦邻友好关系。只有在西伯利亚大铁路的乌苏里铁路、外贝加尔铁路及位

---

① Сладковский М. И. История торгово-экономических отношений народов России с Китаем (до 1917 г.). М., 1974. С. 205.

于中国境内的中东铁路修建和运营后，沙皇政府才暴露出妄图侵吞中国的真实意图。西伯利亚大铁路，特别是中东铁路的修建对俄国经济发展有如下作用。

1. 缩短货物运输时间

工商业资本主义渗入俄国远东地区，使这里成为俄国国内市场的有机组成部分，甚至成为太平洋地区世界市场的一部分。交通运输业的革命加速了这一进程。资本运转的周期大大缩短，从敖德萨到符拉迪沃斯托克（海参崴）的海运时间缩短到 65 天，从俄国中心地区经西伯利亚到符拉迪沃斯托克（海参崴）的陆路运输时间缩短到几个月；运输 1 普特货物的运输成本也相应下降到海运的 2 卢布 27 戈比和陆运的 10 卢布。[1]西伯利亚大铁路修建前，即 19 世纪 80 年代至 90 年代初，运输领域展开的竞争导致海路运输和陆路（经恰克图）运输的成本不相上下。到 19 世纪 90 年代初，俄中贸易的经济活动中心转移到符拉迪沃斯托克（海参崴）、哈巴罗夫斯克（伯力）、尼古拉耶夫斯克（庙街）和布拉戈维申斯克（海兰泡）。

资本主义交通运输业迅猛发展，引发其他经济领域相继变革。由于苏伊士运河贸易和西伯利亚陆路中转贸易的竞争，俄国向中国的海上出口贸易额下降，外国资本开始占领俄国中心地区市场，西伯利亚地区也难逃此劫，俄国资本被排挤出去。恰克图直接茶叶贸易逐渐被间接的茶叶贸易所取代，也就是说，欧俄地区不经恰克图而改经英国和德国的海上航线也可以输入茶叶。尽管志愿商船队和俄国轮船贸易公司享受着大笔的国库资金补贴和优惠运费，但也没能抵挡住外国商船队的竞争。俄国向中国出口的商品总额急剧下降，从 1850 年的 770 万卢布降至 1893 年的 410 万卢布；从中国进口的商品总额则大幅增加，从 1850 年的 750 万卢布增至 1893 年的 3300 万卢布。尽管如此，中国在俄国的对外贸易中也仅占微不足道的比重，到 1891 年前仅占俄国外贸总额的 3.3%，其中进口占 4%，出口占 0.6%；1894 年，俄国在中国的对外贸易中所占比重仅为 4.1%，其中进口

---

[1] Сильницкий А. Культурное влияние Уссурийской железной дороги на Южно-Уссурийский край. Хабаровск, 1901. С. 27.

占 0.7%，出口占 8.6%。①

　　西伯利亚大铁路修建前，俄国在向中国出口商品和资本方面明显落后于美国、日本和西欧主要资本主义国家。1891 年，英国在中国拥有 345 家商行和 3746 家贸易公司，德国有 402 家商行和 667 家贸易公司，美国为 406 家和 1209 家，日本为 311 家和 883 家，俄国仅为 71 家和 146 家。② 因此可以断言，俄中经济关系的快速发展始于 1891 年，也就是西伯利亚大铁路开始修建之时。

　　在西伯利亚大铁路的乌苏里路段敷设时期，远东成为俄国、西欧、日本、中国进行国际中转贸易的中心地区之一。中国需要中转运输的货物通过海路可以经牛庄、符拉迪沃斯托克（海参崴）转运到中国东北和俄国远东地区。1892 年，西欧和中国商品经滨海省中转运输的占 80%。③ 传统的陆路运输通道（从汉口、福州到达伊尔库茨克，或经海路到达天津再经陆路运输到恰克图等地）已经被经符拉迪沃斯托克（海参崴）和尼古拉耶夫斯克（庙街）的海路（从这两个港口沿阿穆尔河到达斯连坚斯克、陆路到达伊尔库茨克）或者经牛庄的海路所取代。

　　2. 加强对中国资本输出

　　中东铁路全线运营通车后，资本主义列强在太平洋地区的经济扩张不断加强。这一时期，世界贸易关系已经从传统的商品输出向资本输出过渡，特别表现在列强对中国进行的资本输出方面。1843—1895 年，列强通过各种方式开放中国 34 个自由贸易港口。而在 1896—1903 年不到 10 年的时间内，中国新开放的港口数量就达 14 个。中国贸易控制在外国资本手中，半殖民性日益显著。世界贸易关系的力量对比也发生了变化：英国在世界贸易中的垄断地位下降（从 1885 年占世界贸易总额的 30% 降至 1895 年的近 14.1%），而德国、日本、美国和俄国这些贸易竞争对手在世界贸

---

① Сладковский М. И. Очерки развития внешнеэкономических отношений Китая. М. , 1953. С. 46 – 49.

② Борзунов В. Ф. Транссибирская магистраль в мировой политике великих держав. Ч. 1. М. , 2001. С. 95.

③ Борзунов В. Ф. Транссибирская магистраль в мировой политике великих держав. Ч. 1. М. , 2001. С. 96.

易中的地位上升。① 俄国向中国出口的商品无论是海路贸易还是陆路贸易都在增多。俄中贸易的进出口额逐渐趋于平衡。特别值得一提的是，尽管面临来自海路贸易的竞争，1897—1899 年经恰克图和中亚的陆路贸易额却逆势持续上升。1904—1905 年的日俄战争到第一次世界大战前，资本输出的数额不断加大，致使恰克图陆路贸易在劫难逃。

闭关锁国的清王朝在西伯利亚大铁路运营和列强以输出资本为目的的海上运输的夹击下被迫卷入世界市场。1895—1914 年，投入中国工业的外国资本从 10 万美元增加到 1.03 亿美元，超过前 50 年投资总额近 12 倍。② 尽管俄国在对华投资中所占比重不大，但资金都投入经济发展较快的领域，如铁路建设业、轮船业、采矿业、食品加工业及公用事业企业。俄国资本投资兴建的工厂一般使用的是先进技术。日俄战争前，中国东北地区差不多 75% 的资本主义大企业都集中在中东铁路的枢纽——哈尔滨。③

西伯利亚大铁路促进了金融资本的集中，部分金融资本投入以专业化和合作生产为基础的资本主义农业经济发展，特别促进了以出口为导向的中国东北地区商品谷物和大豆的专业化种植。可以说，中东铁路改变了中国东北地区农业生产的地理布局：从传统的农业种植区辽宁省转移到临近铁路线的吉林省。到 1908 年，吉林省的农作物播种面积达到 290 万俄亩，已经超过了辽宁省（播种面积为 200 万俄亩）。同时，中东铁路也加快了黑龙江省农业开发的步伐，1908 年黑龙江省的播种面积达 150 万俄亩。中国东北北部和南部地区的商品农业竞相扩大种植面积：1909 年，北部地区大豆和小麦的播种面积占 33.6%，南部地区占 28.8%。1896—1911 年，中国东北地区收割的小麦数量从 100 万普特增加到 6000 万普特；1909—1911 年，东北地区粮食出口量从 2060 万普特增加到 3660 万普特。中东铁路运输的主要货物就是粮食，占铁路总货运量的 60%—70%。1903—1917

---

① Борзунов В. Ф. Транссибирская магистраль в мировой политике великих держав. Ч. 1. М., 2001. С. 97.

② 〔苏〕加·尼·罗曼诺娃：《远东俄中经济关系（19 世纪至 20 世纪初）》，宿丰林、厉声译，哈尔滨：黑龙江科学技术出版社，1991，第 113 页。

③ 〔苏〕加·尼·罗曼诺娃：《远东俄中经济关系（19 世纪至 20 世纪初）》，宿丰林、厉声译，哈尔滨：黑龙江科学技术出版社，1991，第 114 页。

年，粮食货运量增长了 8 倍，从 690 万普特增至 6220 万普特。[1]

中东铁路修建后，促进了中国东北地区资本主义畜牧业的发展。家禽饲养场、畜牧场数量逐渐增多，随之产生了与畜牧产品加工相关的各类工厂，如油坊、乳酪厂、奶油厂等。

中东铁路扩大了中国内陆向北方地区（使用中东铁路海运公司的轮船）运送农业和工商业移民的规模。西伯利亚大铁路修建前后，即 1890—1917 年，中国东北地区的人口从 1000 万增加到近 2000 万人（其中中国东北北部地区从 200 万增加到 1000 多万人，增长了 4 倍）。[2] 仅在中东铁路修建时就有近 20 万人移入东北，其中俄国人 5000 人，来自烟台和上海的中国劳工 7 万人，哈尔滨的铁路车间里有 300 名中国技术工人。[3]

中东铁路加快了中国东北地区融入世界市场的步伐，特别是仅占中国国土面积 1/12、占总人口 1/16 的中国东北北部地区在全国对外贸易额中所占比重高达 20% 之多。1908—1917 年，中国东北地区的贸易总额从 9580 万两海关银（占全国对外贸易额的 11.5%）增加到 2.51 亿两海关银（占 23.5%）。1913 年，中国东北地区出口谷物为 3800 万普特，其中出口到俄国远东地区的谷物为 1000 万普特（占 26.3%），出口到国外的谷物为 2800 万普特（占 73.7%）［其中经符拉迪沃斯托克（海参崴）运输 800 万普特，经南满铁路运输 2000 万普特］。[4] 可以说，中东铁路的修建促进了中国东北地区的出口贸易。以主要的出口作物大豆为例，1906—1916 年的 10 年间中国东北大豆出口增长了 10 倍。1914—1917 年，国际中转运输的商品占中东铁路货运总量的 35%。[5] 中国东北北部地区从一个落后的农业

① Патрушева М. А. Сухачева Г. А. Экономическое развитие Маньчжурии（вторая половина XIX – первая треть XX в.）. М., 1985. С. 97.

② Третчиков Н. Г. Современная Маньчжурия в фактах и цифрах. Экономические очерки. Ч. 1. Шанхай, 1936. С. 67.

③ Китайская Восточная железная дорога: исторический очерк. Т. 1: 1896 – 1905 гг. СПб., 1914. С. 24.

④ Непомнин О. Е. Генезис капитализма в сельском хозяйстве Китая. М., 1966. С. 50, 53, 108.

⑤ Курсель К. К. Экономика зарубежного Дальнего Востока（Маньчжурия, Китай, Монголия в связи с задачами Дальбанка в Харбине）: экономический обзор. Харбин, 1926. С. 35.

边疆区一跃成为农产品和工业品生产的国际经济中心。

尽管中东铁路客观上促进了中国东北地区的对外联系，但改变不了俄国侵略中国的本质——俄国在向中国东北地区资本输出的同时，也将这里变成向俄国输送大豆、小麦等粮食作物的产地。1897—1917 年，俄国远东地区的人口增长了 1 倍，从 100 万人口增加到 200 万人口。然而，在人口增加的同时，播种面积却大幅减少。1908—1916 年，俄国远东地区的播种面积减少了 66%，从 400 万俄亩减少到 130 万俄亩，而同一时期中国东北北部地区的播种面积却增长了 2 倍。[①] 中国东北地区成为俄国远东地区粮食产品的供给地。

3. 带动俄中经济关系发生变化

客观来讲，西伯利亚大铁路的修建加速了东西方经济发展进程，扩大了贸易规模，促进了东西方民族间的文化交流。1903 年中东铁路投入运营后，中国、日本出口到西欧的商品运输时间大大缩短，原来经海路运输需要 4 个月，经铁路运输则只需 3 个星期。[②] 西伯利亚大铁路开启了 20 世纪初远东铁路移民的新时代。1915 年，阿穆尔铁路建成通车。此后，阿穆尔铁路取代中东铁路在俄国远东地区经济社会生活中发挥的作用。

其实，在西伯利亚大铁路修建期间，俄中经济关系就已经发生了显著变化。1894 年，中国出口到俄国的商品要比从俄国进口的商品多 7 倍。1895 年，俄国出口到中国的商品还是按照传统的陆路贸易路线运输，俄国与中国新疆的贸易额最多，占 74.5%；其次是恰克图贸易，占 19.3%；俄国与中国东北地区的贸易所占份额不大，只有 6.2%。[③] 正在修建的铁路暂时还没有对俄中经济关系变化和远东经济活动中心的形成发挥决定性作用。

1903 年中东铁路投入运营，俄中经济关系随之发生显著变化。首先，在俄中经济关系中发挥重要作用的中心城市数量增多。随着俄中货物和外

---

① Крушанов А. И. Октябрь на Дальнем Востоке. Ч. 1. Русский Дальний Восток в период империализма (1908 – март 1917 гг.). Владивосток, 1968. С. 20, 36.

② Китайская Восточная железная дорога и переселение в Приморскую область // Железнодорожная жизнь на Дальнем Востоке. 1914. № 4. С. 5.

③ Сладковский М. И. История торгово-экономических отношений народов России с Китаем (до 1917 г.). М., 1974. С. 338 – 340.

国货物经西伯利亚大铁路运输的数量不断增多，在铁路沿线涌现出一些新的经济活动中心：在西西伯利亚地区是车里雅宾斯克、新尼古拉耶夫斯克和托木斯克；在东西伯利亚地区是伊尔库茨克；在远东地区是哈巴罗夫斯克（伯力）、符拉迪沃斯托克（海参崴）；在中国东北地区是哈尔滨和大连。这些城市的发展使俄中两国、俄国东部地区与欧俄地区之间建立起来的联系更加密切。俄中两国的经济中心已经从边境线移到内陆地区，在俄国境内集中在位于太平洋地区的滨海省和居于欧俄工商业重要地位的乌拉尔地区，在中国境内集中在中东铁路沿线的交通枢纽。这些新的经济中心可以划分为两类：一类是具有地方意义的国内中心，如俄国的车里雅宾斯克、伊尔库茨克等，中国的奉天、长春等；另一类是具有国际意义的世界贸易中心，如符拉迪沃斯托克（海参崴）和哈尔滨、大连等。

西伯利亚大铁路建立起符拉迪沃斯托克（海参崴）与俄国中心地区、西欧国家之间的中转货物运输联系，掠夺了中国东北的大量原材料，在进行商品输出的同时进行资本输出，把中国东北变成俄国的原料产地和工业品倾销地。尽管西伯利亚大铁路客观上促进了中国东北地区的经济发展和社会进步，但无法掩盖俄国对中国东北实行经济侵略的本质目的。可以说，西伯利亚大铁路成为俄国实施远东政策的坚实基础。

综上所述，可以将西伯利亚大铁路修建前后俄中经济关系的发展变化划分为两个时期：第一个时期为19世纪60年代至90年代中期，第二个时期为1895—1917年。

在第一个时期（19世纪60年代至90年代中期），俄国和中国的资本主义向纵深发展。俄国远东边疆区和中国东北地区都得到开发，两个地区之间的接触日益频繁。这一时期，俄国以在远东地区站稳脚跟为出发点，实行移民和经济开发的政策。除敷设铁路外，俄国开始组织远东海上商船队，发展海上贸易，并希望占据中国港口作为出海口。俄国还继续与中国保持着传统的陆路贸易，以易货形式的直接贸易为主。俄中贸易中俄国仍然处于较大贸易逆差状态。

甲午中日战争结束后，根据《马关条约》，外国人取得了在中国通商口岸设立工厂和交通运输企业的权利。这就为外国资本，当然也包括俄国资本,在中国东北地区设立农业和工业企业创造了条件,其大肆掠夺原材料。

在第二个时期(1895—1917年),资本主义列强在中国实行"门户开放"政策,野蛮开发中国资源。除中国东北外,外国资本也相继进入俄国远东地区,但在俄国远东地区的投资规模明显小于中国东北地区,主要涉及铁路、海运和河运等领域。这一时期,俄中经济关系的性质和形式发生了根本变化,从商品输出向资本输出转变。俄国资本越来越多地进入中国东北,最终促成西伯利亚大铁路取道中国境内的东段铁路——中东铁路的修建。西伯利亚大铁路的敷设促进了全俄市场(主要指波罗的海到太平洋)、欧洲市场〔巴黎到符拉迪沃斯托克(海参崴)〕的形成,并使其成为世界市场(太平洋地区)的重要组成部分。

然而,脱胎于军事封建帝国主义的俄国自身经济技术相对落后,边疆区距离国内发达的工业中心遥远,加之外国资本竞争加剧,这些都大大制约了俄中贸易的发展。这些因素错综复杂地交织在一起,削弱了俄国在远东舞台上的竞争力,俄中经济关系的结构随之发生深刻的变化。

比较俄中经济关系发展的这两个时期,可以得出以下几个结论。

第一,俄中陆路贸易在两国贸易总额中的比重发生变化。1851年《伊塔通商章程》签订之前,俄中商品主要通过陆路方式运输,95%以上的贸易额集中在恰克图。① 随着海路贸易的发展,海运运费更具优势,比恰克图陆路运费低近90%,因此大宗货物选择经苏伊士运河运输,致使恰克图贸易大幅萎缩。19世纪70年代,运往俄国的中国丝绸有3/4需经德国中转,茶叶也有3/4经英国中转。也就是说,中国商品需漂洋过海,经伦敦、阿姆斯特丹、安特卫普、汉堡等地,几经周折后才能运入俄国。19世纪80年代中期,俄国大力发展海运,志愿商船队和俄国轮船贸易公司开通了到达中国广州和上海的定期航线,中国商品可以经轮船直接运抵欧俄地区,这样就撇开了英国和德国,实现了俄中之间没有中间商的海上运

---

① 〔苏〕加·尼·罗曼诺娃:《远东俄中经济关系(19世纪至20世纪初)》,宿丰林、厉声译,哈尔滨:黑龙江科学技术出版社,1991,第38页。

输。19世纪90年代前，志愿商船队和俄国轮船贸易公司运往敖德萨的中国商品额与经恰克图陆路运输的商品额基本持平。19世纪末，俄中陆路贸易额在总贸易额中所占比重为69%—74%。陆路贸易占比增长的原因是：这时期由于西伯利亚大铁路部分路段已经建成通车，除了传统的恰克图陆路贸易外，俄国远东地区与中国东北地区间的陆路贸易也发展起来。而相比之下，俄国商船队的运力却没有得到相应的发展，20世纪初还仅能够承担俄国海上对外贸易总量的8%，[①] 其余大部分货物运输由西伯利亚大铁路和外国商船队完成。

第二，西伯利亚大铁路抢占了经恰克图的陆地货物运输市场份额。在西伯利亚大铁路远东路段运营前的1895年，19.3%的俄中贸易额经恰克图运输完成。1862—1898年，恰克图贸易额从1700万卢布增加到2330万卢布。随着乌苏里铁路（1897年运营）和外贝加尔铁路（1899年临时运营，1900年定期运营）的开通，恰克图贸易额急剧下降，从1898年的2330万卢布降至1910年的670万卢布。[②] 俄国扩大东部地区版图后，开始对新土地进行开发。自19世纪70年代起，符拉迪沃斯托克（海参崴）的枢纽地位不断上升。传统的茶叶运输路线为从汉口和福州一路北上，经陆路运抵恰克图，之后再运往伊尔库茨克等地；新辟的茶叶运输路线则变为从汉口、福州运抵天津，再经海路运输到符拉迪沃斯托克（海参崴）、尼古拉耶夫斯克（庙街），之后沿阿穆尔河，到达斯连坚斯克和伊尔库茨克，已经无须再途经恰克图。新茶叶运输路线的运输成本要低于传统运输路线：一箱茶叶经恰克图运输的运费为23—27卢布，而经尼古拉耶夫斯克（庙街）运抵伊尔库茨克的运费为14—17卢布。新茶叶运输路线在完好保存商品的同时，还可以省1—2个月的运输时间。[③] 新茶叶运输路线优势明显，源源不断的中国茶叶经西伯利亚大铁路出口到俄国。通常，出口俄国

① Покровский С. А. Внешняя торговля и внешняя политика России. М., 1947. С. 377，385.

② Единархова Н. З. Торгово-экономические связи с Китаем（70-е годы XIX века）//Экономические и политические связи народов России и стран Востока во второй половине XIX – начале XX вв. Иркутск，1981. С. 38 – 39.

③ Бянкин В. В. В дальневосточных морях. Владивосток，1981. С. 38.

的中国茶叶有两条路线，一条从大连经中东铁路直接运抵满洲里站；另一条从上海经海运到达符拉迪沃斯托克（海参崴），之后经波格拉尼奇内站沿中东铁路运抵满洲里站。此后，茶叶再从满洲里站运输到俄国境内，经西伯利亚大铁路的中段和西段运输到欧俄地区。茶叶运输转移到中俄东部边界，致使西部边界的进出口额锐减，俄国贸易公司纷纷将业务从恰克图迁往伊尔库茨克、托木斯克和车里雅宾斯克。至此，恰克图从中俄边界的国际中转中心变成一个普通的地方边境运输口岸。

第三，西伯利亚大铁路改变了俄国一直以来与中国的贸易不对等状况。西伯利亚大铁路修建前的 1887 年，俄中贸易中的进口额比出口额高11 倍；1904 年西伯利亚大铁路运营后，这一倍数锐减，仅为 1.5 倍。但在第一次世界大战期间，俄国贸易逆差再次出现。1914—1916 年，俄国从亚洲国家进口的贸易额从 17.1% 增长到 22%，出口额则从 20.1% 减少到 8.7%。[①] 这是因为，一战期间的欧洲贸易额全面大幅缩减，俄国工业服务于军需生产，向中国出口棉布、砂糖、石油产品和金属制品的行为实际上已经终止。欧俄地区出口贸易的 2/3 商品被俄国远东地区的出口商品，如鱼、木材、毛皮、海带、鹿茸和人参等所代替。仅在 1913—1915 年，俄国经满洲里口岸的出口贸易额就减少了 1/2。1913—1916 年，俄国对华贸易中出口额减少了近 30%，而进口额增长了 100%，贸易总额增长了70%。进口商品主要是满足全俄需要的粮食和食品，符拉迪沃斯托克（海参崴）由于将中国东北农产品转运到俄国其他地区，交通枢纽地位显著提升。[②] 中国在俄国对外贸易中的比重虽然增幅较小，但却一直稳中有升，从 1897 年的 3.5% 增长到 1916 年的 9.1%。中国东北进口的外国商品中的1/3 为俄国商品。除东北外，中国其他地区进口俄国商品数量非常少。

第四，19 世纪下半叶至 20 世纪初，俄国在中国对外贸易中所占比重有所提高，但幅度不是很大。1870—1894 年，俄国在中国对外贸易中所占

① Петров А. М. Внешнеторговые связи СССР со странами Азии（1918 - 1940）//Народы Азии и Африки. 1977. № 5. С. 30.

② Сладковский М. И. История торгово - экономических отношений народов России с Китаем（до 1917 г.）. М., 1974. С. 350.

比重从 0.78% 提高到 4.1%。西伯利亚大铁路通车后，即使借助于便利的运输条件，这一比重也仅从 1913 年的 7% 提高到 1916 年的 9%。1881—1890 年，在中俄贸易中俄国平均每年入超 2324.4 万卢布，1893 年入超竟然高达 2909.8 万卢布。① 在中国对外贸易中扮演重要角色的首先是英国，其次是美国和日本，但这种贸易具有不平等性。19 世纪末，中国商品的出口关税为 10%—20%，远远高于 5% 的进口关税。中国的海关总署控制在英国人手中，因此中国实行的外贸政策具有歧视性。外国资本在中国的疯狂扩张常常使中国的对外贸易出现入超：1868 年、1890 年和 1900 年，中国外贸逆差相应为 140 万、3990 万和 1 亿两海关银。② 中国与西欧列强、美国和日本的这一逆差由向俄国出口商品来弥补，也就是通过俄国的海运和西伯利亚大铁路来实现对俄商品出口。

第五，中国的出口商品中茶叶所占份额逐年下降。1867 年、1899 年、1915 年茶叶在中国出口贸易中所占份额依次为 59%、16%、8.4%。中国在世界茶叶市场中所占比重也在下降，从 1886 年的 46% 降至 1910 年的 28%。茶叶出口被棉布、大豆出口所取代，1901—1915 年，棉布、大豆从占中国出口额的 5% 提高到 12%。但在中国出口茶叶总体份额下降的情况下，出口到俄国的茶叶份额仍从 1900 年的 48.1% 提高到 1915 年的 65.2%。1913 年，俄国进口茶叶中的 65% 是经中东铁路输入的。茶叶成为符拉迪沃斯托克（海参崴）进口的主要中国商品之一，1913 年的进口量为 6140 万吨。中国在俄国远东地区进口贸易中仍占有一席之地：1910 年，俄国远东地区进口德国商品 520 万卢布、中国商品 390 万卢布、日本商品 250 万卢布。同年，俄国出口到中国的商品额达 2100 万卢布。③

第六，甲午中日战争、日俄战争之后，特别是第一次世界大战期间，俄国商品和资本在中国不断受到日本、英国商品和资本的冲击。日本夺取

---

① 马蔚云：《俄国的远东政策与西伯利亚大铁路的修筑》，《俄罗斯学刊》2012 年第 1 期，第 76 页。

② Борзунов В. Ф. Транссибирская магистраль в мировой политике великих держав. Ч. 1. М.，2001. С. 104.

③ Крушанов А. И. Октябрь на Дальнем Востоке. Ч. 1. Русский Дальний Восток в период империализма（1908 – март 1917 гг.）. Владивосток，1968. С. 49.

南满铁路后，外国商品可以在大连—哈尔滨铁路线上自由运输，日本和俄国之间为争夺货源的竞争愈演愈烈。欧俄货物经海运抵达日本，再经中东铁路运输到大连的运费要比经西伯利亚大铁路运输便宜 1/2。俄国在远东最主要的竞争对手是英国和日本。自 19 世纪 90 年代到 1913 年，英国在中国对外贸易中的比重从 60% 减少到 50%，日本却从不到 1% 增长到 20%；这一时期，英国轮船在中国的载重量相应从 84.4% 降到 51.9%，日本则从不到 1% 上升到 31.9%。[①]

第七，第一次世界大战期间，中国本国工业有所发展，出口欧洲的粮食数量增多。中国、日本及英、法等国通过俄国轮船和西伯利亚大铁路运输了大量货物，货物运输方向也相应发生了变化：1897—1900 年，欧俄运往太平洋港口的货物为每年 90 万普特，国外运往符拉迪沃斯托克（海参崴）的货物为 120 万普特，中国东北运往俄国远东地区的货物为 40 万普特；1914—1917 年，中国东北及内地输出到俄国的货物量相等于俄国输出到中国的货物量，而且这些中国货物的出口量占符拉迪沃斯托克（海参崴）运往欧俄地区货物总量的 75%。[②]

通过分析 20 世纪初西伯利亚大铁路运营的总体状况可知，西伯利亚大铁路在世界统一市场形成中起到不可替代的作用，它是俄国推行远东政策的有力工具。清政府没有抵挡住包括俄国在内的外国资本的猛烈攻势，更没有抵抗住西伯利亚大铁路对中国东北经济和中国对外贸易的殖民影响。西伯利亚大铁路虽然是俄国对外扩张的产物，特别是在中国东北地区修建的中东铁路给中国人民带来了无限灾难，它所具有的殖民色彩毋庸置疑，但是这条铁路的修建也在客观上促进了中国东北地区的经济开发和社会进步。俄国政府的本意是希望借助西伯利亚大铁路在远东地区站稳脚跟，把俄国商品和资本输出到中国、朝鲜和日本，加强太平洋地区的商品国际运输。可以说，俄国政府也基本达到了这一目的。在当时的国际形势下，软

---

① Остриков П. И. Империалистическая политика Англии в Китае в 1900 – 1914 годах. М. , 1978. C. 45.

② Борзунов В. Ф. Транссибирская магистраль в мировой политике великих держав. Ч. 1. М. , 2001. C. 105.

弱无能的清政府无力反抗，不得已允许在东北地区修建中东铁路，除迫于俄国的淫威外，也是希望借铁路阻止日本和美国的进攻，用外国资本之间的相互竞争降低英国和日本染指中国东北地区的风险。

可以说，西伯利亚大铁路将俄国拉入太平洋地区，并使俄国卷入一系列国际危机和军事冲突。西伯利亚大铁路成为加快俄国革命进程的各种尖锐的国内经济、社会和政治矛盾激化的导火索。这条铁路被俄国资本家利用，促进实现巩固俄国专制制度的对外侵略政策，使俄国人民变得更加贫穷，也加深了俄国帝国主义的矛盾，大大限制了铁路运输潜力的开发。

第三章
俄日远东角逐

19 世纪下半叶，俄国在远东的扩张令日本深感不安，其更担心俄国会进一步染指中国和朝鲜，直接威胁到日本的利益。日本人非常清楚，西伯利亚大铁路建成后将改变太平洋地区的整体战略布局，只有抢在俄国之前控制中国在太平洋的出海口，才能巩固和增强日本在太平洋地区的实力。西伯利亚大铁路及其辅助性项目成为多国关注的焦点，远东成为亚洲乃至欧洲国家轮番登场、相互角逐的舞台。远东国际关系的核心是日俄之间的对抗和亲近，以及日本与英国、美国之间形成的错综复杂的关系。把远东与世界市场连接起来的交通运输线，包括铁路、水路等成为列强争夺的主要目标。

日俄战争后，日本和俄国间的政治关系一直处于一种复杂且微妙的状态。二者在对外政策上利益趋同，为保护和巩固既得利益，相继签订了四次密约。而在合作的同时，日本和俄国也在暗中较劲、处处设防。

第一节　日本谋求远东霸主威胁俄国利益

19 世纪中叶，西方资本主义列强在政治和军事方面对日本进行直接干预，妄图使其沦为殖民地或半殖民地。然而，日本没有任人宰割，而是实行了倒幕运动，摆脱了被殖民的命运。1868 年，日本实行了自上而下的明治维新，提出了"富国强兵"的口号，推行"殖产兴业"，学习欧美技术，这些使日本成为亚洲第一个走上工业化道路的国家。自此之后，日本经济、军事实力大增，逐渐跻身于世界强国之列。与之相对应，日本制定的对外政策为：面对西方，争取同列强立于平等地位；面对东方，谋求远东霸主地位。19 世纪末的远东舞台上能够与日本抗衡的只有俄国，因此俄国成为日本进行远东扩张的最主要对手。

一　日本制造西伯利亚大铁路威胁论

19 世纪下半叶，俄国在远东进行的扩张令日本深感不安，其更担心俄国进一步染指中国和朝鲜会直接威胁到它的利益。19 世纪 80 年代，远东国际形势复杂，中日两国关系因朝鲜问题日趋紧张，俄国和其他西方列强也在寻找时机插手朝鲜问题。1889 年，山县有朋组阁，加快了侵略朝鲜和中国的步伐，并设定侵略目标为控制朝鲜后再进攻中国。1891 年俄国政府突然宣布修建西伯利亚大铁路，这让疲于开展进攻计划的日本政府猝不及防。日本政府非常重视俄国修建铁路一事，组织专门力量搜集资料、开展研究，以弄清这条铁路对日本及国际政治的未来走向所产生的影响。很快，在日本的各类报纸和杂志上开始出现了关于西伯利亚大铁路建设的介绍和评论。

俄国驻东京公使谢格洛夫（А. Н. Щеглов）写道：“日本人认为西伯利亚大铁路的修建对扩大日本在国际贸易中的作用具有重要意义。他们确信，随着西伯利亚大铁路的开通，日本作为新旧世界之间一个主要的贸易中转站具有首要地位。”[1] 日本意识到这条铁路的重要性，想方设法地参与铁路建设。为此，日本外务大臣正式询问了俄国东正教使团，希望俄方能够与日本劳工合作社起草一份合同，吸收日本劳工加入西伯利亚大铁路建设。按照俄国的铁路施工计划，乌苏里铁路建设分为两期工程，一期工程修建符拉迪沃斯托克（海参崴）至格拉夫斯卡亚的南乌苏里铁路，1894 年11 月 30 日，该段铁路临时通车；此后开始修建二期工程，即格拉夫斯卡亚至哈巴罗夫斯克（伯力）的北乌苏里铁路。[2] 日本工人主要投入南乌苏

---

① Борзунов В. Ф. Транссибирская магистраль в мировой политике великих держав. Ч. 1. М., 2001. С. 122.

② Черкашин Д. В., Крадин Н. П. Вопросы теории и истории в градостроительстве, архитектуре и дизайне. Т. 1. Новые идеи нового века – 2014. Хабаровск, 2014. С. 415.

里铁路的建设。在作为该段铁路终点的符拉迪沃斯托克（海参崴），1890 年仅有日本人 374 人，到了 1900 年，人数增至 2208 人。① 这些人中除铁路建筑工人外，还有小商贩和小手工业者，他们从事的活动或多或少都与铁路建设相关。为更好地研究西伯利亚大铁路，1892 年 1 月，日本开设了专门的学校研究俄国国情、学习俄语和开展对俄商务合作的实际研究。②

然而，西方列强并不愿意看到远东的和平关系，伺机煽风点火，制造日俄之间的紧张局势。19 世纪 90 年代初，英国媒体利用日本缺乏有关西伯利亚大铁路准确资料的时机，大肆进行反俄宣传，以致"在日本弥漫着一种恐惧，认为西伯利亚大铁路竣工后俄国会立刻吞并日本"。③ 受反俄情绪影响，这一时期日本出版了一些宣传手册，这些宣传手册的销售范围很广、销量较大，其中影响最大的当数万次郎写的宣传手册。他在宣传手册中介绍了西伯利亚大铁路的战略意义，还宣传从各种渠道听到的俄国准备进攻日本的计划和传闻。

归根结底，万次郎在用西伯利亚大铁路建成后俄国可能推行的政策恫吓日本民众，这纯属危言耸听。他认为，俄国将西伯利亚大铁路与奥伦堡铁路、里海铁路连接起来后，彼得堡、敖德萨等地相通，其就有可能进入亚洲心脏，打败英国。万次郎写道："俄国一直在向东方挺进，不日就可在太平洋沿岸处于领袖地位。因为……在俄国的部署下，由于其与中心地区的快速交通联系，能够运送更多的军队，可以说，胜利几乎就在俄国面前。如果俄国可以成功夺取辽东的某个港口，那么俄国将有可能撼动英国在中国的地位……"④

显然，这样的前景让日本军界和工商界人士惧怕，这将破坏日本在太

① Тамура А. Общество японцев на Дальнем Востоке России//Вестник ДВО РАН. 2006. № 5. С. 165.
② Николаенко П. М. Материалы по коммерческому образованию в Японии（по японским источникам）. Владивосток, 1911. С. 1, 15.
③ Борзунов В. Ф. Транссибирская магистраль в мировой политике великих держав. Ч. 1. М., 2001. С. 123.
④ Борзунов В. Ф. Транссибирская магистраль в мировой политике великих держав. Ч. 1. М., 2001. С. 123.

平洋地区实施的扩张计划。于是，他们把注意力转移到如何才能破坏西伯利亚大铁路对远东影响的问题上。借助于南千岛群岛①的军事港口，日本试图切断鄂霍次克海与日本海之间的交通联系，封锁俄国通往太平洋的出口。出于此目的，日本系统测量和研究了南千岛群岛。

万次郎提议，日本政府不要把舞鹤（日本城市）变成一个贸易港口，因为它距离符拉迪沃斯托克（海参崴）较近，一旦发生战事将波及港口。他还提出应详细研究日本海，确定好从敦贺、新潟、函馆、关门、长崎到俄国和中国港口的轮船航线。为此，日本海军部和陆军部专门研究了如何在日本西海岸临近符拉迪沃斯托克（海参崴）的地区建设海军部大楼和敷设铁路。日本希望通过建立和巩固佐世保、舞鹤、新潟、室兰港口，封锁加拿大至符拉迪沃斯托克（海参崴）的线路，切断其与上海和香港的交通联系。日本希望将俄国和英国的力量控制在自己手中。万次郎研究了英国、中国和日本应对来自西伯利亚大铁路威胁的准备和筹划。他写道："对于日本来说，指望西伯利亚大铁路是徒劳的，但也不需要惧怕它。应该利用它，在它的基础上实现我们的利益，因为未来我们国家的福祉在很大程度上取决于我们使用这条铁路的计划。"②

日本军部负责起草远东扩张计划，因此对组织收集俄国作战准备方面的信息格外关注。万次郎认为，如果日俄开战，最主要的军事行动不是在日本大部分兵力所在的太平洋地区开展，而是在日本海开展，应该在日本海集中军事力量，以防俄国从西伯利亚地区发起突然进攻。

万次郎认为，日本外交家应该制造事端促使英国、中国与俄国发生冲突。英日同盟确保英国会站在日本一边，中国实力虽然下降，但依然是远东具有重要意义的国家。如果日本挑动英国和中国对付俄国，那么将置俄国于危险境地，最后也就可以战胜俄国。同时，万次郎也希望能够化敌为友，争取俄国为日本所用。他提出，改变英国在远东的统治地位是日俄两国共同的愿望，而对于俄国来说，实现这一愿望唯一的出路就是与日本结

---

① 日方称之为"北方四岛"。

② Борзунов В. Ф. Транссибирская магистраль в мировой политике великих держав. Ч. 1. М. , 2001. C. 124.

成同盟来共同对付英国。为削弱英国在中国和朝鲜的力量，俄国可以从西面、日本从东面形成夹击之势。俄国借西伯利亚大铁路还可以和日本的海运公司联合起来阻断太平洋水域的海上贸易交通线，破坏英国在远东的国际贸易联系。

日本对英国在西方国家中的主导地位羡慕不已，幻想像英国一样成为远东舞台的主宰。日本渴望成为自苏伊士到堪察加的亚洲国家的领袖，或者手中握有掌控国际贸易的最高权力，这个权力足可以压倒英国和摧毁美国。万次郎强调，日本可以利用特有的地缘优势，完成破坏美国和其他列强在远东施加影响的任务，进而控制加拿大、澳大利亚、美国和俄国的交通运输。

日本的计划在于占领中国市场，以及"打开西伯利亚的重要市场，最大范围内利用西伯利亚大铁路的运输"。于是，万次郎在其研究成果的最后总结道："日本处于如此有利的位置，可以成为世界上最强大的国家，我们日本人应该成为世界的巨人。西伯利亚大铁路提供给日本一个千载难逢的良机，可以成为世界强国的机会。"① 万次郎的这些政治主张完全迎合了日本军国主义势力的利益，反映出日本军界对修建乌拉尔至太平洋的西伯利亚大铁路的立场和态度。日本军国主义分子不仅幻想着实现"全球战略"，还为此付诸了全部力量。

二　日本在远东的扩张

早在 19 世纪 80 年代，日本的工商界和军界开始计划进入俄国远东地区市场，大规模开展对南千岛群岛和滨海省军事和经济方面的研究。交通运输业和纺织行业资本家提出"向西伯利亚挺进"的口号，他们在日本政府的扶持下，迅速巩固了三菱等轮船公司的地位。得知开始修建西伯利亚大铁路的消息后，成立不久的"日本邮轮"公司就着手组织开通至符拉迪沃斯托克（海参崴）的航线，在销售日本商品的同时积极为日俄贸易进行广泛宣传。日本人非常清楚，世界商业大国和工业强国都关注着中国、西

---

① Борзунов В. Ф. Транссибирская магистраль в мировой политике великих держав. Ч. 1. М. , 2001. С. 125.

伯利亚和整个东亚市场，特别是德国、美国和其他国家的轮船公司都在寻找时机与东亚建立联系，开发新航线以运输商品。日本作为东北亚地区的后起之秀，绝不允许日本游离于东北亚事务之外，更不甘心在西伯利亚大铁路竣工后形成的新贸易格局中落在别国之后。日本在远东的扩张大体可以划分为三个阶段。

（一）第一阶段（1880—1894 年）

到 19 世纪 90 年代，日本完成了棉布工业生产的技术改造，组建了海洋商业船队，增强了本国资本的竞争力，日元走势强劲，借贷金融体系得以规范（日本将金银作为货币标准，开设横滨外汇银行等）。日本还成立了专门的对外贸易公司，这些公司在亚洲和欧洲，特别是在中国、朝鲜和俄国滨海省的主要贸易中心都建立了海外分理处。

19 世纪 90 年代初，日本经历了垄断联合的短暂时期。国内市场狭小，发生饥荒，农村封建残余根深蒂固，农民一贫如洗。日本军国主义急于转嫁国内矛盾，积极寻找国外市场。政府加大力度发展本国军事工业，制定了相应的扩军计划，大量进口外国新式武器。英国、德国、法国、美国和俄国工业品都在争夺中国和朝鲜市场，这触碰到尚不发达的日本工业阶级的利益。面对列强的竞争，日本资产阶级与军事集团达成协议，积极筹备争夺新市场的武装斗争。日本还向中国和朝鲜派出大批间谍，刺探军事和经济情报。日本资产阶级登上历史舞台的时间较晚，决定了它必须在最短的时间内筹备太平洋地区的殖民战争。

复杂的国内外政治形势促使日本迅速加快了对其他陆地国家经济、意识形态和军事的扩张。此时的俄国也在经历与日本类似的局面：大范围饥荒、农民叛乱、工业蓬勃发展、工人运动开展。俄日调整对外政策，在中国和朝鲜问题上推行更强硬的政策。两国政府还相继开展了国有工程建设，加强民族主义宣传，将反对革命的全部力量集中在政府周围，最终目的都是通过对外侵略和扩张的途径转嫁国内矛盾。

日本格外关注已经开始修建的西伯利亚大铁路，对其可能给日本造成的影响进行了分析。西伯利亚大铁路建成将触动日本在远东最重要的经济利益，特别是对华茶叶贸易。日本茶叶贸易中央公司专门研究了沿西伯利亚大铁路运输和销售日本茶叶的问题。为此，该公司将茶叶先试发到俄国和美国，还往两国调派了茶叶运输和销售方面的专家。日本商人认为，煤炭、大米和价格昂贵的艺术品可以通过西伯利亚大铁路寻找到销售市场。还有人提出，应该在日本设立俄国领事机构，以便于日俄之间的贸易往来。因为在西伯利亚大铁路建成后，符拉迪沃斯托克（海参崴）港将成为重要的贸易港，有人提出必须要在日本大力发展一个与符拉迪沃斯托克（海参崴）港对等的贸易商港。一些人认为应该使用新潟港，另一些人则希望发展敦贺港，还有人提出舞鹤港更适宜开发等。无论在哪里建港，其都是为了加强日俄之间的贸易联系，最主要的目的是要把贸易主动权控制在日本人手中。

日本工商业资本家积极投入发展日俄贸易的事业。1893 年，在新潟成立了日俄贸易公司，该公司拥有几艘蒸汽船用于新潟与符拉迪沃斯托克（海参崴）之间的贸易航行。同年 5 月，新潟又成立了一家日俄轮船公司，派兴星丸号轮船前往符拉迪沃斯托克（海参崴），与符拉迪沃斯托克（海参崴）港建立起贸易联系。除新潟港外，在日本海西海岸开通了宫津港，便于日本与符拉迪沃斯托克（海参崴）、朝鲜进行贸易。有人提议，在西伯利亚大铁路竣工前，在宫津港与京都之间通过铁路建立起联系。日本从事渔业的工业家利用开放的宫津港，开始在奥尔加湾（залив Ольги）和阿穆尔河之间的滨海省所辖水域大肆渔猎。

日本商人期待西伯利亚大铁路建成后日本与符拉迪沃斯托克（海参崴）之间的贸易额能够增加，为日本工业发展所需的铁和煤炭寻找到西伯利亚这个原料供应地和工业品销售市场。西伯利亚大铁路的建设将帮助俄国快速实现政治目的和国家利益，同时也将对日俄贸易构成威胁。日本只有与俄国保持友好关系，才能确保在远东水域顺利从事捕鱼业和海带捕捞业。日本渔业工业家和商人希望日本人能够取代中国人和朝鲜人在西伯利亚和远东地区捕捞业中的地位。

日本资本家担心俄国对滨海省给予过多关注，开始仔细研究俄国远东地区的市场状况。1893 年 5 月，在新潟成立了一家由当地居民组建的"西伯利亚日本移民公司"。该公司着重研究东西伯利亚的地理、经济和贸易状况。该公司对有意在西伯利亚工作的日本人给出建议，还在西伯利亚设置了几个代理处。

甲午中日战争爆发前，日本参谋总部担心俄国介入中日冲突，于1892年派遣安田少校从彼得堡去往赤塔。安田此行还有一项专门的任务，即研究俄国中心和边境地区的状况。之后，安田前往蒙古地区，再经满洲里抵达符拉迪沃斯托克（海参崴）。安田曾是三井家族最信赖的人，在朝鲜指挥部担任负责人。除安田少校外，日本参谋总部还同时往南千岛群岛派去了一个考察团。考察团的官方目的是考察日本人向南千岛群岛移民的情况，真实目的则是研究在岛上建立反俄海军基地。担负着军事和经济双重侦查任务的日本传教士被派往俄国远东军港——符拉迪沃斯托克（海参崴）和尼古拉耶夫斯克（庙街），他们在这里从事秘密的资料搜集工作。

19世纪80—90年代，日本在俄国远东地区进行的经济扩张悄悄展开。因为这一时期，日本最主要的扩张是针对中国和朝鲜的。1880年，符拉迪沃斯托克（海参崴）港首次驶入日本轮船；1890年，符拉迪斯托克（海参崴）港的日本轮船数量增加到21艘。1890年一年的时间内，这21艘轮船承担的货运量占符拉迪沃斯托克（海参崴）港总吞吐量的27%。到1894年，日本轮船经符拉迪沃斯托克（海参崴）港运输的货物仅占该港总吞吐量的1%。[①] 这是因为日本将全部精力用于筹备对中国的战争，无暇顾及俄国远东地区的贸易。

19世纪80—90年代，日本还是东北亚舞台上实力较弱的国家。从这一时期在中国的外国贸易公司和商人数量排名来看，日本的位次比较靠后。1881—1891年，英国在华贸易公司的数量从289家增加到345家，商人数量从2292人增加到3746人；德国公司从59家增加到82家，商人从402人增加到667人；美国公司从21家增至27家，商人从406人增至1209人；日本公司从18家增至31家，商人从311人增至883人；俄国公司从17家减少到12家，商人数量从71人增加到146人。[②] 其中美国、日

① Листок Приморского областного статистического комитета. Июль. 1901. № 7. С. 4 - 5.
② Борзунов В. Ф. Транссибирская магистраль в мировой политике великих держав. Ч. 1. М. , 2001. С. 30.

本和俄国商人数量增长幅度较大。

1879—1899 年，从事对华贸易的日本轮船载重量从 10 万吨增至 30 万吨，而英国在 1885 年的轮船载重量为 2050 万吨，德国为 240 万吨，日本与英、德的差距明显。1870 年、1885 年、1895 年日本在中国对外贸易中所占比重依次为 3.2%、4.4% 和 10.2%；1885 年、1895 年英国在中国对外贸易中所占比重为 30% 和 14.1%；1870 年美国在中国对外贸易中所占比重为 67%。19 世纪 70—90 年代，日本对华贸易增长趋势明显。1870 年，日本对华出口占 4.5%，进口占 2.2%。[①] 这些数据表明日本羽翼渐趋丰满，能够在外国对华贸易中争得一席之地，且贸易额显著增长。

（二）第二阶段（1895—1905 年）

甲午中日战争中日本获得了英国和美国的支持，最终取得了胜利。战后，日本企图占领辽东半岛，这对俄国远东地区和正在建设的西伯利亚大铁路构成了威胁。日本非常清楚，西伯利亚大铁路建成后将改变太平洋地区的整体战略布局，只有赶在俄国前面控制中国在太平洋的出海口，才能巩固和增强日本在太平洋地区的实力。对此，浅川（Asakawa）写道："1891 年，她（俄国）终于决定修建西伯利亚大铁路，符拉迪沃斯托克（海参崴）无法胜任作为俄国太平洋海港和西伯利亚大铁路终点站的趋势愈发明显。对于俄国来说，目前向南部扩张夺取不冻港是必不可少的。而实现这一愿望的最合适的时机就是 1895 年中日战争结束之时。"[②]

甲午中日战争后，太平洋地区的原有均势被打破。列强虽支持日本获胜，但却不想日本实力增长过快，独霸太平洋地区。对此，俄、法、德三国联合起来干涉还辽，日本虽心有不甘，却也不得不吐出辽东半岛这块肥肉。同时，战争的胜利使日本信心大增，大国意识迅速膨胀。日本在战后不仅迅速崛起，还以其不断增强的综合国力开始跻身于世界资本主义强国之列。但因三国干涉而做出的"退让"，让日本对俄国心生怨恨。战后，日本投入巨大精力改组军队、加强舰队装备，迅速向军事大国行列迈进，

---

① Позднеев Д. М. Современный Китай（борьба за китайский рынок）. Л. , 1925. C. 30.

② K. Asakawa, *The Russo-Japanese Conflict: Its Causes and Issues*, New York: Houghton Mifflin & Co. , 1904 , p. 68.

只为在时机成熟时对俄国实施报复。日、俄矛盾一触即发。

通过甲午中日战争，日本获得了在当时极为可观的战争赔款，这成为日本在经济上高速发展、政治上帝国主义化的重要推动因素。借助这些战争赔款，日本工业和海上运输业快速发展，日本贸易逐渐从外国资本垄断中解放出来，加速了日本向帝国主义阶段的过渡。1894—1898 年，日本投入国民经济的资金已经提高了 1.5 倍，工业和军事领域的投入大幅增加，特别是军事领域的投资增长 3—5 倍。① 日本逐渐跻身于世界强国之列。由于对三国干涉还辽之仇一直耿耿于怀，加之因争夺中国和朝鲜市场而与俄国矛盾尖锐，日本开始全面筹划对俄作战。1896—1905 年，日本政府实行的经济纲要按照性质划分已经属于军事战略性纲要。在这一纲要中提出的任务是：扩充步兵团，增强海洋舰队的军事实力，改装海上商船队用以运输士兵，削弱西伯利亚大铁路的军事作用。1898 年 10 月 31 日，山县有朋执掌日本政权，他开始酝酿对俄发动大规模战争。山县有朋下令立即增加对军队、舰队重新装备的拨款。1896—1903 年，军队人数增长了两倍，军舰载重量增长了 3 倍（从 6 万吨增加到 27.89 万吨）。② 1895—1903 年，投入股份制公司的资金从 2.32 亿日元增加到 8.876 亿日元。③ 1902 年底，日本通过了建设海上军事舰队的 11 年纲要（1903—1913 年）。1893—1907 年，在日本从事贸易的外国人数量从 83% 下降到 60%。④ 19 世纪 90 年代的后 5 年，日本商船队已经基本达到世界水平。1896 年 3 月，日本政府通过了《鼓励轮船制造法》，这份文件促进了远距离航行的发展和海上快船的建造。

为将欧洲商人排挤出远东市场，日本政府不惜出资给轮船公司提供补贴来刺激海上贸易发展。日本的贸易洋行数量迅速增加，神户港与中国、朝鲜、西伯利亚、欧洲和美洲都建立了贸易联系。对此，德国东方学家弗

---

① Стэд Альфред. Японцы о Японии // Сборник статей первоклассных японских авторитетов, собранных и отредактированных А. Стэдом. СПб., 1906. С. 280.

② Сладковский М. И. Китай и Япония. М., 1971. С. 89 – 90.

③ Романов Б. А. Очерки дипломатической истории русско-японской войны (1895 – 1907). М. – Л., 1955. С. 119.

④ Харнский К. Япония в прошлом и настоящем. Владивосток, 1926. С. 201.

兰克（O. Frank）评价，"西伯利亚大铁路竣工后，毫无疑问，神户港将成为整个东亚首屈一指的贸易中心"。[①] 继神户港和新潟港之后，敦贺港也与符拉迪沃斯托克（海参崴）港建立了贸易联系，往返于两港之间从事贸易活动的主要是日本邮船株式会社。

日俄为争夺中国和朝鲜市场，政治关系日益紧张，这严重阻碍了双边贸易的发展。1900—1905 年，日本对俄贸易中，日本的进口额从 2.1% 跌至 0.5%，下降了 1.6 个百分点；出口额从 2.09% 下降到 1.7%，下降了 0.39 个百分点。[②] 俄国从日本进口的商品中 57.8% 为原料和半成品原料，25% 为工业品，17.4% 为日用品。[③]

日本军界人士在筹划对俄作战的同时，还一直与俄国进行军事政治和意识形态方面的斗争。在政府和军工界的大力扶持下，日本国内的军国主义组织兴起，它们大肆进行反俄宣传，还向西伯利亚地区派驻间谍等。在这些反俄军国主义组织中特别活跃的有：1901 年在东京成立的民族联盟、金融家安田支持良平创办的阿穆尔公司（也称黑龙公司）、反俄同盟等。民族联盟将大量军事和商业间谍伪装成旅行者，将他们派往中国的西藏、俄国的外贝加尔省和滨海省等地。日本军国主义者此举是为了搜集所有有关俄国西伯利亚和远东地区的信息，妄想在时机成熟时将西伯利亚与外贝加尔之间的土地并入日本版图。在 1902 年阿穆尔公司解体前，良平及其下属肆无忌惮地从事反俄宣传活动，秘密筹备日俄战争。

日本在东北亚扩张的目标范围与俄国远东扩张行为锁定的区域基本一致，加之日本一直对俄国在甲午中日战争后的当头一击耿耿于怀，因此日本处处与俄国为敌。但有了上次失败的教训，日本政府不再单打独斗，在外交上争取主动的同时尽可能争取得到列强的支持和配合。日本通过美国在中国施行的"门户开放"政策，也享受到在中国东北的特权，为进一步殖民扩张埋下伏笔。与此同时，日本积极怂恿其他列强组建反俄联盟，在

① Кранифельд Н. Политические и экономические задачи Японии. Харьков, 1905. С. 29.

② Недачин С. Дальний Восток и его отношение к мировой войне. Пг., 1916. С. 17.

③ Борзунов В. Ф. Транссибирская магистраль в мировой политике великих держав. Ч. 1. М., 2001. С. 132.

政治上实现对俄国的孤立。义和团运动后，俄国占领中国东北的一系列活动早已引起列强的不满，特别是在利益上与东北较为密切的英、美等国的反应最为强烈，这与日本的反俄主张不谋而合。1901 年 2 月，俄国为了独占中国东北地区，与清政府进行秘密谈判，向清政府提出书面约款十二条，旨在继续强踞东北地区，还妄图将蒙古地区、新疆和华北统统划入其势力范围。不久，英国通过各种渠道得知俄国企图与中国单独缔结条约后，即向各国提议："应当达成一项一般性协议，既不承认各国间自相商议的待决的协定，也不承认义和团事件爆发和各使馆被围困以来所取得的任何租界特许权的合法性。"① 显而易见，这是专门针对俄国提出的建议。日本闻讯立即给予回应，派驻英国公使照会英国外交大臣兰斯登，表示非常支持这一原则。此后，美国国务卿海约翰也照会俄国外交部，对俄国的单独缔约行为表示反对。日、英、美一致的反俄立场使日本找到了强有力的支持者。

正在建设中的西伯利亚大铁路成为英日接近的一个诱因。英国一直把通向东亚的道路置于其制海权控制之下，以限制俄国在亚洲的活动，保持对亚洲的主导权。然而，西伯利亚大铁路一旦建成，英国在亚洲的原有优势地位就会被动摇，势必导致英俄在东北亚地区的矛盾激化。日本也认为，西伯利亚大铁路竣工之日，就是俄国对朝鲜侵略之始。② 1901 年 7 月，英国向日本抛出橄榄枝，有意与日本结盟。这是因为英国看到日本在东北亚的地位日渐提升，希望利用日俄之间的矛盾拉拢日本。两国一拍即合，决定建立同盟。1902 年 1 月，《英日同盟条约》正式在伦敦签署，矛头直接指向它们共同的敌人——俄国。借助于英日同盟，日本的国际地位显著提升，已经完成了对俄战争的第一阶段的外交准备。③ 英日同盟的建立，改变了东北亚地区帝国主义列强之间的力量对比。除英国外，日本还设法拉拢美国。日俄战争爆发前，天皇邀请美国陆军部部长塔夫脱来日访问，

① 〔美〕安德鲁·马洛泽莫夫：《俄国的远东政策（1881—1904 年）》，本馆翻译组译，北京：商务印书馆，1977，第 175 页。
② 〔日〕信夫清三郎编《日本外交史》（上册），天津社会科学院日本问题研究所译，北京：商务印书馆，1980，第 236 页。
③ 李勇慧：《俄日关系》，北京：世界知识出版社，2007，第 22 页。

双方就多个问题进行探讨并达成共识。此后，日本还派出美国总统西奥多·罗斯福的旧交——金子坚太郎率队前往美国游说。至此，出现了以俄、法为中心和以日、英为中心（包括美国）的两个集团。日本成为其中一个集团的核心力量，与俄国博弈的实力大增。

日本将中国视为原料和粮食产地、工业品销售市场。坎托罗维奇曾一针见血地指出，"日本全部的工业、金融和大国梦都与中国密切相关，日本的所有努力都是为了在经济和政治上奴役中国"。[①] 为争夺中国，日俄战争一触即发。1903 年，日本完成了军队和舰队的组建，这意味着日本已经充分做好了对俄发动战争的准备。此后，日本开始寻找对俄开战的借口，战争成为实现日本东北亚扩张计划的重要手段。

日俄战争爆发后，美国表面宣称严守"中立"立场，实际上暗中支持日本，鼓励美国民众购买日本在美国发行的债券。英国在战争爆发后也宣布"中立"，但在背后默默给予日本经济支持。战争期间，英美联合起来向日本提供了 5 次借款，共计 9.27 亿日元，占日本全部作战经费的一半以上。此外，英国还利用当时控制土耳其的便利条件，令土耳其封锁博斯普鲁斯海峡和达达尼尔海峡，使俄国黑海舰队无法前往战争前线增援。英国还对前往东北亚海域增援的俄国波罗的海舰队制造各种障碍，命令其管辖的港口不得向俄舰队提供燃料、淡水、食品等。这致使舰队还未抵达前线就已经因燃料、给养缺乏而船只破损严重。

法国作为俄国的盟国，本应在战争中支援俄国，但迫于近邻德国势力渐强的威胁，担心德法之间一旦发生战争，已被日俄战争牵绊的俄国无法抽身援助法国，因此背信弃义地与英国靠拢，并订立了协约。旅顺被困时，俄国迫切需要法国派舰队增援，但法国碍于与英国签订的协约没有给予俄国实际上的支援，以致俄国守军遭到致命打击。战争爆发后，俄国财政捉襟见肘，遂向法国求援，而法国也只勉强给予俄国 3.5 亿卢布贷款，贷款利率还是最高的。[②] 俄国的盟国中只有德国全力支持俄国同日本作战，

① Канторович А. Иностранный капитал и железные дороги Китая. М. – Л., 1926. C. 165.
② 〔苏〕鲍·亚·罗曼诺夫：《日俄战争外交史纲（1895—1907 年）》，上海：上海人民出版社，1976，第 316 页。

它的真实目的是希望俄国深陷在对日战争的泥潭中，这样德国就可以在欧洲同英、法放手一搏。因此，德国最不希望俄日媾和。其不仅支持俄国在德国市场发售债券，还向波罗的海舰队提供燃料。尽管如此，俄国也难逃最终惨败的结局。

甲午中日战争和日俄战争之间的近 10 年时间里，日本资本异常活跃。在这 10 年时间里，日本实现了资本的原始积累，建立起资本主义的工业基地，已经做好了向金融资本主义和帝国主义阶段过渡的准备。日俄战争以日本获胜而结束。应该说，这场非正义的日俄战争是一场帝国主义国家和集团之间实力的较量。依靠英日同盟的支持和 5 次英美借款，日本才得以将战争进行到最后。日俄战争中，日本使用的 60% 以上的液体燃料由美国提供。日俄在中国东北作战时，英国把威海卫提供给日本存放军用物资。《泰晤士报》对此评论道，"显然，没有美国的帮助，日本的扩张计划就会夭折，战争也就不可能爆发了"。[1]

甲午中日战争后，中国的经济状况显著变化。1896—1903 年，资本主义列强利用日本的军事胜利，迫使中国对外国开放 14 个贸易口岸。外国商人对在中国出口商品中占大部分的原料，如生丝、茶叶、种子、植物油、毛皮、棉花、纱线等给出低于市场的价格，进行大肆掠夺。继英国和德国之后，日本加强了在中国的经济扩张。1895 年，在中国共有 34 家日本公司，日本船只在中国港口的吞吐量不断增加。日本还经常拦截中国东北运往南方的黄豆和油粕，把它们运回日本作为化肥使用。在对华出口棉布方面，日本虽然所占比重不人，但也逐渐开始与英国和美国竞争：1899 年，日本向中国出口的棉布仅为 4700 美元，而 1899 年英国对华出口棉布 1340 万美元，美国出口 50 万美元。[2] 日本在中国的经济地位正在逐渐巩固，并逐渐将美国和英国排挤出中国市场。

（三）第三阶段（1906 年后）

随着日本对俄战争取得胜利，日本在远东扩张的第三阶段拉开帷幕，

---

① Бедняк И. Я. Япония в период перехода к империализму. М.，1962. С. 7.

② Борзунов В. Ф. Транссибирская магистраль в мировой политике великих держав. Ч. 1. М.，2001. С. 135.

同时掀起了太平洋地区的国际争斗。根据《朴次茅斯条约》,俄国承认日本在朝鲜享有政治、军事、经济方面的绝对利益,日本可以对朝鲜采取指导、保护、监理等措施;日本获得了库页岛南部及其附近一切岛屿,同时拥有对这些地区一切公共营造物及财产的永久主权;俄国将旅顺口、大连湾及附近领土领水之租借权,以及租界内的公共营造物和财产均移让给日本;俄国将长春至旅顺口之铁路及一切支路,以及铁路附属的权利、财产和煤矿无偿移让给日本。① 日俄战争后,日本成为最大赢家,不仅巩固了在朝鲜和南萨哈林的地位,还强迫俄国将鱼类资源丰富的部分地区割让出来。最重要的是,日本获得了梦寐以求的中东铁路南部支线,还夺取了旅顺港,建立起可以随时进攻中国东北和俄国外贝加尔省、阿穆尔省、滨海省的基地。

在日俄战争中日本的野蛮和贪婪暴露无遗。坎托罗维奇指出,"如果说1895年的甲午中日战争使弹丸之地的日本一跃成为亚洲强国、1900年参加镇压义和团运动使日本得以与在亚洲以外国家结盟的话,那么1905年对俄战争获胜则使日本成为世界意义的强国"。战后,日本在中国的影响力不断增强,实现了"第一个目的,即政治影响、工业渗透,包括铁路利益……在世界各国中日本是真正善于在中国环境下推行资本主义的国家"。"日本人具有超凡的精力和韧劲,善于利用与中国亲近的种族和语言优势,它在中国的侵略是最为可怕的。"②

在英、美等国的支持下,日本加快了在太平洋地区扩张的脚步,俄国则不得不放慢扩张步伐,甚至取消原有的扩张计划。特别是在《朴次茅斯条约》签订后,日本开始着手接收俄国在中国东北的权益,确立的远东新秩序将俄国置于一个非常尴尬的境地。俄国苦心经营多年、梦想获得太平洋出海口的计划被迫搁浅,还不得不将库页岛南部转交给日本。

作为《朴次茅斯条约》的补充条款,1905年12月,日本胁迫清政府

---

① 步平等编著《东北国际约章汇释 (1689—1919)》,哈尔滨:黑龙江人民出版社,1987,第279页。

② Канторович А. Иностранный капитал и железные дороги Китая. М. – Л., 1926. С. 181 – 182.

签订了《中日会议东三省事宜条约》，明确规定：中国东北 16 处商埠开放，这其中包括西伯利亚大铁路通往中国和太平洋的重要交通枢纽——哈尔滨；日本在战争中修筑的安（东）奉（天）军用铁路交由日本政府改筑后继续经营。根据这一条约，中国承认将俄国原在东北地区的大部分权利转交给日本，日本有权租借辽东半岛，敷设大连到宽城子（长春）之间的南满铁路，经营安奉铁路 15 年，在营口、安东、奉天等地建立租让企业，有权在鸭绿江地区砍伐木材，在中国东北地区实行免税贸易（或者降低关税）。实际上，这一条约就是将日本已经夺取的在中国东北的各项权利进一步"合法化"。哈尔滨被迫开放后，外国资本特别是日本、美国和德国资本开始通过这里渗入俄国远东地区。原本作为俄国在中国东北地区施加影响的重要交通站——满洲里站和波格拉尼奇内站逐渐成为列强在远东扩张的基地。

面对外国资本的竞争，日本急于在中国东北地区站稳脚跟，同时还要加强对俄国远东地区的经济攻势。日本开始筹备在中国建立销往俄国远东地区的铁和煤炭的生产基地，这样的扩张举措威胁到整个俄国远东地区的原料市场，摧毁了俄国东部边疆区的炼铁业。三菱垄断了萨哈林的煤炭，三井垄断了石油。这两家公司都希望加快进军俄国远东地区的步伐，成为日本资本在俄国远东地区进行经济军事扩张的领头羊。在这样的新环境下，俄国在远东的首要任务是稳定外贝加尔省、阿穆尔省、滨海省及西伯利亚东北部的军事经济实力，遏制日本从中国腹地、朝鲜向太平洋地区进行的不断扩张。

日俄战争后，俄国和日本之间的矛盾日趋缓和，之前的"盟友"——日本与英国、美国之间的关系却因为争夺中国市场变得紧张起来。日本寻找到可以与俄国接近的方法，那就是疏远英国，而英国也有意联合美国抑制日本过快膨胀的野心，英日同盟已然形同虚设。随着俄国被削弱，英国同德国的竞争逐渐明朗，英国也希望改善同俄国、法国的关系来增加与德国竞争的筹码。因此，英日同盟与俄法同盟由对立转向联合，从而进一步促成了日俄关系的缓和。

第二节　俄日在远东政治关系的演变

20世纪初，远东成为全球聚焦的中心，几乎所有列强的利益都在这里发生碰撞，并错综复杂地交织在一起。俄国与日本的紧张关系缓解后，获得抵制英、美势力的潜在力量，在中国北部地区扩张的信心得以重拾。日本在中国东北南部地区不断扩张势力，梦想把这里变为日本的殖民地。恰逢此时，中国国内的革命运动高涨，1911年掀起了一场反对帝国主义的民族解放运动——辛亥革命。日、俄两国都想借革命风暴席卷全国之机取得更多的在华特权，特别是扩大各自的势力范围，于是心怀鬼胎地分别策划边疆地区的独立运动。俄国在这时策划了外蒙古"独立"，日本则煽动了"满蒙独立运动"。

在这样的背景下，西伯利亚大铁路及其辅助性项目成为多国关注的焦点，远东成为亚洲乃至欧洲国家轮番登场、相互角逐的舞台。远东国际关系的核心是日俄之间的对抗与亲近，以及日本与英国、美国之间形成的错综复杂的关系。把远东与世界市场连接起来的交通运输线，包括铁路、水路等成为列强争夺的主要目标。在世界大战前夕，日俄关系与其他列强的双边乃至多边关系密切交织在一起，实力角逐的天平只要稍稍有所倾斜，就会加快军事冲突的爆发，引发世界性战争。1905—1914年，日本是在远东拥有实际军事力量的唯一国家，俨然已经成为太平洋地区的军事主导国。这是因为，此时其他列强都胶着在欧洲战事中，俄国也参与其中，无暇东顾。

日俄战争后，日俄关系的发展经历了以下四个阶段：第一阶段从1905年《朴次茅斯条约》签订到1907年《日俄协定》生效；第二阶段从1907年到1910年日俄密约签订；第三阶段从1910年到1914年世界大战开始；第四阶段从1914年到1919/1920年苏联政府废除日俄密约。这四个阶段不仅记录了反映在条约形式中的日俄关系的几度变化，还将日本和美国资本扩张的主要目标之一的西伯利亚大铁路的国际作用进行了阶段性划分。

一　日俄关系缓和与第一次日俄密约

日俄战争后期，美、德、英和法等国都曾出面调停，希望俄国和日本之间可以保持一种相对的均势，以免一方实力过于突出而打破太平洋地区的平衡。列强并不希望看到俄国完全被日本击垮，那样在太平洋地区将没有国家可以牵制住日本。日本的各方面实力不断增强，咄咄逼人的嚣张气焰更令列强不安，连日本曾经的盟友——英国和美国也都惧怕日本的进一步强大。俄国国内发生的革命也让日本感到担忧，因为俄国革命感染了欧洲无产阶级，点燃了不断壮大的革命烈火。因此，日俄两国虽对彼此怀有戒心，即使有意进行最后的决斗，也因战争元气大伤，无力再战。日本虽然已经赢得了战争的基本胜利，但高达 20 多亿日元的军费开支使日本无心恋战，正好利用多国调停的有利时机稍做喘息。日俄战争的结果不仅改变了日俄两国在东北亚国际关系中的地位，也改变了两国特别是俄国在欧洲国际关系中的地位。

1905 年的《朴次茅斯条约》不仅没有缓解日俄之间的矛盾，还衍生出新的矛盾。此后，太平洋地区形成的新格局朝着有利于日本的方向发展，反映出俄国军事封建帝国主义与发展壮大的日本垄断帝国主义之间无法调和的矛盾。俄国彻底被日本从朝鲜和中国东北辽东半岛的势力范围中排挤出去，对此，美国历史学家曾评论，"日本对俄作战胜利，使日本在亚洲拥有绝对的话语权，在朝鲜问题上具有独霸权，在中国东北享有特权，还对进犯中国腹地蠢蠢欲动"[1]。

在与俄国的斗争中，日本羽翼日渐丰满，成长为一个拥有强大的军事和经济实力的国家。对外发动战争获得的战争赔款和强有力的税收政策使日本经济在 1905—1907 年出现高涨，进而促进工业资本迅猛增加（1911年是 1901 年的 4 倍），重工业和轻工业（纺织业在 1904—1914 年的资本和生产能力均增长 1 倍）、对外贸易（1896—1914 年增长两倍）[2]等领域都

---

[1]　Charles Neu, *An Uncertain Friendship*, *Theodore Roosevelt and Japan*, *1906－1909*, Massachu-setts: Harvard University Press, 1967, p. 21.

[2]　Борзунов В. Ф. Транссибирская магистраль в мировой политике великих держав. Ч. 1. М., 2001. С. 139.

在快速发展。在中国东北地区，日本继承了俄国原来所具有的特权和优势地位，租借了辽东半岛，还稳固了在亚洲大陆的地位，俨然成为一个大陆强国。

日俄战争对于战败的俄国来说则是另一种后果：俄国在远东不能继续推行一家独大的霸权主义；俄国在中国东北的军事和经济实力被严重削弱；国家财政赤字增多（1904 年为 3.339 亿卢布，1905 年为3.86 亿卢布），只能使用外国借款（1904—1906 年达到 17 亿卢布）填补赤字。[1]

《朴次茅斯条约》满足了欧洲和美国、俄国和日本资本主义的利益需求，重新划分了日俄在中国东北的势力范围。在俄国和日本利益一致的情况下，两国内部同时出现了主战派和主和派代表：主和派主张两国和平相处，希望在共同殖民中国方面进行合作；而主战派则主张再次发动战争，俄主战派主张对日进行报复行动。俄国的主战派代表包括宫廷贵族、军事官僚、崇尚走普鲁士式道路的人士，他们大多具有反日情结，希望建立德俄美同盟。日本的主战派代表是财阀，他们侵吞战争的胜利果实，崇尚日本社会特有的军事封建武士道精神。俄国驻东京大使马列夫斯基－马列维奇（Н. А. Малевский-Малевич）评论，日本的财阀执着而有计划地破坏日俄和平的经济和政治合作基础，一步一步地筹划最后军事占领西伯利亚大铁路、俄国远东和西伯利亚地区。[2]

1906 年 1 月，日俄两国恢复了外交关系。此后不久，两国又就领海捕鱼问题产生的争执及铁路连接问题开始谈判。俄国在明确将联日侵华作为今后一段时期的远东政策后，设法与日本接近。5 月，俄国新任外交大臣伊兹沃利斯基下令驻日使馆与日本外交人士接触，探听日方虚实，筹备双边政治谈判。7 月，在伊兹沃利斯基授意下，马列夫斯基－马列维奇与日本驻彼得堡公使本野一郎开始进行磋商。12 月底，俄国外交大

① Хромов П. А. Очерки экономики России периода монополистического капитализма. М.，1960. С. 148.

② Борзунов В. Ф. Транссибирская магистраль в мировой политике великих держав. Ч. 1. М.，2001. С. 141.

臣亲自向本野许诺："如能获得日俄之间未来和平之确实保证，则不惜做出更多的让步。"① 针对俄国国内不断出现的好战主张，伊兹沃利斯基坚决予以回击。1907 年初，他在俄国国内召开的多次会议上强调，在当前的情势下，俄国应与日本妥协，"避免采取任何激烈的、足以引起日本不满、招致战争的举措"，"所谓进行复仇战争，纯属幻想"。② 大众舆论也都支持伊兹沃利斯基的主张，特别是资产阶级报纸一边倒地积极支持议和，还接连刊载文章，赞同与日本进行谈判，进而"友好地分割太平洋的势力范围"。日本方面，虽然也有人为使俄国做出更多让步主张与俄国继续开战，但是日本政府考虑到国内外的实际情况，还是希望"排除两国间可能发生纷争的原因"③，以和为贵。

这一时期，国际环境发生显著变化，西伯利亚大铁路的战略意义备受关注，特别是中国境内的中东铁路成为日俄争夺的焦点。日俄战争和俄国1905 年革命后，俄国在财政上更加依赖英法。随着俄国实力下降，德国在国际事务中的话语权提升，英德矛盾加剧。以抵制俄国为目的的英日同盟的作用大大降低，英国审时度势，及时改善了与法国、俄国的关系，英日同盟与俄法同盟从对立转向了联合。英俄矛盾缓和后，两国认为有必要联合起来共同对付德国。1907 年 8 月，英俄签订协约，缓解了两国在争夺殖民地上的矛盾。加之此前的《俄法协约》和《英法协约》，一个大型的帝国主义军事集团——三国协约正在酝酿形成。俄国独特的地理位置，加上正在修建的具有战略意义的西伯利亚大铁路，使其成为多国争相拉拢的伙伴国，这也正是英法两国所看重的。英法作为俄国战败赔款的借款国，也希望俄日之间的关系能够好转，这利于俄国早日偿还欠款。俄日关系缓和的外部条件已经具备。

在多方努力和支持下，1907 年 2 月，日俄两国终于坐到谈判桌前。为

---

① Бестужев В. И. Борьба в России по вопросам внешней политики (1906 – 1910 гг.). М., 1961. С. 167.

② Бестужев В. И. Борьба в России по вопросам внешней политики (1906 – 1910 гг.). М., 1961. С. 161.

③ Кутаков Л. Н. Портсмутский мирный договор (Из истории отношений Японии с Россией и СССР. 1905 – 1945 гг.) М., 1961. С. 48.

顺利进行谈判，俄国不得不允许日本货物从辽东半岛经中国东北边境进入阿穆尔省和滨海省。在起草和确定 1907 年日俄贸易、航海和捕鱼协定时，俄国对日本人是否有权在俄国太平洋海岸捕鱼再次做出让步。两国还商定在符拉迪沃斯托克（海参崴）、尼古拉耶夫斯克（庙街）、小樽、敦贺开设领事馆的事宜。在谈判中，俄国成功使日本放弃了沿松花江自由航行以及在陆路边境线两侧 50 俄里内实行贸易优惠的图谋。俄国外交大臣在评价日俄双方做出的让步是否平等时指出，"我们争夺在中国东北的利益时哪国更占优势？俄国都是作为实力较弱的一方在不平等的竞争中做出让步，而且这不仅是在日本已经毫无争议的所辖势力范围内，甚至还包括我们现在拥有实际利益的中国东北北部地区……"于是不得不"在日本碰触不到的俄国附属地站稳脚跟，日本所具有的一些优势是改变亚洲大陆局势的原因……"伊兹沃利斯基还说，"正是由于双方做出的互相让步，俄国才有权维护与中国已经达成的单独协议，而日本插手朝鲜和他国事务，俄国都没有涉足"。[①] 日本国内上至内阁下至军事将领都积极支持日俄协定尽快签署，他们都对俄国的"无条件支持"和相互制约在中国东北的利益非常感兴趣。

双方规范贸易和航海的协定首先具有的是政治意义，而并不是经济意义。负责谈判的俄国代表团团长马列夫斯基－马列维奇认为，"签订的贸易协定……经济意义仅具有次要意义，但它的政治重要性毋庸置疑"。[②] 经过讨价还价式的拉锯战，双方于 1907 年先后达成了关于在中国东北连接铁路的协定、捕鱼协定、贸易和航海条约，以及一般政治协定及密约。在达成共识后，日俄虽然表面上积极拥护在中国推行的"门户开放"政策，实则已经暗中约定在远东实行保护关税政策。1907 年 7 月 30 日，伊兹沃利斯基和本野在彼得堡正式签署了《日俄协定》，由公开协定、秘密协定、附款和换文四部分组成。《日俄协定》签订后，双方仅通报了各自的盟国，

---

① Борзунов В. Ф. Транссибирская магистраль в мировой политике великих держав. Ч. 1. М., 2001. С. 142.

② Борзунов В. Ф. Транссибирская магистраль в мировой политике великих держав. Ч. 1. М., 2001. С. 142.

即英、法两国，对其他国家则严守秘密。这份协定的公开内容是在政治上肯定《朴次茅斯条约》所确定的原则，在冠冕堂皇地声称尊重中国领土完整的基础上，表示双方互不侵犯对方在中国的既得利益。这是针对所有国家公开的协定内容，而实际上双方在秘密协定中，将中国东北一分为二："从俄韩边界西北端起划一直线至珲春，从珲春划一直线到毕尔滕湖（镜泊湖）之极北端，再由此划一直线至秀水甸子，由此沿松花江至嫩江口止，再沿嫩江上溯至嫩江与洮儿河交流之点，再由此起沿洮儿河至此河横过东经一百二十二度止。"① 也就是说，通过这一协定，临近俄属中东铁路部分（从长春到松花江）的土地被划入日本的势力范围，这部分铁路是俄国在中国东北地区施加影响的重要工具。按照维特的话说，正是俄日1907年签订的密约给予"俄国在远东或多或少的安宁，其才可以在西方从事其他事务"。② 这就是日俄战争后形成的新的势力格局。由此，日、俄两国无视中国政府的存在，划定了在中国东北的各自势力范围，"南满""北满"的概念便是在这种情况下产生的。《日俄协定》及英法俄间签订的一系列协约将俄国和日本拉进协约国集团，这成为第一次世界大战筹备中的重要一步。

第一次日俄密约的签订，标志着两国对立状态的消除，初步建立起俄日联合侵华的统一战线。两国一致对外，共同保护各自取得的在中国东北的利益。俄国与日本"化敌为友"，不仅可以稳固在亚洲的阵脚，还可以在日本的默许下以"北满"为根据地继续向蒙古地区等扩张，进一步完成侵略计划。因此，当《日俄协定》签字后，伊兹沃利斯基就谈判取得的"圆满结果"向本野表示"诚挚的祝贺"，欢呼两国关系从此进入了一个"全新的时代"。③ 内阁总理大臣斯托雷平也对《日俄协定》给予肯定，认为它是俄国外交的胜利。

二 俄日联合抵制美国介入中国东北与第二次日俄密约

对于促使俄日两国在中国东北力量对比发生变化的原因，除内因外，

---

① 步平等编著《东北国际约章汇释（1689—1919）》，哈尔滨：黑龙江人民出版社，1987，第320页。

② Витте С. Ю. Воспоминания. Т. 3. М. , 1960. С. 524.

③ Красный архив // Исторический журнал. 1935. № 2–3. С. 36.

外因也发挥一定作用，也就是美、英对中国东北的觊觎。英美两国之所以支持日本对抗俄国，其本意在于通过"门户开放""利益均沾"实现介入中国东北事务的目的。然而在抵制英、美染指中国东北方面，俄日却拥有一致的立场，它们都不希望在东北的既得利益因英美的介入而减少甚至丧失。第一次日俄密约签订后，俄日冰释前嫌并开始接近。最不希望俄日距离拉近的就是美国，因为这势必造成美日关系的疏远。美国仰仗雄厚的经济实力，在日俄战争中曾是日本强大的财政后盾，本以为获胜的日本会在战后"投桃报李"，却没想到空欢喜一场。美国不甘心就此丧失介入中国东北事务的机会，想方设法控制东北的铁路线，试图与日俄竞争，进而取代两国在东北的地位。

美国最先瞄准的是中国东北的铁路利权。西伯利亚大铁路在中国境内的铁路线就敷设在东北，除此之外，这里还有深入中国腹地的多条支线铁路。美国幻想着以铁路为突破口，将铁路沿线地区作为夺取政治优势和势力范围的主要阵地。早在日俄战争还未结束时，美国就开始计划把触角深入中国东北地区了。前美国驻奉天总领事、时任美国银行团代表的司戴德和库恩－罗比财团①的哈里曼设计了一个庞大的"环球铁路运输计划"，②即建设一个连接欧亚、将太平洋和大西洋航线连接起来的铁路网。俄国的西伯利亚大铁路，包括借道中国境内的中东铁路及其支线自然也被纳入这一计划。1905年3月，日俄战争的战火刚刚熄灭，美国驻华公使康德就提议由列强出资帮助中国赎回中东铁路，参加出资的列强可以分享监督权。美国此举实际上是想通过"国际共管"的方式实现对中东铁路的全面控制。8月，即《朴茨茅斯条约》签订前夕，哈里曼在得知南满铁路即将转归日本之时，立即启程前往日本，希望可以商谈购买这条铁路。他是想在控制南满铁路后，再从俄国人手中购买中东铁路。然而，出乎哈里曼意料的是，日本不仅不履行战争期间承诺在中国东北实行"门户开放"政策的诺言，甚至还完全排斥美国资本进入中国东北南部地区。对于哈里曼来

---

① 美国八大财团之一。
② 〔美〕查尔斯·威维尔：《美国与中国：财政和外交研究（1906—1913）》，张玮瑛、李丹阳译，北京：社会科学文献出版社，1990，第58—59页。

说，说服俄国的计划就更难实现了。因为俄国为修建中东铁路投入了巨大的财力、物力和人力，这条具有战略意义的铁路还是俄国远东政策的主要实施工具。哈里曼夺取中国东北铁路利权的活动四处碰壁，只能暂时搁浅计划。

无法说服俄日两国让出铁路，美国人又想从收买清政府那里打开缺口。康德提议在中国东北建立一家东三省银行，可以投资 2 亿美元专门用于发展东北地区的铁路、采矿业、林业和农产品加工业等。与此同时，还有美国人提出要修筑一条自锦州起经洮南直达瑷珲的铁路，由美国出资，施工则由英国保龄公司完成，而且邀请了清政府的要员到美国去会谈。为了拉拢清政府，1907 年美国主动提出了放弃庚子赔款，用这笔钱来扶植中国的教育事业。

美国的这一系列动作引起了日俄两国的不安。首先对美国资本发难的是日本贸易公司，其想方设法将美国资本排挤出中国东北地区，通过关税保护政策阻断了美国经大连港的部分货物输入。1905—1909 年，经大连港输入的美国商品额从 60% 下降到 35%；与之相反，输入的日本商品额增长到 60%。① 英国历史学家普利（A. M. Pooley）认为，"日本理解的中国东北实行的'门户开放'政策是一扇只对日本敞开而对其他国家都关闭的门"②。俄国目睹日本与美国的经济矛盾加剧，立即意识到进一步拉近对日关系的时机已经成熟。可以说，美国的一系列动作使俄国和日本找到了联合起来一致对外的理由。因为，从当时俄日的经济实力来看，其都无法单独与美国相抗衡。但是，俄日结成同盟，将两国的军事政治力量结合起来后却是可以与美国一争高下的。为抵制美国对中国东北的渗透，俄日两国都有意重新坐到谈判桌前商谈对策。1909 年 10 月 26 日，伊藤博文作为日本天皇的特使来到哈尔滨意欲与俄国谈判。然而，在哈尔滨火车站，伊藤博文即被安重根刺杀，没有完成他的使命。但即便如此，日本和俄国在防止第三国侵入中国的立场上完全一致，继续联手反对美国等列强对中国东

---

① Борзунов В. Ф. Транссибирская магистраль в мировой политике великих держав. Ч. 1. М.，2001. С. 146.

② A. M. Pooley, *Japan's Foreign Policies*, London：Rontledge，1920，p. 39.

北利权的染指。

美国觊觎中东铁路利权的野心不但使俄日关系进一步巩固和发展，还使俄日各自加强了对东北铁路的防护。为了巩固在中国东北北部地区的势力，俄国在长达1500俄里的铁路线上组建了一支护路队。1897年10月底，首批组建的5个骑兵连抵达敖德萨，从这里乘"沃罗涅什"号军舰驶往符拉迪沃斯托克（海参崴），之后最终抵达中国东北。① 从它成立到1899年底两年的时间里，曾先后6次扩编。到1900年6月，护路队骤增至1.35万余人。② 这支护路队由12支护路军团组成，牢牢控制了中东铁路沿线地带，除确保俄国在中国东北的军事政治利益外，还可以起到震慑日军和中国军队以及美国等觊觎中国东北的国家的作用，它是俄国在中国进行军事扩张的急先锋。日本也仿效俄国，在攫取南满铁路后，以保护铁路为名，组建了一支总兵力近1.5万人的铁道守备队。1907年，这支铁道守备队更名为独立守备队，下辖6个步兵大队，与日军一个师团共同驻守旅顺至长春、安东至奉天的铁路沿线地区。这支部队也就是日后在华进行大肆侵略活动的关东军的前身。

尽管受到俄日的排挤，但美国并没有善罢甘休。1908年冬天，正当美国因收购东北铁路计划毫无进展而一筹莫展之时，俄国突然放出消息，称要将中东铁路出让。俄国驻美国财政代表维连金还就此事与美国资本家代表西夫商谈，但前提条件是，只有在日本同意出售南满铁路的情况下俄国才会将中东铁路出让。这样，俄国就把矛头直指日本，既在铁路问题上不得罪美国，又可以加深美日之间的矛盾，可谓一箭双雕。1909年塔夫脱任美国总统后，强调以外交手段对中国东北事务进行干预。这时，美国的一些财团和银行实现了联合，可以为介入中国东北事务提供更为充足的资金。美国欲联合英、法、德等国，与日、俄相抗衡，遂展开积极的外交攻势。被收购东北铁路计划冲昏头脑的美国失去了判断俄国阴谋的能力，

---

① 〔俄〕В. В. 戈利岑著，〔俄〕Н. М. 奇恰戈夫、Л. Г. 沃洛钦科编辑《中东铁路护路队参加一九零零年满洲事件纪略》，李述笑、田宜耕译，北京：商务印书馆，1984，第15、16页。

② 〔俄〕В. В. 戈利岑著，〔俄〕Н. М. 奇恰戈夫、Л. Г. 沃洛钦科编辑《中东铁路护路队参加一九零零年满洲事件纪略》，李述笑、田宜耕译，北京：商务印书馆，1984，第11页。

1909 年 11 月，美国以国务卿诺克斯的名义向诸列强发出备忘录，提出建立国际银行团，支持中国政府向列强借款赎买中东铁路和南满铁路，然后交由各国共同管理，即"满洲铁路国际化"计划。对此，日、俄表示强烈反对。俄国强调对中东铁路拥有 80 年使用权，不愿铁路变为"国际共管"。而日本也发表声明，不相信"以国际组织代替国家经营为优胜或有益"，声称南满铁路系日本以巨大牺牲和巨额资金获得的，"不能不尽保护职责"。此时日本正在联合俄国共同反对锦州—瑷珲铁路的修建计划，形成了对抗美国的强有力的阵线。日、俄两国都非常清楚，失去对铁路的控制权，就几乎等于失去了在中国东北的一切既得利益。1910 年 1 月 21 日，日俄两国在经过协商后，统一回复美国，坚决反对诺克斯计划。这样一来，美国的攻势不但未奏效，相反却促成了俄、日关系的进一步缓和，俄日两国的联合抵制最终使美国试图收购中国东北铁路的计划落空。

此后，俄日两国更加深刻地认识到，只有联合起来才能击退美国对中国东北的进攻。1910 年 2 月 15 日，俄国驻日大使马列夫斯基－马列维奇在沙皇授意下积极与日方联络，希望早日举行两国间的下一次商谈。同年 4 月初，本野返回彼得堡继续出任日本大使。于是，双方开始在彼得堡和东京两地同时举行谈判。

这一时期，列强的入侵使中国处于水深火热之中，革命风暴正在酝酿。面对中国不断高涨的革命运动和美国的步步紧逼，俄日两国谈判的议题主要是如何在中国东北维持现状的情况下进一步扩大侵略范围，以及双方如何协调行动、共同抵制美国等问题。1910 年 7 月 4 日，俄日双方代表签署了第二次日俄密约。根据该密约，俄日双方必须遵守各自在中国东北的地位，不允许第三国进入这里，这表明俄国和日本已经开始谋划在政治和经济上分割并侵吞中国东北。在国际层面上，这就意味着俄国与曾经兵戎相见的日本从敌人转变为盟友，英日同盟丧失了存在的意义，日美关系被离间分化。俄国重新制定了与英、法、日结盟的对外政治方针，日俄密约成为这一对外政策的有机组成部分。

俄日在政治上联手后，自然也希望加强经济方面的合作，经西伯利亚大铁路运输的两国商品随之增加。日本向俄国的出口不断扩大，从日俄战争时期的零出口增长到 1914 年对俄出口额占日本出口总额的 2.5%。[1] 俄国工业落后于日本，几乎没有什么工业品可以向日本输出，轻工业品更是无法与欧美列强竞争。俄国即使是向日本出口原油也要受到美国的排挤，由于美国标准石油公司参与对日出口原油，1904—1907 年，日本进口俄国柴油数量从 110 万吨缩减至 40 万吨。[2] 1910 年，日本提高小麦进口关税，这使得俄国小麦出口商无法进入日本市场。由于俄国工业不发达，日本主要还是从美国、英国、瑞典、德国进口工业品和半工业品，包括机械设备、轮船、电子设备、服装、化肥、钢、生铁、有色金属等产品。

与俄国关系缓和后，日本本想摆脱对欧美国家进口的依赖，无奈俄国工业落后，无法满足日本的工业品进口需求。在此种情况下，日俄之间的贸易只能是以原材料和食品为主的易货贸易，如俄国的木材、毛皮、面粉、皮革、鱼、纸、菜豆、豌豆等商品被用来交换日本的水果、蔬菜、盐、大米、大豆、煤炭和生丝等。尽管在政治上的距离被拉近，但俄日两国商人缺乏对对象国市场的了解，加之俄国商人对日本固有的不信任严重阻碍两国贸易公司建立起稳定的商业联系。这就使与日本保持传统贸易关系的外国公司有机可乘，没有给俄国商人借两国政治关系回暖而发展经济贸易关系的机会。1910 年，美国召集英国、法国和德国组成银行财团，主要为中国铁路建设提供资金支持。美国作为银行财团的首领，组织开展与中东铁路公司和南满铁路公司（也称南满洲铁道株式会社）的竞争，借此削弱俄国和日本在中国东北的政治影响。俄日自然不甘示弱，联手将银行财团分化瓦解，还争取到了英国和法国的支持，最终抵挡住了美国的经济进攻，粉碎了美国利用银行财团直接威胁俄日在中国东北战略利益的阴谋。对此，日本历史学家 Yanaga 评价，"日俄提出建立反对银行财团的统一战线拉近了二者之间的距离，这是自 1905 年以来日俄关系最为密切的时候"。[3]

---

[1]　Борзунов В. Ф. Транссибирская магистраль в мировой политике великих держав. Ч. 1. М. , 2001. С. 148.

[2]　Борзунов В. Ф. Транссибирская магистраль в мировой политике великих держав. Ч. 1. М. , 2001. С. 148.

[3]　Chitoshi Yanaga, *Japan since Perry*, Hamden: Archon Books, 1966, p. 351.

虽然俄日在防止以美国为首的列强染指中国东北地区的利益方面完全一致，但并不意味着两国可以嫌隙全无。实际上，俄日两国一直在暗中较劲，都希望能尽可能多的争取在亚洲的利益。《朴茨茅斯条约》签订后，俄国被迫承认日本在朝鲜拥有绝对利益。1910 年，朝鲜被日本吞并，这成为日本在亚洲扩张的具有重要意义的一步。面对日本的强势，俄国只能尽最大努力保持远东边疆区的领土完整。朝鲜成为日本挑战俄国在远东的地位的施压工具，也是与俄国签订第二次密约的筹码。除朝鲜外，日本在亚洲扩张的第二个目标便是中国东北地区。虽然日本盘踞的仅是东北南部地区，但这里拥有大连、旅顺良港，地理位置优越。此外，俄日两国都对朝鲜和中国境内的铁路、公路、港口的基础设施尤为关注。根据阿穆尔沿岸地区总督翁特尔别格提供的资料，日本在陆地的铁路线可以运送日本军队，使之从中东铁路侧翼和符拉迪沃斯托克（海参崴）后方对俄国军队实行包围之势。特别是日本兼并朝鲜后，俄国欲将朝鲜纳入西伯利亚大铁路影响范围内的诸多设想也都无法实现。在第一次世界大战爆发前，俄国远东各省的地方当局经常受日本在远东部署军事计划的各种谣言所困扰。1909 年秋，德国报纸报道，日本筹划进攻符拉迪沃斯托克（海参崴）并欲占领阿穆尔沿岸地区。这一消息引起了翁特尔别格等地方官员的恐慌，其立即上报沙皇。最后，该消息经确认系谣言。为此，翁特尔别格还遭到了严厉的训斥。

尽管在对日战争中失败，俄国仍然没有放弃占领中国东北和全面推行远东政策的计划。中东铁路是俄国侵华的战略据点，尤其在失去南满铁路后，中东铁路的重要性更加凸显。这条铁路对于俄国的政治意义凌驾于经济意义之上，只有在政治目的的达成的情况下才会顾及经济利益的实现。1909 年，中东铁路共运输货物 70 万吨，运送乘客 90 万人次。中东铁路公司是实现俄国对华输出资本的主要工具。日俄战争后，中东铁路公司把对东北北部进行经济掠夺的重点转到输入俄国商品和输出中国原材料上来，资本输出所占份额不大。1909 年，俄国在中国东北北部地区的年投资额为 1200 万卢布。第一次世界大战前，俄国在东北北部地区加工业领域的投资约为 3500 万卢布。[①] 对于俄

---

① Сладковский М. И. Очерки экономических отношений СССР с Китаем. М. , 1957. C. 157.

国来说，中东铁路主要的经济意义就是扩大俄中贸易规模。中东铁路通车以前，东北对外贸易每年不过几百万两，"1903 年增加到 1600 多万两，1907 年就接近 6000 多万两；此后继续激增，1917 年超过 3 亿两"。[1] 然而，这时期的俄中贸易具有明显的半殖民性，即以中国的农产品和原料交换俄国的工业制成品。俄国进口的中国原材料要显著多于输出的工业品：1908—1909 年，俄国对华出口仅占俄国出口总额的 3%，出口额为 2500 万—3000 万卢布；从中国进口的原材料等则显著高于出口，是出口额的 2—3 倍。[2]

俄国参与中国东北经济活动主要通过中东铁路公司，日本仿效俄国，也成立了南满铁路公司。将这两个公司进行比较，既有相同点又有不同点。相同点表现为：第一，二者都是打上帝国主义烙印的入侵中国东北的工具，行使保护日俄在中国东北的经济和军事政治利益的职能，两个公司最终都演变为强大的国家垄断集团；第二，无论是中东铁路公司还是南满铁路公司都在铁路沿线拥有行政权、设警权，同时征收税费、发展教育事业等，将铁路附属地变为俄国和日本的"国中之国"。不同点如下。第一，中东铁路公司是沙皇俄国的军事政治工具，它更主要的目的是对中国施加政治影响，经济意义只具有次要地位；南满铁路公司则被日本视为在亚洲大陆实现未来所有政治纲领的经济工具，日本更看重的是它的经济意义。与中东铁路公司不同，日本的南满铁路公司所从事的经济活动更为顺利，日本人将该公司作为入侵中国东北的牟利工具。除了 1000 公里铁路线和铁路附属财产外，根据 1905 年与中国签订的《中日会议东三省事宜条约》，日本获得了改筑和运营安奉军用铁路的权利。南满铁路给日本带来丰厚的利润，1907 年和 1913 年相应为 360 万日元和 1430 万日元。[3] 在南满铁路公司的积极推动下，日本商品数量在中国市场快速增长。1898—1910 年，日本对华出口从 4030 万日元增加到 1.072 亿日元，占日本出口总额的

---

① 〔日〕东亚同文会编《对华回忆录》，胡锡年译，北京：商务印书馆，1959，第 350 页。

② Штейнфельд Н. П. Русское дело в Маньчжурии：С XVII в. до наших дней. Харбин，1910. С. 67.

③ Борзунов В. Ф. Транссибирская магистраль в мировой политике великих держав. Ч. 1. М.，2001. С. 145.

20%（俄国对华出口仅占俄国出口总额的 3%）。此外，日本对华投资数额巨大，到 1914 年已经达到 2.1 亿美元（同时期法国投入资金为 6000 万美元）。① 第二，资金来源不同。1909 年，南满铁路公司的 2 亿日元资本中一半是国库资金，其余来自私人资本；而中东铁路资本为 3.75 亿卢布，几乎都来自俄国国库。②

三　俄日勾结瓜分内蒙古地区与第三次日俄密约

日俄战争的获胜给了日本继续增强军事力量的信心，军国主义全面复苏。日俄战争后，日本虽然表明上在休养生息，实则一直在发展武装力量。在海军实力不断增强的同时，陆军也不甘落后。到 1911 年，远东已经集结了差不多百万日军，而俄军人数只有 30 万人。双方在部署远东兵力时都要考虑西伯利亚大铁路的通过能力。1911 年春，陆军大臣苏霍姆利诺夫（Сухомлинов）不无担心地指出，"可以说，符拉迪沃斯托克（海参崴）海军实力非常薄弱"。③ 可见，这一时期远东军事力量的绝对优势在日本，俄国在远东的军事武装力量还没有做好进行防御战的准备，因此保护滨海省不受日本的进攻成为当时俄国军队在远东的主要任务。通过发展军国主义和殖民掠夺，日本已经发展成帝国主义列强中经济和政治实力较强的国家。凭借着发展壮大的军事实力，日本在俄日联盟中发挥的作用也在逐渐增强。通过保护关税政策，日本不但抵挡住了美国商业资本在中国东北的经济攻势，还使俄日联盟在对抗"金元外交"中表现出一定实力和政策的灵活性。

1911—1912 年，中国爆发了辛亥革命，俄日独霸中国东北的地位更加稳固。日、俄两国都想趁此时机谋求更多在华特权，特别是扩大势力范围。俄国在同日本关系的缓和中得到了抵制美、英势力的潜在力量，不满足于局限在中国东北北部地区的势力范围，欲继续向北扩张。将蒙古地区

① Маринов В. А. Россия и Япония перед первой мировой войной. М., 1974. С. 64.
② Борзунов В. Ф. Транссибирская магистраль в мировой политике великих держав. Ч. 1. М., 2001. С. 145.
③ Григорцевич С. М. Дальневосточная политика империалистических держав в 1906 – 1917 гг. Томск, 1965. С. 261.

从中国分离出去便是其中一步，对此俄国并不隐讳，外交大臣沙查诺夫就曾直言："蒙古之所以能够自立，全靠俄国一国之努力。"[1] 维特在《回忆录》中也提到"利用中国的混乱，造成蒙古脱离中国，则是在外蒙古的秘密影响或唆使下发生的"[2]。中国政府得知蒙古在俄国策动下准备"独立"的消息时，曾派查办库伦事件大臣赴库伦解决外蒙古问题，还计划出兵阻止外蒙古"独立"，但都受到俄国驻北京公使库明斯基阻挠而未能成行。

在外蒙古"独立"即将成为事实之时，俄国寄希望于日本能够支持、帮助其实现这一计划。10 月，俄国外交大臣沙查诺夫召见日本驻俄大使本野，就策划外蒙古独立一事试探日本的态度。但还未等日本表明立场，1912 年 1 月 11 日，俄国外交部突然发布一份有关外蒙古问题的公报，称：外蒙古在库伦宣告独立，请求俄国政府给予支援。俄国向蒙古提出建议，与清政府进行谈判并订立协约。中方、蒙方都委托俄国政府作为调停人进行调解，这正中俄国下怀，俄国立即欣然应允。作为调停人，俄国提出，中国政府在外蒙古采取的一些行动须事先征得俄国同意，还不得在外蒙古驻兵、移民和设置行政机构等；如果一旦外蒙古脱离中国，俄国不得不与外蒙古政府建立外交关系等。从俄国提出的调停要求来看，其完全站在蒙方立场，并积极为外蒙古独立成为事实做准备。

辛亥革命爆发后，日本也酝酿出兵中国东北，与俄国共同兼并满洲，甚至还策划"满蒙独立运动"。但是考虑到当时的国际环境等因素，日本内阁认为时机仍不成熟，暂时将这一计划搁置。因此当俄国发表了外蒙古独立公报后，日本政府立即予以回应，表示愿意就此问题与俄国进行商讨，俄日两国在瓜分蒙古问题上达成了共识。自 1912 年 1 月起，俄日两国开始了数轮谈判。经过半年之久的多次交涉，同年 7 月 8 日，双方在彼得堡签订第三次密约。这次密约的核心内容是在日、俄之前两次密约明确划分了中国东北的界线后，划分中国内蒙古地区，即规定以北京子午线东经116 度 27 分为界，把中国内蒙古地区划分为东西两部分，东部为日本的势力范围，西部为俄国的势力范围。由此，俄国可以向与"北满"相邻的内

---

[1] 《帝俄与蒙古（一九一三——一九一四）》，《国闻周报》第 10 卷第 45 期，1933，第 6 页。

[2] Витте С. Ю. Воспоминания. Т. 3. М., 1960. С. 524.

蒙古北部扩张，进而得以继续向华北地区渗透；日本则可以向东蒙扩张，将之与其在东北的势力范围连成一片。托布里斯基评论："日俄签订的第三次密约就好像在中国领土的围墙上又掏了一个大大的洞，在美国推行的美元外交面前筑起一扇更加坚固的门。"①

俄国利用辛亥革命时期中国国内的动荡局势，继续推行联日侵华的远东政策，将势力范围扩大到内蒙古北部，甚至还想将更多的中国领土收入囊中，贪婪的野心不断膨胀。通过第三次日俄密约，俄国不仅成功占据了中国库伦到张家口的交通要道，还为下一步向直隶渗透争取到便利条件。相对于俄国的冒进，日本在密约谈判的进程中则表现得较为谨慎。在巩固中国东北利益的基础上，日本虽然也希望伺机夺取更多的土地，但不想因此与列强产生过多矛盾，想在不费一枪一弹的情况下将势力范围扩大到东蒙。趋同的扩张目标和一致的利益使俄日同盟得以继续存在。

四　俄日军事同盟形成与第四次日俄密约

第一次世界大战爆发后，欧洲成为主战场。列强纷纷加入战争，暂时放松了对偏远的远东的关注。俄国也积极投入战事，还将驻扎在远东的军队调派到欧洲战场。虽然已经签订了三次密约，俄日的盟友关系日益稳固，但俄国还是担心日本会趁俄国西线吃紧时在东线有所行动，那将会使俄国腹背受敌。因此，这时的俄国比任何时候都更需要强化与日本的盟友关系。除了希望日本能够继续和俄国巩固在华利益外，俄国还特别希望日本能提供军火武器的支援。

建立在封建军事基础上的日本帝国主义日渐成熟，其向外扩张的野心愈加膨胀。随着日本经济实力不断提高，其在远东的军事力量几乎无人能敌。相对于俄国，日本的军事优势明显。英日交好时期，英国用先进的海上舰船帮助日本武装海军，日本的海上军事力量迅猛发展。到1914年，日本已经成为世界上的第五大海洋强国，实力仅在英国、德国、美国和法国之后，已经超过了俄国和意大利。日本海军确定的发展目标是赶超美国，

---

① E. H. Zabriskie, *American-Russian Rivalry in the Far East: A Study in Diplomacy and Power Politics, 1895 – 1914*, Philadephia：University of Pennsylvania Press, 1946, p. 188.

陆军则是称霸远东。

为换取日本的支持，俄国对日本进犯中国山东等地的行为采取绥靖政策，没想到日本变本加厉，侵略气焰日渐嚣张。日本早就对德国在中国的势力范围垂涎欲滴，正好借西方列强无暇东顾之机，夺取德国在中国的权益，进而独霸中国，并伺机夺取德国在太平洋地区的属地，向南扩张。日本在强占胶州后，向中国政府提出了"二十一条"，主要内容涉及山东和"满蒙自治"问题，包括：旅顺、大连租借期限和南满、安奉两条铁路租借期限均延至 99 年；日本臣民在"南满"及东蒙可得农耕及工商业所用之地的租借权和所有权，居住、往来及工商业之自由；中国向日本提供矿山开采权；中国在"南满"及东蒙允准他国修筑铁路，或为建造铁路向他国借款时，均必须与日本政府商议；吉长铁路管理经营权在 99 年间委托给日本管理经营。这些条款充分暴露出日本欲将中国东北和内蒙东部完全变成其殖民地的野心。在得知"二十一条"的具体内容后，俄国政府继续奉行绥靖政策，用牺牲中国的利益来换取日本的好感，甚至还在寻找时机希望在"北满"能享受到日本在"南满"的一些特权，如任意居住权和土地所有权等。

俄国军队在欧洲战场上节节败退，损失惨重，迫切需要武器装备和军火供应。此时日本提出，只有按照日本的意愿迫使中国政府接受"二十一条"，俄国才有可能获得日本的武器和军火援助。为得到这些军火武器，俄国政府不得不向袁世凯施压，威逼利诱，劝其接受"二十一条"。最后日本虽不情愿，但实在找不出不向俄国支援军火的借口，只好供给俄国十万支新型步枪。日俄双方将牺牲中国利益作为交换条件，所进行的是一笔肮脏的政治交易。

成功获得日本提供的军火后，俄国开始筹划如何利用"二十一条"为俄国在"北满"争取更多的利益。1915 年 8 月，中东铁路公司董事会提出，按照日本在"南满"和东蒙获得的权益，俄国也可以在"北满"取得相同的权益。虽然最终这一阴谋没能得逞，但俄国贪婪、狡诈的嘴脸暴露无遗。

第一次世界大战期间，俄日之所以结成军事同盟，主要出于以下两个原因。其一，从俄国方面来说，受欧洲战事牵制，俄国没有过多的精力关注远东，需要依靠日本的力量维持在中国东北北部地区的既得利益。因为战事吃紧，俄国又迫切需要日本供应军火武器。此外，一旦欧洲战事结束，列强势必重返远东，甚至会再次掀起瓜分中国的狂潮，为了下一步的侵略和扩张，俄国也需要与日本建立密切的盟友关系。因此，沙皇政府在获悉日本提出"二十一条"要求后，立即毫不犹豫地决定在中日交涉中采取牺牲中国、讨好日本的立场。[①] 其二，从日本的角度出发，日本想借列强纷纷投入战争、无暇东顾之机独霸全中国，并不想与俄国结成军事同盟。然而，当日本提出臭名昭著的"二十一条"后，其不但引起中国人的反日爱国运动，还遭到了列强的一致反对，这时只有俄国仍然选择站在日本一边。面对这样的局面，为避免树敌太多，今后出现不利于日本的形势，日本只能选择与俄国结成军事同盟。

经过半年多的反复交涉，日俄结盟的条件最终谈妥，于1916年7月签订了第四次密约。日俄两国不仅签订了秘密条约，还签订了公开协定。公开协定的主要内容是，"缔约国一方在远东之领土权利或特殊利益，如另一缔约国所承认者，若发生危害时，俄日两国将协商办法，相互协助或合作，以保卫彼此权利与利益"[②]。秘密条约的主要内容为："两缔约国承认双方重要利益须要中国不落在任何第三国之政治势力之下，此第三国或将敌视俄国或日本，将来遇有需要时，须开诚交换意见，并协定办法，以阻止此种情势之发生。"[③] 这就意味着，俄日两国确立起以侵略为目的的强权政治的军事同盟关系。

第四次日俄密约显露出俄日两国欲通过军事结盟联合瓜分中国的狂妄野心。前三次日俄密约的签订都是为了瓜分和巩固两国在中国东北和内蒙古地区的利益范围，这次则将地域范围扩大到整个中国，并凭借两国拥有的地理位置和军事优势，彻底将欧美列强排挤出中国。

---

① 黄纪莲：《沙俄在日本对华"二十一条"交涉中的态度》，《近代史研究》1982年第1期，第243页。
② 步平等编著《东北国际约章汇释（1689—1919）》，哈尔滨：黑龙江人民出版社，1987，第549页。
③ 步平等编著《东北国际约章汇释（1689—1919）》，哈尔滨：黑龙江人民出版社，1987，第549页。

日俄战争后，日本和俄国间的政治关系一直处于一种复杂且微妙的棋局中。二者在对外政策上利益趋同，为保护和巩固既得利益，相继签订了四次密约。在合作的同时，日本和俄国也在暗中较劲，处处设防。战争后，尽管俄国在远东的实力被大大削弱，但俄国不甘心就此消沉，而是想方设法重塑昔日大国形象，在关系到国家重大利益的问题上立场强硬，不愿屈居于日本之后。日本则被战争胜利冲昏了头脑，野心不断膨胀，甚至制定了使俄国彻底丧失在远东战斗能力的疯狂计划。这一计划显然没有成功，此后日本军国主义者又制定了一个新的目标，即把俄国从太平洋地区驱逐出去，在整个太平洋沿岸建立起防止俄国从亚洲大陆沿汉口—北京—奉天—哈尔滨—哈巴罗夫斯克（伯力）—尼古拉耶夫斯克（庙街）铁路线向日本进攻的屏障。日本占领了南萨哈林、朝鲜和中国东北，在将俄国排挤出太平洋地区的同时，形成了对阿穆尔省和滨海省的战略包围。日本制定的对外政策是不断增加在远东的驻军，争取更多的机会参与国际政治，进一步巩固和提升在东亚的统治地位。第一次世界大战为落实日本的这些计划创造了良好的条件。

第三节　俄日在中国东北的竞争与合作

在日俄战争与第一次世界大战之间的近十年时间内，日本完成了向帝国主义阶段的过渡。日本工业蓬勃发展，在此基础上对外贸易额增加，军事舰队和商业船队发展迅速。自1906年起，日本国内重要的经济杠杆都操纵在国家垄断资本主义手中。三菱、住友、三井和安田垄断财团的实力不断壮大。到1912年，从登记的吨位数量来看，日本商船队已经居世界第六位。1912—1918年，外国资本逐渐被日本排挤出去，日本资本在出口中所占份额从53%增长到77%，进口中所占份额从67%增长到87%。1912年，在日本为国际贸易提供服务的船只中，日本船只比英国船只多17%，英国船只占30.5%，其他国家船只所占比例非常少。[①] 可见，日本已经充分具

---

① Очерки новой истории Японии (1640 – 1917). М., 1950. C. 436 – 437.

备了与俄国在远东开展经济合作与竞争的实力。

一　俄日加强经济合作

第一次世界大战前夕及战争中，日俄关系缓和并发展成利益一致的盟友。日本经济的快速发展为日俄之间的经济和政治关系日益密切创造了条件。日俄两国分别派商人互访，对两国的市场进行系统研究，日俄双边贸易不断加强。日本海上贸易发展迅速，日本商船队对欧洲和美国商船队构成强有力的威胁。日本几乎垄断了西伯利亚大铁路通往太平洋的货物运输和乘客运输的全部中转业务。

自 1910 年起，俄日之间的经济关系开始密切起来。一些日本商人和三井公司代表越来越多地来到彼得堡。1911 年 6 月 16 日，在彼得堡成立了以促进双边贸易为目标的俄日公司。该公司的第一任总裁是俄国驻美国大使罗森（Rosen），之后财政大臣科科夫佐夫（B. H. Коковцов）接任总裁。1915 年 7 月，俄日公司又成立了工商委员会。俄国有名望的一些国务活动家，包括国务会议成员希波夫（Шипов）、财政部部长办公厅主任利沃夫（Львов）、中东铁路公司副董事长文采利（Венцель）（出任俄日公司副主席）都是俄日公司的成员。但在俄日公司的活动中政治利益总是凌驾于经济利益之上，正如西伯利亚大铁路就是为俄国的政治目的服务的。

与俄日公司类似，东京成立了一家日俄公司，该公司受寺内伯爵庇护、由后藤男爵出任副总裁。光从这两家公司的名称就可以判断出，它们都以加强双边经济贸易活动为宗旨，寻找可以尽快提升日俄经济联系的方法。为此，还成立了专门的贸易咨询委员会，如特别贸易处等。彼得堡有多家日本公司，如三井、大藏、武田、铃木、涉川等公司，这些公司在莫斯科、哈尔滨和其他城市还设有分公司。这一时期，由于俄国与日本经济上的密切联系，密约得到进一步巩固。

二　俄日在中国东北的竞争

中国东北地区是日本和俄国经济、政治竞争与合作的主要舞台。日本不仅牢固地占领中国东北的金融业，还涉足俄国从来不敢据为己有的国际贸易，特别是与美国等国的贸易。为了维护与美国的政治关系，日本专门在美国定购了修建南满铁路所需的机车、铁轨等。日俄战争前，俄国独占中国东北，其他国家在这里的贸易活动都处于平等地位：俄国对所有国家实行统一的关税价格，商业贸易环境令所有国家都感到满意。日本占领中国东北南部地区后，不放过任何一个可以发展日本本国贸易的机会，为本国商品确定了直达运输的运费优惠，即从日本输出的货物运费享受 30% 的折扣。日本还利用矿场、工厂、贸易公司与银行相结合的优势，在港口和铁路车站滞留外国货物，对本国货物不但优先发运，而且还实行特殊的优惠价格等。日本规定的运输本国商品的优惠政策显然违背了"门户开放"政策，引起了列强的不满。

（一）日本加快对中国东北的经济侵略

第一次世界大战期间，南满铁路公司仍然是日本在中国东北地区进行经济贸易和工业扩张的工具。南满铁路公司投入大量资金，除投入 7030 万日元修建铁路外，还向煤矿投入 1050 万日元，向金矿投入 130 万日元，向工厂投入 590 万日元等。[①] 日本政府对南满铁路公司享有控股权，这已经写入南满铁路公司章程。

实际上，南满铁路公司是一个在西伯利亚大铁路辐射地区，包括中国东北等地推行日本侵华政策的官方机构。大连港不仅是运输中国东北南部地区商品的便捷港口，大部分的中国东北北部地区商品也通过该港运输，因此日本选择将大连作为南满铁路公司所在地。南满铁路公司在各个经济领域的投资额都非常大，例如，1923—1924 年，公司用于铁路的资金达 1.981 亿日元。日本补贴给南满铁路公司的土地近 1.8 万俄亩，[②] 在这些土地上分布着占地面积广、职能复杂的各类工厂和企业。日本政府通过南满铁路公司向中国和俄国远东地区施加政治影响，南满铁路附属地范围包括从大连、釜山直到阿穆尔沿岸地区和中国中心地区的广大地域。

依靠在中国开设的大型日资银行（横滨银行和朝鲜银行），日本在中

① Бородин Н. А. Северо-Американские Соединенные Штаты и Россия. СПб. , 1915. С. 63.
② Борзунов В. Ф. Транссибирская магистраль в мировой политике великих держав. Ч. 1. М. , 2001. С. 153.

国东北南部地区构建了一个大型的银行借贷网络。1900 年，日本在牛庄成立了横滨银行分行，之后迅即在大连、奉天、长春、哈尔滨开设了分行。随后，1906 年在中国东北成立了朝鲜银行分行。日资银行不停地扩大在中国的投资：1902—1914 年，投资额从 100 万日元增加到 2.196 亿美元；仅 1914 年一年的直接投资额就达 1.925 亿美元，其中给中国政府的借款为 960 万美元，向中国公司投资 1750 万美元。[①] 绝大部分直接投资投向中国东北地区，1914 年投入 1.326 亿美元，占全部直接投资额的 68.9%，其中约 55% 的资金用于南满铁路。[②] 日本鼓励向中国移民，大批来自日本的投机生意人、军人、外交人员、工人、商人涌入中国东北南部地区。1900—1914 年，在中国生活的日本人数量从 3000 人增加到近 10 万人，占中国外国人口的 51.5%，其中 8 万人在中国东北地区。日俄战争后，日中贸易飞速发展。1906—1912 年，日本在中国出口贸易中的比重从 14.2% 增长到 16.6%。[③] 1905 年，中国东北地区自产的 80% 以上的大豆从这里输出到日本。

　　俄国、日本和中国的经济关系发生变化受一系列因素影响，包括对外政治环境、敷设西伯利亚大铁路及远东经济开发程度等。这些因素会导致货物运输方向、商品贸易结构发生改变，也会引起经济活动中心的转移。1894—1895 年的甲午中日战争前，太平洋地区的国际环境急剧变化。1897 年乌苏里铁路投入运营，但仅凭一条铁路很难改变俄国远东地区交通运输体系整体落后的状况，海路、河路和公路运输网还没有建立起来，对外经济联系不发达。海港和河港是主要经济活动中心，海港有符拉迪沃斯托克（海参崴）、尼古拉耶夫斯克（庙街），内河港口包括布拉戈维申斯克（海兰泡）、哈巴罗夫斯克（伯力）。19 世纪 70 年代，符拉迪沃斯托克（海参崴）已经发展成滨海省主要的贸易港口，经过该港可以将货物沿河路运输到俄国远东地区、中国东北地区，沿海路运输到日本和中国内陆地区，但

① Сладковский М. И. Очерки развития внешнеэкономических отношений Китая. М., 1953. С. 86.

② Сладковский М. И. Китай и Япония. М., 1971. С. 94.

③ Борзунов В. Ф. Транссибирская магистраль в мировой политике великих держав. Ч. 1. М., 2001. С. 154.

其承担的国际中转运输和地区内部运输货量仍然非常有限，仅停留在满足地方需求的水平上。

1858—1908 年，牛庄成为中国东北中部地区的主要港口。中国船只经辽河、外国船只经海路将各国货物源源不断地运输到牛庄。经符拉迪沃斯托克（海参崴）、尼古拉耶夫斯克（庙街）运往牛庄的多是俄国货物（包括来自俄国远东地区的货物和来自欧俄地区的货物），这些货物从牛庄再继续向中国南部地区和日本运输。1889—1891 年，牛庄中转的俄国柴油运量从 1.8 万加仑增加到 28.8 万加仑，货运额从 3300 卢布增加到 28.8 万卢布。[①] 1860—1895 年，符拉迪沃斯托克（海参崴）和牛庄之间基本不存在竞争，因为两地针对的市场不尽相同。

西伯利亚大铁路的乌苏里路段运营后，远东的货物运输中心发生了变化：符拉迪沃斯托克（海参崴）负责国际中转运输，专门运输中国东北和俄国远东地区的货物；牛庄则是把货物运输到日本、中国中部和南部地区。俄国贸易公司和运输公司将业务集中到符拉迪沃斯托克（海参崴），日本则选中牛庄作为货运中转地。中东铁路修建前，经符拉迪沃斯托克（海参崴）运输的货物结构比较单一。1897—1900 年，在运输的价值 500 万卢布的货物中，中国货物为 350 万卢布，外国货物中日本货物居多，为 90 万卢布；俄国货物为 60 万卢布。1900—1903 年，中东铁路敷设期间，符拉迪沃斯托克（海参崴）将牛庄运输的中国和日本货物抢夺过来。自 1903 年起，主要货物都经中东铁路运输。大连成为可与符拉迪沃斯托克（海参崴）相竞争的运输中心，因为牛庄的外国货物也都运送到大连。哈尔滨成为接收符拉迪沃斯托克（海参崴）和大连货物的分配地，牛庄原有的地位渐渐被取代。

（二）俄日围绕铁路运输展开的竞争

中国东北南部地区被占领后，太平洋地区最大的两个港口，即符拉迪沃斯托克（海参崴）和大连之间就展开了激烈的竞争，两港主要负责把西

---

① Борзунов В. Ф. Транссибирская магистраль в мировой политике великих держав. Ч. 1. М.，2001. С. 155.

伯利亚的原料、中国东北的大豆和豆粕、外国工业品和其他商品运送到世
界各地。日俄战争后，俄国失掉了南满铁路和大连，为了不影响向中国东
北的商品输出采取了一系列措施。首先，1906 年将中东铁路管理局与乌苏
里铁路管理局合并，便于对铁路运输进行统一管理。同时，加紧建设符拉
迪沃斯托克（海参崴）港，以代替此前发挥重要作用的大连港。1907 年，
分别在满洲里站和波格拉尼奇内站开设海关。其次，调整和重新制定中东
铁路运输规则。1903 年中东铁路通车后，曾实行两种运则，即中东铁路本
路运输规则和中俄联运规则。中东铁路本路运输规则规定的运费高于俄国
国内铁路。例如，当时俄国国内铁路运输一类货物的运费为每普特俄里征
收 1/10 戈比，而中东铁路则征收 1/7 戈比。[1] 中俄联运规则规定的运费低
于中东铁路本路运输规则规定的运费，从莫斯科至哈尔滨的货物的运费为
每普特俄里征收 1/45 戈比，"盖由莫斯科至哈尔滨之距离共为七千五百十
一公里，由大连至哈尔滨之距离共为九百四十六公里，路线之长短相差极
巨，而运费所差甚微"。[2] 两种运则规定的运费如此悬殊的原因无外乎两
个，一是鼓励俄国商品向中国东北输出，二是阻止外国商品进入中国东
北。但在失去了中国东北南部地区后，俄国面临的问题变为如何阻止外国
货物进入中国东北北部地区。为此，俄国先是在中东铁路实行了补救性的
临时运则，后又于 1908 年制定了新运则。新运则规定了单向运费壁垒，即
货物从长春向北运输征收的运费高于从哈尔滨向南运输的运费。如，同是
运输一车厢糖，从长春运输到哈尔滨的运费为 329 卢布，而从哈尔滨运输
到长春的运费则为 230 卢布。[3] 由于实行了这一新的运则，许多经大连运
输的货物改经符拉迪沃斯托克（海参崴）运输，俄国没有因失去大连港而
遭受过于严重的损失。

　　显而易见，从这时起符拉迪沃斯托克（海参崴）与大连之间的竞争实
际上就代表着俄日之间争夺国际中转运输和中国东北市场的竞争。为了提

---

[1]　Северная Маньчжурия и КВЖД. Харбин, 1922. С. 677.

[2]　Экономическое Бюро Китайской Восточной железной дороги. Статистический Ежегодник
　　1932 г. Харбин, 1932. С. 313

[3]　Северная Маньчжурия и КВЖД. Харбин, 1922. С. 680.

高西伯利亚大铁路及符拉迪沃斯托克（海参崴）港的竞争力，俄国采取了一系列措施：1908 年，符拉迪沃斯托克（海参崴）港从归属内务部变为归属工商业部；俄国在中国东北北部地区的工业活动主要集中在位于松花江沿岸的哈尔滨，为便于运输货物，俄国恢复了松花江舰队的航行；1909 年，在哈尔滨和三姓设立了河运海关，海关署设在拉哈苏苏；1910 年，颁布了《俄国和中国船只在松花江自由航行和贸易章程》；1913 年，提出边境线 50 俄里内免税贸易；等等。以上这些措施的实施，在一定程度上保护俄国远东地区和中国东北北部地区免受日本商品的冲击，也减少了与南满铁路和大连港的竞争。

　　第一次世界大战前及战争时期，符拉迪沃斯托克（海参崴）在与大连争夺过境运输的竞争中胜出。1912—1914 年，60% 的中国东北货物出口经符拉迪沃斯托克（海参崴）；1914—1917 年，这一比例高达 80%。相应地，1912—1914 年，经大连出口的中国东北货物占出口总量的 39%；1914—1917 年则降为 20%。[①] 1914—1917 年，中东铁路中转货运量占中国东北货运总量的 35%。[②] 1914 年前，符拉迪沃斯托克（海参崴）以输入中国东北商品为主；在第一次世界大战期间，其则主要将中国东北商品向欧俄等地区输出。1914—1916 年，经符拉迪沃斯托克（海参崴）向西运送的货物从 2800 万普特增加到 1.38 亿普特，即增长了近 4 倍。1909—1915 年，经大连（主要从日本）输入中国东北的货物增长了 4 倍。第一次世界大战前，即 1908—1914 年，80%—90% 的中国东北北部地区的货物经中东铁路运输到符拉迪沃斯托克（海参崴），10%—20% 的货物经南满铁路运输到大连。[③] 但在战争结束前，情况发生了变化。俄国在战争中节节败退，国内经济陷于瘫痪状态，远东的经济衰退日益加重，太平洋地区的国际经济和贸易竞争加剧。日本投入战争的精力较少，它把更多的注意力放在远东，因此在与俄国的竞争中更具优势。中转运输的货物越来越多地从符拉迪沃斯托克（海参崴）转到大连，也就是说俄日之间的竞争朝着有利于日

①　Северная Маньчжурия и КВЖД. Харбин，1922. С. 484.

②　Канторович А. Америка в больбе за Китай. М.，1935. С. 35.

③　Шишканов В. Г. Импортные грузы на КВЖД //Вестник Маньчжурии. 1929. № 9. С. 20.

本的方向发展：1911—1913 年，经大连中转的货物占货运总量的 1.3%，1917—1919 年升至 17.8%，1920—1922 年占 25.9%，1923 年占 24.8%。①

尽管如此，经中东铁路运输到符拉迪沃斯托克（海参崴），再转运到俄国其他地区的商品在中国东北输出商品中所占比重仍然很高。中东铁路输出的主要商品就是粮食，1913 年从铁路沿线地区输出 5110 万普特，1915 年输出 6370 万普特，1921 年输出 1.24 亿普特，1925 年输出 1.126 亿普特。1923 年，在铁路沿线地区收购粮食总量 5.15 亿普特，粮食输出到西伯利亚、欧俄等地区后结余 1.26 亿普特。②

日本占领中国东北南部地区后，与俄国展开了争夺运输中国东北北部地区和西伯利亚货物的斗争。1907 年，日本几经波折终于取得了日本船只在松花江航行的权利。1913 年，在南部方向的长春至大连铁路线运输了经中东铁路输出的 11.1% 的货物，1920 年这一比例高达 86.8%，1924 年为 60.5%。日本之所以能将这些货物吸引到南满铁路，是因为其实行了大宗货物的运价折扣和提供补贴、贸易及贷款条件等。由此，日本成功地楔入西伯利亚大铁路辐射区，将中东铁路运输的大部分货物分流。

日俄战争后，尽管已经占有了南满铁路，但这远远不能满足日本的贪欲。1908 年，日本加紧部署在华未来的铁路建设工作，并对现有铁路实行监管。日本把南满铁路的支线修建至抚顺煤矿和营口港，1911 年，奉天—安东线运营；1912 年，吉林—长春线通车。一战爆发后，日本趁列强战火正酣，利用地理上邻近中国的优越位置，急剧扩大在华势力，抓住各种时机，强行夺取在中国东北修筑铁路的权益。1913 年秋，袁世凯派人赴日本要求日本"承认"中华民国，许诺可以给日本"相当报酬"。这正中日本下怀，赶忙提出"满蒙五路"计划，将此作为交换条件。1913 年 10 月 5 日，袁世凯令外交总长与日本驻华公使山座圆次郎签订了《借款修造铁路预约办法大纲》，即所谓的"满蒙五路换文"，通过这个换文，日本强索了

① Борзунов В. Ф. Транссибирская магистраль в мировой политике великих держав. Ч. 1. М.，2001. С. 157.

② Статистический ежегодник Китайско-Восточной железной дороги. Харбин，1924. С. 153 – 157.

四洮（四平街至洮南）、开海（开原至海龙）、长洮（长春至洮南）三条铁路的筑路权。换文还规定中国在修建洮热（洮南至热河省会承德）、吉海（吉林至海龙）铁路时，倘需借用外资应先与日本资本家商议。日本实际上已经取得了这两条铁路的借款优先权。四洮铁路等建好后，没有机车和车厢，必须要向南满铁路公司租借。1916 年，日本欲从俄国手中争夺长春至松花江铁路的监管权，却以失败而告终。1917 年，日本建立起对朝鲜铁路的监管，进而开始管理吉林—长春铁路。

通过修建铁路支线的方式，日本更加接近中俄边境地区，便于对阿穆尔地区进行经济和战略入侵。日本人从西面和东面绕过哈尔滨，缩短了从西伯利亚、乌苏里以及中国东北北部运输货物到大连的距离，结果必然造成符拉迪沃斯托克（海参崴）的货运量减少。日本的势力范围已经扩至中国东北北部地区的东部并接近现蒙古国和朝鲜。日本扩大势力范围借助了先后建设贯通的两条铁路线，一条是东南走向的铁路线，即热河—洮南—齐齐哈尔；另一条是东西走向的铁路线，即朝鲜—敦化—吉林—长春—洮南—海拉尔。

东南走向的铁路线帮助日本占领了中东铁路以北地区，使中东铁路西段失去了粮食货源，而粮食是中东铁路中转运输的主要货物。东西走向的铁路线则中断了中东铁路东段与海洋的联系。它将中东铁路一分为二，并直抵滨海省后方，使西伯利亚大铁路被从陆地阻断，中东铁路丧失掉从前的地位。① 日本计划如此修建铁路的目的就是要将西伯利亚大铁路与太平洋阻隔开，使西伯利亚失去通往远东市场的独立出口，削弱中东铁路的商业价值。

日本的这些计划逐一实现，致使西伯利亚大铁路的中转货运量越来越少。1915 年，西伯利亚大铁路中转货运量为 2480 万普特，到 1917—1918 年则几乎没有任何货量。中东铁路逐渐转移到运输中国东北和国外货物上，货运量显著低于南满铁路。1921 年，中东铁路运输货物 1.25 亿普特，南满铁路运输的货物高达 5.76 亿普特。1922—1923 年，二者之间货运量

---

① Канторович А. Иностранный капитал и железные дороги Китая. М. – Л., 1926. C. 87 – 88.

的差距持续扩大。1923 年，中东铁路运输的货物除煤炭、石油、采矿工业产品（货运量为 2000 万普特）外，运输粮食 1.68 亿普特，而南满铁路运输的粮食多达 2.042 亿普特。[①]

中东铁路主要的商业活动是输出中国东北北部地区的农产品、木材和畜产品以及中国东北南部地区和滨海省的煤炭，输入外国商品。南满铁路及其支线（吉林—长春、四平—洮南铁路）主要运输中国东北北部和南部地区的农产品、抚顺及其他煤矿的煤炭、东北北部地区的木材等。南满铁路还组织东北南部地区企业经大连、安东、营口、牛庄与其他地区企业开展贸易，为铁路沿线的工业企业运输原材料等。1896—1913 年，日本在中国对外贸易中所占份额从 8.4% 增长到 19.7%（增加 11.3 个百分点），俄国和美国在中国对外贸易中所占比重变化不大或者略有下降。这一时期美国所占份额仅增长 0.9%。[②]

在这种情况下，与西伯利亚大铁路运费密切相关的中东铁路和南满铁路运营的财政收入相比，中东铁路的收益低于南满铁路。1913—1915 年，中东铁路运营收益增加 690 万卢布，达到 1280 万卢布；1920—1923 年，其运营收益减少到 660 万卢布，几乎降到 1913 年的收益水平。1905—1918 年，南满铁路的运营收益从 200 万卢布增加到 3140 万卢布，三年后的 1921 年更是达到 3480 万卢布。[③] 与此同时，这两条铁路线的盈利减少，这是因为用于支付外国借款的资金增加，加之设备折旧期到来、因汇率不稳定而损失资金等，这些都使财政状况更加恶化。

（三）俄日在轮船运输领域展开的竞争

日俄经济竞争还表现在为西伯利亚大铁路提供服务的轮船运输业上。日本敦贺港是通过铁路到达横滨和东京距离最短的港口，因此成为日本和俄国轮船公司展开角逐的对象。早在日俄战争发生前，中东铁路公司董事

---

① Канторович А. Иностранный капитал и железные дороги Китая. М. – Л., 1926. С. 104, 109.

② Shu-Lun Pan, *The Trade of the United States with China*, N. Y. : China Trade Bureau, 1924, p. 149.

③ Статистический ежегодник Китайско-Восточной железной дороги. Харбин, 1924. С. 13.

会就曾想开通通往敦贺港的海上快速航线。但由于战争爆发，这一计划被搁浅。1906 年，俄国东亚轮船公司成功开通了通往敦贺港的快速航线。日本政府还提供资金以支持敦贺至符拉迪沃斯托克（海参崴）的私人轮船业和国家轮船业的发展，这样做的目的是帮助俄国东亚轮船公司战胜诸多竞争对手。

汉口铁路轮船公司自 1906 年秋开通了舞鹤至符拉迪沃斯托克（海参崴）的定期航线，按照合同定购的船只从这两个港口出发，每 10 天一班。但是日本政府想要把舞鹤港建成军港，很快便收购了铁路，并终止了该港此后的商业运输活动。对于日本来说，该港的战略意义凌驾于经济意义之上。

俄国东亚轮船公司仅看名称是俄国的，但实际上它是丹麦公司的一家分公司，与汉堡—美国公司和新瑞典东亚公司间存在协议关系。因此，俄国东亚轮船公司的首要任务是向阿穆尔沿岸地区和中国东北地区运输外国商品，同时再兼顾其他中转货物运输，至于协助西伯利亚大铁路完成运输的任务则是顺带之举。俄国东亚轮船公司从日本运往符拉迪沃斯托克（海参崴）的货物只能先运输到哈尔滨，从哈尔滨再将货物装上日本或英国的轮船运往符拉迪沃斯托克（海参崴）。俄国东亚轮船公司使用设在日本的英国公司办事处提供的服务，任命对俄国贸易实际需求不甚了解的丹麦人来担任经理人，租借的都是悬挂外国国旗的船只。

按照与俄国工商业部签订的合同，俄国东亚轮船公司在太平洋水域开通了邮政和货运航线，为此俄国国库还给予 75 万卢布的补贴。俄国工商业部签订合同的本意是希望缓解邮政运输压力，鼓励发展俄国海上贸易。但事与愿违，开通的邮政和货运航线并没有实现这一目标，因为俄国东部地区人口稀少，对外国商品的需求不大，导致国际贸易带来的收入甚微。此外，俄国东亚轮船公司运输国际邮件的价格偏高，不具备价格上的竞争优势。

其实早在中东铁路修建期间，除经营松花江航运业务外，俄国政府就计划开拓海洋轮船运输业务。1898 年俄国租借关东州时，决定成立海洋轮船部，开展来往于俄国与日本港口的轮船贸易。同年 6 月 23 日，经沙皇批准，中东铁路公司董事会通过建立海洋轮船部的决议，随后开始实施这一计划。[1] 1899 年 2 月 17 日和 7 月 11 日，沙皇两次发布诏令，责成中东铁路公司建立一家在太平洋水域航行的国有海运轮船公司，直接归中东铁路公司海洋轮船部所属。[2] 成立海运轮船公司有两个目的，一是为满足俄国国内海上运输的需要，二是实现西伯利亚大铁路的陆海联运，进而向中国、日本和朝鲜各港口运送货物和旅客。1901 年 7 月 22 日，俄国政府确定了中东铁路海运轮船公司章程，规定该公司的具体任务包括：开辟滨海省港口与关东州、库页岛、朝鲜、日本和中国各港口之间的航线；开辟符拉迪沃斯托克（海参崴）至鄂霍次克海、白令海各港口之间的航线；在中东铁路修建期间，确保所需建筑材料、货物及工人及时运抵施工地，保证筑路工程顺利进行；在中东铁路运营期间，开辟铁路两端——大连和符拉迪沃斯托克（海参崴）至中国、日本、朝鲜各主要港口之间的航线，保证邮件、旅客和货物的正常运输。[3] 为实现上述任务，除使用部分原有轮船外，中东铁路海运轮船公司还需要建造一批轮船，有的轮船甚至需要在国外订购并建造。至 1903 年，该公司已拥有大型轮船 20 艘，总价值 1150 万卢布。[4] 其中"满洲"号和"蒙古"号为大型客货轮船，每艘船造价约为 100 万卢布。它们由俄国著名轮船建造设计师组成的特别委员会设计出方案，经船舶总工程师斯克沃尔佐夫（Д. В. Скворцов）指导，在位于意大利的里雅斯特的一个造船厂建造完成。1901 年底，两艘轮船运抵远东，主要在符拉迪沃斯托克（海参崴）—长崎—上海航线上定期航行，1903 年开始在大连—上海—长崎的新航线上航行。中东铁路海运轮船公司拥有（运营）的轮船情况见表 3－1。

① 〔日〕大草志一：《中东铁路的附属企业》，于滨力译，《北方文物》1995 年第 4 期，第 106 页。
② 张凤鸣：《中国东北与俄国（苏联）经济关系史》，北京：中国社会科学出版社，2003，第 102 页。
③ Нилус Е. Х. Исторический обзор Китайской Восточной железной дороги. 1896—1923 гг. Т. 1. Харбин, 1923. С. 171.
④ Нилус Е. Х. Исторический обзор Китайской Восточной железной дороги. 1896—1923 гг. Т. 1. Харбин, 1923. С. 172.

表 3 - 1　　中东铁路海运轮船公司拥有（运营）的部分轮船情况

轮船名称	设计型号	建成年份	报废年份	日俄战争中表现
"阿穆尔"号	客货轮船	1901		1904 年 11 月 30 日被日军击沉
"风暴"号	客货轮船	1901		
"吉林"号	货船	1889		
"18"号	蒸汽拖船	1898		
"结雅"号	客货轮船	1901	1961	
"营口"号	客货轮船	1898		
"满洲"号	客货轮船	1901		1904 年在长崎维修，日俄战争中驶离长崎后被日本海军追获
"蒙古"号	客货轮船	1901	1935	停泊在旅顺口，开城失陷后被俄军引渡
"奉天"号	货船	1891		抵达釜山后被日军截获
"纳卡丹"号	客货轮船	1891		战争中被击沉
"宁古塔"号	货船	1889	1933	
"诺维克"号	客货轮船	1887		
"诺尼"号	客货轮船	1901		
"西伯利亚人"号	蒸汽拖船	1897		
"松花江"号	干货船	1898	1929	仁川海战中被迫自沉，1904 年 8 月 6 日被日军打捞，1905 年编入日本海军
"海拉尔"号	客货轮船	1882		
"哈尔滨"号	客轮	1881	1904	
"布拉戈维申斯克"（海兰泡）号				
"齐齐哈尔"号	货船	1894		
"石勒喀河"号	客货轮船	1901		

　　资料来源：〔日〕大草志一《中东铁路的附属企业》，于滨力译，《北方文物》1995 年第 4 期，第 107 页；https：//fleetphoto. ru/list. php？eid_own = 8479。

　　从表 3 - 1 可以看出，这些在中东铁路海运轮船公司服役的轮船在日俄战争中有的被日军截获，有的被击沉，有的年久失修无法承担运输任务。中东铁路海运轮船公司只能就此终止运营。

　　日俄战争后，中东铁路公司与俄国东亚轮船公司签订合约，仍按之前的符拉迪沃斯托克（海参崴）—上海—长崎海运航线航行。国际邮政运输主要通过苏伊士运河完成，并没有经过符拉迪沃斯托克（海参崴），因此俄国政府设想的通过国际轮船运输为西伯利亚大铁路提供服务的计划并没有实现。

俄国政府还设想建立起与日本铁路线（主要到达东京和横滨）、日本轮船公司（横滨和美洲航线）之间的客运和货运直达运输线路。尽管俄国政府投入大量资金扶持俄国东亚轮船公司、提升西伯利亚大铁路的通过能力，但取得的效果却不明显。俄国政府担心追加补贴还会产生新的支出，不打算在资金上支持俄国东亚轮船公司增加航线，而转为扶持俄国的私人轮船公司。为了使日本对俄日贸易产生兴趣，俄国政府同意发挥日本铁路和轮船的中转作用，从而确保西伯利亚大铁路在国际货物运输中所应发挥的作用。

日本虽然在日俄战争中获胜，但并不满足于仅完成削弱俄国在远东的实力这一任务，其设定了将俄国赶出太平洋沿岸的目标，设想在整个太平洋沿岸构筑一道屏障，抵御来自亚洲大陆的经汉口—北京—长春—哈尔滨—哈巴罗夫斯克（伯力）—尼古拉耶夫斯克（庙街）铁路线对日本可能造成的袭击。日本入侵库页岛南部、朝鲜和中国东北南部地区，就是要对俄国整个滨海省形成北、西、南三面的战略夹击，从而为将俄国驱逐出太平洋地区做准备。[1]

这一时期，俄日贸易额仍然不大。1906—1914年，日本出口到俄国的商品在其出口商品中的比重从0.5%增长到2.1%，也就是增加1.6个百分点（1040万日元）；俄国出口到日本的商品在其出口商品中的比重从1.7%下降到0.2%，下降1.5个百分点。在日本进口商品的国家中，俄国仅占第23位。1914年，日本运输到符拉迪沃斯托克（海参崴）的商品额占符拉迪沃斯托克（海参崴）商品总额的36%，德国占32%，中国占6%，美国占4%，印度占16%。[2]

---

① Янчевецкий Д. Г. Гроза с Востока: Задачи России, задачи Японии на Дальнем Востоке: Очерки. Ревель, 1908. С. 11 – 12.

② Лежнин П. Д. Дальний Восток: богатства Приамурья и Забайкалья. Чита, 1922. С. 300, 301, 305.

三 日本强化在中国东北经济中的优势地位

1914—1916 年，日本继续实行与俄国接近的方针。日本利用国际市场商品短缺的机会，将日本商品大量投放到海外，促使日本的工业和远洋舰队运输实力急剧增长。第一次世界大战结束前，太平洋水域运输的全部商品基本上由日本舰队运输。这一时期，日本对俄贸易规模有所扩大。日本主要将商品出口到俄国远东地区。1910 年，俄国远东地区进口的外国商品中，日本商品居第三位（250 万卢布），位于德国（520 万卢布）和中国（390 万卢布）之后；1913—1916 年，日本在俄国进口总额中的份额从 0.4%（430 万卢布）增长到 10.7%（1.173 亿卢布）。[1] 日本向俄国出口蔬菜、水果、大米、煤炭、工业品等商品，将德国商品从俄国市场排挤出去，同时对中国商品也形成了一定威胁。

即便日本扩大了对俄出口，其商品最主要的出口对象国也还是中国。在中国市场上，日本商品顺利地战胜了英国商品。1895—1915 年，日本在中国对外贸易中的比重从 10.2% 增长到 22.7%，英国的比重从 14.1% 下降到 11.2%，美国则从 6.5% 上升到 11.2%。[2]

日本充分利用有利的地理位置，抓住了第一次世界大战期间俄国远东地区商品奇缺的时机，在俄国远东地区对外贸易中获利颇丰。相比之下，西伯利亚大铁路几乎没有什么货物可以从俄国远东地区运往中国，而欧俄货物运输到俄国远东地区的运费要比日本高出 1 倍。此外，欧俄地区也经历着战时的饥荒和商品短缺，无力支援俄国远东地区，进而使欧俄商品逐渐丧失在俄国远东地区的竞争力。

俄国出口到中国的棉布、糖、石油产品和金属制品等几乎完全没有了，取而代之的是俄国远东地区生产的传统商品。[3] 1913—1915 年，俄国

---

① Петров А. М. Внешнеторговые связи СССР со странами Азии （1918 - 1940）//Народы Азии и Африки. 1977，№ 5. C. 30.

② Борзунов В. Ф. Транссибирская магистраль в мировой политике великих держав. Ч. 1. М.，2001. C. 164.

③ Сладковский М. И. История торгово-экономических отношений народов России с Китаем （до 1917 г.）. М.，1974. C. 350.

经满洲里站出口的商品总价值下降了50%。1913—1916年，俄国对华出口下降了28%，而进口（主要是食品和军需品）增长了1倍，俄中贸易总额增长了1.7倍。[①]

日本资本利用贸易竞争向中国展开了猛烈进攻，建立了涉足工业、贸易和银行领域的日中联合公司、鸭绿江木材工业公司、本溪湖煤矿和本溪煤铁公司和中国东北电站等。第一次世界大战期间，由于俄国经济实力下降，日本和美国在中国东北北部地区的势力有所增强。

根据1916年7月3日签署的第四次日俄密约，俄日军事同盟建立，同时日本与大西洋国家达成协议，德国在一战前夺取的殖民地被转交给日本。第一次世界大战期间，日本趁欧美列强无暇东顾之机，竭力扩大在华权益，早已招致美国的不满。1917年，日本外务大臣石井菊次赴美就此问题展开谈判。他要求美国承认日本在华利益，美国国务卿兰辛则提出美日共同"尊重"中国领土完整与实行"门户开放"政策。11月2日，石井菊次与兰辛就分割在华殖民权益达成协定，该协定被称为《石井—兰辛协定》。该协定规定，美国承认日本在中国拥有"特殊利益"；日本同意两国有权"维护"中国领土完整，以及实行"门户开放"政策。美日两国用中国主权做交易，激起中国人民不满，中国政府也拒不承认协定。按照这一协定，日本获取了在中国的特殊利益，最终形成了日本对南满和内蒙古东部地区铁路、采矿业、金融和地方行政事务的垄断。根据1919年的统计数据，1918年前中国市场份额的39.4%控制在日本人手中，39%控制在英国人手中，16%控制在美国人手中。[②]

日本资本在远东疯狂扩张，而且变本加厉。扫清德国这一障碍后，日本将目光转向北方，欲吞并俄国领土。1917年，日本的《国民报》《时事报》《北海时报》等报纸大肆鼓吹羸弱的俄国已经不能"履行在其辽阔国土内的责任"，因此日本将肩负起"西伯利亚到贝加尔湖之间地域的历史使命和人道主义责任"，而有些报纸更"表现出"对"乌拉尔至太平洋之

① Курсель К. К. Экономика зарубежного Дальнего Востока（Маньчжурия，Китай，Монголия в связи с задачами Дальбанка в Харбине）：экономический обзор. Харбин，1926. С. 12.

② Виленский-Сибиряков В. Японский империализм. Л.，1925. С. 69.

间的西伯利亚地区"命运的"关注"。1917 年 12 月 22 日，日本外务省制定了对西伯利亚大铁路实行监管的计划。[1]

然而，日本并不满足于仅对西伯利亚大铁路构成的竞争威胁，甚至还想侵占铁路的某些路段。安田财阀资助的军事物资供应商大藏公司与梅尔库洛夫（Меркулов）公司达成把乌苏里路段出售给日本的协议。在西伯利亚商品奇缺又没有德国参与竞争之时，日本商人在武力的庇护下夺取了俄国远东和西伯利亚地区的市场。日本商品在西伯利亚的出口和进口额依次为：1913 年出口 430 万日元，进口 70 万日元；1914 年出口 1040 万日元，进口 100 万日元；1917 年出口 7520 万日元，进口 37 万日元；1922 年出口 1090 万日元，进口 1800 万日元。[2] 日本武装干涉时期，日本商品的出口不断增加。日本军队从西伯利亚和远东地区撤军后，随之而来的是出口下降和进口增加。武装干涉后，获得重生的远东边疆区才开始向日本出口更多的商品，甚至比战前和武装干涉时期还要多。

由此可见，西伯利亚大铁路与日本商船队之间的竞争、日本资本和俄国资本在远东市场竞争中的胜负已见分晓，日本成为绝对的赢家。在俄国资产阶级统治远东地区的背景下，尽管日俄双方都付出了巨大努力，但双边贸易发展缓慢。沙皇专制制度和资产阶级不能为边疆区经济和对外贸易的快速发展创造条件，不能保护西伯利亚大铁路避免与日本、欧洲和美国商船队的竞争。日本资本对俄国自然资源垂涎欲滴，但它不是通过公平的贸易和地缘优势获得俄国自然资源的，而是通过战争的方式获得的。因此，只有将日本干涉军从俄国远东地区的土地上驱赶出去，边疆区才会迎来经济和文化的稳步发展，才能最终埋葬日本争夺西伯利亚大铁路和新土地的军事经济侵略计划。

---

[1] Жуков Е. М. Японские буржуазные газеты в конце 1917 г. и подготовка антисоветской интервенции//Из истории общественных движений и международных отношений : сб. ст. в память акад. Е. В. Тарле. М. , 1957. С. 659.

[2] Борзунов В. Ф. Транссибирская магистраль в мировой политике великих держав. Ч. 1. М. , 2001. С. 165.

第四章

俄美亚太博弈

美国独立后，很快就走上了疯狂扩张的道路，将领土从大西洋沿岸一直扩展到太平洋沿岸，占北美大陆的一半。丰富的自然资源、漫长的海岸线和优良的港口，为美国工业化提供了肥沃的土壤。19 世纪中叶，美国资本主义经济得到快速发展，交通运输业出现前所未有的变化，特别是铁路的大规模兴建促进了国内市场的统一，美国经历了内需蓬勃发展时期。这一时期美国制定的对外政策是在亚太问题上追随英法等欧洲列强的脚步，以与欧洲合作为主，力图攫取更多的在华权益。

第一节　美国亚太扩张与全球化构想

直到 19 世纪末，美俄一直保持着友好的关系。自 1809 年两国建交以来，在发生重大的国际争端时，两国从未以敌对国的身份出现过，相反倒是常常表现默契或进行合作，立场基本一致。19 世纪初，俄国占领了阿拉斯加。1856 年克里米亚战争后，俄国元气大伤，无力顾及阿拉斯加，沙皇亚历山大二世决定把这块土地卖给美国。1867 年 3 月，美国向俄国政府提供了 720 万美元的支票，购得了面积达 15.88 万平方公里的阿拉斯加。虽然表面看来似乎俄国以低价卖掉这么一大片土地很吃亏，但从当时的国际形势来看，这也被认为是俄国取悦美国而同时亦对俄有利的行动。[1]

---

[1]　董小川：《19 世纪末期以前美俄友好关系探源》，《松辽学刊》（社会科学版）1995 年第 2 期，第 12 页。

19 世纪下半叶，美俄两国都已成为国际舞台上举足轻重的大国。在甲午中日战争发生之前，俄美关系处于和平稳定时期，两国在这一时期内签署了诸多条约和协议。

一 亚太政策的转变

19 世纪中叶，美国势力逐渐渗入亚洲太平洋地区。美国自诩为自由的民主国家，不愿像英法一样强占亚太地区国家作为殖民地，但又不想失去扩大国家利益的机会，因此常常追随在英法之后分享其胜利果实。19 世纪末，随着美国在亚太地区的羽翼日渐丰满，野心不断膨胀，在亚太事务中发挥着越来越大的主导作用，其制定出希望与老牌列强实行利益均沾的"门户开放"政策。

（一）追随英法的扩张政策

19 世纪中叶，美国的亚太政策主要是跟随在老牌资本主义国家英、法等国之后，美国尚未在世界上起到主导作用。英国和法国的大炮打开了中国的大门，也为美国开辟出向中国扩张的道路。1844 年，美国强迫清政府签订了中美《望厦条约》，其主要内容为美国在通商、外交等方面享有与英国同等的权利。也就是说，英国通过鸦片战争获得的特殊权益，除割地、赔款外，美国全部获得。这是美国与清政府签订的第一个不平等条约。此后，美国于 1858 年又与清政府签订了中美《天津条约》。在该条约的签订过程中，美国利用英、法发动第二次鸦片战争给清政府造成的困境，不费一兵一卒，最大限度地实现了自己的侵略要求。通过这个条约，美国获得了远比《望厦条约》更广泛的侵略权益，同时以周详严密的片面最惠国待遇条款，坐享英、法等国在战争中攫取的一切特权。美国不仅获得了本国商人可以在上海、广州、潮州、厦门、福州、台湾等地经商并且居住的权利，最为重要的是，尽管条约没有明确规定美国商船队可以直接进入中国内陆内河地区，但依照英法两国与中国签订的条约，开放汉口实际就意味着上海到内陆的内河航运已经打开，美国根据"利益均沾"原则可以享有此项权利。可见，这两个不平等条约都是美国追随其他资本主义国家实现合作侵华的产物。可以说，这一时期美国在亚洲的对外政策表现得比较温和，没有像其他列强一样提出对中国等国的领土要求。这一方面可能是由于美国政府还没有做好准备，另一方面也是因为美国当时没有足够的实力通过武力实现政治目的，只能暂时跟随在英法之后谋求享受同等特权。

两次鸦片战争前夕及战争时期（1840—1842 年和 1856—1860 年），美国对华的经济关系仅局限在进口中国茶叶和出口美国工业品及农产品方面。1842 年前，美国对华贸易仅在广州周边进行。由于西海岸缺少良港，直到 1866 年 3 月，美商太平洋邮轮公司才开辟出香港—旧金山海运定期航线。由于地理上相距甚远，加之交通不够便利，中美贸易额始终在低位徘徊。

可以说，在美国爆发内战前，美国在亚太地区推行的政策基本上不具有连贯性，也缺乏坚定的立场。在对华政策上，美国跟随在英法之后，只是想分得一杯羹，没有对清政府提出过多的领土要求，却又不愿意看到欧洲列强在中国的肆意扩张，表现出犹豫性和摇摆性。

（二）提出"门户开放"政策

伴随着大规模的"西进运动"和大陆扩张活动，美国领土逐渐从大西洋沿岸扩展到太平洋沿岸，美国将外交的重点开始从美洲和大西洋向太平洋转变。19 世纪下半叶，远东国际关系的主要内容就是争夺殖民地。列宁曾强调："垄断前的资本主义，即自由竞争占统治的资本主义，发展到顶点的时期是在 19 世纪 60 年代和 70 年代。""正是在这个时期以后，开始了夺取殖民地的大'高潮'，分割世界领土的斗争达到了极其尖锐的程度。"[①] 美国自然不甘示弱，直接盗取了英国和法国殖民者的胜利果实，加入列强瓜分中国的狂潮。美国资本家们还利用东亚国家的封建落后性，通过战争打开了贸易市场。

内战结束后的 30 年时间内，美国工业迅速发展，这些工业主要分布在东部地区。经济的发展推动了交通运输业的发展。内战前的美国东部地区，虽以水路运输为主，但也先后修建了 20 余条互不相通的铁路。19 世纪 60—

[①] 列宁：《帝国主义是资本主义的最高阶段》，北京：人民出版社，2014，第 70 页。

70 年代，美国全长 5 万英里（1 英里约合 1.6 公里）的铁路远远不能满足经济发展的需要，加快铁路运输的发展迫在眉睫。美国政府开始投入大量资金建设连接东西部地区的铁路。1869 年 5 月 10 日，第一条横跨北美大陆的铁路——太平洋铁路建成通车，把旧金山与奥马哈连接起来，这预示着"运河时代"即将终结。此后的 30 年间，美国相继建成 4 条横跨大陆的干线铁路。1890 年，美国的铁路已有 15 万英里。除修建铁路外，美国也投入相当多的资金以促进水路的发展，如开通前往法属波利尼西亚克利珀顿岛的定期航线、在美洲和亚洲太平洋港口间开展轮船运输等。美国在国内以开发阿拉斯加（自 1867 年起）、俄勒冈、加利福尼亚三州为主，国外则主要在西伯利亚的东北海岸从事渔猎活动。

美国的铁路建设将东西部地区连接在一起，成为一个整体。为了将生产过剩的产品销售出去，美国人在扩大国内市场的基础上，将扩张的"魔爪"伸向了亚太地区，特别是亚洲东部地区。康涅狄格、马萨诸塞等州的纺织业经历了高速发展时期，大纺织主通过铁路和组建不久的太平洋船队以各种途径和方式将工业生产出来的大量商品运输到中国和西伯利亚市场，并从中国和西伯利亚获得新奥尔良、查尔斯顿、华盛顿等地工厂所需的原材料。这样一来，中国的原料产地作用越来越引起美国资本家的关注。1870 年，美国在中国对外贸易中所占比重为 6.7%（英国占 75.1%，日本占 3.2%），其中进口占 0.7%，出口占 13.7%。[①] 美国提出"门户开放"政策，迫使清政府降低外国商品进口关税，使美中贸易具有典型的殖民性。19 世纪 80 年代，美国将更多的注意力集中在中国东北地区。90 年代初，美国资本已经在中国东北地区市场上居于优势地位，在对华出口方面情况好于英、俄等国。例如，1891—1892 年，输入中国东北的美国棉织品差不多比英国多 8 倍，而输入的美国煤油相当于俄国的 1.5 倍。[②] 19 世纪末，中国商品的出口关税要比进口关税高 1 倍，大量外

---

① A. J. H. Lattham，"Merchandise Trade Imbalances and Uneven Economic Development in India and China," *The Journal of European Economic History*，Vol. 7，No. 1，1978，pp. 54，57.

② 〔苏〕加·尼·罗曼诺娃：《远东俄中经济关系（19 世纪至 20 世纪初）》，宿丰林、厉声译，哈尔滨：黑龙江科学技术出版社，1991，第 45 页。

国商品涌入中国，外国对华投资显著增多。即便如此，美国对华贸易也发展得并不顺利。19、20 世纪之交，美国对华贸易在美国对外贸易总额中的比重仅为 2%；美国对华投资只占美国对外投资总额的 3%。从中国方面来看，与美国之间的贸易在中国对外贸易总量中的比重为 9%，对美投资在中国对外投资总额中的比重为 2.5%。[①]

1898 年，美国挑起了美西战争，战争结束后，美国作为战胜国获得了太平洋沿岸的菲律宾，这标志着美国已经跻身世界强国之列，拥有了进一步谋求海外利益的资本。夺取菲律宾对于美国而言意义非比寻常，因为菲律宾与中国毗邻，可以成为为美国在遥远的太平洋沿岸开展对华活动提供强有力支持的基地。

19 世纪 80 年代前，列强先后侵略中国邻近的国家，如英国入侵缅甸、法国占领中南半岛、日本视朝鲜为保护国，美国则很少参与夺取亚洲殖民地。美国"门户开放"政策针对的主要领域是贸易和传教活动，常常是"打着贸易的幌子进行赤裸裸的侵略"。

1894 年前，美国的工业产值已经位居世界第一。美国某些工业领域的生产开始超过国内需求，为销售过剩产品，工业家们纷纷将目光转移到海外。美国金融家已经实现对国内市场的控制，为抢夺国外市场做好充分准备。19 世纪末期，美国逐渐形成了充分且必要的向帝国主义阶段过渡的条件，并在这一时期吹响了向太平洋地区第二次进军的号角。

二　加快对华经济侵略

1894—1895 年的甲午中日战争后，世界格局发生显著变化。作为战胜国，日本的崛起及其向列强行列的迈进，改变了原来东西方关系的简单结构，列强在亚洲太平洋地区的均势被打破。为巩固各自在远东的既得利益，列强改变了对中国等东方国家实行的以开发新土地和侵略为主的传统殖民方式，转而实行资金扶持、划分势力范围和输出资本等殖民方式。除原有的贸易外，列强还通过直接修建铁路、开设银行等来实现它们的侵略

---

① 牟燕：《19 世纪中期到 20 世纪初美国对华政策的特征及其原因分析》，四川大学硕士学位论文，2004，第 22 页。

目的。于是军事政治与经济金融的侵略相互交织，二者之间密不可分。从前在对外政策中从属于贸易的资本输出形式开始发挥作用，如提供贷款、筑路、采矿等，它们都是输出资本的重要形式，还可以促进铁路等的建筑材料出口远东各国，从而扩大销售这些商品的资本主义国家国内市场。

1895 年 12 月 19 日，俄国驻中国公使卡西尼（Кассини）向外交大臣洛巴诺夫－罗斯托夫斯基（Лобанов-Ростовский）报称："……中国刚从甲午中日战争战败中得以喘息，便有各色人等从世界各地涌入北京，他们只有一个念头，那就是利用中国当时的局面，从自身利益出发尽可能多地争取大型和获利丰厚的项目，诸如修建铁路、开采矿藏、成立银行等。"①

1895—1898 年，列强通过提供贷款等方式强行控制中国 19 条铁路线。贷款控制方式，是从获取铁路贷款权入手，然后以债权人、委托人的身份，修建和经营这些铁路。其中英国控制中国 9 条铁路（长度达 2800 英里），俄国控制 3 条铁路（长度达 1500 英里）、德国控制 2 条铁路（长度达 720 英里）、比利时控制 1 条铁路（长度达 750 英里）、法国控制 3 条铁路（长度达 420 英里）和美国控制 1 条铁路（长度达 300 英里）。② 这几年间，列强在中国掠夺长达 6490 英里的铁路投资权、修筑权，还控制了铁路沿线的大片土地和资源。列强通过夺取路权侵入中国，随后再将传教士、商人、银行家、工程师、军舰和士兵派到这里，除觊觎中国丰富的资源和庞大的销售市场外，其也希望可以以中国为跳板下一步进攻俄国远东地区和朝鲜。

甲午中日战争后，外国资本进入中国国内市场，美国自然不会放过这一千载难逢的机会。也就是从这时开始，美国调整了工业和对外贸易出口结构，为美国资本大规模进军中国市场打下基础。因为，"出口商品的变化不仅要求新的更广阔的市场，还会影响美国的对外贸易政策。美元外交和'门户开放'政策的目的都是帮助美国工业家和出口商把剩余的商品销往国外"。③

---

① Борзунов В. Ф. Транссибирская магистраль в мировой политике великих держав. Ч. 2. М. , 2001. С. 9.

② Борзунов В. Ф. Транссибирская магистраль в мировой политике великих держав. Ч. 2. М. , 2001. С. 10.

③ Богарт Э. Д. Экономическая история Соединенных Штатов. М. , 1927. С. 760.

在打通国际市场道路的同时，1897—1907 年，美国把古巴变为从属国，先后侵略了菲律宾、关岛、波多黎各、夏威夷、萨摩亚群岛（部分）、巴拿马，甚至把夏威夷和菲律宾变为美国染指中国的太平洋沿岸重要的战略基地。对于美国来说，"对华贸易在与夏威夷保持密切联系，甚至在购买阿拉斯加上都发挥着非常重要的作用。对华贸易召唤着我们对太平洋地区尝试展开新的扩张"。①

相对于西伯利亚大铁路对俄国的意义，修建巴拿马运河对于美国来说意义更加重大，因为这条运河可以把美国资本从太平洋吸引到加勒比海。美国的战略目标是：不仅要确保在太平洋和大西洋之间贸易通道上的垄断地位，还要建立起美国对世界交通运输干线的统治。

建立起与远东新的海运联系的同时，美国酝酿实施在中国东北和俄国远东地区争夺筑路权的计划。美国计划在中国开设银行，与远东建立金融和贸易联系，这样做还可以为了满足工业需要使用中国的自然资源。19 世纪末，美国再次增加对远东，主要是对华资本输出。美国资本在中国经济中的地位大大提升。1893—1900 年，在中国境内运输商品的美国轮船吨位增长了 3 倍，轮船数量增长了 10 倍，运输商品数量增长 1 倍；1896—1902年，美国在中国贸易中的比重从 6.7% 增长到 10.5%。② 即便美国在中国市场中的所占份额还不是很多，但中国市场对于美国工业的意义已然发生了显著变化。对于美国来说，其距离实现它在亚洲的全球性构想更近了一步。这一时期，美国在中国的商业贸易利益与英国相冲突，相比于金融领域，美国更想发展的是商业贸易领域。美国之所以在本国工业和银行业依靠军事实力发展起来后，才要求中国实行"门户开放"，是因为一旦大门打开，就不可能对其他列强关闭。

19 世纪 90 年代中期前，美国就已提出"门户开放"政策，但那时美国的经济实力还不足以支撑这一政策的落实。在列强掀起瓜分中国狂潮、

① F. R. Dulles, *America in the Pacific*, Boston and New York: Houghton Mifflin & Co., 1932, p. 234.

② Борзунов В. Ф. Транссибирская магистраль в мировой политике великих держав. Ч. 2. М., 2001. С. 11.

各自划分势力范围之时，出于种种原因美国并没有参与其中，只能眼睁睁看着中国的"大门"被德国、英国、俄国和日本士兵守卫。尽管没有强大军队和舰队的支持，美国商人在开发中国的过程中仍然得到了同等机会，反而是那些守卫"中国大门"的外国人之间经常因分赃不均而发生争执。美国资本在远东最初的投入过于保守，在军事、战略和金融等方面都表现出与经验丰富的老牌列强之间明显的差距。1900 年，美国在亚洲投入的资金只占国外总投资 5 亿美元的 1%，而同年外国投入美国的资本额达到 60 亿—70 亿美元。① 于是，1899 年和 1900 年，美国国务卿海约翰再次向列强提出"门户开放"照会，要求各国可以在中国的势力范围内机会均等和利益均沾。这是为了适应美国国内经济飞速发展的需要和中国形势的新变化，也在某种程度上表明美国在对华政策上不再追随其他列强，奠定了推行独立的对华政策的基础。

三 西伯利亚大铁路在美国全球化构想中的地位

19 世纪 60 年代，美国建设了穿越整个北美大陆的太平洋铁路，它全长 3000 多公里，是世界上第一条跨洲铁路。这条铁路为美国的经济发展做出了巨大贡献，也为资本家获取巨额利润提供了可能性。俄国与美国拥有类似的地理和气候条件，美国太平洋铁路的建成通车让俄国政府坚定了修建横跨东西的西伯利亚大铁路的决心。10 年后，俄国政府通过了修建西伯利亚大铁路的决定。这条铁路将把大西洋和太平洋连接起来，就像太平洋铁路把美国的各个地区连接起来一样。

19 世纪下半叶，美俄两国先后修建了太平洋铁路和西伯利亚大铁路，将两国修建铁路的背景进行比较，从中可以找到一些共同点，也可以看到二者之间的区别。

从外部环境来看，19 世纪下半叶，美国和俄国都加快了新土地开发和铁路建设的步伐，除为巩固在太平洋地区所处的地位这个原因外，还因为英法等老牌帝国主义国家发动野蛮的殖民战争抢夺非洲殖民地，已将非洲

---

① Борзунов В. Ф. Транссибирская магистраль в мировой политике великих держав. Ч. 2. М., 2001. С. 13.

瓜分殆尽，美俄两国无从插手非洲事务。

从国内环境来看，1861 年 3 月 3 日，亚历山大二世颁布农奴制改革法令。俄国开始了自上而下的改革，农奴制被废除，俄国跨入了资本主义阶段。1863 年 1 月 1 日，林肯签署解放黑人奴隶法令，美国的奴隶制被废除。从这两项法令的颁布时间来看，美俄两国几乎是同时间走上资本主义发展道路。尽管两国都已扫除了资本主义发展的障碍，但是却走了不同的道路。社会经济发展的特殊性和许多其他因素促使美国的城市化和工业化取得飞速发展，推动美国成为资本主义列强中的佼佼者，美国的经济发展明显超越了俄国。俄国虽然在工业、农业等领域也取得较快发展，但由于改革后保留了大量封建残余，专制制度并没有发生本质性的变化，近代化的步伐沉重而缓慢。

随着经济实力的增强，俄美两国在大西洋和太平洋之间的广阔地域展开新一轮的扩张。而这一地域对当时忙于在非洲扩张的欧洲列强，特别是英法等国来说是无暇顾及的。在美洲大陆与欧亚大陆的"碰撞"中，太平洋地区在国际贸易中的地位凸显，美俄在其中扮演着举足轻重的角色。19 世纪下半叶，太平洋地区生活着地球上差不多 2/3 的人口，而美洲大陆的人口不断增长，西伯利亚大铁路修建及西伯利亚、远东地区移民人数增多等因素则为太平洋市场扩大奠定了基础。美国人甚至认为，欧洲列强在非洲、俄美两国在太平洋应该建立一种全新的"文明"。在美国的帮助下，未来西伯利亚农民将使用新式农业技术，西伯利亚将会取代美国出口小麦的领袖地位，成为"世界小麦市场"。美国资本可以在西伯利亚自然资源开采中发挥作用。俄国特别是西伯利亚地区拥有取之不尽的资源，美国资本的注入必将使这里发生翻天覆地的变化：工业、农业、商业贸易和交通运输业飞速发展，城市林立，人口增多。最重要的是，俄国可以成为美国的原料供给地和销售美国工业品的市场。

高加索和西伯利亚边疆区的开发将俄国推向世界市场，将对老牌列强构成威胁，也使美国格外关注这个"东方贸易中的强劲竞争对手"。美国是一个新兴的民主国家，对俄国的农业文明、工业资源、贸易政策和贸易关系等问题都具有深入研究的兴趣，也希望将西伯利亚和西伯利亚大铁路纳入其全球化构想。

西伯利亚地处亚洲大陆，与欧洲相邻，土地广袤，拥有丰富的自然资源。俄国政府要在这片土地修建铁路的消息传到美国后，引起美国各界人士的关注。"直到近期，俄国对于美国的多数大众传媒来说知之甚少。但当西伯利亚大铁路设计修建的消息传到美国后，美国人开始对俄国产生了兴趣，并且兴趣日渐浓厚。"① 美国资本家此前只是粗浅地了解俄国拥有取之不竭的资源，又突然发现这里拥有成为推动美国工业品销售日益增长的市场的潜力，这样的消息让他们兴奋不已。

最让美国人感兴趣的莫过于西伯利亚的农业。修建西伯利亚大铁路可以促进西伯利亚农业发展，特别是对小麦种植和畜牧业的影响最大。西伯利亚大铁路建成后，俄国政府可以通过控制铁路运费调控贸易，西伯利亚小麦输送到波罗的海和太平洋地区，将会给美国出口到远东和欧洲的小麦、面粉等农产品造成极大压力。西伯利亚大铁路在打开东方市场大门的同时，也会对欧洲市场构成威胁，俄国还将成为保加利亚、澳大利亚、美国和南非这些出口谷物和牛、黄金、白银的国家的竞争对手。为此，美国资本希望利用西伯利亚农业人口增长和农业开发的有利时机，在这一地区销售美国质量优良的、适合西伯利亚耕作条件的农业、采矿和其他机器设备。

美国农产品出口商在仔细研究西伯利亚的资源、交通运输情况和经济潜力后得出结论，西伯利亚的西部地区要比东部地区在农产品出口上更具有优势。只有在西伯利亚迎来大规模的移民后，才能实现农产品的大量出口。在30—40年的时间内，西伯利亚应该能够成为"世界粮仓和美洲大陆强有力的对手"，但是暂时西伯利亚人口稀少，还无法实现这样的目标。西伯利亚大铁路将成为俄国向东方国家工业、军事和政治扩张的工具。由于财力不足，俄国无法在没有外国资本援助的情况下充分发展西伯利亚的采矿业、铁路建筑业、采金工业，而美国资本有意向这些领域投资。

农奴制改革后，西伯利亚小麦曾经历过一段运输困难的时期，当时为将小麦运输到俄国其他省份，成吨的小麦堆在车里雅宾斯克车站站台等待

① Борзунов В. Ф. Транссибирская магистраль в мировой политике великих держав. Ч. 2. М. , 2001. С. 16.

买主或者等待车皮的情况十分常见。当时这种小麦销售状况和运输困难引起了美国和英国商人的注意。19 世纪 90 年代，在西西伯利亚地区英国资本的优势大于美国资本，而且在之后的一段时间内，美国资本也很难竞争过英国资本。因此，美国将更多的注意力放在东西伯利亚和远东地区。

美国资本家非常重视加强与波罗的海和符拉迪沃斯托克（海参崴）的海上联系，对加强与西伯利亚大铁路的交通运输联系更是高度关注。为此，美国设计出三条全球运输线路。第一条是美国—日本线，可以将圣迭戈（加利福尼亚州最南的港口）和艾奇逊（美国堪萨斯州城市）、戈雷克、圣菲（阿根廷城市）、符拉迪沃斯托克（海参崴）和檀香山（美国城市）的铁路线连接起来。第二条是英国—加拿大铁路线，可以将范库弗、维多利亚（加拿大城市）与函馆、符拉迪沃斯托克（海参崴）连接起来。这条铁路线由加拿大太平洋铁路公司和 Express Line 公司控制。这两条线路能够激活俄国在太平洋海岸的运力，并与西伯利亚大铁路相连，便于美国的小麦、面粉、建筑用木材、铁路工厂用建筑材料输入远东。第三条线路是北德劳埃德线（由不来梅轮船公司控制），这条线路的终点没有最终敲定，既可以通往旧金山，也可以通往洛杉矶。

舍韦廖夫公司设计开通了符拉迪沃斯托克（海参崴）—香港—上海（经停长崎、广州）轮船航线，这迫使美国人也要尽快制定出在太平洋和西伯利亚开展海上活动的计划。美国轮船主希望使用廉价的劳动力在太平洋和西伯利亚从事轮船运输业和采金业，进而掌控阿穆尔的轮船运输业和采金业。

美国人深信，在西伯利亚特别是西伯利亚大铁路沿线地区投资具有良好的发展前景。"为开发广袤如俄国这样的大帝国需要资金、进取心和旺盛精力，而美国人正是世界上具有这些特质的最富有的民族。"[①] 俄国对西伯利亚资源开发不足，对这片土地的使用仅限于将商品运输到远东地区，而德国和英国资本已经深入西伯利亚，美国资本不应该在远东地区贸易和西伯利亚资源开发获利上落在别国后面。美国计划向俄国的铁路修筑业和

---

① Борзунов В. Ф. Транссибирская магистраль в мировой политике великих держав. Ч. 2. М.，2001. С. 18.

农业、捕鱼业、采矿业、伐木业投入资金，成为西伯利亚地区发展的强大经济后盾，真实目的是要在列强开发西伯利亚资源的角逐中分得一杯羹。

20世纪初，俄美贸易关系发展实际上并不顺利。美国在俄国对外贸易中占的比重非常小，1901年为2.9%，1902年为4.1%。[①] 美国政府自1900年起，除着重研究中国、朝鲜和日本市场外，也开始关注东西伯利亚市场。美国资本在俄国实行扩张计划的第一步便是将德国和加拿大资本排挤出去，这通过提高俄国农业机器设备进口关税、抢夺铁路修建权来实现。西伯利亚就是进行这些活动的主要战场，美国资本计划垄断车里雅宾斯克至符拉迪沃斯托克（海参崴）的农业机器设备进口，在西伯利亚和远东地区建立起密集的农业等机器设备销售网络。[②] 除传统的贸易方式外，美国还希望对西伯利亚的生产领域进行直接投资，借助出口先进的采矿机器设备开采西伯利亚矿产、扩大西伯利亚农业种植面积、发展西伯利亚奶油业、发展工厂式生产、扩大轮船运输、修建铁路等。其甚至还提出将美国的商品借贷体系引入西伯利亚，输出西伯利亚原材料用于加利福尼亚州和整个美国西部地区的工业生产等。可见，扩大美国与西伯利亚的商品交换规模最先受益的是美国西部地区，特别是加利福尼亚州的工业发展。

俄国拥有丰富的矿产资源和廉价的劳动力，是美国资本实现增值的优选地，这里可以为美国加工业提供所需的全部原材料。1895—1900年，美国加强对俄国远东地区的经济渗入，成功取得了勘探和开采矿产的权利。20世纪初之前，在西伯利亚出现了约300名美国采金者。受阿拉斯加企业主委托，工程师摩根·罗伯逊（Morgana Robertson）等人在俄国远东的楚科奇地区组织勘探金矿。1899年，美国克拉尔公司获得了在俄国远东地区开采黄金的权利，1900年该公司开始了大规模的勘探工作，并于1901年建立了开发远东地区矿产资源的股份公司，并先后收购了鄂霍次克、堪察加和滨海省的金矿区。20世纪初，沙皇近亲冯利亚尔斯基将阿穆尔沿岸地

---

① Обзор внешней торговли России по европейским и азиатским границам за 1903 год. СПб. , 1905. С. 58.

② Гефтер М. Я. Из истории проникновения американского капитала в царскую Россию до первой мировой войны//Исторические записки. 1950. № 35. С. 63 – 64.

区、楚科奇半岛及附近岛屿的采矿权，包括开采黄金和铂的权利转让给美国东西伯利亚公司。1903 年，该公司请美国勘探队进行了广泛的探矿活动，1906 年在楚科奇半岛发现了储量丰富的金矿。1914 年前，该公司一直在俄国远东地区开展采金活动。①

美国资本究竟能否在西伯利亚立足，除取决于自身经济实力外，也取决于竞争对手的综合实力。美国的主要竞争对手首先是俄国资本，其次是日本、德国和英国资本。首先来看西伯利亚地区的俄国资本情况。在西伯利亚发挥主要作用的不是当地的资本家，而是来自欧俄的资本家，二者之间的经济关系的特点表现为西伯利亚资本家完全依赖于欧俄资本家。这是因为欧俄资本家在发展壮大后，没有带动西伯利亚资本主义发展起来，而是将这里作为欧俄地区的原料产地和商品销售市场。造成这种依附关系的主要原因是欧俄资本在西伯利亚市场投入过少。欧俄的工业资本通过贸易便可在乌拉尔、高加索，特别是西伯利亚获得超高额利润，这就使得资本家没有任何动力和欲望投入资本发展西伯利亚和远东地区的地方工业。事实上，在除俄国以外的任何其他西方国家，工业资本和贸易资本的收益在 20% 以上就被称为超高利润率。而俄国某些工业行业中的超高利润率很普遍，特别是纺织工业的利润率最高：1891—1893 年的雅罗斯拉夫尔棉布业的平均利润率为34.6%，1895 年甚至达到 65.5%；伊斯梅洛夫厂在几年内的利润率都为45%；俄国棉布公司为 30%；涅瓦公司为 60.5%；特维尔公司 40%，巴拉诺夫斯基公司 39%；莫洛佐夫公司（俄国最大的纺织业公司）1892—1894 年的利润率为 52%，1895 年达到 65%；索比诺夫厂 1895 年的利润率更是高达 144%。欧俄很多企业的利润率为 40%—100%。② 仰仗如此之高的利润率，欧俄资本家根本不会发展西伯利亚当地的工业，因此羸弱的西伯利亚当地资本也就不会对美国资本构成威胁。

其次来看西伯利亚地区的其他国家的资本投入情况。德国资本家先于美国抢占了西伯利亚市场，在西伯利亚经济中的地位不断提升。为把美国

---

① 郭宾奇：《十月革命前的西伯利亚采金业》，《西伯利亚研究》1999 年第 6 期，第 32 页。

② Борзунов В. Ф. Транссибирская магистраль в мировой политике великих держав. Ч. 2. М.，2001. С. 21.

资本从西伯利亚市场上驱逐出去，德国人灵活地利用其优势，即劳动力工资低、运输费用低等，使得美国商品很难与德国商品竞争。值得一提的是，德国人提供给西伯利亚的机器设备中有很大一部分是美国生产的，而德国人巧妙地购买专利证书，并将外包装加以粉饰，让俄国人完全分辨不出实际购买的是美国货。在西伯利亚大铁路修建前，英国人就与莫斯科纺织厂主建立起密切联系。莫斯科纺织厂主将生产的纺织品运输到西伯利亚市场销售，还经鄂毕河和叶尼塞河进口英国商品。英国资本家的背后有莫斯科纺织厂主的支持，竞争实力不容小觑。此外，与美国一样试图抢占西伯利亚市场的还有日本，日本邻近西伯利亚，国土面积狭小，资源匮乏，但甲午中日战争获胜后扩张野心膨胀。日本和美国都格外关注西伯利亚大铁路的敷设进展，计划利用这条铁路确保两国工业品进入西伯利亚市场，进而把欧洲和俄国本国的竞争对手从西伯利亚排挤出去。

为了在西伯利亚与英国、德国一争高低，1899年5月，美国政府通过驻俄大使与俄国就向俄国工业投资和出口美国机器设备的问题举行谈判。美国此举是想借投资和出口工业品打开西伯利亚的贸易大门，进而建立起对西伯利亚农业、矿产、森林和河流的有效控制。这样一来，绝大部分的西伯利亚贸易都将落入美国商人之手。

美国人非常清楚，若想控制西伯利亚贸易，关键在于西伯利亚大铁路，谁掌控了这条铁路，谁就掌控了西伯利亚乃至俄国贸易的未来。对于美国资本家来说，西伯利亚大铁路在缓解俄国石油和西伯利亚小麦输出以及开采西伯利亚自然资源的压力外，还将给美国的海外贸易（特别是大西洋—太平洋方向的贸易）造成压力。首先，西伯利亚大铁路将大大缩短商品运输时间。通常情况下，从彼得堡输出的货物，抵达符拉迪沃斯托克（海参崴）需要45天，途中经苏伊士运河、印度洋和太平洋；经纽约、旧金山和太平洋抵达符拉迪沃斯托克（海参崴）需要35天；经西伯利亚大铁路则只需10天。运输的提速和定期化可以拉近波罗的海与太平洋、欧洲与远东之间的距离。沿西伯利亚大铁路及其到新疆的分支铁路（里海铁路）和到印度洋的支线铁路（波斯湾铁路）可以运输数以万计的货物。整个西伯利亚的作物种植区面积为42.5万平方英里，可以收获4亿—5亿普特农作物，其中一部分运往远东市场，在远东与美国农产品构成竞争。

其次，西伯利亚大铁路不仅为美国资本打开了工业的大门，如采矿业、铁路建筑业、采金业等，而且它还是"一条邮政道路"，能够为广大旅行者提供"便捷的通道"，节省他们的时间和金钱。1895 年，经苏伊士运河往中国和澳大利亚输送乘客 21.7 万人次。有近 6 万名乘客乘坐西伯利亚大铁路的列车，这可以为铁路带来 150 万美元的收入。此外，沿西伯利亚大铁路可以向东方运输近 30 万公斤的信件和 80 万公斤的贵重物品和来自英国、印度、澳大利亚的邮包。①

最后，西伯利亚大铁路的辐射区将因其延伸的几条支线铁路而无尽地扩大，如里海铁路、波斯铁路，以及将西伯利亚大铁路与北极连接起来的沃洛格达—阿尔汉格尔斯克铁路和彼得罗扎沃茨克—白海铁路。借助这些铁路线，欧洲大陆的重要港口都被连接起来，并建立起与中东、印度的联系。因此，西伯利亚大铁路在美国的全球化构想中的地位举足轻重。

第二节　俄美铁路路权之争

自俄国政府提出修建一条通往西伯利亚的铁路以来，美国各界人士从自身利益出发提出不同的修建方案，并向俄国政府申请铁路修筑权，这表明西伯利亚铁路修建与美国在亚洲太平洋地区的政治利益密切相关。中国东北问题是俄美关系中一个非常棘手的问题，特别是俄国攫取在中国东北境内修建中东铁路的权利后，俄美关系一度紧张。美国最终的目的是在太平洋地区孤立俄国，利用俄国在日俄争中战败的事实建立起对东西伯利亚的经济金融控制。

一　美国争夺西伯利亚铁路修筑权的计划夭折

早在 1857 年 3 月，东西伯利亚总督穆拉维约夫就收到美国人柯林斯的申请书，他提议修建伊尔库茨克—赤塔铁路，并成立铁路公司。他认为，

① Борзунов В. Ф. Транссибирская магистраль в мировой политике великих держав. Ч. 2. М., 2001. С. 25.

修建铁路将使西伯利亚中心地区开通直达运输线路，伊尔库茨克可以成为亚洲北部地区的心脏，年贸易额可以达到 5000 万卢布甚至更多。穆拉维约夫将这一申请书呈报彼得堡，很快得到回复，彼得堡方面用"最委婉的话语"拒绝了申请，这是因为柯林斯伴随铁路方案还提出一些条件，这些条件将使西伯利亚依赖外国人，"特别将依赖美国人"。①

19 世纪 60—80 年代，世界各大媒体热烈讨论西伯利亚大铁路修建方案。美国从事对俄活动的各界人士多把注意力集中在研究西伯利亚大铁路建设及运营前景上，甚至是寻找可以削弱西伯利亚大铁路对太平洋地区影响力的方法，例如，加紧修建巴拿马运河，争抢中国东北和东西伯利亚的铁路修筑权，以及在西伯利亚大铁路通往太平洋的水域组织远东轮船公司开展运输活动等。

19 世纪 80 年代末，希望深入西伯利亚市场的美国银行家们担当起组织外国资本夺取西伯利亚铁路修建权的任务。这一计划的倡导者是 1889 年任纽约工商银行经理的丹尼埃尔·巴特尔菲尔德（Daniel Butterfield）。他提出参与修建西伯利亚大铁路，为此于 1889 年和 1891 年两次来到彼得堡。1890 年 5 月，巴特尔菲尔德成立了为修建和运营车里雅宾斯克（或秋明）至符拉迪沃斯托克（海参崴）铁路的建筑公司。他在仔细研究了俄国政府各部对铁路修建一事的态度后，向俄国财政大臣维什涅格拉德茨基递交了一份呈文，请求获得修建铁路的权利。

巴特尔菲尔德在呈文中提出很多要求，例如，如果建筑公司不能建设完铁路，俄政府必须出资补偿，这样可以使公司免于承担任何风险。除此以外，他还提出，对从国外运输的大部分铁路设备要实行免税待遇，以最低价格在俄国铁路线上运输铁路建筑材料，在军队的帮助下进行施工等。②美国银行家希望利用俄国急于修建铁路的心理占领俄国市场，并增加与英

① Коновалов П. С. Проекты 50 - 80 - х гг. XIX в. строительства железных дорог в Сибири // Проблемы генезиса и развития капиталистических отношений в Сибири: межвузовский сборник научных статей. Барнаул, 1990.

② Борзунов В. Ф., Калинин А. Н. Борьба Американского и Французского капитала за железнодорожные концессии в Сибири и на Дальнем Востоке в конце XIX века// Бахрушинские чтения. Вып. 2: Сибирь периода феодализма и капитализма. Новосибирск, 1968. С. 120.

法在俄国竞争的筹码。但是，他们的如意算盘打错了，甚至连维什涅格拉德茨基也认为巴特尔菲尔德提出的条件非常苛刻，将会使俄政府财政蒙受巨大损失。交通大臣久别涅特于 1890 年 8 月 23 日拒绝了美国银行家的请求。①

1893 年，美国爆发了有史以来最严重的经济危机，工业生产萎缩，金属制品和纺织品价格下降，工人运动此起彼伏。1893 年底，俄国驻华盛顿大使坎塔库津（Г. Л. Кантакузен）呈报：“美国媒体和社会各界都带着浓厚的兴趣关注西伯利亚大铁路的建设进展，可以预见俄国在太平洋地区的商业作用将不断扩大，而对于美国人来说则是前景暗淡。特别是美国的西部地区对西伯利亚大铁路表现出兴趣，这里的美国人经常抱怨和指责，为什么美国资本不投入这一举世瞩目的伟大工程中来呢？”②

美国金融家和外交家非常关注俄国和世界媒体就西伯利亚大铁路的走向、建筑方式、施工条件及工期问题所展开的讨论，还专门对西伯利亚大铁路与俄国政府的对内对外政策制定关系等问题进行研究。他们认为，俄国在克里米亚战争后遭受重创，俄国的发展目光被迫从“西方”转向“东方”，因此欲借修建铁路增强在东方的影响力。还有人提出，俄国舰队缺乏必要的训练、俄国在远东军事力量薄弱、建设陆路和海上军事设施的纲要不完善等，都使得俄国在西伯利亚大铁路建设和俄国远东地区及中国东北北部地区开发过程中需要美国的“援助”，俄美合作具有现实性及广阔的前景。美国政界人士特别关注俄国是否能借助西伯利亚大铁路把中国与欧洲之间的大部分贸易从经苏伊士运河和经美洲大陆的温哥华的通道吸引到新的、更直接的、运费更低的运输通道上来，因为这与美国的经济利益密切相关。更有美国国务活动者提出从西伯利亚大铁路敷设及运营中分享利益的各种方法，他们认为，这条铁路将为东方打开贸易之门。1895 年 6 月 1 日，美国驻彼得堡代表处负责人皮尔斯（G. Piers）向国会详细通报了

---

① Саблер С. В., Сосновский И. В. Сибирская железная дорога в ее прошлом и настоящем. СПб., 1903. С. 101 – 102.

② Борзунов В. Ф. Транссибирская магистраль в мировой политике великих держав. Ч. 2. М., 2001. С. 15.

西伯利亚大铁路建设的技术、财务和政治背景情况，特别是位于中国境内的中东铁路的情况。1896 年，美国驻厦门领事约翰逊（Johnson）报称，"……敷设直抵远东海岸的西伯利亚大铁路迫使我们许多出口商要考虑会碰到危险的竞争对手"。① 威廉·吉尔平（William Gilpin）甚至提出修建一条国际铁路的方案，这条国际铁路的主体便是西伯利亚大铁路，但要将其延伸至美国东北部工业城市坎顿，之后再通往太平洋海岸。②

1895 年 7 月 6 日，中俄订立《四厘借款合同》，用以偿还中国在甲午中日战争后的对日赔款。但俄国因为财力不足，与法国合贷，也称"俄法洋款"。此后，华俄道胜银行成立。虽然华俄道胜银行由俄法两国共同出资、共同管理，而且法国资金居多，但是支配权却掌握在俄国手中。俄法通过建立这一机构可谓各取所需：法国提供资金，俄国确保法国在中国的政治和外交影响；沙俄是要建一个以中国为侵略目标的殖民地银行。华俄道胜银行是一家为实现政治目的而成立的金融机构，最终目的是争取与中国签订各种铁路建设合同，操纵和控制中国的铁路建设。

随着华俄道胜银行的成立，美国金融家和外交家对西伯利亚大铁路更加关注，资本家、铁路和轮船建筑人员也对中国和俄国远东地区的兴趣有增无减。他们都对俄国独霸中国东北的未来深感不安，因此建议美国政府更多地"扶持"俄国，包括加快推进西伯利亚大铁路在中国境内的中东铁路的敷设等。1896 年，曾在美国使馆任秘书的韦伯（Webb）和美国驻彼得堡公使布雷肯里奇（Breckenridge）在范德比尔特公司的授意下，向俄国政府递交一份呈文，希望可以争取到修建西伯利亚大铁路剩余部分路段的建筑合同。

美国人看中了在资源丰富、基础设施落后的俄东部地区修建铁路所具有的战略意义，所以希望通过铁路控制毗邻地区领土。此外，俄美是国际市场上出口农产品的两个大国，互为竞争对手，修建西伯利亚大铁路将大

---

① Борзунов В. Ф. Транссибирская магистраль в мировой политике великих держав. Ч. 2. М., 2001. С. 15.

② Кутаков Л. Н. К истории Портсмутского мира 1905 г. // Известия АН СССР. Серия истории и философии. 1952. Т. IX. № 2. С. 178.

大提高俄国农产品的竞争力。对于美国企图大范围深入俄国偏远地区的计划，俄国政府了然于心，[1] 所以很快给予回复，坚决回绝了韦伯等人的申请，理由是"修建西伯利亚大铁路只能依靠俄国本国资金"。俄国政府一方面坚决避免美国直接参与修建西伯利亚大铁路，但另一方面制定出的设计方案还要吸收与俄东部地区自然和地理条件相似的美国铁路的修建经验。[2]

美国申请西伯利亚大铁路的修筑权，表明西伯利亚大铁路修建与美国在亚洲太平洋地区的政治利益密切相关。美国对西伯利亚和远东地区市场虎视眈眈，希望可以从中谋求到相应的经济利益。但俄国政府没有给予美国进入俄东部地区的机会，美国提出的参与修筑西伯利亚大铁路的计划夭折。

二 俄美围绕中国铁路路权展开的竞争

俄美自 19 世纪初建交以来，一直保持着相对和平的双边关系，从未产生过大的冲突和矛盾。然而，在从 1895 年起的十年时间内，列强围绕在中国境内修筑铁路的权益问题展开激烈角逐，形成了多国关注的"路权争夺战"。参与中国铁路利权争夺的列强包括美国、俄国、日本、英国和法国。俄国利用三国"干涉还辽"时与清政府积淀下来的"友谊"和其他外交手段捷足先登，最终获取了在东北境内修建中东铁路的权利。俄国攫取筑路权后，美国当然不会善罢甘休，处处与俄国为敌，一度导致美俄关系紧张。

美国"全球化构想"的实现与俄美关系中一个非常棘手的问题密切相关，这个问题就是中国东北问题。俄美之间或冲突或"结盟"的关系变化大多由中国东北问题引发，因为这里即将修建吸引全世界注意力的西伯利

---

① Борзунов В. Ф. Транссибирская магистраль в тихоокеанской политике американского империализма (кон. XIX в.) // Процесс формирования региональных направлений внешней политики великих держав в новое и новейшее время. Горький, 1987. С. 7.

② Канн С. К. Опыт железнодорожного строительства в Америке и проектирование Транссиба // Зарубежные экономические и культурные связи Сибири (XVIII – XX вв.): сборник научных трудов. Новосибирск, 1995. С. 118.

亚大铁路在中国境内的一段——中东铁路。这段铁路成为当时远东、太平洋地区，乃至国际关系发生一系列变化的诱因。自俄国计划取道中国境内修建中东铁路后，美国各界就给予广泛关注。

19 世纪 90 年代初，中国东北地区的石油贸易由美国的标准石油公司、荷兰的皇家石油公司和俄国的诺贝尔兄弟石油公司主宰。美国一直是世界石油出口大国，尽管受到俄国等国的挑战，但其在石油出口上的主导地位不容撼动。例如，在 1888—1891 年的全球照明用油的出口贸易额中，尽管美国所占份额从 78% 下降到 71%，但优势地位依然十分显著。俄国制定专门的铁路运价来运输本国的石油、面粉和纺织品，强迫清政府降低对俄国商品征收的关税，致使中国东北各地到处充斥着俄国商品。受此影响，美国石油、面粉、纺织品将被俄国驱逐出中国东北市场，这会给美国在中国东北的贸易以致命打击。因此，美国必须千方百计阻止俄国在中国东北的垄断，控制中东铁路便是实现这一目的的必要前提。

19 世纪 90 年代，美国一家名为"华美启兴"的公司在华积极活动，其代表布什几次与李鸿章属下官员进行交涉。该公司背景深厚，美国最大的铁路公司、轮船公司和银行代表组成的辛迪加是它真正的幕后主人。华美启兴公司拥有资本 2.5 亿美元，目标是承办中国待建的全部铁路工程：首先是京广干线，然后再经由中国东北与西伯利亚铁路相连，包括修建牛庄—沈阳—吉林—齐齐哈尔—俄国西伯利亚的铁路，以及沈阳通向朝鲜的多条铁路。美国坚持要在 30 年内由自己独立承办东北的任何铁路，并要求有权在铁路沿线开发土地、森林和矿山。[①] 由于布什当时并不知道俄国也在觊觎东北铁路修筑权，将美国计划告悉卡西尼，还建议俄国出资购买华美启兴公司的股份和证券。美国的东北筑路计划不仅与俄国正在密谋的中东铁路计划相对抗，而且还直接威胁到俄国将中国东北地区收为其势力范围的目标的实现。美国的计划无疑加速了俄国政府中东铁路计划的实施，其不断对华施加压力，最终促成李鸿章访俄和《中俄密约》的签订。至此，美国的东北筑路计划不仅夭折，还暴露出其觊觎东北路权的野心。此

① 〔苏〕鲍里斯·罗曼诺夫：《俄国在满洲（1892—1906 年）》，陶文钊、李金秋、姚宝珠译，北京：商务印书馆，1980，第 96 页。

后美国一直在为此做出各种努力，也因此埋下了俄、美中国东北路权争夺战的伏笔。

尽管美国政府深知夺取中东铁路路权对美国势力渗入中国东北地区乃至远东的意义之重大，但受一贯实行的传统政策影响，相较其他列强，美国在争夺中国东北上无论在思想方面还是在军事方面准备都尚不充分。与美国政府的举棋不定形成鲜明对比，实力和野心兼具的美国资本家们对中东铁路倒是格外关注。

（一）美中发展公司争夺铁路利权的尝试

美国商业界对中东铁路利权最为关注。1895 年 4 月，就有人提出俄、美两国共同修建中东铁路，以免俄美在争夺中国东北路权的过程中两败俱伤。1895 年 5 月，美国摩根公司为向中国东北进行经济渗透，计划夺取在中国腹地和东北地区的铁路修筑权，还提议争取西伯利亚大铁路监管权，不再向中国提供偿还日本的借款等。由于当时俄国对中国铁路的控制权远远大于美国，这些设想只能是纸上谈兵。[①] 然而摩根公司并没有作罢，在这一年的 12 月继续联合铁路大王哈里曼等人在美国新泽西州成立了"美中发展公司"（American China Development Company）。公司的发起人之一为卡尔文·布赖斯（Calvin S. Brice），他是一名金融家和铁路活动家，也是俄亥俄州的参议员，但他不及洛克菲勒在公司的影响力。公司股票持有者中既有金融家、大商人、铁路大亨、轮船主、军火企业主，还有声名显赫的美国政治活动家，包括美国商人摩根、洛克菲勒和铁路大王哈里曼以及铁路活动家范德比尔特（Vanderbilt），还包括前副总统莫顿（Morton）等，他们持有的股票占公司股票总价值的 60% 以上。美中发展公司得到当时美国最具实力的银行团支持，包括国家城市银行（National City Bank）、蔡斯州立银行（Chase State Bank）、摩根钢铁公司（J. P. Morgan Steel Company）等。[②] 可见，该公司除经济实力雄厚外，政治资源也非常广泛。它

---

① Фурсенко А. А. Борьба за раздел Китая и американская доктрина открытых дверей. 1895 – 1900. М. -Л. , 1956. С. 43 – 44.

② 李艳芬：《美国的中东铁路政策评析（1895—1922）》，东北师范大学硕士学位论文，2007，第 9 页。

不是一家简单的商业公司，带有浓重的政府参与色彩，主要职责在于积极谋求中国筑路权，从经济上控制中国，通过夺取在中国东北地区和西伯利亚大铁路支线的铁路路权实现组建世界交通运输网的庞大计划。美中发展公司帮助美国实现了拓展在中国东北、俄国远东地区商业贸易的任务。1895—1902 年，美国对华出口贸易额从 780 万美元增加到 3330 万美元。①

在向俄国政府呈递的西伯利亚大铁路修筑权申请被驳回后，美国自然不会善罢甘休，美中发展公司的代表们将目光转移到夺取可与西伯利亚大铁路连接的中国境内广东—北京—天津—山海关—牛庄—奉天—吉林—齐齐哈尔铁路的修筑权上。美国想要获取中国铁路修筑权，首先遇到了俄国的坚决抵制。美国不得不先说服俄国，向俄国证实设想的这一铁路线对俄国同样有利可图，还试图拉拢俄国加入美中发展公司，承诺给予其仅次于美国的重要位置。

巴什（A. V. Bash）在美中发展公司成立不久后被派到中国，作为争取中国权益、组织谈判的公司首席代表。巴什试图通过驻北京、华盛顿的俄国公使向俄国施压，还专程找到了曾任李鸿章私人秘书的美国人佩季克（Petik）充当说客。

佩季克对中东铁路给予很高评价。他认为，"这条铁路可以把中国东北北部地区现有铁路和未来铁路连接到一起，还将给西伯利亚大铁路带来资金收入，把中国与欧洲之间的部分贸易从南部的海路吸引到北部陆路上来。毫无疑问，这一方案可以加快西伯利亚大铁路敷设，可以开采中国东北资源、为中国政府提供资源输出通道，同时还会阻止不安定的政治因素进入这一区域"。他还指出，可以"把美国的经验、资本提供给占据中国东北的俄国，以巩固两国间的传统友谊"。② 很显然，这种友谊是建立在俄美两国无视中国主权的基础之上的。

正当俄国倾尽全力忙于修建西伯利亚大铁路之时，巴什再次提出希望参与铁路修筑，还提出了相应的修建方案。他设计的建设方案是，俄国从北、西两个方向，美国从南、东两个方向同时敷设铁轨，之后把两条铁路

---

① Аварин В. Борьба за Тихий океан. М. , 1947. С. 28 – 29.
② Фурсенко А. А. Борьба за раздел Китая и американская доктрина открытых дверей. 1895 – 1900. М. -Л. , 1956. С. 178 – 179.

连接到一起，同时还要建立统一的运营体系。为实现这一方案，巴什建议组织俄、美两国代表弄清楚合作建设铁路的最佳方式，并相互提供咨询。美中发展公司可以仍保留 60% 的股份，完成中国东北土地的开发和煤矿、森林资源的开采，确保它拥有在中国北部地区 30 年的铁路建筑垄断权。俄国应该向美中发展公司的方案提供政治支持。巴什设想的这一方案的本质就是希冀在俄国的帮助下使中国东北地区美国化，俄国显然不会支持这一方案。美中发展公司提出的参与修建西伯利亚大铁路的设想再一次被俄国否决。俄国向美中发展公司重申，俄国依靠自身力量修建经中国东北地区直达太平洋的西伯利亚大铁路。申请再次被驳回后，美中发展公司感觉颜面扫地，开始在上海几家报纸上疯狂地进行反俄宣传，宣扬美国铁路方案的"经济金融及文化目的"优于俄国的"政治"目的，鼓吹美国拥有充沛的财力、丰富的经验，贬低俄国缺乏铁路建设资金和经验等。

1898 年 1 月，美中发展公司再次尝试获取在中国境内修建山海关—奉天—旅顺港铁路的权利，最终仍因俄国的坚决反对而失败。1904 年，美中发展公司经不住俄国、英国和法国资本的轮番打击，迁至中国南部地区，后被法国和比利时资本吞并。

很显然，美中发展公司提出的各种路权方案不仅具有商业意义，还具有政治意义。该公司在争夺中国路权的斗争中屡遭失败，表明这一时期欧洲列强在军事政治方面的实力仍强于美国，它们利用在中国境内已经抢得的先机，不允许美国提出的铁路修筑计划在北美大陆以外的地域随意实施，为美国在中国的扩张处处设置障碍，导致美国提出的所有路权方案逐一夭折。

（二）美国其他公司争夺铁路修建权的申请

1900 年，美国公司的代表巴克（V. Barker）和罗贝尔（Loik de Lobel）对参与修建西伯利亚大铁路的部分路段及将之与已有铁路连接感兴趣，这涵盖了从阿尔汉格尔斯克经维亚茨克铁路进入东西伯利亚和白令海峡到达阿拉斯加和纽约的广大地域。巴克希望参与修建西伯利亚大铁路，以公司可以免税进口美国生产的铁路建筑材料、铁轨、桥梁及铁路相关用品等为条件向俄国提出请求。巴克的请求被驳回，因为俄国政府仍然考虑用国库资金来修建西伯利亚大铁路及其支线铁路。

同年，法国工程师罗贝尔为弄清修建纽约经白令海峡隧道至巴黎铁路线的可行性，实地考察了阿拉斯加。他在巴黎成立的公司向俄国政府申请修建伊尔库茨克至楚科奇的铁路，同样也遭到了拒绝。1903年，罗贝尔在美国资本家哈特曼（Hartman）的帮助下使用美国资金成立了一个公司，并第二次向俄国政府提出修建伊尔库茨克至阿拉斯加的铁路（途经雅库茨克、上科雷姆斯克、杰日尼奥夫角、白令海峡隧道、代奥米德群岛，通往威尔士王子角第二隧道）的申请。设计的这条铁路的建设成本达5亿卢布，在西伯利亚境内长度为5000俄里。该公司希望俄国政府能够给予其铁路沿线土地（铁路两侧12俄里内）90年的使用权。罗贝尔还要求免税进口建筑材料，修建支线铁路，建立配备机械设备的谷仓、港口等。该公司提出拥有对铁路沿线煤矿、工厂、森林、采石场的所有权，计划建立美国和俄国之间的电报联系，向铁路附属地移民，在铁路沿线部署美国护路队等。在与俄国政府派出的代表进行谈判的过程中，该公司同意吸收俄国工人参与铁路修建，但要在美国工程师和技术人员的监管下。罗贝尔坚决反对从西向东修建铁路，因为他希望西伯利亚距离阿拉斯加更近一些，这样就可以使这片土地远离俄国中心地区。

罗贝尔公司的成员都是美国商界有影响力的人物，包括摩根银行行长希夫（Schiff）、纽约国家银行总经理柯蒂斯（Curtis）、铁路大王哈里曼（Harriman）和国务卿海约翰。公司得到以美国财政部部长为首的"促进委员会"的幕后支持。这些有影响力的大人物都通过各种方式与美中发展公司和美亚协会①（American-Asian Association）开展的活动相关联，以此表明铁路修建权之争与美国资本渗入俄国的计划二者之间有密切联系。尽管该公司拥有强大的后盾，但其修建铁路的申请还是被俄国以各种委婉的借口驳回。

日俄战争后，俄国为争取美国借款，曾考虑过向美国租让萨哈林、出让中东铁路和西伯利亚铁路路权等条件。为此，维特在朴茨茅斯谈判期间

---

① 1898年1月由美国对华商业团体组织成立，目的是敦促美国政府注重中国事态发展，以加强它们的竞争实力。

与美国金融家摩根、银行家范德利普（Vanderlip）等进行了约见。维特向他们承诺将给予其在西伯利亚和远东地区以及中国东北地区的某些特权，美国资本家则提出租借萨哈林渔业、矿产、林业、捕捞业，以及租借抚顺煤矿等权利。最后由于种种原因，这些意向都没有落实。

罗贝尔等人借机再次提出修建一条通往西伯利亚的铁路的构想。1905年底，他提出修建阿拉斯加到西伯利亚的铁路。在这次提交的申请中，已经没有最让俄国无法接受的为美国提供铁路沿线土地的要求。罗贝尔的这一铁路修筑计划不是从伊尔库茨克，而是从坎斯克到基连斯克（Киренск），从这里经斯塔诺夫山脉（外兴安岭）、上科雷姆斯克抵达白令海峡。他还提议修建通往鄂霍次克，以及从斯塔诺夫山脉（外兴安岭）通往布拉戈维申斯克（海兰泡）、哈巴罗夫斯克（伯力）和尼古拉耶夫斯克（庙街）的多条支线铁路。铁路总长度设计为5000俄里，建设成本为4.7亿卢布，租让期为90年，赎回期为30年。①

罗贝尔公司提出的这个新构想是在1905年初俄国特别委员会会议拒绝他的申请后再次提交给俄国政府的。维特对这一计划能否实现表示怀疑，他考虑的不仅是计划是否能实现，还要考虑罗贝尔背后是否有足够的财力支持。因为单从设计的铁路走向来看，该铁路未来的发展前景令人担忧，只能是一条不以营利为目的的铁路线，只有依靠支线铁路沿线资源的开采才能收回一些建设成本。

美国在远东的反俄立场让俄国政府心生戒备，因此其在回复罗贝尔的申请时表现出相当的谨慎性，没有很快予以答复。见迟迟得不到答复，美国对俄国施加压力，提出以8500万—9000万卢布的价格收购萨哈林，或者取得萨哈林的租让权。1905年5月20日，在沙皇授意下，远东总督阿列克谢耶夫（Е. И. Алексеев）坚决回绝了美国对萨哈林的图谋。他指出，美国一旦获得了萨哈林，在那里建立基地，就会使美国统治亚洲东海岸，最终封锁整个西伯利亚和滨海边疆区通往海洋的出口。在日俄战争后的调停期间，美国人仍然对把滨海省并入美国版图抱有希望，并试图将此作为

---

① Романов Б. А. Очерки дипломатической истории русско-японской войны (1895 – 1907). М. -Л. , 1955. С. 639 – 643.

担任调停日俄矛盾中间人的一种补偿。

美国资本的这些设想和计划都与罗贝尔在亲美的东北西伯利亚公司①中的活动密切相关。东北西伯利亚公司由沙皇近臣翁利亚尔斯基（В. М. Вонлярский）创办，他身后的美国老板是大资本家罗西纳（Rosine）——西北贸易公司（摩根是股东之一）总裁，俄方的幕后支持者是大公尼古拉·尼古拉耶维奇（Николай Николаевич）等人。

摩根和哈里曼等美国大资本家意识到俄国这个工业品销售市场的潜力，争先恐后在俄国投资，还想方设法渗入铁路、保险、采矿等领域。哈里曼授权委托罗贝尔从俄国政府及其朝臣入手，培养他们对美国的好感。为实现这一目的，除加强对美国公司的正面宣传外，罗贝尔还采取公开收买沙皇近臣等方法。

1906 年，罗贝尔公司董事会成立了由铁路专家组成的技术委员会，并划拨 600 万美元作为铁路前期筹备和选址的启动资金。同年 3 月，该公司向俄国特别会议递交了一个新方案，具体内容为：把俄国居民迁移到铁路沿线地区，争取俄国车厢、铁轨和铁路附属设施的生产订单，在成立的铁路建筑股份公司中给俄国人预留一个经理职位，吸收若干名俄国工程师加入铁路修建和运营技术委员会。

此外，新方案还考虑了俄国政府会加紧修建阿穆尔铁路的情况。按照计划，阿拉斯加—西伯利亚铁路的走向为从坎斯克到阿穆尔省边界，之后抵达伊尔库茨克和白令海峡，并有支线铁路通往哈巴罗夫斯克（伯力）、尼古拉耶夫斯克（庙街）、布拉戈维申斯克（海兰泡）、赤塔和鄂霍茨克。也就是说，这条铁路几乎可以辐射俄国远东地区的各个行政贸易重地。显然，这样设计铁路的目的在于，建立美国对外贝加尔省、阿穆尔省、滨海省和西伯利亚东北部的控制。罗贝尔还提出要撤销俄国和外国设计的阿穆尔铁路方案，代之以干线的分支铁路修建方案。

---

① 东北西伯利亚公司成立于 1902 年，是一家俄美合资公司。公司注册地在俄国，实际上却由美国操控。公司董事长翁利亚尔斯基实为美国商人罗西纳的代言人，罗西纳是美国西海岸一家大型轮船公司的所有者。东北西伯利亚公司成立的目的在于勘探和开采楚科奇半岛及其附近岛屿的矿产资源，从事海产品捕捞，在楚科奇和堪察加海岸从事贸易活动。公司的主要活动为与土著居民进行毛皮贸易、开采黄金等。

与此同时，罗贝尔绞尽脑汁地接近沙皇、收买沙皇近臣。他最先收买成功的便是尼古拉·尼古拉耶维奇大公，他已经接受了美国资本家抛来的橄榄枝，成为东北西伯利亚公司的背后支持者。此外，罗贝尔还极力蛊惑尼古拉二世，向沙皇勾勒出西伯利亚大铁路的支线铁路为俄国获得巨额利润的前景。

罗贝尔公司在俄国政界内培养了一批支持者，他们或公开出面或私下秘密地赞同阿拉斯加—西伯利亚铁路方案，如俄国皇室大臣弗雷捷里斯克（В. Б. Фредериск）男爵、伊尔库茨克总督谢利瓦诺夫（Селиванов）中将、内务部宪兵独立团司令部总司令帕利岑（Ф. Ф. Палицын）、内务部委员格列布尼茨基（Н. Гребницкий），以及矿业学院的教授波格丹诺维奇等人。他们中的某些人之所以赞同罗贝尔提出的方案，不是出于个人私利或者狭隘的阶层利益，而是从"全国的"利益出发，即从为巩固俄国在远东的战略地位出发（如帕利岑），从东西伯利亚边疆区与伊尔库茨克地区的经济和社会发展利益出发（如谢利瓦诺夫），以及从太平洋海岸的利益出发（如格列布尼茨基和波格丹诺维奇）。维特和弗雷捷里斯克则从另外的角度阐明了支持方案的立场，他们希望利用罗贝尔公司增强美国在远东的竞争实力，从而实现孤立日本。尼古拉·尼古拉耶维奇大公关心东北西伯利亚公司的收益以及个人的获利，其余人则对官地价格提高带来的经济效益更感兴趣。

罗贝尔提出的方案也遭到一些人的反对，如阿穆尔沿岸地区总督翁特尔别格及其继任者格罗杰科夫（Н. И. Гродеков）、曾任阿穆尔军区司令部司令的鲁特科夫斯基（Рутковский）中将、陆军大臣雷迪格尔（А. Ф. Редигер）、国家监察总局局长菲洛索福夫（Д. Д. Философов）、内务大臣斯托雷平（П. А. Столыпин）、财政大臣科科夫佐夫、伊尔库茨克矿业管理局资深地质学家图利钦斯基、曾任内务部科雷姆和鄂霍茨克边疆区物资供应全权代表的布图尔林（С. Бутурлин）等人。

反对者们不愿美国在俄国远东地区的战略和经济地位提升，因为荒凉的东西伯利亚无法承受来自美国的商品冲击和大量士兵、商人的涌入，更不愿俄国自然资源被源源不断地输出到美国。他们认为，罗贝尔公司还会打破俄国政府在金融方面的主动权，因为仅凭俄国资金无法完成这样一项庞大的工程，最终俄国必然会向美国求助，由此将会引发一系列政治问题，如果撕毁与罗贝尔公司签订的合同不仅会引起俄美关系的紧张，还会引发与公司成员所在国之间的国际冲突。

为得到阿拉斯加—西伯利亚铁路的建筑权，罗贝尔公司准备对俄国政府做出各种让步。公司甚至还计划着开发远东地区的自然资源，并筹划将西伯利亚东北部从俄国分离出来，却对修建过程中在技术方面可能遇到的问题避而不谈。罗贝尔公司之所以劝说俄国政府取消阿穆尔铁路设计方案，就是为了使俄国放弃向阿穆尔沿岸地区移民。一旦这一计划得逞，俄国在丧失掉在中国东北南部和朝鲜的优势后，就无法通过阿穆尔铁路和移民重新巩固俄国在远东的地位。此外，阿拉斯加—西伯利亚铁路还会给俄国与太平洋水域之间的海上环球航线造成毁灭性打击，这也正是美国希望看到的结果。

俄国本想借助美国公司通过外交渠道向日本施压，因此进行两国商议美国阿拉斯加—西伯利亚方案的虚假宣传，但在权衡利弊后，俄国政府从"全国利益"出发，还是决定不能给予美国染指远东的任何机会，而且俄方通过多种渠道了解到美国承诺的工程建设资金根本无法保障。最终，1907年3月20日，罗贝尔提出的阿拉斯加—西伯利亚铁路方案遭到俄国政府回绝。

俄日决定联手抵制美国染指中国东北事务后，俄国政府决定不再考虑美国人提出的任何路权申请，然而美国人却还在执着地设计新的铁路方案。杰克逊（Jackson）等人提出修建西伯利亚大铁路的支线铁路，包括新尼古拉耶夫斯克—巴尔瑙尔—塞米巴拉金斯克（Семипалатинск）—维尔内（Верный）—塔什干铁路、新尼古拉耶夫斯克—巴尔瑙尔—塞米巴拉金斯克—奥尔斯克（Орск）—奥伦堡（Оренбург）—乌拉尔斯克（Уральск）铁路、塔伊加（Тайга）—维尔内铁路等多条支线铁路。杰克逊等人设计铁路的总长度为5350俄里，总投资4.84亿卢布，租让期为自竣工之日起的99年。杰克逊等人请求将铁路线两侧50俄里以内的土地划为铁路附属地，总面积达50万平方俄里。其承诺把一半的铁路附属地用于接纳俄国移民。

杰克逊等人提出这一支线铁路修建设想的目的在于，利用美国资本向俄国草原边疆区①的扩张，建立美国式的工业、农业和畜牧业基地，发展棉花种植园，加工矿产，培训工人、技师，开设集市等。这就意味着美国资本在想方设法防止英日同盟在亚洲发挥更大的作用，美国想通过占领俄国的远东地区、中亚地区和阿穆尔沿岸侧翼地区建立起向西伯利亚、中国东北进军的基地。

但俄国贵族和大地主已经在草原边疆区发展了畜牧业，这就注定了杰克逊等人在草原边疆区修建铁路的申请不会成功。尽管哈里森于 1907 年提出给予 10 亿卢布资金用于在西伯利亚和远东地区修建铁路，但也没能改变杰克逊等人的方案被回绝的命运。俄国总司令部关心中亚边境地区的边防，这里由于 1905 年英日同盟重建，边境安全面临威胁。为保护边境安全，俄国政府在萨拉托夫修建了跨伏尔加河的又一条桥梁，将乌拉尔斯克与奥伦堡—塔什干铁路和塞米巴拉金斯克连接起来。

美国金融家则提出迂回政策，从阿穆尔沿岸地区、中亚和乌拉尔周边地区入手，对西伯利亚大铁路施加压力。早在 19 世纪 90 年代末，美国犹太银行家希夫在经过论证后提出过将俄国和美国的铁路、轮船运输连接起来的全球运输战略构想。这样一方面可以打开俄国市场来销售美国工业品，另一方面能够刺激海洋沿岸具有野心的金融家加入西伯利亚的自然资源开发中。

希夫在日俄战争期间三次筹集资金给予日本金融支持，并成功使日本承认美国提出的"门户开放"政策。日俄战争期间及战后，希夫计划在中国东北和腹地修建与西伯利亚大铁路竞争的铁路线，从而夺取西伯利亚大铁路在太平洋的出海口。希夫希望解决中国东北的政治问题，获得在国际贸易中的有利地位。他的团队设计的环球铁路方案包括了横贯美国大陆的铁路、中国东北的铁路等。此外，希夫团队还取得了西伯利亚大铁路至波

---

① 俄罗斯帝国的一个行政区划，也称草原总督辖区，存在 35 年，即 1882—1917 年。其包括西西伯利亚总督辖区的一部分（阿克莫林斯克州和塞米巴拉金斯克州）以及土库曼总督辖区的塞米列琴斯克州，行政中心为鄂木斯克市。

罗的海的运输权，因为美国轮船公司拥有从波罗的海继续运输乘客和货物的航线。

实际上早在日俄战争期间，美国已经趁日俄实力削弱之时确立了更为现实的政策，即占领日俄的国内市场及传统海外市场。美国是想通过把欧洲、美国与亚洲，把太平洋与大西洋连接起来的国际铁路线和海上航线缩短这些市场间的距离，为美国的全球贸易服务。

美国资本在远东外交舞台上进行一次又一次的冒险，无非是为了在太平洋地区孤立俄国，这既包括军事政治方面的孤立，也包括经济金融方面的孤立。美国把俄国视作一个可有可无的玩伴，拉俄国加入一个危险游戏，游戏的主角是欧洲列强和美国，它们都在争夺各自的势力范围。美国通过错综复杂的外交关系网，希望利用俄国在日俄战争中战败的事实建立起对东西伯利亚的经济金融控制，并等待将东西伯利亚从俄国分离出去的时机。

第三节　美国与俄日在中国东北的纷争

美国作为较晚入侵中国的帝国主义国家，没有像欧洲列强那样在中国腹地和东北地区部署较多兵力。为维持各国开发中国资源的"平等"原则，美国只能借助俄国和英国的扩张，或凭借经济实力向"盟友"施压。19 世纪末，美国为寻求"平等"遭受了挫折，欧洲列强利用外交和地缘政治优势不断在中国境内扩张。美国反对俄国一国独霸中国东北地区，提出了与日本联合全面侵略中国的主张。为实现目的，美国采取了"联日反俄"、推行"金元外交"等政策。哈里曼提出的"环球铁路运输计划"是美国在亚太地区乃至世界推行扩张政策的重要工具，为此他提出收购南满铁路和中东铁路的计划，但均以失败而告终。此后，新法铁路和锦瑷铁路方案相继夭折。在抛出满洲铁路国际化的计划后，美国不但没能成功夺取南满铁路和中东铁路，反而促使日本和俄国的关系进一步缓和。

一 美国介入中国东北

19 世纪 90 年代末，美国的经济实力开始赶超老牌欧洲列强，已经拥有了几乎可以吞并整个拉丁美洲和欧洲的资金实力。依靠不断增加的优势，1899 年，美国国务卿海约翰提出对华"门户开放"政策。其目的是维护各国在华特权，缓和列强争夺中国的矛盾，并通过提出机会均等、利益均沾原则，使中国市场在美国与各国的争夺中保持对美国商品的自由开放。"门户开放"政策的提出，是美国侵华行动的"里程碑"。同时，这一政策也得到列强的普遍欢迎，并使列强在侵华目标上暂时达成共识，避免了各国因在华利益的相互抵触而矛盾进一步激化，也促使它们由争夺在华利益转变为某种程度的相互合作。

随着经济实力的增长，美国已经成为列强中推行侵华政策的主导国。此后，美国在中国虽然没有强占、"租借"领土和划分势力范围，但却以更狡猾的方式扩大侵略。美国的真正意图在于控制中国东北地区，建立后方基地，为向俄国远东地区扩张埋下伏笔。为实施这些计划，1901 年，美国派出考察队完成了在中国东北和西伯利亚的研究考察，考察队在这里找到了美国所需要的商品销售市场。美国控制太平洋市场和中东铁路的计划变得越来越庞大，也越来越具有挑战性，甚至是脱离现实的。

美国的铁路活动家、轮船主、工厂主和商人等都支持国家的对外扩张政策并积极参与其中，远东市场对他们有着极大的吸引力，他们不想将其拱手让给欧洲的竞争对手。他们中的很多人本身就参政或与美国政界人士有着密切联系，因此对美国政府中东铁路国际化政策的转变起到一定的作用。

对于美国来说，"门户开放"政策已经从在中国东北实行的一种防御手段变成对中国和俄国远东地区展开进攻的手段。这一政策既不是排他的政策，也不是被动的政策，因此一经提出就获得列强的全力支持，因为它反映出在中国争夺势力范围的各方力量不均衡、不稳定。列强相信美国不会选择各国已经建立的势力范围，也不会在中国实行垄断统治。然而，1900 年中国的义和团运动打破了各方力量的原有平衡，俄国借机出兵中国东北并实行全面占领。俄国占领中国东北后的一系列活动引起了其他列强的不安，特别是美国、英国、日本等在利益上与东北较为密切的国家反应更为强烈，它们通过各种渠道密切注视着俄国同清政府及地方当局的谈判。由此可见，美英日三国在巩固中国东北和朝鲜势力范围、削弱俄国在远东影响问题上已经达成了共识，而俄国为了争夺中国东北而与列强之间的矛盾不断加深。

（一）实施"联日反俄"计划

美国反对俄国一国独霸中国东北地区，提出了全面侵略中国的主张。西奥多·罗斯福任总统期间，美国对内进行改革，对外奉行门罗主义、实行扩张政策，建设强大军队，急剧扩大海军规模。他成功调停了日俄战争，并开始修建巴拿马运河。这一时期，美国资本的军事化与外交的谨慎性交织在一起。为了实现政治目的，美国巧妙地利用了其他列强之间的矛盾。例如，当1901年初得知俄国企图同中国单独缔约后，美国联合英国、日本对俄国的行动表示强烈反对，还有意拉拢日本和英国以在政治上孤立俄国。但由于1900—1903年美国忙于处理巴拿马问题，在1903年前，孤立俄国的政策并没有获得实质性进展。

20世纪初，美国开始在远东推行更为积极的扩张政策。美国和日本将俄国视为在远东的工商业和军事政治领域的最主要对手，美日两国商议，从东西伯利亚和中国东北地区入手瓦解俄国在远东的势力。美国加强向中国东北北部地区和俄国远东地区的经济贸易扩张。1900—1903年，美国向中国大量出口棉纺织品、煤油等商品，其中东北地区是美国棉纺织品的重要出口市场，占全部对华出口额的90%左右，[①] 由此对俄国棉纺织品、煤油等商品的对华出口构成威胁。日本在与美国交好的同时也不断扩大在中国东北的贸易额：1902年，日本垄断了中国东北40%的进口贸易和90%的出口贸易。

日俄战争前，美国并不想与俄国或者日本发生直接冲突，只欲借两国

---

① 李艳芬：《美国的中东铁路政策评析（1895—1922）》，东北师范大学硕士学位论文，2007，第11页。

矛盾赢得贸易上的自由。在几次向俄国申请参与修建中国东北和西伯利亚的铁路均遭失败后，美国资本家开始积极怂恿日本反对俄国。他们的目的很简单，第一，帮助日本占领朝鲜和中国东北，利用日本在对俄战争中国力耗尽的契机，占领日本在战争中获得的土地。第二，由于俄国战败和国力衰弱，美国资本可以轻松地进入西伯利亚和远东地区，从而使西伯利亚和远东地区的领土从属于美国。美国的计划可谓一箭双雕，坐收渔翁之利。日俄战争后，俄国为支付战争的巨额花费希望得到美国的资金支持，然而在战争中美国政府的亲日立场和所作所为又让俄国无法对美国完全信任。

早在 1903 年 5 月，海约翰就公开致信罗斯福，指出日本人"很会揣摩我国的哪怕是最小的带有鼓励意味的暗示，只要我们递个眼神，他们就能紧紧扼住俄国的咽喉"。日俄战争中，美国提供给日本工业品和食品，还向日本提供借款 1.8 亿美元，占日本战争花费总额 4.1 亿美元的 44%。借助于英美借款，日本士兵才能真正实现"扼住俄国的咽喉"。由于美国政府担心日俄双方会联手从中国东北赶走"第三方多余的力量"，且美国资本认为俄日相互厮杀能带给其更多的经济利益，美国借战争更多地消耗俄日两国的军事和经济实力。美国虽然在战争中与日本结盟，但却不愿俄国在远东的力量被大幅削弱。罗斯福曾表示，"朝鲜可以属于日本，美国不会对此持反对态度，但是……日本不断扩大在中国的势力却是美国不愿看到的，俄国应该留在中国东北（牵制日本）"。[①] 可见，美国是想用"牺牲"朝鲜来换取日本人积极支持"门户开放"政策，默许美国在中国东北的势力扩大。

对马海战之后，俄国海军遭受毁灭性打击，已经无力再战，加之国内反战运动此起彼伏，俄国政府陷入危机。日本虽然看起来占了上风，但军队损失惨重，在国内外债台高筑。在此情况下，日本请求美国进行停战斡旋。美国认为日本已经取得了优势，美国也可以分享这种优势带来的好处，同意出面斡旋。为保护中国东北的"战争区"，美国考虑到日本是战胜国，同意日本占领哈尔滨、奉天和旅顺铁路等权利，俄国应给予日本适

---

① Борзунов В. Ф. Транссибирская магистраль в мировой политике великих держав. Ч. 2. М., 2001. С. 36.

当赔款等。美国报界一边倒地站到日本一边，甚至还建议日本就势占领符拉迪沃斯托克（海参崴），允许所有列强国家在阿穆尔河流域自由航行，对萨哈林、俄国太平洋海域符拉迪沃斯托克（海参崴）与阿穆尔之间的地域进行监管等。①

在报界的煽动下，很多美国资本家误以为这样的大胆设想能够实现。在之前罗贝尔申请西伯利亚大铁路修建权时，支持他的美国议员就提出过占领伊尔库茨克以东领土的妄想。美国资本家之所以坚信这样的计划能够实现，是因为他们非常清楚日俄战争期间俄国的经济和军事政治实力都在迅速下降，如 1904 年法国提供的借款显然不够俄国支付高达 65 亿卢布的军费开支，而在 1905 年初，俄国尝试向 "里昂信贷银行"、"巴黎—荷兰银行" 和其他银行举借新的贷款但均未成功等。此后，俄国改变了外交策略，顺利与日本达成了划分远东势力范围的协议，部分修复了因俄日冲突而破坏的关系，没有给美国染指远东的机会。

（二）推行"金元外交"

随着 1909 年塔夫脱就任总统，美国在中国东北地区的扩张呈现愈发加强之势。在对华政策上，塔夫脱认为罗斯福与日本交好以换得在华利益的政策并不可取，转而提倡并大力推行 "金元外交"，还宣称政府积极支持美国财团对外经济扩张。在塔夫脱和国务卿诺克斯的推动下，美国金融界于 1908 年 6 月组成了由摩根财团、坤洛公司、花旗银行及第一国民银行参加的专门从事对华投资的财团，美国对华外交出现了新的活跃姿态。② 美国认为提供对华铁路借款具有重要的政治意义，因此竭力倡导成立一个由英、法、美、德组成的四国财团负责对华铁路贷款。然而，英、法、德财团却不同意美国财团的加入。无奈之下，美国政府不得不一面与各国政府交涉，一面向清政府施加压力。③ 经过几番交涉，美国终于达成了夙愿。

---

① W. B. Thorson, "American Public Opinion and the Portsmouth Peace Conference," *The American Historical Review*, Vol. 53, No. 3, pp. 445 – 446.

② 陶文钊、何兴强：《中美关系史》，北京：中国社会科学出版社，2009，第 46 页。

③ 陈亚：《1896—1911 年摩根财团对中国铁路特权的争夺》，《黔南民族师范学院学报》2014 年第 6 期，第 86 页。

1910 年 5 月，由英、法、德、美四国组成的国际银行团成立。至此，美国后来者居上，在争取对华利益方面拥有了与侵略中国已久的英、法、德等老牌列强平等的地位。

除此之外，美国在太平洋地区的国际地位也逐渐发生了变化。随着巴拿马运河的建设，美国在太平洋地区的贸易和政治优势凸显。塔夫脱利用新的市场变化形势，在为美国商品寻找世界销售市场的同时，也为美国资本向海外投资寻求新的市场，并宣告"美国不重视远东对外贸易利益"的时代已经结束，呼吁美国制造商和资本家要充分利用在远东的无限商机。

美国不愿俄国和日本垄断中国东北，在"对中国北部地区的国际监管"区积极推行"金元外交"政策。美国政界、商界人士非常清楚，若要打破俄日联手局面、分享它们在中国享有的共同利益，只能通过经济手段来实现，具体来讲就是通过控制中国铁路网来瓦解俄日同盟。美国提出在中国实行"门户开放"政策，其目的就是要夺取铁路修建权，这也是美国对华政策的核心利益。日本在中国东北实行的保护主义政策深深刺痛了美国商人的自尊心，他们意识到，只有美国人在中国东北拥有铁路线，才可以帮助美国资本进入中国市场。因此，摧毁俄国和日本在中国东北的垄断地位成为美国资本的重要任务。

二 推进中东铁路国际化政策

中东铁路是哈里曼设计的环球运输系统中的组成部分之一。美国企图介入中国东北事务，一方面要从日本手中收购南满铁路，另一方面还要与俄国争夺中东铁路的经营权。于是美国提出了修建新法、锦瑷铁路的构想，甚至还计划实现中东铁路的国际化。由于各种原因，最终这些计划和构想都未能实现。

（一）哈里曼"环球铁路运输计划"破产

哈里曼是美国垄断资本巨头之一，号称美国"铁路大王"。他与美国八大财团之一的库恩—罗比财团关系密切，帮助财团先后收购了联合太平洋公司、南太平洋铁路公司等。在掌握横贯美洲大陆的铁路的同时，哈里曼提出建立贯穿欧亚大陆、将太平洋和大西洋航线连接起来的庞大的环球运输系统，即"统一环球一周的交通系统，就是在美国控制之下，将贯穿日本、满洲、西伯利亚、俄国的欧洲部分、大西洋的交通事业收归美国之手"①。其目的是要使"美国不但在东方处于领导地位，而且在一定程度上操纵欧亚两洲最发达地区的贸易"②。在美国政府的支持下，哈里曼计划用美国资本发展远东的交通运输业，将太平洋的通商霸权控制在美国人手中，最终建立起美国操控的一个环球运输系统。在这个系统中包括一个跨欧亚大陆的"环球铁路运输计划"，俄国的西伯利亚大铁路和与之相连的中东铁路及其支线自然被纳入这一计划。它是美国在亚太地区进行的经济扩张的一个组成部分，反映出美国资本参与争夺中国路权的野心，也是美国推行"门户开放"政策的体现。归根结底，美国随着经济实力的增长，已经不满足于列强在中国原有的利益分配格局，正在等待时机向已经在中国获得利益的欧洲列强展开进攻，当然最重要的是反对俄国资本独霸中国东北。

1896 年 9 月，俄国取得在中国境内修建中东铁路的权利，这让美国如坐针毡，其联合英、日两国，一致强烈反对俄国独霸中国东北，还鼓动英、日两国把俄国从太平洋地区驱逐出去。对此，库塔科夫撰文评论道："已经到了美国人所幻想的使整个俄国远东地区臣服于美国垄断资本的时期。哈里曼提出的'环球运输系统'是与把俄国的西伯利亚和远东地区变为美国的半殖民地构想联系在一起的。"更有激进的美国人提出要把东西伯利亚和远东地区从俄国版图中分离出去，宣称"太平洋亚洲海岸应该属于美国""俄国边界起于伊尔库茨克"等。③

哈里曼提出的"环球铁路运输计划"是美国在亚太地区乃至世界推行扩张政策的重要工具。哈里曼将实现计划的突破口选定在中东铁路，夺取南满铁路成为落实这一计划的第一步。哈里曼的计划是，先从日本手中获

---

① 宓汝成编《中国近代铁路史资料（1863—1911）》第 2 册，北京：中华书局，1963，第 596 页。
② 金士宣、徐文述编著《中国铁路发展史（1876—1949）》，北京：中国铁道出版社，1986，第 202 页。
③ Кутаков Л. Н. К истории Портсмутского мира 1905 //Известия АН СССР. Серия истории и философии. 1952. Т. IX. № 2. С. 178.

得南满铁路的控制权，再从俄国手中购买中东铁路，之后争取得到敷设西伯利亚至波罗的海沿岸铁路的权利，这样就可以开辟出一条通往美洲的海上航线。

日俄战争后，两国因实力削弱而被迫讲和。美国作为朴茨茅斯谈判调停人，立场更偏向于日本。在谈判中，当日本提出的索取库页岛及其附近岛屿的要求被俄国坚决回绝导致谈判一度搁浅时，罗斯福劝说沙皇放弃已经被日本占领的库页岛南部地区，否则俄国有可能失去贝加尔湖以东的整个西伯利亚地区。美国给予日本"友好"的帮助，是希望从日本人这里获得报酬，实现其"环球铁路运输计划"的第一步，即推行日美对南满铁路的联合经营。

为了在同俄国的谈判中抢占先机，日本在朴茨茅斯谈判开始前就频频向美、英示好。日俄停战不久，日美两国间就进行了一次肮脏的交易。1905 年 7 月，时任美国总统代表、陆军部部长的塔夫脱来到日本与桂太郎进行谈判，他们背着俄国签署了一份备忘录，内容为：日本承认美国对菲律宾的控制，并对菲律宾不存在任何侵略意图；美国认为日本对朝鲜的统治乃是这次战争合乎逻辑的结果，并将有助于维持远东的持久和平。1905 年 8 月 12 日，英日签署了第二次同盟条约，英国承认日本在朝鲜的政治、经济和军事利益。俄国为了与日本"建立互信关系"不得不接受其丧失在朝鲜的地位这一现实。本不属于美国的朝鲜屈辱地被美国作为实现共同经营南满铁路的筹码送给了日本军国主义者。1905 年 11 月 17 日，日朝协约签署，朝鲜的独立主权被剥夺。

1905 年 8 月 16 日，在朴茨茅斯会议谈判正酣之际，哈里曼亲抵横滨，兜售"环球铁路运输计划"。虽然当时日俄仍在谈判，但东北南部划归日本已成定局。哈里曼认为，日本因战争债台高筑，尚未对东北南部制定长远规划，且对铁路的重要性认识不足，正是美国一举拿下南满铁路的绝好时机。哈里曼到达日本后，直接同日本首相桂太郎进行了谈判。10 月，经过多次努力，哈里曼获得了桂太郎对事先拟定的书面协议的首肯，这份协议规定由哈里曼组织银行团，购买日本获得的南满铁路，日美两国共同经营南满铁路，并协作开发与铁路建设相关的煤炭、木材、矿产资源和其他项目等。南满铁路是哈里曼"环球铁路运输计划"中重要的一环。

哈里曼在得到桂太郎的承诺后，自以为大功告成，满意而归。恰在此时，参加朴茨茅斯谈判的外相小村返回日本，当他得知桂太郎与哈里曼达成的协议的内容后，认为南满铁路是日本在战后取得的唯一战利品，决不能拱手让人。小村还指出，如果日本将南满铁路出售给美国人，中国东北就会变成日本和其他国家之间进行贸易竞争的地区，因此坚决反对。在《朴茨茅斯条约》正式生效一个月后，美国丧失了与日本共同经营南满铁路的机会，还没抵达美国国土的哈里曼收到了日本欲重审桂太郎与哈里曼签署的协议的电报。日本重审的理由是，《朴茨茅斯条约》第六条规定"俄国人将南满铁路各项权利转交给日本要事先征得中国同意"。1905 年 1 月 16 日，日本撕毁了与哈里曼达成的协议。

哈里曼在遭受挫折后仍不甘心。1906 年春，哈里曼派库恩—罗比财团的首脑人物斯奇夫前往日本再次"重启方案"。虽然库恩—罗比财团在日俄战争中给予了日本资金帮助，但没有得到日本相应的回报。相反，日本比俄国更加坚决地抵制第三国染指中国东北。看到日本态度如此坚决，哈里曼又转而同俄国交涉购买中东铁路一事。此时，俄国国内很多人认为在中国境内的中东铁路不利于俄国的战略发展，而且这段铁路已经让俄国政府背负了 5 亿卢布的包袱，主张将中东铁路出让。1908 年 6 月，俄国政府又做出了在俄国境内另修阿穆尔铁路取代中东铁路的决定。哈里曼不肯错过这一良机，又让斯奇夫出面交涉购买中东铁路的事宜。然而，这一时期的俄国和日本已经缓和了关系，在铁路问题上已经达成默契，共同抵制他国染指。日本刚刚争取到英国提供的发展南满铁路的贷款，不会轻易放弃南满铁路，俄国也就不会出售中东铁路。哈里曼收购南满铁路和中东铁路的计划宣告彻底失败。

（二）新法铁路和锦瑷铁路方案夭折

在哈里曼收购南满铁路的计划落空后，俄日达成了联手防止美国进入中国东北的默契。日本不顾美国在日俄战争时期的支援，对美国资本进入中国东北甚至太平洋地区的渠道都加以封锁，致使美国对华贸易大幅下降。1905—1913 年，美国对华贸易额下降了 50%。[1] 特别是在中国东北地

---

[1] Ниринг С. ，Фримен Д. Дипломатия доллара. Л. ，1926. С. 41.

区，美国的贸易额大幅下降。根据《纽约时报》的统计，从 1905 年到 1909 年，美国输入东北的商品从 2350 万美元下降到 750 万美元，对东北的出口额从 60% 下降到 35%。① 取而代之的则主要是日本商品。

美国自然不甘就此退出中国东北舞台，作为回击，美国加强了在中东铁路和南满铁路附属地对日本和俄国的进攻。美国驻哈尔滨领事馆单方面宣称不承认俄国在中国东北享有的行政权，反对俄国人在中东铁路附属地和哈尔滨进行社会管理，其目的是想利用这次"哈尔滨事件"削弱俄国在中国东北的影响力，并以此威慑日本，使之退出东北。出乎美国意料的是，这次"事件"非但没有削弱俄国在中国东北的影响力，也没有赶走日本，反而使俄日两国在反美上更加"团结一致"。

面对俄日联手抵制美国的局面，美国一筹莫展。恰在此时，清政府也不愿看到俄日两国在东北为所欲为，有人提出修建"新民至法库门再至辽源州、抵齐齐哈尔"的铁路"以联络蒙疆，收回利权"② 的建议。新任东三省总督徐世昌赞同这一计划，并确定引进外资的原则。美国驻奉天总领事司戴德在得知这一消息后，表现得十分积极，力劝清政府借用美国资金。1907 年，唐绍仪被任命为奉天巡抚，并负责东北地区的对外交涉事宜。他企图引进英、美资本，修筑新法铁路，以制约日本。哈里曼对新法铁路很感兴趣，因为它与南满铁路平行，可以对中东铁路构成威胁，它还是哈里曼设想的"环球铁路运输计划"的重要组成部分。哈里曼在司戴德的引荐下，与唐绍仪达成了建立国际银行的口头协议，并准备注资 2000 万美元。哈里曼认为，国际银行可以成为中国东北的金融中介，还能够稳定中国东北的外汇市场，投入的资金能够用来扶持东北地区的中国工业和铁路企业，最重要的是美国可以就此介入中国东北事务。1907 年 8 月 7 日，司戴德在日记中描述道，"如果这一方案能够实现，我们就可以在中国东北的发展中扮演重要角色。我们在中国的影响将显著提升"。③ 1908 年，

---

① 余伟:《美日在东北的一场激烈争夺》，载汪熙主编《中美关系史论丛》，上海:复旦大学出版社，1985，第 300 页。

② 步平等编著《东北国际约章汇释（1689—1919）》，哈尔滨:黑龙江人民出版社，1987，第 349 页。

③ H. Croly, *Willard Straight*, New York: Macmillan, 1924, p. 6.

司戴德携带成立国际银行的协议草案返回纽约。之后哈里曼召集银行家希夫等人召开了数次会议,商谈有关成立国际银行的事宜,唐绍仪还专程赴美参加过会议。1908 年 11 月,谈判由于光绪帝驾崩而突然终止,此后慈禧太后独揽大权,成立国际银行一事不了了之。

见利用美国资金不成,唐绍仪又转向英国,与保龄公司接洽。保龄公司愿意出资修筑新法铁路,并得到英国驻华公使朱尔典的支持。1908 年 11 月初,双方就铁路相关问题达成协议并签订了工程合同十七条。[①] 日本得知此事后,一面向清政府外务部抗议,一面向英国施压。英国政府因与日本有盟约关系,不便支持保龄公司。最终,利用英国资本修筑新法铁路的计划也难逃夭折的命运。

日本虽然对美国咄咄逼人的进攻很反感,但也不愿重蹈俄国在中国东北的覆辙,因此想方设法稳住美国,对美国在太平洋的地位和在中国已经确立的势力范围不予以干预。1908 年 11 月 30 日,日本驻美国公使高平小五郎赶在唐绍仪赴美之前,与美国国务卿鲁特(Root)签订了《关于太平洋方面日美交换公文》。这是日本为了缓和与美国的关系,确保对华侵略政策实施而采取的缓兵之计。尽管美国在华地位得以巩固,但这离哈里曼实现他梦寐以求的目标似乎仍很遥远,哈里曼没有停止他的脚步,又提出了一个新构想。

哈里曼的新构想就是修建锦州—瑷珲铁路。这条铁路贯穿俄国和日本在中国东北的势力范围,可以将东北货物直接运输到海岸,从而形成对中东铁路、南满铁路货物运输的威胁,终结这两条铁路的垄断地位。南满洲铁道株式会社总裁后藤新平指出,"与中国南部地区铁路连接起来的锦州—瑷珲铁路将断送南满铁路的货运量,摧毁齐齐哈尔—宽城子路段具有的货物中转作用"。[②] 美国的最终目的是想借锦瑷铁路将俄国、日本从中国东北赶出去,换来美国商品独占东北乃至全中国的垄断地位。

---

① 步平等编著《东北国际约章汇释(1689—1919)》,哈尔滨:黑龙江人民出版社,1987,350 页。

② Борзунов В. Ф. Транссибирская магистраль в мировой политике великих держав. Ч. 2. М.,2001. С. 50.

1909 年塔夫脱就任总统后，更加强调通过外交手段为资本输出铺平道路。这一时期，美国的一些财团和银行实现了联合，可以提供更加充足的资金。这就为哈里曼新构想的实现创造了物质条件。1909 年 10 月 2 日，东三省总督锡良与美国银行团（摩恩和库恩—罗比财团、美国第一国家银行、美国城市银行等）代表司戴德签订了《锦瑷铁路借款草合同》，规定美国财团出资，英国保龄公司承办修筑铁路工程，铁路建成后由中、美、英三国合组公司管理。保龄公司与美国银行团之间签署了补充协议，涉及供应铁路建筑材料和工程师平等参与初期修建等。

日、俄对修筑锦瑷铁路反应强烈，联合起来共同反对这一计划，形成了对抗美国的强有力阵线。俄国甚至威胁说，如果美国将筑路工程师派往齐齐哈尔，就会派出俄国军队。法国看到俄、日的抵制态度如此坚决，也表示反对。美国不愿树敌过多，考虑暂时搁置锦瑷铁路修筑计划。1910 年 6 月，美国驻上海大使罗森（Rosen）曾表示："从战略角度来看，修建锦州—瑷珲铁路的构想对我们是不利的，由此衍生出的不是金融问题，而是与'门户开放'政策相关的特别重大的政治问题。美国正是在这一政策的掩护下插手的中国内政。"[1] 1909 年 10 月 10 日，铁路大王哈里曼病故，美国的银行家们表示不再参加锦瑷铁路相关活动，这一计划就此画上了句号。

（三）提出满洲铁路国际化计划

新法铁路、锦瑷铁路方案的夭折并没有动摇塔夫脱政府争夺中国东北路权的决心，美国银行团的组建增加了美国对华投资使用的资金，更坚定了美国政府收购中东铁路和南满铁路的信心，美国随即积极开展外交攻势。1909 年 11 月 6 日，美国以国务卿诺克斯的名义向诸列强发出备忘录，提议组建国际银行团，并再次提出购买中东铁路和南满铁路的计划，是为满洲铁路国际化计划，也称为诺克斯计划。诺克斯提出的满洲铁路国际化计划是指，形式上以《中俄合办东省铁路公司合同章程》中关于中国可在通车 36 年后给价收回铁路的规定为依据，在征得各国同意后将赎回日期提

---

① Борзунов В. Ф. Транссибирская магистраль в мировой политике великих держав. Ч. 2. М.，2001. С. 54.

前，款项由各国出借，中国在还清借款前将铁路置于国际委员会的联合管理之下。美国此计划的出台是想组织英、法、德共同对日、俄施压，以达到阻止俄日联合侵吞中国东北、巩固美国在东北地位的目的。对铁路实行国际共管实际上就意味着把中东铁路和南满铁路转交到以美国为首的国际银行团手中。日、俄两国非常清楚，一旦美国获得了中东铁路和南满铁路，就相当于实现了哈里曼"环球铁路运输计划"的重要一步，这将为美国的全球扩张奠定基础。

为推销满洲铁路国际化计划，美国驻俄国大使罗克希尔（William W. Rockhill）于 1909 年夏天来到彼得堡，使出浑身解数向俄国宣传满洲铁路国际化计划，他向外交大臣伊兹沃利斯基直言，"在满洲事务上俄国必须与美国并肩作战，坚持'门户开放'政策，反对日本的侵略政策"。罗克希尔认为，满洲铁路国际化将"终结日本的进一步扩张"。[①] 但是罗克希尔的言辞并没有打动伊兹沃利斯基，反而使外交大臣意识到来自美国的威胁甚至要大于来自日本的威胁。因为俄国很清楚，日本军事战车的矛头指向的是朝鲜和中国，而不是俄国，日本并不想与俄国结怨，其一直在寻找与俄国交好的途径，缓解不断增长的来自美、英的反日情绪。

1907—1909 年，阿穆尔沿岸总督翁特尔别格预感日本迟早会进攻符拉迪沃斯托克（海参崴）并占领阿穆尔沿岸地区，他的担心引起了俄国远东地区的反日情绪。罗克希尔利用这一时机，在美国报刊和德国媒体上进行大肆渲染，到处散布谣言，加重了俄国人的恐慌情绪。1909 年秋，俄国军官开始把生活在中国东北的家眷送回俄国，许多大型公司暂停业务，并向地方当局报称对日战争一触即发。日本政府一直在密切关注俄美交涉的进程，并寻找时机揭穿罗克希尔的阴谋。1909 年 12 月，日本首相桂太郎在与俄国大使的谈话中直接指出，诺克斯的方案"建立在媒体夸大俄国民众对日本不信任态度的立场上"。[②]

---

① Борзунов В. Ф. Транссибирская магистраль в мировой политике великих держав. Ч. 2. М.，2001. С. 51.

② Борзунов В. Ф. Транссибирская магистраль в мировой политике великих держав. Ч. 2. М.，2001. С. 52.

罗克希尔在彼得堡的游说没有取得成效，伊兹沃利斯基对他的提议予以否决。俄国坚持自己在中国的利权并无任何损害，并强调对中东铁路拥有80年使用权，即使出售也要在30年后，况且俄国已经在铁路建设中投入巨额资金。1910年1月21日，俄国正式回绝了诺克斯的满洲铁路国际化计划。

日本对诺克斯计划也持反对立场，表示不相信"国际组织代替国家经营会更有效"，声称南满铁路系日本以巨大牺牲和巨额投资获得的，不允许美国银行家通过交易公司唾手而得，对铁路不能不尽保护职责。[1] 显然，日本不想失掉在中国东北南部地区的优势地位，俄国也不想放弃中东铁路。英国和法国又分别是这两个国家的盟友。日本和俄国不仅不想把铁路置于美国银行家的监管之下，也不允许构成竞争的铁路线修建，满洲铁路国际化将对俄日在中国东北的经济和政治利益造成巨大损失。实际占据中国东北铁路的俄、日两国公开表示反对，其又有其他列强的支持，这迫使美国的满洲铁路国际化计划宣告彻底失败。

可以说，诺克斯计划是美国政府的一个重大错误，因为这一方案不仅没有考虑日本的利益，也没有顾及这一时期复杂的国际关系体系。该计划的错误在于美国政府不正确地评价了日俄战争后日本与俄国双边关系发展的前景。美国以为，日俄两国间的嫌隙和矛盾不仅依然存在，而且还将持续扩大。事实上，反倒是美国咄咄逼人的强烈攻势促成了日俄关系的拉近，双方把美国视为共同的敌人，这导致日俄密约的签署甚至日俄军事同盟关系的确立。这就是罗斯福总统政策中最明显的失误。美国所设计的美俄反日同盟是建立在共同剥削中国东北的基础上的，不仅没有考虑到正"向西转"的俄国的利益，也没有顾及正在筹备侵略中国的新 轮战争的日本的利益。日本和俄国在中国东北的共同利益具有稳定性，这种稳定性足以成功瓦解美国的进攻。

诺克斯计划使日本和俄国的关系得到进一步缓和。1909年11月8日，日本大使本野提议与俄国签署一项日俄同盟条约，便于共同侵略中国东北，同时还能抵制美国和英法染指东北。朝鲜并入日本后，日本对中国东

---

[1] 黄定天：《东北亚国际关系史》，哈尔滨：黑龙江教育出版社，1999，第252页。

北南部地区虎视眈眈，但是占领这一地区只能在俄国的支持下完成。为筹备日俄密约，1909 年 10 月，日本派出特使前往大连、奉天、哈尔滨和符拉迪沃斯托克（海参崴）进行非正式考察，并在哈尔滨与俄国财政大臣科科夫佐夫进行会谈。1910 年 1 月 21 日，日俄两国同日答复美国，公开拒绝诺克斯计划。面对美国的猛烈攻势，日俄有意拉近关系、一致对外，达成了缔结新协约的意愿。1910 年 7 月 4 日，俄日签署了第二次密约。美国媒体在评价这一密约对于美国的意义时指出，"门户开放"政策遭受前所未有的挫败，因为日俄两国决定"把其他国家从侵略中国东北中排挤出去"。

美俄之间争夺销售市场的竞争日益激烈。美国标准公司加强了对日本煤油市场的攻势，致使俄国煤油在日本市场的份额迅速下降。1904—1907 年，俄国向日本出口煤油数量从 110 万吨下降到 40 万吨。美国的纺织品大量涌入中国和日本市场，美国、英国、瑞典和德国争夺日本的钢和生铁市场。日本对美国商品的依赖程度越来越高。由于经济上无力与美国竞争，日本大力发展针对美国的军事舰队。随着日本海上军事实力的不断增强，日美在太平洋地区的对抗日益加剧。此外，日本在中国东北地区设置了针对美国商业资本的关税保护壁垒。即使在"金元外交"政策的掩护下，美国金融资本在远东的实力也被大大削弱。

诺克斯计划流产后，美国继续加强对中国的政治和金融攻势。美国意识到仅靠单打独斗很难与日俄在中国东北的联合势力相抗衡，必须借助其他列强之力。1910 年 6 月，为实现对华的湖广铁路借款，美国以"机会均等"为由，强行挤入英国、法国、德国的借贷合同，组成"四国银行团"，意在使用四国力量制衡日本、俄国。曾任美国驻奉天总领事、后在美国国务院负责远东事务的司戴德，自 1909 年 6 月起出任美国银行在四国银行团中的代表。他把美国加入四国银行团作为延续诺克斯计划的一个必不可少的条件。在司戴德的积极活动下，1911 年 4 月 15 日，四国银行团与清政府签订了《币制实业借款合同》。合同第十六款规定："如大清政府欲请外国资本家与中国合办东三省，以此借款兴办之事，或与其有关联者，应先请银行等承办。"① 这

---

① 王铁崖编《中外旧约章汇编》第 2 册，北京：生活·读书·新知三联书店，1959，第 704—709 页。

就相当于承认了四国银行团在中国东北享有垄断特权，美国借此就可以获得同日俄抗衡的优势。美国试图通过对中国东北事务的政治干预，使俄国和日本丧失在远东的优势地位，以另一种方式来实现诺克斯计划，即"满洲金融国际化"计划。1911 年 6 月 7 日，俄国召开的特别会议一针见血地指出："英法德美财团的计划具有纯粹的政治性，它对满洲国际化进行了新的尝试。"①

日本认为四国银行团将对日本在中国东北南部地区的地位构成威胁，极力表示反对。日本联合俄国对清政府施压，强迫清政府签订一项三国协议，用以"维持满洲现状"，阻止国际资本进入中国东北。为将美国排除在东北借款事务之外，日本外相小村提出建立由俄国、日本、英国和法国组成的一个联合组织垄断东北借款。此后，日俄两国先后向法国、英国、德国、美国发出照会，强烈要求"将借款合同第十六款完全删去，或将改款修正，删去优先权字样"。② 英国与日本、法国与俄国是政治盟友，英法不能无视日俄的要求。恰逢此时，德国在欧洲四面挑衅、不断滋事，英法也不愿过多卷入远东事务。于是，英法坚持要求吸收日俄加入银行团。1912 年 6 月 20 日，俄国和日本加入银行团，并成功取消了借款合同中的第十六款。1913 年 3 月 18 日，美国银行家向总统威尔逊提议退出银行团。美国提出的"满洲金融国际化"计划宣告落空。

综上所述，哈里曼策划的环球运输系统，目的是要建立起由美国操纵和控制的能够将太平洋、日本、中国东北、西伯利亚、欧洲和大西洋连接起来的环球一周的运输体系。占领中国东北是实现这一庞大计划的第一步，也是至关重要的一步。美国最先瞄准的是中国东北的铁路利权，西伯利亚大铁路在中国东北境内的铁路线——中东铁路就成为美国关注的焦点。除此之外，中国东北还有深入国内腹地的多条支线铁路，所以美国幻想着以铁路为突破点，将铁路沿线地区作为获得政治优势和夺取势力范围

---

① Борзунов В. Ф. Транссибирская магистраль в мировой политике великих держав. Ч. 2. М., 2002. С. 55.

② 王芸生编著《六十年来中国与日本》第 5 卷，北京：生活·读书·新知三联书店，1980，第 323 页。

的主要阵地。然而，早已盘踞东北的俄国和日本不可能将这里拱手让给美国，美国和日俄之间围绕中东铁路问题展开一系列角逐。罗斯福认为，美国要实现哈里曼的计划，需要拥有与英国舰队和德国军队相当的实力，但暂时美国的军事力量还没有达到这样的水平。此外，与其他列强相比，美国登上远东政治舞台较晚，因此较为孤立，面对欧洲列强和日本结成的统一战线显得力量单薄。哈里曼在塔夫脱总统的授意下承担介入中国东北事务的任务，然而他过于乐观地估计了当时的形势，实际上当时的美国并不具备战胜日本和俄国的实力，更不用说与背后支持日俄的其他列强较量了。

这是美国"金元外交"的彻底失败，也是"门户开放"政策的终结。尚处于成长期的美国资本试图以投机方式实现不切实际的庞大计划，这注定了其破产的命运。有美国分析家指出，若要实现美国夺取远东和控制全世界的梦想，美国资本家就必须小心藏起贪婪的野心。在与列强的交往中，只有披上"民主"的外衣并与其建立起"友谊"，美国资本才会被列强认可。

美国费尽周折想要加入中国东北的国际银行团以掩盖反日、反俄的真正企图，还策划东北铁路国际化，妄图控制铁路经营权，然而美国资本在中国东北也仅是昙花一现。哈里曼策划的环球运输系统只是一个让美国资本家为之疯狂的扩张计划，而根本不是为了满足美国人民的经济生活需要。以美国参与湖广铁路借款为例，美国对湖广铁路投入资金729.9万美元，而同时期美国国内许多金融和铁路方案却被束之高阁、无人问津。

美国为占领中国东北，采取两边倒的政策，一边扶持日本反对俄国独霸东北，另一边又联合俄国抵御日本，结果是竹篮打水一场空，反而使日俄提高了对美国的警惕，促成两国一致抵抗美国，连续几次签订密约。此外，美国在中国扶持亲美势力时几乎不加选择，只要能为美国效力就可以。美国的目标只有一个，那就是将中国的亲美势力置于庇护之下，想方设法与日本和俄国为敌。美国在中国东北的所作所为引起了中国、日本、俄国民众的反美情绪，促进了俄国特别是中国和日本社会思潮的形成和发展。

美国妄图建立主宰世界的环球运输系统这一计划遭受失败并不是偶然的，这是近代以来美国与俄日在远东斗争的必然结果，也与美国在远东外交中所处的孤立地位密不可分。此外，美国金融资本在俄国和中国根基不深，美国资本与俄国银行之间缺乏密切联系，美国在中国没有可供使用的港口，更没有军用陆地和海上基地等，这些也是造成美国在中国东北扩张的多项计划逐一破产的原因。日本与以俄国为首的欧洲资本在远东，特别是中国东北盘踞已久，它们之间为争夺势力范围而矛盾冲突不断。美国作为较晚登上远东舞台的国家，在金融和军事实力羽翼尚未丰满之时提出的全球政策必然会遭到列强的排斥和反对，因此争夺西伯利亚大铁路、建设环球运输系统对于美国来说只能是一个不切实际的、无法实现的幻想。

第五章

俄英争霸与结盟

19 世纪下半叶，英国工业独霸全球的地位开始动摇，但英国仍是世界上最富有的国家，殖民地遍及全球。1869 年建成的苏伊士运河和 1885 年通车的加拿大太平洋铁路都在不同程度上受英国控制，它们的建成使欧洲、美洲与太平洋之间建立起便利的交通运输联系。西伯利亚大铁路的修建打破了原有国际交通运输网的平衡，因为这条铁路经过亚洲北部陆地，可以为俄国的贸易和工业打开通往亚洲市场的出口，这势必会威胁到英国的利益，引起英国工商界人士的广泛关注。

第一节 俄英远东之争

19 世纪下半叶，英国称雄海上，霸主地位无人能够撼动。西伯利亚大铁路的修建打破了原有的世界交通运输格局，导致英俄两国的争斗不断升级。可以说，这条铁路对英国 19 世纪末 20 世纪初的外交战略演变产生了重要影响。

一 英国的海上霸主地位及面临的挑战

20 世纪前，大英帝国国力强盛，在工业、贸易、金融、交通领域的发展和殖民扩张方面居于主导地位。特别是经过几个世纪的海上扩张，英国确立了无可动摇的海上霸主地位。英国控制着海洋，掌握着海洋运输航线，凭借强大的海权，进行海上贸易、开拓殖民地，梦想将全世界都变成其原料产地和工业品销售市场。

俄国修建西伯利亚大铁路的消息在英国各界引起广泛关注。英国人担心当时的海上运输线，包括为海上运输服务的港口网络（如英国控制的直布罗陀、马耳他、苏伊士、加尔各答、香港、上海等港口）将面临西伯利亚大铁路的竞争，这条铁路还将威胁到海上贸易中心的利益。他们不愿西伯利亚大铁路建成通车后，欧亚大陆上形成新的贸易通道。英国作为老牌的殖民帝国，最大的梦想就是夺取更多的土地，直接或间接地控制原料产地，利用掠夺的原料发展本国的加工业和贸易。交通运输保障体系一直在英国的国家发展中占有重要地位，因为它是确保殖民地的原材料源源不断地输送到英国和英国生产的工业品销往世界各地市场的生命线。

英国的交通运输保障体系中居于首位的是舰队，为舰队提供物资的相关工业也很发达。英国经济以制成品工业生产为基础，其中尤以纺织业最为突出，在贸易额中占有大部分份额。英国不仅是工业品的供应商和运输者，还是原材料和半加工品的消费者。英国煤炭工业发达，19世纪中叶，煤炭产量占世界总产量的2/3。无论是轻工业的纺织业、重工业的机械制造业的发展，还是轮船运输业的发展，都离不开煤炭。19世纪下半叶，英国在全球贸易排名中位列第一，英国经济发展对贸易的依赖性很强，拥有发达的轮船运输业是英国成为世界贸易大国的前提。特别是在1876—1885年，英国工业产品的出口占世界总出口的大约38%，即使到1899年有所下降，仍占世界工业国家总出口的33%，是当时西欧、加拿大、美国、日本和印度的总和。[1]

在煤炭作为轮船动力的时代，与其他国家相比，英国的海上贸易占有绝对优势，其贸易商船队和军事舰队的数量居于世界领先地位。尽管自19世纪70年代起，英国在世界工业生产中的份额不断减少，但其在海洋运输业和殖民地方面的统治地位却丝毫没有被撼动。英国在世界贸易中的份额依然不减：1840年占27%，1896年占63%，1902年占52.5%，1906年占52.1%。在相当长的一段时间内，英国在世界贸易中的统治或优势地位无

---

[1] 林秀玉：《英国对外贸易现代化进程之探析》，《历史教学》2003年第6期，第43页。

人能敌。1860 年，英国轮船运输在国内进出口货物运输中所占比重为 56.4%，其他年份相应为：1870 年 68.4%，1880 年 70%，1890 年 72.7%，1904 年 64.3%。1903 年，从英国港口输出的航海用品为 3480 万吨，1904 年为 3600 万吨，1905 年为 3670 万吨。[1]

19 世纪末，英国商船在世界商船总吨位中所占比重达 50% 之多，英国轮船的数量和规模都位于世界前列。1895 年，英国商业轮船载重量占世界轮船总载重量的 52.78%，1899 年占 50.65%，1904 年占 47.06%，1910 年占 45.36%，1913 年占 43.50%，1914 年占 47.7%。海洋运输在英国经济中具有举足轻重的地位。英国舰队可以深入任何有海洋运输的地方，可以为没有轮船或者无法凭借本国轮船完成运输工作的国家（如美国、俄国和中国等）提供运输服务。1903—1904 年，英国舰队完成俄国海上贸易总量的 41.8%，德国海上贸易总量的 27.7%，法国海上贸易总量的 36.5%，美国海上贸易总量的 50.5%；1903 年完成日本海上贸易总量的 35%，1904 年为 52.5%。[2] 英国还可以为其他国家定制、建造轮船。1913—1914 年，英国轮船制造业承接的外国订单数量占订单总数的 22%。英国不仅拥有发达的轮船制造业，在世界轮船租赁业中更是独占鳌头，英国的轮船一直都以品质高且价格低廉著称。

英国是世界上主要的国际贸易中介，拥有的轮船载重量数倍于本国需求量。凭借如此雄厚的实力，英国得以在全部海上航线开展轮船租赁业务，与欧洲其他国家建立起海上交通联系。

英国充分利用早已建立起来的工业资本主义，占领一些重要的海运战略和贸易口岸，牢牢控制住打开通往世界海运大门的钥匙。在世界多地都有依附于英国的储煤站、船坞、码头，英国绝不允许他国觊觎海洋运输业的头把交椅。第一次世界大战前，世界上从事海洋运输的 90% 的轮船使用的煤炭由英国供应。英国在航海法、航行实践、轮船专业化以及轮船制造技术理论和实践方面拥有无可比拟的优势。

---

① Будилин Е. Н., Королев А. Англия конца XIX и начала XX вв. М., 1939. С. 3 – 7.

② Руммель Ю. В. Исторический очерк развития торговых флотов главнейших государств в XIX в. СПб., 1907. С. 30.

英国对海洋运输业给予很多优惠和扶持。虽然英国官方声称航海贸易自由，但实际上在英国的立法中有许多关税保护政策。政府还要投入巨额资金用于支付邮政通信、军舰和商船的补贴。到 20 世纪初，英国 11 家海洋公司每年获得的邮政通信补贴为 100 多万英镑，8 家轮船公司获得的补贴近 80 万英镑。[①]

19 世纪最后 10 年是英国海上实力发展的巅峰时期。商船队在从事运输活动时不仅会受到贸易和竞争等因素的影响，还会受到重大政治事件的影响，有些政治事件甚至把贸易商船变成了直接参与武装斗争的手段和工具。与此同时，英国还要迎接不断发展壮大的德国、日本、法国和美国舰队的挑战。

19 世纪下半叶，英国政府在对外关系上一直奉行"光荣孤立"政策，即凭借自身雄厚的实力不与他国结盟，不卷入欧洲冲突，置身于任何联盟之外。这一时期的英国外交有两个要点：一是捍卫国家领土不受侵犯，二是保护并发展经济和贸易。一般来讲，只要欧洲均势没有受到严重威胁，英国就不会介入欧洲事务。[②]

欧美列强的生产力飞速发展导致其国内市场无法消化过剩产品，因此必须加紧扩大国外市场，殖民地和半殖民地国家的市场可以显著扩大欧美国家的出口潜力。于是，列强为争夺新土地和新殖民市场在亚洲、非洲等地区的落后国家展开激烈竞争。在列强不断扩大资本输出的同时，落后国家的本国工业发展起来，于是逐渐形成新的国际劳动分工，国际贸易得到快速发展。在此基础上，交通运输的作用扩大，特别是海洋运输发展迅猛，因为它是大宗商品的主要运输方式。与此同时，商业轮船的生产技术越来越多地运用到军用轮船建造方面，越来越多的殖民行动借助于海运和铁路运输的联合作业实现。

交通运输领域的技术革命使海洋运输和铁路运输的战略意义不断增

---

① Борзунов В. Ф. Транссибирская магистраль в мировой политике великих держав. Ч. 2. М.，2001. С. 63.

② 刘成：《19 世纪英国孤立主义外交政策辨析》，《复旦学报》（社会科学版）2016 年第 4 期，第 107 页。

加。为便于运输商品，英国工业大多选择在通航水道旁设厂，这就使当时的水运发展对工业布局产生重要影响。同时，由于多数商品的交换需要远渡重洋，加上海运运量大、成本低，国际贸易量的 2/3 是通过海运完成的。海运方式逐渐从"自由航行"的传统运输（其航线不受规定的路线限制）发展到有固定船期、航线、停靠港口的班轮运输。为实现海洋运输的常态化和快速化，出现了客货混合运输轮船，其排水量为 6000—12000 吨，速度为每小时 12—17 节（1 节 = 1 海里/小时 = 1.852 公里/小时）。19 世纪 70 年代，英国在大西洋上最先开辟了专门从事客运的定期航线。

19 世纪中叶以后，轮船制造业领域的许多方面得到革新：螺旋桨逐渐取代明轮，造船材料从铁发展到钢，船舶的吨数不断增大；19 世纪末汽轮机和柴油机相继问世，又为船舶提供了新的动力；使用新技术装备的大型轮船建造企业诞生；商业轮船穿梭于大西洋与太平洋之间。同时伴随着这些变化的是，英国开始逐渐丧失了在世界海洋业中的霸主地位。20 世纪初，英国作为曾经不可一世的世界海洋强国，衰落速度还比较缓慢。到 1914 年，世界石油机船和柴油机船吨位数仅占世界商船总吨位数的 2.62%，但英国的石油机船和柴油机船吨位数在商船总吨位数中所占比例高达 45%。可见，这时期英国的海洋装备水平仍然可以傲视群雄。

二 西伯利亚大铁路改变世界交通运输格局

19 世纪末 20 世纪初，英国和俄国在东方展开的竞争都依靠传统的运输工具——轮船和火车。英国控制着远东的海上交通要道，英国舰船可以定期航经苏伊士运河和大西洋（经美国和太平洋）。从 1869 年苏伊士运河开通到 1894 年，英国船舶的吨位数占航经苏伊士运河的船舶总吨位数的 75% 以上。1890—1896 年，航经苏伊士运河的英国轮船数量从 3380 艘增加到 3408 艘，货运量从 617.2 万吨增加到 753.4 万吨，约增长 22%，其中 703 艘为邮政轮船，运输货物 186.5 万吨。[1] 1896 年，经苏伊士运河的 592 次航行中有 162 次航行由英国半岛东方轮船公司（Peninsular and Oriental

---

① *Statistical Tables and Charts Relating to British and Foreign Trade and Industry* (*1854 – 1908*), London: HMSO, 1909, p.162.

Steam Navigation Company）的轮船完成，该公司运输的货物占货运总量的
1/3 以上（250 多万吨），运送乘客占客运总量的 1/4 以上（2.17 万人
次）。与之相比，俄国轮船公司则要逊色很多。1896 年，俄国志愿商船队
经苏伊士运河完成 37 次航行，运输货物 10 万吨，运送乘客 2.05 万人次。
1898 年，志愿商船队的 15 艘商船向远东方向运输货物 8.8 万吨，从远东
向欧洲方向运输货物 6.2 万吨。[①] 志愿商船队拥有轮船数量排名第八，货
运量排名第七，运送乘客数量排名第二。综合三项指标，排名第二的是法
国海洋航运公司（MM）[②]，排名第三的是北德意志劳埃德公司（NDL）。

英国半岛东方轮船公司拥有 20 艘轮船，穿梭于伦敦、印度、中国、日
本和澳大利亚之间，在苏伊士运河—上海航线上行驶的船速可达每小时
11.2 海里。此外，在太平洋海域西部航线上行驶的轮船属于 Express Line
公司（加拿大），其主要负责温哥华与澳大利亚、中国香港（还可到达神
户、长崎、上海）之间的航线。这条航线的开通是与加拿大太平洋铁路修
建同时进行的，是铁路在太平洋的延伸。一旦发生战事，Express Line 公司
建造的轮船可以在短时间内装备成军事辅助船，并可作为巡洋舰使用，这
种轮船的速度可以达到每小时 13 节。

与欧美轮船公司开通的航线相比，西伯利亚大铁路具有其自身的优势
和劣势。但无论如何，其都对英国海运和经苏伊士运河和巴拿马运河的运
输构成了一定的威胁和挑战（虽然影响不大），同时也充实了俄国的海洋
运输。

（一）对英国海运构成竞争

19 世纪 80 年代，英国人得知俄国将要修建西伯利亚大铁路的消息。
他们担心，西伯利亚大铁路会对英国海洋舰队构成强有力的竞争，而一些
技术数据也证实了英国人的担心不是多余的。首先，西伯利亚大铁路在速

---

① Борзунов В. Ф. Транссибирская магистраль в мировой политике великих держав. Ч. 2. М.,
2001. С. 65.
② 该公司 1851 年创立于马赛，起初只经营中东航线，因在克里米亚战争中运送军火立下战
功，拿破仑三世便将由法国波尔多至巴西的航线交给这家公司经营，这也是法国第一条
行驶蒸汽轮船的大西洋航线。自苏伊士运河开通到第一次世界大战爆发，MM 处在发展的
黄金时期，公司船只在地中海、黑海、红海、印度洋、中国海以及太平洋往来。

度方面具有优势。到 1910 年，外贝加尔铁路上的列车平均时速已经达到 29 公里，其中客车和邮政列车的速度为每小时 28 公里，快车为每小时 39 公里，客货混合列车为每小时 26 公里，货车为每小时 14 公里。西西伯利亚路段和中东铁路路段的时速还要更高些。英国海洋蒸汽轮船在通过苏伊士运河时的平均时速为 20.7 公里（11.2 节），快速轮船时速可以达到 24 公里。其次，西伯利亚大铁路可以节省时间。英国驻俄国商务代表处的一项统计数据表明，经西伯利亚大铁路从伦敦到上海旅行需要 16 天，若乘坐轮船则需要 32 天，铁路可以节省一半时间。最后，对于乘客来说，铁路运费也要低于海运运费。如果乘坐火车，从伦敦出发，经西伯利亚大铁路抵达上海，一等座需要花费 159 卢布，要比海运运费节省 2/3。①

此外，西伯利亚大铁路的通过能力和运输能力，特别是中转运输能力最被英国海运公司所关心。19 世纪初，西伯利亚大铁路的平均通过能力为每昼夜 6—10 对列车，其中中东铁路路段 1904 年的通过能力为每昼夜 7 对列车，1905 年为每昼夜 10 对列车，而南满铁路的通过能力可达到每昼夜 16 对列车，最高通过记录不超过每昼夜 18 对列车。西伯利亚大铁路其他路段的通过能力要显著低于这一数据。②

西伯利亚大铁路各路段运输货物和乘客的能力不尽相同。1909 年，车里雅宾斯克至伊尔库茨克是整条西伯利亚大铁路中最为发达的路段，快车共运输乘客 340 万人次，货物 590 万普特，慢车运输货物 2.005 亿普特；外贝加尔路段运送乘客（包括移民）190 万人次，快车运输乘客行李和货物 120 万普特，慢车运输货物 3740 万普特、官货 7000 万普特，共计 1.086 亿普特。1900 年，铁路完成的西伯利亚地区内部货物运输量为近 1.9 亿普特，完成的中国东北内部货物运输量为 1.5 亿普特，共计近 3.4 亿普特。③

最受英国人关注的是西伯利亚大铁路中转运输的数据。1909 年，在西

---

① Борзунов В. Ф. Транссибирская магистраль в мировой политике великих держав. Ч. 2. М. , 2001. С. 65.

② Нилус Е. Х. Исторический обзор Китайско - Восточной железной дороги. 1896 – 1923 гг. Т. 1. Харбин, 1923. С. 295 – 297.

③ Обзор коммерческой деятельности Сибирской железной дороги за десять лет（1900 – 1909 гг. ）. Томск, 1911. С. 59, 71 – 75.

伯利亚大铁路的车里雅宾斯克——伊尔库茨克路段上，慢车中转货物 850 万普特（占货运总量的 4.6%），快车中转货物 70 万普特（占 7.8%）。在外贝加尔铁路上，慢车中转货物 450 万普特（占 12.4%），快车中转货物 470 万普特（占 4.4%）。1909 年，西伯利亚大铁路平均运输约 920 万普特的中转货物（占货运总量的 7.1%），运送乘客 190 万人次（占乘客总人数的 11.7%），其中一至四等座乘客 10 万人（占中转乘客总量的 6.7%）、移民约 10 万人（占 5.9%）和士兵 120 万人（占 87.4%）。① 西伯利亚大铁路运输的国内中转货物量变化不大，甚至要少于在国际中转运输中的货运量。20 世纪初，西伯利亚大铁路的东部路段——阿穆尔铁路开始敷设，这是俄国政府出于长远的战略利益考虑而做出的决定。

由此可见，西伯利亚大铁路与英国海运相比，虽然具有速度快、时间短、费用低等优势，但由于各段铁路运输能力不尽相同，特别是中转运输能力较弱，对英国海运构成的威胁并不大。然而，随着轮船运输业的技术不断革新，轮船速度提高到每小时 13—20 节，对铁路运输构成威胁，如西欧货物经海运运抵香港再转运到远东国家的时间少于经西伯利亚大铁路运输的时间。因此，西伯利亚大铁路在短时期内取代海运是不可能的。

况且，俄国国内的社会发展环境和经济状况对西伯利亚大铁路敷设和运营产生重要影响。俄国工业水平落后于美国，不能像美国一样生产出质高价廉的商品，俄国工业品很难在东方贸易中占有优势。经西伯利亚大铁路运输欧俄商品的运费要比美国商品从旧金山运输到中国的运费高一倍。在商品价格和运费都不具有优势的情况下，俄国只能凭借地缘优势占领东方市场，这就是俄国政府不惜投入巨额资金也要把欧俄商品运输到中国东北地区的原因。俄国采取了对本国商品给予补贴、对外国商品加收关税的运输政策。但即使是俄国对西伯利亚大铁路实行这样特殊的运费和关税政策，也无法抵挡住海洋运输的竞争。首先，在使用铁路运输货物时，没有欧洲货主愿意对超过 2000 英里（相当于 3200 公里）的运输距离支付运费。可以想象，西伯利亚大铁路全长 9288 公里，要对超过欧洲铁路不再支

① Борзунов В. Ф. Транссибирская магистраль в мировой политике великих держав. Ч. 2. М., 2001. С. 67.

付运费长度几倍的距离征收运费将面临多大的困难。这就是与海洋运输相比，西伯利亚大铁路将欧洲廉价商品运输到东方国家获利很少的原因。其次，欧洲与远东之间的邮政物品和乘客的中转运输成为西伯利亚大铁路国际收入的唯一来源。即使是邮政物品和乘客的中转运输还要与国际海洋运输竞争，而且面对海运的竞争，铁路运输只能败下阵来。1899—1900 年的货运统计数据可以证实这一点：1899 年，中俄陆路贸易占贸易总额 74%、海上贸易占 26%；1900 年的比例相应为 69% 和 31%。1900 年中国东北爆发的义和团运动破坏了大量中东铁路路基，这对这一年的水陆贸易比重变化起到一定影响，此后，海陆贸易比例没有再发生显著变化。1903 年，中东铁路通车并开始商业运营，在一定程度上提高了陆路货运的份额，但不是来自西伯利亚方向的货物增多，而是日本、美国和欧洲列强商船队运输到符拉迪沃斯托克（海参崴）的货物增加。①

除俄国对华贸易外，欧洲对华贸易也存在同样的情况。统计资料表明，经铁路从欧洲运往东方的货物运费为每普特 5 卢布，经海运则为 1 卢布 50 戈比。从俄国向中国运输的一些商品，如玻璃制品、烟草等经铁路运输的运费为每普特 2 卢布，经海运为每普特 1 卢布。②尽管海运每年的通航时间只有两个月，但较之铁路运输，体积大、成本低的货物还是选择海运更为节省运费。

俄国政府尽管实行了优惠的运费政策，也没能使西伯利亚大铁路逃脱亏损的命运。1901 年，仅乌苏里铁路的亏损额就达 43.5 万美元，加上没有收回的修建成本，亏损额达到 1133 万美元。③

（二）对苏伊士运河和巴拿马运河影响不大

西伯利亚大铁路建成通车后，对苏伊士和巴拿马运河的影响不是很大。经这两条运河的货物运输量多于西伯利亚大铁路 1—2 倍：1914 年前

---

① K. Asakawa. *The Russo-Japanese Conflict: Its Causes and Issues*, New York：Houghton Mifflin & Co.，p.1904.

② Борзунов В. Ф. Транссибирская магистраль в мировой политике великих держав. Ч. 2. М.，2001. С. 75.

③ Борзунов В. Ф. Транссибирская магистраль в мировой политике великих держав. Ч. 2. М.，2001. С. 75.

经苏伊士运河每年运输货物近 12.5 亿普特，1915—1916 年运输 7.5 亿普特，1929 年运输 14.38 亿普特；1915—1916 年经巴拿马运河运输 12.54 亿普特，1929 年运输 16.88 亿普特。① 巴拿马运河更便于加拿大粮食销往英国和其他欧洲国家市场，这对西伯利亚小麦运输构成强大威胁。此外，巴拿马运河将西伯利亚与美洲的距离拉近：从纽约经麦哲伦海峡到达符拉迪沃斯托克（海参崴）的距离为 17036 公里，经巴拿马运河则只有 10001 公里；从新奥尔良经麦哲伦海峡到达符拉迪沃斯托克（海参崴）的距离为 17445 公里，经巴拿马运河则缩短至 9410 公里。

巴拿马运河与美国铁路和加拿大铁路之间的竞争日益加剧，却给西伯利亚大铁路提供了发展空间。毫无疑问，在西伯利亚大铁路的带动下，东西伯利亚的经济可以得到更快的发展，特别是布拉戈维申斯克（海兰泡）、符拉迪沃斯托克（海参崴）和其他港口城市的发展速度会加快。② 日俄战争前，加拿大铁路和美国铁路的运输活动主要是在国家内部进行，基本不进行国际货物中转运输。加拿大铁路和美国铁路的中转运输主要运输乘客、邮政信件、贵重物品等，与西伯利亚大铁路运输的相同。

直到 20 世纪初，美国还只是一支大西洋力量，主要的工业、经济中心和港口等都分布在大西洋沿岸。为了完成从大西洋国家到大西洋—太平洋两洋国家的转变，美国修建了巴拿马运河。经过这条运河，美国可以实现进入太平洋的梦想。这意味着，美国大西洋沿岸经济中心与环太平洋地区的贸易扩张成为可能。1912 年 8 月，美国政府通过了巴拿马运河区对美国货物实行免税政策的法案，法案禁止加拿大太平洋铁路公司使用运河，因为该公司控制着在两大洋航行的快速轮船舰队。这就造成了加拿大西部的农产品无法与美国农产品竞争，加拿大农产品被迫退出欧洲市场和拉丁美洲海岸市场。

美国之所以这样做，是因为其视拉丁美洲为其"后院"，不允许美国

---

① Ляхницкий В. Е. Панамский канал—величайшее сооружение XX века //Строительная промышленность. 1925. № 5. C. 373.

② Ляхницкий В. Е. Панамский канал—величайшее сооружение XX века //Строительная промышленность. 1925. № 5. C. 375.

的统治地位被动摇，因此极力排挤德国、日本、英国等列强，并不断扩张美国的势力。显然，西伯利亚大铁路也被卷入这场世界性的争夺战，而它被卷入的真正意义也仅在于可以构成对苏伊士运河和近东、中东铁路（巴格达铁路和波斯铁路）的威胁而已。

巴拿马运河没有对苏伊士运河构成威胁，因为对于欧洲来说，通往亚洲和太平洋海岸的最近道路只有苏伊士运河。巴拿马运河靠近纽约，可以通往太平洋的重要贸易港口，但却不能缩短到欧洲市场的距离。苏伊士运河帮助英国确立了在中国、朝鲜、日本、澳大利亚和南美市场的优势地位，巴拿马运河开通后，美国具备了与英国在上述地区一争高低的实力。

西伯利亚大铁路是在苏伊士运河和巴拿马运河投入使用的中间过渡时期修建的，它不会抢夺海上环球航线的优势地位，更不会降低苏伊士运河在陆路运输中的作用。西伯利亚大铁路没有使海上航线的轮船数量减少，却为欧俄加强与西伯利亚和远东地区的关系带来了最大的益处。沃耶伊科夫（А. И. Воейков）写道："西伯利亚大铁路最重要的意义不是在别国境内从事中转运输，它应该为俄国贸易和国家利益服务，激活俄国广袤、富饶而至今没有道路的边疆区，将其与中心地区牢牢地联系起来……"[1]

（三）充实俄国海洋运输

西伯利亚大铁路是将美洲与欧洲、亚洲连接起来的海上环球运输通道的一部分。俄国并不能从西伯利亚大铁路中获得显著的经济利益，它的地位就是"重要的中间位置"。西伯利亚大铁路在世界交通运输网络中发挥的作用没有达到应有水平，它只是对俄国远东舰队起到一定的充实作用。远东舰队除军事和战略任务外，很少从事商业贸易和其他活动。自19世纪中叶起，俄国政府将政治和军事目的作为发展轮船业的首要目的，轮船业的商业贸易作用并没有受到重视。在俄国政府扶持下成立的"俄国轮船贸易公司"，虽然可以获得可观的经济利益，但却没有表现出足够的活力，也不尝试扩大贸易活动规模。航海贸易的自然发展被俄国政府的监管体系

---

① Воейков А. И. Будет ли Тихий океан главным торговым путем земного шара? СПб., 1911. С. 74.

扼杀，监管体系常常动用各种行政手段破坏俄国轮船公司之间的竞争。

俄国政府组织社会人士出资兴建的志愿商船队主要是为了实现沙皇的战略目的。这一轮船公司的官僚性质成为该公司在海外发展的无法克服的障碍，甚至连俄国资本家都无法忍受轮船公司提供的官僚式"服务"。俄国政府建立的轮船公司绝大多数是为政治目的服务的，俄国不鼓励轮船公司从事对外贸易和商业活动，轮船公司通常不具备良性发展的基础，也不可能适应激烈的市场竞争环境。

自1904年起，俄国政府开始对轮船业实行保护主义政策。政府发放贷款建造轮船，贷款额为在俄国本土使用本国建筑材料建造轮船成本的2/3，最长的贷款偿还期限为20年。在1894—1895年至1905—1906年，俄国商船队的货运量增长125%（从80万吨增至180万吨），这一时期世界商业轮船货运量增长54.5%，英国增长36.5%。这一时期俄国轮船运量的增长位于世界第二，仅次于日本（增长391.2%），俄国之后依次为德国（增长91.8%）、瑞典（增长90%）、美国（增长81.6%）等国。[①] 俄国东亚轮船公司经俄国政府授权可以悬挂俄国国旗，专门运输民用货物，而志愿商船队则专门运输政府指定货物，特别是以运输军用物资为主。

俄国商船队在世界货物运输中所占比重微不足道：1894年为2.1%，1905—1906年占3.0%。而上述年份英国在世界货物运输中的比重分别为55.1%和48.7%，德国为8.1%和10.1%，美国为7.1%和8.3%，日本为0.9%和2.9%。但是对于俄国来说，即使是如此低的比重还应该减少差不多3/4，因为俄国本国轮船参与国际贸易的比重仅占7.8%，其余货运量都是由英国轮船（41.8%）和其他国家轮船（50.4%）完成的（1903年数据）。1903年，俄国轮船参与本国海上贸易的比重低于德国（49.6%）、日本（38.5%）、法国（25.6%）和美国（15.8%）。俄国为运输货物，还须支付给外国人大量租金，金额高达每年700万卢布。[②]

---

① Расинский Ф. А. По поводу статистики развития торгового морского флота. Харьков, 1904. С. 152.

② Руммель Ю. В. Исторический очерк развития торговых флотов главнейших государств в XIX в. СПб., 1907. С. 30.

志愿商船队在俄国贸易运输中居第二。至1905年9月1日，志愿商船队10艘轮船的总吨位为2.5万吨，但是没有固定航线和航班。航班数量是由预估茶叶等商品的运量来确定的，更没有根据乘客需要制定航班时刻表。此外，其对航线的宣传也不够及时。志愿商船队设在符拉迪沃斯托克（海参崴）的办事处的工作人员数量极少，在哈巴罗夫斯克（伯力）和布拉戈维申斯克（海兰泡）甚至没有设置办事处。与此相反，外国轮船贸易公司不但在俄国远东地区几个大型居民点开设办事处，还安排有经验的员工对航班信息定期进行宣传。19世纪90年代，在西伯利亚大铁路紧锣密鼓敷设之时，用于修建铁路的建筑材料经常数月迷失在茫茫大海中，还有的在运输途中丢失。由于没有受到俄国政府的重视，政府投入改善轮船公司运输服务的资金屈指可数。俄国商船队使用外国资金成立，根本不会真正关心提高远洋舰队和西伯利亚大铁路的运输能力和竞争力。远东航线上共有4家轮船公司，即俄国东亚轮船公司、第一东方轮船公司、罗斯轮船公司和志愿商船队。

在志愿商船队没有自己的轮船以前，这支商船队的运输任务主要由外国轮船承担，其中3艘德国船只垄断快速航线，4艘巡洋舰负责与远东保持邮政航行联系。1905年俄国经历对日战争失败后，这些轮船遭受了灭顶之灾。汉堡—美国公司打着俄国的旗号开始在利巴瓦—纽约航线上航行，对志愿商船队构成威胁，此时的志愿商船队已经在俄国政府资助下完成了欧俄和西伯利亚全部海域的航行，并可以与西伯利亚大铁路建立起直达运输线路。

俄国铁路运输网和海上商船队不够发达，直接影响了西伯利亚大铁路的竞争力。西伯利亚大铁路虽然可以缩短陆路运输距离，还可以将影响范围扩大到中国北部地区和日本，但却无法与英国控制的香港建立起直接联系。相对于西伯利亚大铁路，从苏伊士运河到香港的海上运输距离更短、更快速。

三　西伯利亚大铁路对英国外交政策的影响

从某种程度来讲，西伯利亚大铁路具有一定的政治意义，它对欧洲列强之间的微妙关系产生影响，可以帮助俄国实现削弱甚至摆脱英国海上霸权的目标。俄国利用独特的地缘优势，具有与英国霸主地位相抗衡的资格。但是，在西伯利亚大铁路修建前，俄国所拥有的资格只能被称为一种潜在的优势。自19世纪90年代初西伯利亚大铁路开始修建起，俄国才开始实施摆脱英国海上霸权统治的政策。

西伯利亚地区地广人稀，交通工具原始，对于俄国来说不可能集中巨大的人力和物力从最东端到乌拉尔部署庞大军队。19世纪中叶，俄国在远东的军事关系中并不占优势，只是贫弱的中国处于内忧外患之中，因此刚刚并入俄国版图的阿穆尔省和滨海省得以留存下来。但这两个省在很长时间内彼此之间鲜有联系，俄国政府对两省更是鞭长莫及。那时连接欧俄和遥远的远东边疆区的唯一较发达的交通运输线路就是英国的环球海上航线。

这一状况发生改变始于俄国实行利用铁路征服亚洲的政策。俄国修建的可以通往波斯边界的里海铁路引起了英国政府对印度命运的担心，西伯利亚大铁路的修建为俄国打开了通往太平洋沿岸的大门，并具有了可以深入中国、朝鲜和日本的机会。里海铁路和西伯利亚大铁路使俄国在波斯和中国两个方向上可以威胁到英国在东方的传统利益。19世纪中叶，印度沦为英国的殖民地，英国在中国则具有绝对的"商业和外交优势"。可以说，英国的海上霸权控制着整个东方。

海上的优势地位可以让英国无须在陆路花费精力就能够监视和限制欧洲其他列强的殖民活动。然而，俄国修建一条横跨欧亚大陆的铁路却可以撼动英国的世界海上强国地位，因为从军事作战角度来看，海运相对于铁路运输并不占优势。于是，如何维持和巩固英国的帝国战略问题被提上议事日程。从印度方面来说威胁并不是很大，高山林立的西藏可以成为最好的屏障。中国东北才是英国真正担心所在，并且这种担忧与日俱增。况且，在香港以北地区英国没有自己的军事基地，也就没有屏障阻挡俄国的陆路进攻。西伯利亚大铁路的修建使英俄两个大国间的争斗不断升级。可以说，这条铁路对大英帝国19世纪末20世纪初的外交战略演变产生了重要影响。

英国传统的对外政策表现为殖民扩张、夺取海外市场、保持政治优势，也就是要在领土完整的原则下确保英国与殖民地之间的经济、交通运输联系。英国不仅是拥有众多殖民地的大帝国，而且世界领先的工业又使其将国际贸易的触角伸到世界各个角落。为降低西伯利亚大铁路可能带来的不利影响，英国不得不在对外政策方面进行调整。在多变的国际环境中，英国政府的重要任务是，在日益激烈的国际竞争中捍卫英国的世界领头羊地位，保护世界战略交通要道的畅通，削弱西伯利亚大铁路的国际影响力。

第二节　俄英在中国的角逐

19 世纪末，列强掀起了瓜分世界的狂潮，为扩大在中国的势力范围，英俄之间的对抗加剧，掀起了中国路权争夺战。为了抵制英国，俄国与法国结成同盟。英国则联合日本反对俄国，并积极进行反俄宣传，努力扩大在中国的影响力。

一　俄英对抗加剧

19 世纪 80 年代至 90 年代初，列强掀起了瓜分世界的狂潮。霍布森在论述帝国主义的著作中，把 1884—1900 年这个时期划为欧洲主要国家加紧"扩张"（扩大领土）的时期。根据他的计算，在这个时期，英国夺得了 370 万平方英里的土地和 5700 万人口。[①] 英国凭借着船坚炮利，以武力为后盾，迫使亚洲、非洲的许多国家听命于英国。俄国也从未停止过对外扩张的脚步，特别是在克里米亚战争后，实行了"东进"政策，先后进占中国的伊犁（1871—1881 年占领）和朝鲜（1885—1887 年占领）等地。

（一）俄英中亚扩张中的矛盾冲突

自 19 世纪中叶开始，英俄在中亚的争夺愈演愈烈。19 世纪初，一向崇尚领土扩张的俄国已经征服了哈萨克草原和高加索地区，并继续向哈萨

---

① 参见列宁：《帝国主义是资本主义的最高阶段》，北京：人民出版社，2014，第 391 页。

克草原以南和里海以东地区推进。农奴制改革后，俄国迫切需要扩大原料产地和商品销售市场，进一步加强了向中亚地区的扩张。对于英国来说，中亚毗邻其殖民地印度，战略地位不言而喻。英国的殖民势力从印度半岛沿海地区逐渐向内陆挺进，最终目的是想征服阿富汗地区。俄国向中亚推进的政策威胁到英国在印度的地位，也影响到英国在中亚的扩张。于是英俄两国开始在中亚接触，并形成对抗之势。19世纪70—80年代，俄国向中亚和邻近的波斯、阿富汗等地区派出大量间谍、学者、医生等，他们的任务是搜集情报，为俄国兼并中亚做准备。英俄在中亚的扩张致使矛盾冲突不断，为缓和矛盾，双方同意通过外交途径解决领土争端问题。1873年，两国就中亚问题签订《英俄协定》，俄国在中亚的影响力被削弱，英国在阿富汗的统治地位得以强化，英俄在中亚的紧张对峙局面得到缓解。①1887年，英俄又签订《英俄勘分阿富汗西北边界协定》，这也在某种程度上缓解了英俄在中亚的紧张对抗，同时助长了俄国的扩张势头。

这一时期，几乎国际舞台上发生的所有事件都与英国或多或少有关联，然而却又都不会危及英国的利益，英国得以在相当长的时间内用传统的"政治民主""进步""资本主义繁荣""文明"等外衣来掩盖使用军事独裁方式管理依附于英国的土地的行为，而这不过是为了实现英国在对外侵略与扩张时制定的"大棒加胡萝卜"策略。

（二）俄法结盟抵御英国

1887年德、俄关系急剧恶化。俄国购买军火、推销公债都依靠法国，法国正是利用俄国的财政依赖性，提议法俄结成联盟。从俄国方面来说，德、意、奥三国同盟条约的再次续订、英国同三国同盟的接近，都使俄国政府有意向法国靠拢。1892年8月17日，俄、法两国在彼得堡签订军事协定，俄法同盟由此形成。法国提议与俄国结盟，目的是希望借助俄国能够在欧洲事务中拥有更多的话语权，可以向德国和奥地利施加压力。俄国则可以利用法国迫使英国在中亚和地中海做出让步，并阻止英国在欧洲和

---

① 朱新光：《试论1873年英俄中亚协定》，《贵州师范大学学报》（社会科学版）2001年第1期，第61页。

远东前行的脚步。俄法结盟后，法国一直支持俄国实现修建中东铁路、鲸吞中国东北等多项计划。如果说修建西伯利亚大铁路为俄国提供了实现远东政策的工具，那么与法国的结盟则保证了一旦远东开战，俄国在军事上具有安全和优势。

欧洲的两个主要冲突（德法之间的阿尔萨斯、洛林归属问题，以及俄奥争夺巴尔干问题）从外表看没有关联，实际上却是两大同盟体系的延续。最终形成了法俄与德奥在欧洲的对立，后又发展成法俄与英国在远东的距离拉近，德奥则与日本利益趋同。

法国希望俄国继续扮演"欧洲宪兵"的角色，因此不愿俄国的战略重心从欧洲转向远东，这有损于法国资产阶级的利益。然而，俄国这架战车已经推到了远东战场，便不会撤回。无奈之下，法国只得继续维持俄法同盟，但却为同盟的命运感到担忧。为达到削弱德国的目的，法国利用金融优势为俄国军队提供军火、物资等。与德国在某些问题上达成一致意见后，法国希望与俄、德联合起来破坏英国对远东事务的"过度干预"，并筹备建立以反对英、日为目的的法、德、俄远东三国同盟。这一组织松散的陆地大国联盟首次登上外交舞台是在1895年，但联盟内部的各国力量对比不均衡，终于1905年解散。

（三）英国反对俄国向东扩张

19世纪80年代末，英国开始阻止俄国继续向东方的扩张。俄国在西方，包括巴尔干（1878年）、地中海（1881年）、土耳其的博斯普鲁斯和达达尼尔海峡、近东和中东（1885年）的扩张中屡屡受挫后，俄国政府决定调整战略，将战略重心转向东方的亚洲太平洋地区。俄国转向东方的战略在一定程度上缓解了俄奥在巴尔干的矛盾，同样也缓解了日益紧张的俄德矛盾。奥地利和德国看到俄国已经将注意力从巴尔干转移到中国，便不再对俄国持敌对立场，甚至在关键时候愿意对俄国施以援手。

针对远东问题，英国曾试图组织欧洲列强建立一个反俄阵营，但这一提议受到了奥地利、德国和法国的阻挠。因为在当时的条件下，德、法、奥三国不仅不反对俄国在远东的扩张，而且还与俄国达成了支持其扩张和侵略行动的默契，甚至将破坏英国在太平洋地区的原有优势作为它们的共同目标。

俄国向东方的扩张必然会触碰英国在亚洲太平洋地区的殖民利益。当俄国政府计划修建西伯利亚大铁路及其南下伊朗、阿富汗支线铁路的消息传到英国时,英国国内一片恐慌。英国人认为,俄国将铁路网敷设到中亚和东亚显然是针对英国的一种战略布局,因为长期以来,英国在中朝边界布防的最敏感地带便是中国东北地区,这里发生的大小事件都会牵动英国对外政策的每一根神经。

19世纪80年代末90年代初,英国媒体集中讨论了反对俄国修建西伯利亚大铁路以及中英结盟前景及可能性的问题,而政界人士更关心的是如何阻止俄国向亚洲扩张,以及怎样维持中国对朝鲜的主权这类更为现实的问题。

在西伯利亚大铁路动工后,为判定这条铁路的战略意义和商业价值,英国特意派出圣彼得堡英国大使随员、陆军中校沃特斯(Chester Waters)考察远东。1896年12月19日,他开启了从圣彼得堡至符拉迪沃斯托克(海参崴)的旅行,计划经日本和加拿大从太平洋返回。在他眼中,西伯利亚大铁路的"商业价值是巨大的。该线将带动开发无穷无尽的农业和矿业资源……同时避免了绕行阿穆尔河的遥远路途"。在肯定西伯利亚大铁路重要作用的同时,沃特斯并不认为这条铁路会影响英国在远东的利益:"从政治方面来看,该路不会影响英国的利益。俄国在西伯利亚的任何计划以何种方式实现都不能置英国于危险之境。"[①] 正是沃特斯的考察结论让英国政府低估了西伯利亚大铁路可能带来的政治、军事、商业影响,以致在反对俄国扩张的同时,有时又会存有侥幸心理,持观望或绥靖政策。但让英国始料不及的是,大国对外关系中的稍稍放松警惕就会酿成大祸,等到俄国羽翼丰满之时,其成为与英国在远东一争高下的强有力对手。

二　俄英中国路权争夺战

甲午中日战争后,英国对远东形势,尤其对俄国在中国取得的权益始

---

① 赵欣:《1900年前后英国人对西伯利亚大铁路及中东铁路的调研》,《社会科学战线》2016年第7期,第110页。

终极为警惕。在瓜分中国的狂潮中，英国将长江流域作为势力范围，在俄国租借旅大地区后，还强迫清政府租借威海卫作为补偿。甲午中日战争使中国天朝大国的迷梦破灭，日本的国际地位则大大提高。德国报纸评价，甲午中日战争是诱使欧洲列强在此后一段时间内争夺东亚和中国的转折性事件。随后，列强为扩大政治影响和贸易统治范围在亚洲展开全方位竞赛。英国作为老牌帝国主义国家，自然希望能够在角逐中占得先机，于是为了对付俄国和与其他列强抗衡，英国最终选择了与日本结盟。

（一）争夺路权以巩固势力范围

俄国趁清政府四面楚歌之时，以其"朋友"和"保护者"自居，真实目的却是防止英国和其他列强染指中国东北，也是为了尽早实现西伯利亚大铁路穿越中国东北的计划。这一时期，西伯利亚大铁路东段已经从符拉迪沃斯托克（海参崴）敷设到伊曼，西段也已从车里雅宾斯克敷设到鄂木斯克。西伯利亚大铁路如火如荼的修建让英国深感不安，因为它曾幻想利用印度和中国为大英帝国建立起一个强大的屏障。

甲午中日战争后，列强都在设法对中国施加经济和政治影响，最主要的表现形式就是掠夺中国铁路利权。列强一般会通过两种手段攫取，一是通过签订不平等条约强制获取，二是采取贷款方式迂回获取。对于列强来说，无论采用何种方式都是为了实现一个目的，那就是通过修建铁路来控制铁路及其沿线地区，把这里作为势力范围，获取巨大的经济利益。列强争先恐后向清政府索要铁路修筑权，承包铁路工程，供应建筑材料，还投入资金，派出工程师，相继在中国境内修建多条铁路。比利时（在俄法集团支持下）争得卢汉铁路（卢沟桥经河北、河南到湖北的汉口）修筑权；德国夺取了山东胶济铁路的修筑权；法国攫取了自越南①同登至广西龙州的铁路修筑权与经营权；英国得到了津镇（天津至镇江）、苏杭甬（苏州—杭州—宁波）、广九（广州至九龙）的路权；美国不仅取得粤汉铁路的修筑权，还攫取了湘粤两省的煤矿开采权。②

---

① 当时越南为法属殖民地。

② 姜文英：《简述甲午战后帝国主义抢夺中国铁路利权和瓜分中国》，《河北大学学报》（哲学社会科学版）1993 年第 S1 期，第 45—46 页。

　　1891 年 3 月，沙皇亚历山大三世签署委任皇储尼古拉·亚历山德罗维奇出席西伯利亚大铁路奠基仪式的诏书，"今始修建横贯西伯利亚之铁路，通过它将西伯利亚各地区连接起来。敞人委任你宣布我的意愿……同时任命你在符拉迪沃斯托克（海参崴）举行铁路奠基仪式"①。这标志着西伯利亚大铁路正式开工修建。同年，清政府筹划将已经建成的唐津（唐山至天津）铁路由唐山向东延伸通往关外东北方向，这实际上就是李鸿章策划修建的关东铁路。② 1891 年 6 月，清政府在山海关设立"北洋铁轨官路总局"，③ 将之作为修筑关东铁路的负责机构，由中方官员出任总办，英国人金达任总工程师，二者共同主持筑路工作。关东铁路是李鸿章极力倡导修筑的一条内地通往关外东北地区的干线铁路，也是洋务运动中铁路建设的重要线路之一。1898 年 10 月，清政府与英国的中英银公司④签订《关内外铁路借款合同》，借款用于修筑中后所⑤至新民厅⑥铁路及通往营口、南票的两条支线。⑦ 英俄在中国东北的路权争夺战已经打响。

　　英国作为老牌帝国主义国家，在瓜分中国的狂潮中一直起引领作用。英国将长江流域控制在手，而俄国联合法国支持比利时取得卢汉铁路的修筑权让英国如鲠在喉，英国不能容忍俄法势力进入长江流域，于是想到了拉拢德国的办法。1898 年 9 月，英国与德国签订了《英德协定》。根据该协定，天津到山东南境的铁路由德国修筑，山东南境至镇江的铁路由英国修筑，全线竣工后由双方共同经营。实际上，英国是以承认德国在山东的势力范围为条件，通过缓解与德国之间的关系，既保住了英国在长江流域的势力范围，又对俄国侵入长江流域给予强有力的打击。此后，没有了德国的牵制，英国就可以肆无忌惮地在中国扩大势力范围，

---

① Городецкий Е., Горшенин А. Второе завоевание Сибири//Час России. 2001. № 2. C. 45.

② 中国铁路史编辑研究中心编《中国铁路大事记（1876—1995）》，北京：中国铁道出版社，1996，第 8 页。

③ 即北洋官铁路局。

④ 由英商汇丰银行、怡和洋行合办。

⑤ 今辽宁省绥中县。

⑥ 今辽宁省新民市。

⑦ 中国铁路史编辑研究中心编《中国铁路大事记（1876—1995）》，北京：中国铁道出版社，1996，第 22 页。

将下一个目标锁定在了与俄国争夺中国东北路权上。一个月后，英国与清政府签订《关内外铁路借款合同》，将触角伸到俄国的势力范围——中国东北地区。英国凭借实力的增长不断向俄国施压，俄国为了保住既得利益也不愿得罪英国。双方势均力敌、各不相让，只能在1899年4月达成了协议。协议规定，"俄国保障不在长江流域为它自己或为俄国臣民或为其他国家人民谋取任何铁路让与权，并且不直接或间接阻碍那个地区英国政府所支持的铁路事业；英国对于长城以北的铁路让与权也负有一种类似的义务"。① 至此，在夺取中国路权的斗争中，英俄暂时达成和解，英国承认了俄国在中国东北的势力范围，俄国也不再进入长江流域英国的势力范围。

（二）英国进行反俄宣传

在争夺中国东北的斗争中，英国为抵制俄国，在中国大肆进行反俄宣传，煽动民众的反俄情绪。俄国牢牢控制通往太平洋的出海口，并加快组建沿海、远洋舰队，威胁到英国与殖民地之间来往的海上航线。西伯利亚大铁路的修建更加便于俄国军舰在远东开展军事行动，英国对此极为担忧，计划依靠日本、利用美法德三国在中国组建反俄舰队，诱使清政府反对俄国。

报纸是英国在中国进行反俄宣传的主要工具。1872年英国商人美查在上海创办的《申报》是当时中国最为畅销的报纸之一，它自然成为英国反俄宣传的主要阵地。19世纪80年代，当英俄为争夺路权而关系紧张时，《申报》刊载了反俄言论的系列文章，这些文章由在中国的英国使团提供，内容多是诋毁西伯利亚大铁路在中国人心目中的形象。英国是想以报纸为媒介引起清政府的注意，因为总理衙门的官员都会认真研究各大报纸的报道和观点，并筛选出比较重要的文章转交大臣审阅。

除中国境内发行的报纸外，英国首都伦敦的一些报纸也频繁报道俄国修建西伯利亚大铁路一事，特别对其具有的"世界"意义进行了夸大。英

---

① 〔英〕菲利普·约瑟夫：《列强对华外交（1894—1900）——对华政治经济关系的研究》，胡滨译，北京：商务印书馆，1959，第290、387—388页。

国为维护殖民帝国的利益，不断打压俄国在远东的斗志，还部署了各种政治计划。在远东国际冲突不断升级的背景下，英国报纸暗示世界各国，要警惕活跃在国际舞台上的俄国会威胁到世界市场的稳定和金融联系。英国报纸围绕西伯利亚大铁路的战略意义及其对西欧海上贸易（包括英国与东方贸易）的影响等问题多次撰文评论。①

西伯利亚大铁路的敷设改变了英国一贯秉持的国与国之间的政治关系模式，使俄国在大国关系中的地位愈发突出。西伯利亚大铁路所具有的世界性意义在英国报界引起了热议，表明俄国在远东所取得的"累累硕果"令英国人惴惴不安，英国自然不愿俄国撼动它在亚洲拥有的优势地位。时任印度总督的寇松（Curzon）曾评论，"大英帝国、其他欧洲列强、加拿大或者澳大利亚，在亚洲首先都具有统治权……我们还会继续保持统治地位，还将竭尽全力维持在东方的第一大国地位"。②

英国在亚洲的优势地位因甲午中日战争以及日本、德国、俄国入侵中国而不断弱化。面对俄国咄咄逼人的攻势，英国除进行反俄宣传外，还挑唆日本、朝鲜和中国反对俄国修建西伯利亚大铁路，反对俄法同盟的活动。英国说服清政府同意借款修建北京至吉林的铁路，还恐吓中国，俄国借助西伯利亚大铁路可以占领中国东北并直捣北京，甚至获得在松花江自由航行的权利。然而，英国制定的对外政策必然是以经济利益为中心的，反对俄国是惧怕俄国在华势力膨胀，威胁到英国的既得在华利益。以阿姆斯特朗公司为例，它既是英国在华反俄活动的执行者，同时又在向俄国积极争取建造河运舰船的订单，虽然它很清楚这些舰船都是供西伯利亚大铁路敷设和运营使用的。阿姆斯特朗公司一边在西伯利亚大铁路建设相关的订单中获取收益，一边却在进行着反对铁路建设的宣传活动，这看似矛盾的举措其实都是经济利益至上的必然结果。

---

① Борзунов В. Ф. Транссибирская магистраль в мировой политике великих держав. Ч. 2. М.，2001. С. 85.

② Борзунов В. Ф. Транссибирская магистраль в мировой политике великих держав. Ч. 2. М.，2001. С. 86.

三 英国联日反俄

加拿大铁路建成通车为英国商品和军队输送到远东国家和太平洋海岸提供了便捷条件，加之英国拥有随时可以封锁俄国太平洋港口的军事和商业舰队，这就决定了英国在远东外交活动中的优势地位。英国为使本国商品和资本可以更多地进入中国市场，特别热衷于勾结列强瓜分中国。英国为拉近与日本的距离，在劫掠中国时助日本一臂之力，组织了对俄国和法国的进攻。英国通过各种手段（提供借款、军事武器等）博得清政府官员的好感，唆使民众反对从长江以南和长江以北侵入英国势力范围的其他列强。英国还怂恿日本将侵略活动的范围扩大到朝鲜和中国东北地区，甚至包括俄国远东地区。英国真正担心的是，俄国一旦建成西伯利亚大铁路，就可以将军队快速调配到朝鲜和北京，这不仅会使英国贸易遭受重创，而且还将威胁到英国在亚洲太平洋地区的称霸计划。

自日俄战争爆发起，英国此前与中国"交好"的态度发生大逆转，转而支持对中国和朝鲜领土虎视眈眈的日本。英国把日本视作不断撞击中国关税墙的重锤，随着撞击频率提升，墙的缺口就会越来越大。关税的降低便于英国商品和资本更多地输入中国市场，对中国进行赤裸裸的经济侵略。俄国顺利修建西伯利亚大铁路的消息令英国紧张不已，其也不知如何面对和解决这一问题。如果俄国将铁路敷设到符拉迪沃斯托克（海参崴）和大连，那么英国海上舰队在太平洋水域就会受到西伯利亚大铁路影响而面临更强有力的竞争。在这种情况下，英国将拉拢日本视为一剂猛药，因为日本不仅与中国、俄国对立，甚至还可能成为德国潜在的敌人。英国已经预测到，在中国北部地区日本具有与俄国相抗衡的实力。英国支持日本在朝鲜和辽东半岛站稳脚跟，建立起双方一致的反俄堡垒，为劫掠中国创造便利环境。一旦时机成熟，英国就会凭借贸易、海上军事霸权及发达工业的优势，在远东市场横扫日本和德国，成为远东霸主。

英国虽然反俄立场明确，但对俄国占领中国东北地区修建中东铁路以及占领朝鲜港口等问题却并不完全反对。英国计划使中国首都从北京迁往南京，这样在地理上就不会受到俄国和日本的"威胁"。南京是英国的势力范围管辖地，迁都到南京，中国政府将会听从英国摆布。但这些希望和计划都因德、法、俄结成反日同盟而成为泡影。英国高估了自身的实力，日俄战争后，英国在中国的影响力急剧下降，支持日本与中国和俄国为敌的政策使中俄两国联手反对英国。

面对在远东四面楚歌的不利形势，有的英国媒体甚至公开宣扬，如果俄国、法国和德国开始反对日本的军事行动，就将关闭苏伊士运河。尽管英国政府没有关闭苏伊士运河，但也充分表明，修建西伯利亚大铁路使俄国获得了通往太平洋的出海口，致使大英帝国失去了向俄国施压的强有力工具。

西伯利亚大铁路的修建导致列强对远东的关注日益增多。19世纪末，除远东外，英国与法国、美国等在非洲、拉丁美洲的殖民利益冲突也不断升级。地缘政治的现实决定了英国不可能继续奉行孤立政策，寻找"志同道合"的政治盟友是必然的选择。在这种背景下，英国为了保护英属殖民地，寻找各种机会结交政治盟友。英国用开发中国的诱人前景迷惑美国，拉拢美国成为盟友。此外，英国还劝说美国和德国援助日本，提升日本在与俄国争夺中国东北中获胜的可能性。

然而，美国在19世纪90年代初时还是一个遥远的大洋彼岸之国，由于军事力量薄弱，还不能实实在在地保护英国在太平洋水域的利益。在法国、俄国共同反对英国的"世界统治"政策时，美国并不能给予英国实质性的援助。为对抗俄法同盟，英国向日本抛出了结盟的橄榄枝，决定迎合日本在亚洲的诉求，从而保护英国在中国的利益。出于这一目的，英国承担起在欧洲列强中宣传日本军国主义的任务，规划着关系日益密切的英日同盟发展方向。

对华贸易在19世纪90年代引起了英国资本的特别关注，英国把与日本结盟和逐步渗透中国的政治经济领域联系起来。英国纺织业和重工业在中国、日本市场的需求不断增长。1880—1889年，英国在日本对外贸易中所占比重为26%，在美国对外贸易中所占比重为24%，在中国对外贸易中所占比重为16.5%。1865—1869年，英国向中国（不包括香港）出口额占英国出口总额的3.0%，向日本出口额占英国出口总额的0.8%；1880—

1884 年，向中国和日本的出口比重相应为 2.1% 和 1.0%；1890—1894 年分别为 2.4% 和 1.5%；1895—1899 年分别为 2.4% 和 2.2%。[①] 由此可见，英国向日本出口的比重呈不断上升趋势，对华出口比重则呈小幅波动态势。

四　英国的远东政策

不同于其他国家，英国扩大在远东影响力除传统的经济扩张外，还通过建立商业组织、进行文化渗透等方式，而且这两种形式的扩张更隐秘、更不易被人察觉，取得的效果甚至还要优于赤裸裸的经济扩张。

（一）建立商业组织

英国远东政策的制定以实现工商业利益为基础，资本家是对华经济扩张的急先锋。英国资本对当时的中国经济产生一定的影响力，主要依靠的是香港上海银行（Hongkong Shanghai Bank），穿梭于各大洋的商船队，世界海上基地和一些商业、社会机构等，这也是英国商业大亨和工业家们"苦心"经营的结果。

贸易和金融政策是英国远东政策中的"重中之重"。英国在远东国家许多地方建有商业组织和机构，其中既有政府性的，也有社会性、私人性的，但都无一例外地维护着英国在远东的经济利益。英国赋予这些商业组织和机构国际性意义，派驻的多是来自欧洲国家的商人。其目的在于：一是通过欧洲商人可以更多了解欧洲国家的商业企业状况，因为掌握这些企业在经营上的优势和劣势等商业信息对发展英国的商业活动可以起到借鉴作用；二是利用欧洲商人代替英国人行使相关权利和义务，避免与当地居民产生纠纷时伤及英国利益。

建立商业组织是英国在远东施加经济影响的一种形式。英国将一些大型的商业组织设在香港、上海、天津、横滨等地，其影响力通过分支机构网络可以辐射至中国、日本的其他城市，如广州、南京、神户、长崎和大

阪。这些商业组织及其分支机构组成"联合王国商业协会"(Association of Chambers of Commerce of the United Kingdom),由英国议员、商业巨头出任协会领导。协会经常组织人员对中国东北的自然资源、商品市场等情况进行调研,还把以考察研究为目的的各类商人派往中国东北,在与当地官员、居民的交往中,掌握了中国东北发生的大小事件和市场情况的相关信息。可以说,虽然当时英国没有在中国东北直接组建商业组织,但却对当地的政治经济情况了如指掌。

(二) 进行文化渗透

在远东扩张的过程中,英国人渐渐意识到文化入侵的意义甚至远大于军事入侵的意义,于是利用报纸等媒体为征服远东国家进行铺垫,还派出传教士宣扬和美化西方文化,在思想上、精神上麻痹中国民众。英国还不惜花费巨大的人力、物力以培养东方学家、外交官员,以及熟知中国、日本等国文化的亚洲通。例如,英国人在香港、上海、天津和北京开设了各类学校,向学生灌输英国的价值理念,目的在于培养亲英的中国知识分子和商人。这在保护英国政治和经济利益免受其他列强,特别是俄国侵入方面发挥了一定作用。[①]

此外,组建英国东方学协会也是进行文化渗透的一种形式。东方学协会一般由生活和工作在远东国家的英国人组成,例如,"中国协会"就是搜集中国和日本信息的主要机构。协会一贯奉行英国的远东政策,其成员都是居住在中国和日本的英国人,包括传教士、在中国海关工作的英国公职人员、记者等。英国东方学协会在上海、天津和横滨都设有分会。协会出版英文杂志、报纸,以及英、中、日三种文字的宣传册等,宣传亲英思想和发布远东信息,对俄国及西伯利亚大铁路的相关信息也会进行不定期报道。此外,协会还在中国还创办了多所中小学校,在香港创办了一所大学。

(三) 实现经济扩张

随着列强对中国的关注增多,英国资本在中国的活动形式逐渐发生了

---

① Петров А. Как защищают свои интересы в Азии Англия и Россия. СПб. , 1910. C. 19 – 20.

变化。首先，从资本投入领域来看，英国资本最初通过轮船和贸易公司进入中国，贸易是当时英国资本最主要的投入领域。19世纪90年代，英国资本主要投向采矿业、加工业、交通运输业和金融业等领域。其次，英国资本的投入地域发生了变化。英国最初的"利益范围"和"势力范围"是在沿岸地区，之后借助铁路延伸到内陆地区，在内陆地区建立起对中国的经济统治，开设银行、发放借款，修建新铁路和开发矿产等。再次，英国资本的扩张方式越来越隐秘。为确保已经取得的侵略利益，英国一方面与中国缔结条约，另一方面与其他列强达成了在各自势力范围内互不干涉对中国劫掠等的默契。渐渐地，铁路、银行、轮船成为推行英国资本扩张的强有力工具，铁路和银行这种更隐秘的扩张工具能够确保英国资本渗透到所需的各个领域。

英国在中国的经济扩张分为以下两个阶段。

1. 建立在贸易扩张基础上的对华政策

贸易不仅是满足英国国内需求的工具，还是实现工业化的重要手段。贸易扩张贯穿英国经济发展的始终，商业贸易关系成为英国与中国东北关系的主体。在当时的英国人眼中，中国是一个商业乐土，这里为英国的工业开创出无尽的发展前景。英国自1861年迫使牛庄开埠通商后，以此为根据地迅速向东北多地展开经济侵略和扩张。这一时期的英国对华政策建立在为了促进本国工业发展而蚕食中国的基础之上，也就是掠夺东北大量的原材料，并将英国工业品倾销到中国市场。英国迫使东北开埠的主要目的就是占领东北地区市场，在此之后近半个世纪的时间内英国稳坐中国东北对外贸易的头把交椅。

英国对华贸易的主要商品是纺织品。起初，中国东北地区受传统自然经济和消费习惯影响并不接受从英国进口的洋布，但由于洋布具有价格低、花色丰富、耐穿等特点，其逐渐被普通百姓接受。牛庄海关报告数据显示，1864年进口的英国棉纺织品为27287匹，1865年则猛增到54939匹，增长了一倍多。[①] 1876年，营口港共进口斜纹布95980匹，其中自英

---

① 马跃：《英国与中国东北关系研究（1861—1911）》，吉林大学博士学位论文，2012，第59页。

国进口 89805 匹，占进口总量的 93%。① 由于受到美国、日本等国棉纺织品的竞争等的影响，英国纺织品的销售量几度波动，但始终在中国市场占据前几位。此外，英国大规模地向中国铁路修建业、采矿业和加工业等领域投资是在 1894—1895 年，也就是甲午中日战争时期。可以说，日本为英国的轮船业和英国资本进入中国铁路修建业、采矿业等领域扫清了道路。此外，借助于日本、俄国、法国和德国争夺胶州湾的契机，英国利用强大的海上贸易优势得到的利益比过去数十年得到的利益还要多得多。英国在中国东北实行的经济侵略政策加速了东北的半殖民地化进程。

英国非常清楚，俄国修建西伯利亚大铁路具有战略目的，把铁路线延长到西伯利亚，便于把军队运送到远东，进而把矛头直指中国东北地区。为此，英国也加大了保护既得势力范围的力度和加快在中国东北扩张的脚步，英国商人和工业家都在寻找通过经济扩张与俄国等列强竞争的方法。

2. 倡导"门户开放"的对华自由贸易政策

1895 年后，英国在中国市场的经济垄断地位有所下降，美国、德国和日本等竞争对手的实力逐渐增强。1885—1896 年，英国出口到中国的商品量呈下降趋势：1885—1888 年，英国出口到中国的商品年均为 860 万磅（1 磅约合 0.5 千克），1889—1892 年年均为 820 万磅，1893—1896 年年均为 710 万磅。1897 年后，英国对华商品出口量有所回升：1897—1900 年年均为 810 万磅。② 英国作为较早入侵中国的帝国主义国家，在对华商品输出上一度占据绝对的优势地位，此后遭遇美、日、德等国的激烈竞争，出口量出现起伏，反映出资本主义国家在争夺有限的中国市场中无休无止的争斗。英国对华出口额在 1893—1896 年大幅下降后，又有所反弹，这既是在列强争夺中国的大背景下各国经济力量在中国市场博弈的结果，也是日本崛起后对英国这一老牌资本主义国家形成冲击的必然趋势。

英国在放弃"光荣孤立"政策后，谋求通过结盟改变在中国东北日渐

---

① 马跃：《英国与中国东北关系研究（1861—1911）》，吉林大学博士学位论文，2012，第 62 页。

② Борзунов В. Ф. Транссибирская магистраль в мировой политике великих держав. Ч. 2. М.，2001. С. 95.

下降的地位，先后与日本、美国、俄国和德国缔结各种共同利益协定。即使与个别国家结盟也很难扭转英国在中国市场输出原材料、输入工业品等方面落后于其他列强的颓势。于是英国转而实行"门户开放"政策，即表面上贸易自由化，对任何一个国家都机会均等、利益均沾，没有特殊优惠。这一政策虽然由美国提出，但得到英国的积极响应，成为英国远东对外政策的重要基石，也是外国资本在中国经济扩张的指导方针。这一政策具有公开的进攻性，不仅可以对抗英国在争夺中国市场中的竞争对手，还为英国资本扫清了道路。

"门户开放"政策实际上是变相承认了列强在中国已经取得的势力范围，如法国在中国西南地区，德国在山东，俄国在中国东北地区，英国在长江流域等。可以说，西伯利亚大铁路修建和日本在亚洲大陆的急剧扩张是英国等欧洲列强在远东推行更为激进政策的重要原因。

第三节　西伯利亚大铁路引发俄英矛盾恶化

19 世纪末，亚洲太平洋地区国际关系错综复杂。英国在中国一家独大的地位趋于终结，不得不寻找盟友以期增强实力，最终形成了两大对抗联盟：英美日联盟与俄法德联盟。英美日联盟产生于列强争夺朝鲜和中国的复杂政治经济斗争中，西伯利亚大铁路成为三国结盟的主要动因。俄国租借旅顺、大连成为英俄势力在中国东北博弈的焦点，也是英俄在远东斗争的延续。随着英俄围绕中国东北路权的斗争进入白热化，英俄两国的矛盾进一步加深。西伯利亚大铁路的修建引起了英国民众的广泛关注，科洪和库克两位代表学者详细研究了英国在俄国和亚洲的政策，以及铁路修建对英俄关系的影响等问题。

一　两大对抗联盟的出现

19 世纪末叶，亚洲太平洋地区是一个错综复杂的多国关系体系。首先，中国和朝鲜是列强争相抢夺的目标，由于涉及历史属地、依附关系等问题，两国之间的关系已经很复杂，加之列强的纷纷介入，从双边关系转变为多边关系，地区性的国际关系架构形成。其次，西方列强从与远东国家单独发生关系变为相互制约或协调行动，致使大国之间通过结盟联合的方式来增强实力。

英国在中国的优势地位逐渐下降，为了增强实力不得不采取寻找盟友的方式。其先是联合俄国反对德国和日本，后又依靠德国反对俄国和法国，在多方力量的较量与平衡后，最终形成了两大对抗联盟，即英美日联盟与俄法德联盟。然而列强的结盟关系并不是一成不变的，随着处理不同的事件，结盟的对象也在发生变化，曾经的盟友或许会变成敌人，对列强来说，"没有永恒的朋友，只有永恒的利益"。

随着日本的崛起和美国的介入，英国作为老牌对华侵略的国家在远东的总体实力大幅下降。这改变了传统意义上东西方关系的简单架构，也改变了亚太地区的国际关系格局。英国、美国、日本虽然同属一个阵营，但三者之间因争夺中国的纺织品销售市场而矛盾不断尖锐。即便如此，当帝国主义利益趋于一致时，就算缺少形式上的联盟也可以将亦是对手亦是"盟友"的各国联系到一起，比如英国、美国、日本三国在反对俄国、中国、朝鲜的立场上完全一致，那么三国就顺理成章地结成了联盟。美国虽然在对华金融、交通和贸易等方面具有优势，但其在中国缺少稳固的基地，所以美国计划凭借雄厚的金融实力，借助日本的军队和英国的舰队实现"门户开放"政策。

俄国是英国、美国、日本实现大陆扩张计划道路上最主要的绊脚石。特别是西伯利亚大铁路的修建将大大增强俄国在远东的影响力，英美日三国绞尽脑汁寻找可以削弱铁路影响力的方法。英国认为，可以通过打击俄国在远东的军事力量来实现这一目的。在这一计划中，英国需要争取到德国的支持，借助德国的军事实力在地中海和近东打击俄法同盟。这样一来，英国装甲舰队、强大的德奥陆军与英国手中掌握的具有决定性作用的海上交通线结合起来，就可以确保英国在对付俄法军队方面具有绝对的优势。在此条件下，英国想要完成削弱西伯利亚大铁路影响力的任务、破坏铁路通车为俄国带来的美好前景就变得相对容易了。

但与地中海和近东不同的是，英国在远东的力量优势并不明显。就实力来讲，在远东，俄法同盟力量与英国接近，英美日三国联盟的舰队和军队并没有为英国增添多少实力。1894 年 4 月，英国舰队在远东的排水量为4.1 万吨，法国为 1.4 万吨，俄国为 1.6 万吨。法俄合起来的排水量为3 万吨，明显弱于英国。1895 年 11 月，双方的力量对比发生了变化：英国在远东水域拥有的舰船排水量为 5.9 万吨，俄国为 5.9 万吨，法国为2.9 万吨，德国为 2.3 万吨，美国为 1.9 万吨。[①] 俄法联合舰队实力壮大，俄国甚至已经与英国实力相当，英国传统的战略优势已然失去。这一时期，德国装甲舰队加入了俄法舰队，俄法德联盟超过了英美日联盟的海上实力。显然，英国的海上军事优势地位已经岌岌可危，如果西伯利亚大铁路竣工，英国在远东的优势地位将会丧失殆尽。

英国曾凭借雄厚的海上、军事和工业实力，奉行不结盟的"光荣孤立"政策，随着这些优势的消失，英国的"孤立"地位面对来自其他列强的严峻挑战。19 世纪 70 年代，英国与德国、美国、法国几乎同时开始开采煤炭和冶炼钢、生铁。到了 90 年代初，美国的生铁和钢产量已经超越了英国，德国 1895—1899 年的钢产量超过英国。英国的生铁出口量逐渐失去了在世界经济中的领先地位：1870—1874 年，英国生铁出口量为年均2.348 亿磅，1895—1899 年为年均 2.378 亿磅；德国相应年份的生铁出口量为年均 1.139 亿磅和 1.813 亿磅；美国相应为 9620 万磅和 2.126 亿磅。德国的生铁出口量增长了 59%，而美国则增长了一倍多。[②] 除经济实力下降外，身陷布尔战争泥沼无法自拔也拖垮了英国。1899—1902 年的这场战争使英国政府蒙受耻辱，标志着曾经不可一世的大英日不落帝国的海外扩张史的终结。因为把国家的精力过多地消耗在非洲，英国无暇东顾，无法集中力量抵制俄国在远东咄咄逼人的扩张态势和西伯利亚大铁路的快速修建。同时，英国国力的衰退也让俄、法、德等列强增加了在远东与英国抗衡的信心和决心。

19 世纪末叶，甲午中日战争爆发，俄法德三国干涉还辽，英美联合起

---

① Tyler Dennett, *Americans in Eastern Asia*, New York: Barnes and Nable, 1941, p. 615.

② Борзунов В. Ф. Транссибирская магистраль в мировой политике великих держав. Ч. 2. М.，2001. С. 97.

来反对俄国，列强之间的利益联合与矛盾加剧相生相伴，太平洋地区成为错综复杂的国际关系的中心。这种复杂的国际关系体系的最终形成是在日俄战争后，并一直持续到第一次世界大战时期。具有战略意义的西伯利亚大铁路是俄国扩张计划中重要的组成部分，这条铁路在远东国际关系格局形成的过程中发挥着不可替代的作用，它是俄国妄图称霸远东的产物。

二　西伯利亚大铁路成为英美日结盟的动因

在远东的所有竞争对手中，最令俄国头疼的是日本和美国，而在身后支持这两个国家的便是强大的英国。英国在筹备英日同盟的过程中率先提出建立反俄军事同盟的倡议，后来美国加入英日同盟，正式结成英美日联盟。这个联盟结合了英美的金融实力和英日海上军事舰队的力量，海上军事舰队可以为日本陆军登陆提供便利条件。英美日联盟的出现绝非偶然，它是伴随着 1894—1895 年的甲午中日战争、1895—1898 年列强争夺路权斗争以及 1900—1901 年美国正式提出"门户开放"政策的一系列远东大事件而酝酿成熟的，产生于列强争夺朝鲜和中国复杂的政治经济斗争中。可以说，西伯利亚大铁路是三国结盟的主要动因。下面我们就通过有关西伯利亚大铁路的大事记来看看列强在远东舞台上都进行了哪些活动。

1890—1893 年，西伯利亚大铁路的南乌苏里路段和西西伯利亚路段开始动工修建；英国工程师出现在中国东北的南部地区，为修建大沽—山海关—锦州—奉天—宁古塔—珲春铁路进行选址、勘测；英国和日本加快在朝鲜的扩张；中国的 28 座城市被迫开埠通商。

1894 年，南乌苏里铁路竣工，俄国随即继续修建车里雅宾斯克至鄂木斯克往东路段。同年，日、英签订条约，英国同意放弃不平等条约中的治外法权。日本出兵朝鲜，并决定抢在西伯利亚大铁路竣工和俄国全面入侵远东前开展对华贸易。日本军队在亚洲大陆出现的时间与西伯利亚大铁路修建过半的时间相吻合。

1895 年，外贝加尔路段开始动工，西伯利亚大铁路热火朝天的建设场景几乎可以同时在整个西伯利亚和远东地区看到；俄国寻找敷设取道中国境内铁路的政治机遇；列强集体劫掠中国的《马关条约》签订。

1896 年，西伯利亚大铁路的西西伯利亚路段竣工；《中俄密约》签署，清政府同意在中国境内修建中东铁路；为达到集体劫掠中国、限制俄国在远东增加军事力量的目的，英、美、日强行干涉俄中事务。

1897—1898 年，西伯利亚大铁路的北乌苏里路段和中西伯利亚路段竣工，穿山路段改建工程紧张进行，在列强抢夺中国铁路路权的斗争过程中俄国开始在中国东北地区进行选址工作。这一时期，俄国"租借"旅顺、大连港，德国"租借"胶州湾，英国"租借"威海；英国为与俄国达成瓜分中国的协议做最后尝试；英国与德国达成建立反俄联盟的协议。

1899—1901 年，外贝加尔铁路建成；中东铁路和环贝加尔湖路段紧锣密鼓地修建；为紧急运输俄国军队到达中国，西伯利亚大铁路部分（山路）路段改建；帝国主义镇压中国的义和团运动；英日进行建立反俄联盟的最终筹备工作。

1902—1904 年，环贝加尔湖路段、中东铁路路段竣工；英日同盟建立；日俄战争爆发。

上述这些事件无一例外地证实了西伯利亚大铁路在远东国际关系格局形成中所起到的举足轻重的作用。可以说，随着西伯利亚大铁路建设工程的不断推进，俄国向东扩张、蚕食中国东北的计划在一步步落实，英、美、日等国自然不甘落后，相继加快侵略中国和朝鲜的步伐。然而，列强之间的关系永远建立在利益至上原则的基础上，维护本国利益才是列强分合的首要影响因素。当反对俄国称霸远东的目的一致时，英国可以与日本、美国结盟，共同抵制俄国；当仅凭一己之力无法独霸远东时，英国、俄国之间又可以从剑拔弩张的敌人转变为坐在谈判桌前商谈如何瓜分中国的"战友"；英国可以这边与俄国妥协，那边又与德国建立反俄联盟。可以说，19 世纪末 20 世纪初，西伯利亚大铁路是导致列强在远东争斗的重要因素。

三　旅大租借交涉

19 世纪末俄国租借旅顺、大连成为英俄势力在中国东北博弈的焦点，也是英俄在远东斗争的延续。在远东拥有不冻港，是俄国长期以来的梦想，俄国早就将目光锁定在中国辽东半岛上。德国强占胶州湾时，俄国以"帮助中国"为借口，派遣舰队于 1897 年 12 月 14 日占领旅顺口。1898 年初，俄国进一步提出租借旅顺口和大连湾及修筑中东铁路支线的要求。遭到清政府拒绝后，俄国又以军事威胁和贿赂收买李鸿章等手段，于 3 月 27 日迫使清政府签订《中俄会订条约》（《中俄旅大租地条约》）。两个月后，双方又签订《续订旅大租地条约》。自此，俄国的势力进入辽东半岛，东北全境成了俄国的势力范围。

俄国强占旅顺口的行为引起了列强的不满，特别是在中国东北有着重大利益的英国反应最为强烈。俄国占领旅顺口的最终目的是要将西伯利亚大铁路继续向东修建到不冻港，这将直接威胁到英国的在华利益。对此英国采取了两方面的措施，一方面对俄国进行武力威胁，另一方面制造舆论、展开外交交涉。在得知俄国占领旅顺口后，英国于 1897 年 12 月 25 日派出两艘军舰开到旅顺口，密切监视俄国舰船的活动。此外，英国还在仁川和对马岛分别集结了英国远东舰队和日本舰队，表示抗议和示威。

旅顺与英国在中国的商业和政治利益密切相关，失去这个港口就意味着英国在中国制定的诸多计划将成为泡影。因此，在得知俄国强占旅顺后，英国设在远东的全部喉舌都调动起来，制造舆论，诋毁西伯利亚大铁路和俄国的远东政策。在英国的煽动下，列强在中国的代表对未来俄国远东政策十分担忧，害怕俄国将旅顺变为远东的"塞瓦斯托波尔"，借助天津—奉天—山海关铁路进一步巩固旅顺的地位，振兴邻近的经牛庄和锦州通往旅顺的支线铁路，将这些地方变成俄国此后占领中国北部地区和朝鲜的重要战略要地。

1898 年 3 月末，英国外交大臣索尔兹伯里在与驻彼得堡英国大使交谈时指出，"如果俄国将旅顺变为军港，英国就会保留自由行动的权利"。德国报纸对此评论，"随着西伯利亚大铁路的竣工，俄国将有能力扩大在阿穆尔边区的军事实力。军事实力增强后，其还会筹备在中国北部地区的战争。俄国占领旅顺可以使其发展成为一个亚洲的海上大国"。[①] 英国认为，

---

① Борзунов В. Ф. Транссибирская магистраль в мировой политике великих держав. Ч. 2. М., 2001. С. 104.

旅顺口落入俄国手中是对中国首都的一种威胁，是对英国对华贸易的一种威胁，是对英国在太平洋地位的一个挑衅，特别是对远东均势的一个打击，最终会导致列强加速对中国的瓜分。①

俄国占领旅顺口后，1898 年 1 月公开提出反对大连湾开埠和建立口岸，这再次引起英国的激烈抗议，因为对英国而言，只有大连对外开埠才符合英国的海上贸易利益。针对英国反对俄国占领旅顺口和大连湾的态度，俄国表现得非常强硬，"俄国同英国、法国或德国不一样，它除了冬季封冻的海参崴外，在太平洋上没有可以修理它的船只的港口。为了这个目的，俄国希望获得大连湾，但是，只要旅顺口为任何其他国家所占有，特别是假如旅顺口被一个比中国强大的国家所获取，那么，大连湾是不安全的。俄国坚决主张，这两个港口是相依为命的。同时，特别重要的是，俄国声称：占领旅顺口完全是俄国的事情，因为那个港口是在俄国的势力范围之内的"。② 从这段话可以看出，俄国对于夺取一个远东出海口和把旅顺、大连划为其势力范围志在必得，不容商榷。俄国财政大臣维特在回忆录中也提及俄国是为了"战略上"的目的而要求获得旅顺口和辽东半岛的，以便帮助其推进对华各项计划。③

面对英国的极力反对，俄国除了强硬的回应外，还采取外交上拉拢德国、日本以削弱英国影响力的办法。此外，还通过武力征服、贿赂收买等手段，强迫清政府承认俄国租借旅大地区。最终，英国孤掌难鸣，也只能默认俄国租借旅大地区的行动。

四 英俄争夺中国东北路权

英俄在中国的角逐重点围绕西伯利亚大铁路在中国东北地区修建的分支铁路展开。在中国东北南部地区，俄国控制的旅顺、大连与英日施加影

---

① 〔英〕菲利普·约瑟夫：《列强对华外交（1894—1900）——对华政治经济关系的研究》，胡滨译，北京：商务印书馆，1959，第 258 页。
② 〔英〕菲利普·约瑟夫：《列强对华外交（1894—1900）——对华政治经济关系的研究》，胡滨译，北京：商务印书馆，1959，第 258 页。
③ 〔俄〕维特著、〔美〕亚尔莫林斯基编《维特伯爵回忆录》，傅正译，北京：商务印书馆，1976，第 77 页。

响的牛庄之间竞争加剧。俄国租借旅顺、大连后，牛庄的经济面临崩溃，牛庄集中的外国投资达到 300 万英镑，这里有英国可以辐射到整个中国北部地区的商业利益。为了抵制来自俄国的威胁，英国资本家组建了一家英美公司，准备筹资修建天津至山海关的铁路，这条铁路线对英国和美国的大宗贸易具有重要意义。俄国对此表示强烈反对并威胁道，如果中国允许英美公司修建天津至山海关的铁路，俄国就会出兵占领伊宁。[①]

从当时的远东形势来看，英国没有陆军与俄国在中国东北驻扎的军队相抗衡，只能借助日本抗衡俄国陆军。英国拥有发达的重工业和军事工业，可以为英日联军提供军火和物资。英国早在 1898 年就扩充了其在远东的军事舰队；1895—1900 年，英国还为日本建造了 37 艘吞吐量为 13.7 万吨的军舰。维特一直主张俄国推行远东政策，他对英国筹备对俄军事行动和英日即将签署同盟条约的消息格外关注。[②]

英国急于赶在俄国之前获得中国铁路修筑权，在总长度达 6420 英里的 19 条铁路中英国获得了 9 条铁路的修筑权。到 1898 年，中国修建的每 1 万公里铁路中就有 4500 公里是英国修建的。控制了铁路，就相当于控制了中国的交通运输，就会在一定程度上削弱西伯利亚大铁路东部路段的影响力，这是英国对华政策中取得的阶段性成果。英国更多关注的是如何阻止修建西伯利亚大铁路通往长江流域的支线铁路，担心西伯利亚大铁路的敷设可以让俄国直入中国首都。因为对于英国来说，"一个长江盆地抵得上整个非洲"。"应该把中国变成第二个印度。当然，俄国是阻碍这一目标实现的绊脚石。"[③]

英国试图使用非常规经济手段限制西伯利亚大铁路的竞争力。1899 年，英国通过香港上海银行等金融机构向日本提供 1000 万英镑借款以助其筹备对俄作战。[④] 英国计划一方面利用本国资本一步一步地把俄国资本从中国中部地区排挤出去，另一方面借助美国和日本的力量让俄国资本撤离

---

① 位于新疆西北部。

② Гальперин А. Англо-японский союз. М., 1947. C. 77.

③ Борзунов В. Ф. Транссибирская магистраль в мировой политике великих держав. Ч. 2. М., 2001. C. 100.

④ Гальперин А. Англо - японский союз. М., 1947. C. 75.

中国北部地区。

英国人指出，俄国早就把中国北部地区视作势力范围，因此不希望这一地区被其他列强染指，特别是英国。列强在瓜分中国的过程中，除军队和舰队外，铁路成为实现划分各自势力范围的主要工具。亲英报纸开始不断宣传反对西伯利亚大铁路继续在中国东北境内敷设的言论，还指出，如果山海关—牛庄铁路由香港上海银行投资修建，就要废除俄中禁止把这条铁路转让给他国的协议。最让英国人担心的是，俄国借助西伯利亚大铁路可以建设通往牛庄、汉口和上海的支线铁路，这样不但可以缓解经中国运输俄国军队的压力，还将把英国彻底驱逐出中国市场。

伦敦《早报》指出，西伯利亚大铁路将缓解从欧俄运送各种材料用于建设旅顺兵工厂和兵船修造厂的压力（俄国政府为建这两座工厂分 10 年共拨款 2500 万卢布）。此外，俄国海军部在给予西伯利亚大铁路扶持的同时，还着重改善注入太平洋的西伯利亚各河流河口区的轮船通航条件。报纸对俄国当时的对外关系也进行了分析，指出，俄国对妨碍其在太平洋地区推行殖民政策的一切活动都坚决反对，包括俄国反对把菲律宾转让给美国、日本或英国，支持菲律宾仍保留在没落的西班牙手中。俄国甚至还支持德国，反对日本人占领马里亚纳岛的计划。[①] 菲律宾和马里亚纳问题使原本紧张的日俄关系更加恶化。列强之间错综复杂的矛盾因 1900—1901 年中国爆发的义和团运动而进一步加剧。

五 西伯利亚大铁路在俄英远东对抗中的作用

1900 年外贝加尔铁路通车和中东铁路施工的消息传到英国后，引起英国各界的广泛关注。我们可以透过一些代表人物反映出的观点，对英国的亚洲扩张政策、英国与俄国对远东市场的抢夺及西伯利亚大铁路威胁论等问题进行梳理。

柯乐洪（A. R. Colquhoun）出生于非洲好望角，曾游历中国，考察过中国到缅甸边境的铁路线，并将考察结果写成两部书在英国出版，因此声

---

① Борзунов В. Ф. Транссибирская магистраль в мировой политике великих держав. Ч. 2. М., 2001. С. 105.

名大噪。他具有独特的地缘政治视角，后被《泰晤士报》选中聘为驻远东记者，他被称为《泰晤士报》来到东方的"第一个使者"，为英国政府搜集有关远东形势的情报。柯乐洪公开鼓吹英国在亚洲的扩张政策，甚至叫嚣英俄开战。他在1898年出版的《转变中的中国》（China in Transformation）一书中主张要在中国同沙俄干一场，不能示弱。柯乐洪认为，当时形势的显著特点是："从现在起，在不多几年内，欧洲俄罗斯将与太平洋联结起来。它的西伯利亚将通过南满的辽东半岛而与满洲诸省结合起来。半岛的内地将横贯着铁路，丰富的矿产资源将得到初步的开发。旅顺口、大连湾和金州等为俄国所占有的战略阵地将保卫着这个内地并控制着内地的中国水道，绝对地支配着北京和北部中国。……第二阶段，俄国将支配蒙古，而西藏除非被英国阻止也将受俄国支配；如果这些事情实现，从中国的西北部直到扬子江盆地就没有救了。在这种情况下，对于要保持和绝对巩固它在扬子江盆地的地位的英国来说，问题就非常严重，简直可以说是成了英国的生死问题了……"①

柯乐洪特别关注俄国修建的具有战略意义的西伯利亚大铁路，1900年6月还专门写过一篇有关这条铁路的文章。他指出，特别让他担忧的是未来英国战略交通网将遭受俄国来自波斯湾和中国东北地区方向的猛烈进攻。借助于西伯利亚大铁路，俄国很快将成为海上强国，成为世界上最强大的军事大国。柯乐洪说道："如果俄国来到北京一次，她就未必会离开了。"② 俄国不会给英国和美国打开通往中国"大门"的机会。对于英国来说，如果与俄国在远东的对抗不可避免，那么就必须提升英国在太平洋水域的作战能力。

柯乐洪还在《经由陆路到中国》（The Overland to China）一书中从英国资本主义的角度评价了西伯利亚大铁路。他写道："9年前西伯利亚大铁路破土动工之时，这项庞大的工程还只具有俄国国内事务的性质，它的修建很少能引起西欧国家的兴趣。当俄国遥远的冬季结冰的港口——符拉迪沃斯托克（海参崴）被确定为西伯利亚大铁路的一个终点站之时，任何一

---

① 故垒：《柯乐洪：〈泰晤士报〉的东方使者》，《中华新闻报》2006年4月5日，第F03版。
② Times, June 8, 1900.

个国家都对修建西伯利亚大铁路无可指责……直到现在，符拉迪沃斯托克（海参崴）已经被旅顺港所取代（实际上是被北京所取代），形势急剧发生变化：西伯利亚大铁路具有世界意义，它的修建对英国的利益、发展和强大造成沉重打击……这条铁路不仅如世人皆知的那样是一条重要的商路，还将从根本上破坏英国的海上贸易，而且还将成为俄国手中的政治工具，它的作用和意义甚至难以估量。"①

他指出："西伯利亚遥远但并不是欧洲人所描述的不毛之地。相反，这是拥有数以万计沃土和巨大矿藏的富庶之地，在这片土地上进行的全面工业开发可以逐渐奠定新的经济时代的基础。但是西伯利亚大铁路的意义不在于这些遥远的暂时无法实现的设想，而是在于这条铁路可以将俄国变成自给自足的国家，无论是达达尼尔海峡还是苏伊士运河都不曾对一个国家发挥过比之更重要的作用，西伯利亚大铁路将使俄国实现经济自给自足，将实现任何一个国家都无法达到的强大。"②

柯乐洪准确地指出了英国诋毁西伯利亚大铁路和俄国远东政策活动的用意所在。他认为，正是因为害怕丧失对俄国施压的强有力工具，英国人才更加专注地研究西伯利亚大铁路的商业竞争力。

除柯乐洪外，英国驻俄国商务代表处亨利·库克（Henry Cook）也十分关注西伯利亚大铁路问题，他在一份报告中对此进行了详细论述。库克所做研究成果可以概括为以下几个部分。

一是关于西伯利亚大铁路的政治和战略意义。西伯利亚大铁路成为西伯利亚富庶的源泉，为俄国与全世界建立商业联系创造了条件，是连接东方和西方的工具。这一庞大的建筑工程竣工后可以使巴黎、伦敦与符拉迪沃斯托克（海参崴）之间建立起直接联系，成为20世纪初俄国乃至世界的伟大事件之一。到1900年，西伯利亚大铁路的建设资金达8.5亿卢布，运营所得收入不会很快抵偿，这条铁路的战略意义远大于

---

① A. R. Colquhoun, *The Overland to China*, London and New York: Harper & Brothers, 1900, pp. 35–36.

② A. R. Colquhoun, *The Overland to China*, London and New York: Harper & Brothers, 1900, pp. 35–36.

经济意义。

二是西伯利亚大铁路对于俄国乃至世界贸易的作用。英国商人对开发经喀拉海、阿尔汗格尔斯克、科特拉斯、沃洛格达、维亚特卡、乌拉尔和西西伯利亚的商路非常感兴趣，并对商业成本进行了测算。库克估算出，从巴尔瑙尔经秋明—科特拉斯—阿尔汗格尔斯克到伦敦的运费为每普特 52 戈比，而经鄂毕多尔斯克（Обдорск）① 北方海路的运费为每普特 37 戈比。北方海路的竞争对手不仅有西伯利亚大铁路的部分路段和彼尔姆—科特拉斯线路，还有其通往黑海方向（车里雅宾斯克—察里津）和波罗的海方向（车里雅宾斯克—彼得堡）的支线。此外，沿北方海路运输商品获得的利润不确定，因为这条线路有可能出口的西伯利亚原材料要多于欧洲进口或者中转运输的商品。

三是西伯利亚大铁路的茶叶运输状况。库克指出中转运输具有前景，因为经西伯利亚大铁路运输茶叶等商品无须支付苏伊士运河的关税和昂贵的保险。他在对铁路运费和海运运费进行比较后认为二者之间的差距并不大，但铁路运输比海运更节省时间。

西伯利亚大铁路对于俄中茶叶、丝绸和卷烟贸易的影响较大。1897年，运往西伯利亚的茶叶为 170 万普特，1898 年为 220 万普特。1899 年，经恰克图运输的茶叶为 537771 担（1 担约合 60.5 公斤）、经敖德萨运输的茶叶为 195449 担、经满洲里运输的茶叶为 136653 担。② 可见，传统的恰克图方向货物正在被满洲里路线分流，也就是说，受西伯利亚大铁路影响，俄中贸易的货物运输方向发生了变化。

中国和斯里兰卡茶叶在俄国和西伯利亚市场的竞争加剧引起了库克的特别注意。1897 年，运输到俄国的斯里兰卡茶叶价值 600 万卢布，1898 年为 1100 万卢布，1899 年为 1700 万卢布。那么到底是经伊尔库茨克进口的中国茶叶还是经敖德萨进口的斯里兰卡茶叶在俄国市场占据的份额更多呢？库克将两条路线的茶叶运费进行了比较：茶砖、红茶和绿茶经敖德萨

---

① 旧称，即今俄罗斯亚马尔 – 涅涅茨自治区的萨列哈尔德，地处北极线上。

② Борзунов В. Ф. Транссибирская магистраль в мировой политике великих держав. Ч. 2. М.，2001. С. 110.

进口的运费为每普特 11 卢布 25 戈比，经伊尔库茨克为 3 卢布 75 戈比，散茶（与茶砖相区别）分别为 31 卢布 50 戈比和 22 卢布 50 戈比。如果仅从运费来看，显然是进口中国茶叶更具优势。然而由于人为干预等，茶叶的海运方式依然具有活力。此外，经鄂毕和叶尼塞河也有部分茶叶输入西伯利亚地区。1900—1903 年，运输到西伯利亚的茶砖经鄂毕的运费为每普特 6 卢布 75 戈比，经叶尼塞河的运费为每普特 6 卢布。①

四是西伯利亚大铁路运输的商品结构。尽管从中国运输到西伯利亚的所有货物中茶叶的比重为 98%，但茶叶仍不是唯一的商品和最有前景的商品。中国的出口商品还有棉花、丝绸和卷烟，这几种商品中哪种商品在此后会成为最有潜力的商品还很难断定。在西伯利亚大铁路的收尾和复建时期，除中国商品外，西伯利亚市场还充斥着来自欧俄的纺织品、烟草、酒精、烟卷、皮革制品和铁制品、纸等，来自英国的棉花、纺织品、铁、铁皮和机器，来自美国（经圣弗朗西斯科）的精粉、饲料、机器、农具、兵器、奢侈品，来自德国的纺织品、卷烟、葡萄酒、机器和家用物品等，来自法国的高档连衣裙、葡萄酒等以及来自日本的大米、小麦、盐和水果等商品。

五是英国在远东市场的占有份额。俄国商人和来自英国（占商人总数的 25%）、德国（占商人总数的 30%）的商人控制着远东市场，他们垄断了符拉迪沃斯托克（海参崴）、尼古拉耶夫斯克（庙街）、布拉戈维申斯克（海兰泡）等远东几个中心城市的贸易。除当地商业资本不足外，俄国轮船公司在太平洋水域的贸易活动受限是导致英德商人在远东市场较为活跃的主要原因。大连港开放和华俄道胜银行运营后，俄国商人的贸易活动变得活跃起来，华俄道胜银行资助了俄国对华、对日贸易。尽管如此，暂时在远东处于优势地位的仍然是金融实力雄厚的英国。

六是西伯利亚工业和贸易发展。西伯利亚工业落后，取之不尽的自然资源为西伯利亚市场的开发提供了无限可能性。西伯利亚大铁路可以促进刚刚起步的西伯利亚奶油业、肉产品加工业取得发展。除此之外，

① Борзунов В. Ф. Транссибирская магистраль в мировой политике великих держав. Ч. 2. М., 2001. С. 111.

西伯利亚林业、能源开采业、矿山开采业和制铁业也会发展起来。从某种程度来讲，这正可以为英国资本在西伯利亚开辟出广阔的发展前景，尤其是在萨哈林石油和鄂毕、叶尼塞、勒拿、维季马和阿穆尔的黄金开采等领域。

借助于西伯利亚大铁路和外国资本，将会发生改变的不仅是西伯利亚商人使用的传统的贸易借贷方式，还有西伯利亚人的生活方式，以及富饶的西伯利亚边疆区的自然资源和开发方式。可以说，西伯利亚的大规模商业和工业开发时期即将到来。

即使国家对于西伯利亚当地的贸易和工业发展给予资金扶持和关税保护，但依然没有使西伯利亚的工商业发展起来。俄国商船队是由俄国政府资助的多家大型俄国公司组建的，但即便如此也无法与外国轮船公司（如德国和英国的轮船公司）竞争，实际上俄国的大部分货物运输都控制在外国轮船公司手中。西伯利亚工业的发展也是如此。虽然政府给予资金扶持和相关优惠，但西伯利亚炼铁业的发展只是昙花一现。即使拥有铁路施工所需大量钢轨的订单，尼古拉耶夫斯克（庙街）炼铁厂最终还是难以抵抗欧俄工厂的竞争，仍然避免不了破产的命运。

七是西伯利亚大铁路为英国资本在西伯利亚的活动提供了广阔空间。西伯利亚非常需要机器、工具和英国出口的其他传统商品，但是在西伯利亚设厂不会给英国贸易带来利润，不过可以发展英国商品向西伯利亚的直接出口。因此组织英国在西伯利亚的商业活动，特别是进行商业广告宣传具有重要意义。重点需要宣传英国的铁轨和交通工具，不同用途的河运和海运船只，西伯利亚大铁路和采矿业所需的机械设备、锯木机器、泥炭开采设备、建筑材料、电动设备和防火工具等。对于西伯利亚居民来说，他们需要轻便廉价的机器和日用品，如选矿机、纺织设备、布匹、纺织品、餐具、葡萄酒、运动火枪和渔具等。

柯乐洪和库克的评论在英国各界引起了强烈的反响。他们对英国在俄国和亚洲实行的政策，特别是在西伯利亚和远东地区实行的政策进行了某种程度的解读。《泰晤士报》对柯乐洪和库克的论述给予了较高的评价，英国外交和移民部将二人的基本结论作为向俄国进攻的依据。可以说，这是英国资本世界扩张的一个庞大计划，它在帝国主义瓜分中国的竞争最激烈的时候提出，其本质是利用西伯利亚大铁路实现英国资本占领远东市场的目的。

第四节　俄英关系从对抗到结盟的转变

义和团运动爆发后，八国联军出兵镇压。俄国有恃无恐地强占租界、霸占铁路，引起英国的极大反感，促使英俄关系再度紧张。为增加抵御俄国的实力，英国先后两次与日本缔结同盟条约。日俄战争后，俄国实力锐减，在英日同盟的一再施压下，俄国只能将战略重心重新转向欧洲，最终被拽入英法联盟，成为协约国集团中的一员。协约国集团的建立标志着第一次世界大战中欧洲两大军事集团最终形成。

一　俄英关系再度紧张

1899 年，中国爆发了义和团运动，这是在当时帝国主义列强争相瓜分中国领土、清政府统治者投降卖国的背景下，中华民族与帝国主义矛盾尖锐化的反映。在中国东北地区，俄国由修筑中东铁路大量占地引起的同中国人民的矛盾也日益激化。铁路沿线地区反对占地筑路的斗争时有发生，俄国铁路员工及护路队经常受到当地民众的袭击。

1900 年 8 月，在八国联军镇压义和团的过程中，俄国在攻占北京不久后就主动提出撤出北京，驻扎在白河东岸。这里与英、法租界隔河相望，战略位置十分重要，俄国将这里变为了俄国租界。这引起了英、美、日等国的强烈不满，其认为该地区应由各国公用，不能由一国独占，还要求清政府予以干涉。但是在俄国武力占据的现实面前，诸列强也无可奈何。此外，8 月，俄国在占领牛庄后，立即在中国海关大楼升起了俄国旗帜，并将司令部设在这里。10 月，俄国人在海关大楼正式换上俄国国旗，并任命俄国领事为管辖此地的行政长官。英国领事富尔福德对此提出抗议，因为海关大楼是以总税务司、英国人赫德的名义登记的，享有治外法权。牛庄海关税务司巴乌拉也附和这项抗议。① 在英国国内，一些议员纷纷请求英国政府密切关注俄国对中国东北地区的企图，伦敦和纽约的报纸上也充斥着这种担忧。

1900 年春，义和团将运输八国联军兵力和装备的山海关—卢沟桥铁路多处拆毁，迫使运输中断。俄军闻讯自旅顺、大连派兵增援，逐渐控制了该路大部分区段，并欲夺取山海关炮台。但是，英国认为这一路段的铁路是借英款修筑的，理应由英国控制，对俄国的行动极为不满。于是在俄军占领山海关炮台之前，英国派军舰抢先占领，并向俄国提出就铁路占领权问题进行交涉。双方各执一词、互不相让，最终由联军总司令、德国元帅瓦德西调解。调解的最终结果是，俄国被迫出让一部分铁路权利，直至1901 年 2 月 27 日，山海关以南部分才处于英国军队控制之下，而山海关以北仍掌握在俄国手中。此番争执使得英俄关系恶化。

俄国见前两次擅自行动均得逞，自以为可以无所顾忌，于是密谋与清政府就俄国在东北的地位问题进行单独谈判。1900 年 11 月，俄国强迫清政府草签了《奉天交地暂且章程》，该章程签订后，俄国怕遭到列强反对，一直未敢公开。1901 年 1 月，《泰晤士报》披露了章程的内容，立即在列强中引起强烈反响。英国企图联合法国、德国限制俄国在东北取得的一系列特权，日本支持英国的这一主张，美国随后也表态对俄国的擅自行动提出抗议。英国、美国、日本的一致反对，让俄国不得不有所顾虑，其迫于形势只能宣布该章程作废，转而同中国商订正约。②

二 两次英日同盟的建立及英俄关系缓和

俄国的独断专行使英、日等国意识到，必须结成更强大的联盟才能遏制俄国在中国东北地区不断膨胀的野心。1901 年 7 月，英国首相索尔兹伯里向日本公使抛出橄榄枝，希望与日本结盟。英国之所以急于改善同日本的关

---

① 〔俄〕科罗斯托维茨：《俄国在远东》，李金秋、陈春华、王超进译，北京：商务印书馆，1975，第 70 页。

② 王芸生编著《六十年来中国与日本》第 4 卷，北京：生活·读书·新知三联书店，1980，第 70—72 页。

系，是因为除关注东北地区的利益外，其需要早日摆脱长期以来外交上的
"孤立"政策。英国的提议正中日本下怀，日本崛起后扩张野心不断增长，
早就瞄准了中国东北地区。此外，甲午中日战争后俄国的干涉还辽也让日本
耿耿于怀，希望寻找机会能报一箭之仇。正是因为吸取了上次失败的教训，
日本渴望能够争取外交上的主动权，得到列强的支持和配合。为争取在中国
东北获得更多的权益，1901 年末，日本做出了与英国缔约的决定。1902 年
1 月 30 日，《英日同盟条约》正式在伦敦签署。库塔科夫（Л. Н. Кутаков）
评价英日同盟时指出，"英国推行与俄国敌对的政策。在远东组织针对俄国
的进攻是英国政府推行英国外交政策的中心任务之一，但英国自身并不打算
发动战争。日本在英国反对沙皇俄国的斗争中只是充当着工具而已"①。

　　1902 年英国和日本结盟使俄国遭受了军事政治和外交上的孤立，是俄
国借助西伯利亚大铁路妄图独霸中国东北的必然结果。可以说，正是俄国
在中国东北问题上咄咄逼人的态势在某种程度上促成了英国和日本的结
盟。英日同盟将矛头直指危及英、日两国利益的俄国，英国和日本与俄国
在中国东北对垒的实力大大增强。此后，英国很轻松地就与日本达成了在
亚洲殖民地布置军事力量的协议。英国通过承认日本在中国乃至朝鲜的特
殊利益，换取日本同意在中国实行"门户开放"政策，还承诺保护印度，
制止俄国在中国东北的侵略。英国与日本结盟使日本国际地位大大提升，
信心增强。对于日本来说，一旦与俄国开战，不仅是为了夺得朝鲜，更是
为了在中国东北地区的扩张。为巩固英日同盟，英国于 1901 年底扩大了军
舰规模，还将远征军司令基奇纳（Kitchener）派往印度。1901 年底，俄国
在太平洋水域的海军舰船吨位达 12 万吨，法国为 8 万吨，英国 17 万吨，
日本 20 万吨。英国最新的装甲巡洋舰驻扎在日本的吴港基地和横须贺基
地，因为当时威海卫还没有相应的驻泊设施，而香港的维多利亚港规模太
小。② 非洲的布尔战争结束后，英国腾出更多的精力在远东展开军事行动。

① Кутаков Л. Н. К истории Портсмутского мира 1905 г. // Известия АН СССР. Серия истории и философии，1952. T. IX. № 2. C. 179.
② Борзунов В. Ф. Транссибирская магистраль в мировой политике великих держав. Ч. 2. М.，2001. C. 116.

1903 年 11 月至 1904 年 8 月，英国成功地瓦解了俄国欲将西藏置于其 "保护" 之下的图谋。

与此同时，德国的海上实力日益增长。1897 年，提尔皮茨出任德国海军大臣。他在任期间，积极扩建德国舰队：1898 年提出了第一舰队方案，建造了 7 艘主力舰、2 艘重巡洋舰和 7 艘巡洋舰，德国在北海和波罗的海各组建了一支分舰队；1900 年，他又提出第二舰队方案，准备把德国小型岸防舰队发展成足以同英国对抗的公海舰队。德国海上力量的崛起对英国构成了最为直接的威胁。无奈之下，英国只能把注意力重新转回欧洲，集中力量对付德国，在太平洋的海上力量有所下降。此后，日本意识到，只依靠英国一国风险太大，故有意与俄法德联盟接近。

英日之间很难达成一致的军事政治目标也使英国对待俄国的态度发生了转变，英国开始考虑与俄国就中国和朝鲜问题达成和解。面对德国在欧洲的挑战和俄国在亚洲的威胁，是选择防守还是进攻让英国左右为难。1902 年 3 月，俄法两国在彼得堡发表声明，声称两国在将来远东或中国发生变化时，为保护两国之利益，保留双方自由行动的余地。这是把俄法军事同盟的辐射范围扩大至远东，矛头直指英日同盟。4 月 8 日，俄中签署了俄国从中国东北撤军的协议。即使如此，由俄国之前在中国的霸道行为引起的其他列强的敌意也没有消除，只是将俄日冲突爆发的时间稍稍拖后而已。德国是英国和法国的共同对手，为遏制德国过快增长的扩张野心，两国于 1904 年签署英法协约，这在俄法关系中 "钉进一个楔子"，为之后的英、法、俄三国结盟埋下伏笔。

1903 年 7 月，日本准备就 "俄国不向朝鲜扩张" 等问题与俄国进行谈判，试探英国态度。对于英国来说，盟友日本是在西藏组织军队抵抗俄国、在长江流域布置军力对抗德国的有力工具，因此英国很快答复，表示赞成日本的提议。在与日本的谈判过程中，尽管俄国也做出了部分让步，但两国在中国东北和朝鲜问题上存在根本性分歧，双方态度都很强硬。

1903 年 10 月 8 日，外交战达到了顶点。这一天是俄国承诺从中国东北撤军的最后期限，俄方没有履行撤军约定。美国和日本借机立即与中国签署贸易协定，开放中国东北地区的几个城市，而英国则收到了日本准备对俄作战的通知。英国希望日本能够抵御俄国在波斯和印度的进攻，让俄国重返欧洲与德国开战。可以说，在中国、波斯和阿富汗的摩擦使英俄之间的紧张局势加剧，而日俄矛盾升级又发生在俄英关系最为危险和紧张的时期。英国政府表示要严守中立，但在一触即发的俄日冲突中英国不可能保持严格的中立立场，英国和德国的阿姆斯特朗公司、克虏伯（Krupp）公司等都曾收到向日本供应军火的大宗订单。日俄战争中，英国煤炭大量供应日本军舰，75% 的日本军费开支由英国的香港上海银行以借款形式分 4 次提供。为了支持日本对俄作战，英国利用当时控制土耳其的条件，令土耳其封锁俄国黑海舰队必经的博斯普鲁斯海峡和达达尼尔海峡，俄国因顾虑同英国的关系，也未派黑海舰队强闯两海峡增援远东。旅顺被困时，俄国本希望法国能够派出舰队予以支援，但英国抢先一步同法国订立了协约，阻止法国军舰前往旅顺。应该说，英国为日本获胜做出了全部努力，没有英国的支持，日本人不可能在短时间内攻下旅顺，进而使俄国遭受致命打击、一蹶不振。1905 年，当日本因耗损大量财力物力而无力继续作战之时，英国联合美国及时出面调停战争，使日本摆脱了持久战。

俄国军队在中国东北被击溃后，英国与日本于 1905 年 8 月 12 日签署了第二次英日同盟条约。此次同盟续约使俄国计划不久后在印度或者东亚开展军事行动的所有希望化为泡影，俄国只能将战略重心重新转向欧洲，最终俄国被拽入与英法的联盟中。英国希望借此次缔约再次对抗俄国，也希望借同盟对抗实力日益壮大的德国，而日本则希望利用同盟对抗在中国东北耀武扬威的美国。

同时，英国加大了对阿富汗的关注。1905 年 5 月 11 日，英国首相贝尔福担忧地指出，俄国仍在狂热地修建战略铁路、筹划交通线和准备军事物资，西伯利亚大铁路在中亚与俄国—阿富汗边境线方向的支线铁路成为运送军事物资的工具。贝尔福认为，在阿富汗建设的与俄国战略铁路相连的铁路线都被视作俄国与英国为敌的铁证。①

中国东北地区被俄国和日本侵占后，英国仍在长江流域占有优势地

---

① Борзунов В. Ф. Транссибирская магистраль в мировой политике великих держав. Ч. 2. М.，2001. С. 122.

位。但英俄在中国西藏、阿富汗、波斯和土耳其的竞争仍在继续，也就是说英俄在英属殖民地的许多边境地区都在进行明争暗斗。英国是想沿俄国亚洲部分的南部边界，即从黄海海岸（朝鲜、辽东至日本）到小亚细亚形成一个"缓冲"国家带，这一缓冲带可以使印度免受俄国进攻的威胁，把俄国从英国在亚洲的危险的竞争对手变成欧洲的潜在盟友。这一缓冲带还可以封闭俄国在黑海的出海口，削弱西伯利亚大铁路在亚洲的影响力。1905 年第二次英日同盟建立后，英国在近东、中东和远东仍与俄国对立，直到 1907 年英日同盟才开始从事反对德国的一系列活动。

1888 年，从柏林到君士坦丁堡的铁路竣工后，德国开始制定巴格达铁路方案。1903 年，德国在建成博斯普鲁斯海峡至科尼亚的铁路的基础上，与土耳其签订租让条约，获得从科尼亚向前延伸再经巴格达至波斯湾的铁路租让权。柏林—巴格达铁路一旦建成，将把君士坦丁堡和奥斯曼帝国的亚洲内陆腹地与经济发达的现代化地区联系起来。铁路扩展到巴格达后，再延伸到不远的科威特，将在欧洲和整个印度次大陆之间建立起一条价格低廉而快捷的交通通道。在俄国看来，这正是问题的关键。因为毫无疑问，巴格达铁路建成将削弱俄国的殖民利益，威胁到俄国在东方的扩张，与西伯利亚大铁路构成实实在在的竞争。

1907 年 2 月 1 日，俄国就波斯问题举行了大臣委员会会议。外交大臣伊兹沃利斯基建议把波斯部分地区划给英国，他认为，"如果俄国继续与日英在亚洲不和，俄国在欧洲的地位将进一步弱化，与法国的同盟也会崩溃，最终成为'德国的奴仆'"；相反，"如果俄国结束在亚洲的争端，发展与法英的友好关系，将重振在近东的传统影响力"。[①] 但是俄国政府内很多人对此持异议，在他们看来波斯本就应该是俄国的势力范围和附属国。持此观点的人士甚至计划修建至波斯的铁路，在波斯湾建设俄国基地。但是在日俄战争失败后，俄国意识到应该尽量避免与英国发生冲突。财政大臣科科夫佐夫公开表示，巴格达铁路在给小亚细亚和美索不达米亚带来发展的同时，将会严重影响到俄国西伯利亚的谷物出口，而通往波斯边境线

---

① 赵军秀：《土耳其海峡与 1907 年英俄协约》，《世界历史》2002 年第 5 期，第 57 页。

的支线铁路将会对俄国在波斯北部的地位构成威胁，同时还会使德国和英国商品涌入俄国。陆军大臣和大多数会议代表都表示，与英国敌对的时代已经终结，应该联合英国阻挠巴格达铁路的建设。

从英国方面来看，巴格达铁路的修建将威胁英国的所有全球战略核心：通往印度的运输线、苏伊士运河的通航控制权、波斯湾的石油开采权以及具有战略地位的巴勒斯坦。因此，在阻挠巴格达铁路建设问题上英国与俄国有着一致的立场。英德双方于 1914 年 6 月草签《格雷—里赫诺夫斯基协定》，英国不再阻挠巴格达铁路的修建，德国也承诺铁路以巴士拉为终点，不再延伸到波斯湾；德国在不征得英国同意的情况下，不得促成在波斯湾修建任何港口或者铁路车站。此外，德国承认英国在阿拉伯河享有的特殊利益，英国承认铁路南部口岸以北的整个美索不达米亚为德国的势力范围。

三　协约国集团的形成

1907 年 8 月 31 日，相互敌视多年的俄国和英国签订了《英俄协约》，俄国承认英国在阿富汗的势力范围，同时两国划分了在波斯的势力范围，波斯北部划为俄国的势力范围，东南部则作为英国的势力范围。《英俄协约》的签署断送了俄国兼并整个波斯的计划，引起国内资产阶级的不满。同样，英国资产阶级也对协约表现出不满，其认为阿富汗虽已被排除在俄国势力范围之外，但仅有阿富汗作为印度的安全屏障远远不够。古奇对此评价："如果把《英俄协约》视作一场交易的话，那么它的政治意义毋庸置疑。消除俄国和英国之间就某些问题的分歧后，双方在各个领域展开了合作。《英法协约》和《英俄协约》发展到三国协约，三国协约在欧洲的棋局上发挥重要作用。"① 《英俄协约》的签订标志着欧洲力量完成重新组合，进入了两大集团对峙的新时期。

《英俄协约》使两国在波斯的紧张关系得到缓解，两国的关系日益拉近。1907 年，日本和俄国在彼得堡秘密签署《日俄协约》，两国商定将中

---

① Гуч Г. П. История современной Европы. М. -Л. , 1925. С. 186.

国东北三省划为南北两半，北部属俄国势力范围，南部属日本势力范围。此后，"俄国再不用考虑威胁其在远东安全的因素，可以集中全部注意力应付欧洲外交中的更为危险的游戏"。[①] 列强摒弃了"门户开放"政策，各自划分了在远东的势力范围：英国在云南、西藏和新疆巩固势力；日本在朝鲜、中国辽东，此后又在中国蒙古地区发展势力；俄国在中国东北北部和蒙古地区巩固势力。俄国和法国减少了驻扎在远东的军事力量，授权日本保护两国的利益（包括殖民地、保护国和势力范围），并借助银行再次在中国进行经济金融扩张。西伯利亚大铁路在中国境内的中东铁路更多地为俄国、日本和英国利益服务，而在俄国境内的部分西段铁路的运输速度和货运量要明显高于东段铁路。在世界大战临近之时，全世界的注意力都转向了欧洲，货物流向随之出现变化，越来越多的货物需要自东向西运输。因此，俄国意识到必须集中力量修建在本国境内的最东段铁路——阿穆尔铁路。

1910 年 7 月 4 日，俄日签订第四次密约，俄日联手将美国从中国东北地区驱逐出去，粉碎了诺克斯的满洲铁路"国际化"和修建锦州—瑷珲铁路的计划。1911 年，第三次英日同盟条约签署。借助英日同盟，英国成功地把 12 艘重型巡洋舰运送到欧洲，维持了日本在东方和俄国在西方的反德力量。日俄战争后，日本在中国东北地区表现出来的排他性更甚于俄国，这令英国惴惴不安，因此希望借助同盟关系抑制日本在太平洋地区的扩张。

英国远东政策的根本目的是维护英国在远东的既得利益和优势地位，竭尽全力防止俄国扩张。英国借日本之手，通过 1904—1905 年的日俄战争达到了削弱俄国的目的；在法国、德国、日本和俄国的帮助下，破坏了美国 1912 年的"金元外交"；又依靠俄国、法国和美国，遏制了日本在中国的扩张和兼并；英日之间的三次结盟巩固了英国在远东的地位，抵御了俄国、美国和德国的进攻。应该说，所有这一切的最终目的都服务于英国的远东政策。与此同时，英国资本也已渗透进俄国和中国的经济中。英国人

---

① Гуч Г. П. История современной Европы. М.-Л., 1925. C. 215–216.

在中国东北北部地区设立了证券公司，垄断了当地的交通运输和贸易，如1904年开设的中英东方贸易公司、1904年的索斯金航运公司等。

英国在中国东北地区一贯支持美国提出的"门户开放"政策，这一政策更多打击的是日本和俄国在中国东北的地位。因为日俄战争后双方实力都被削弱，其他列强都想趁机在中国东北地区的利益中分得一杯羹。俄国在远东实力被削弱，没有了俄国的牵制，德国在欧洲和近东的实力增强，与英法两国的矛盾日趋尖锐，俄国随之成为三者竞相拉拢的对象。由于俄德之间的经济矛盾加深，俄国对英法资本的依赖性提升，俄国整体实力削弱，导致俄国对外政策的独立性显著下降。为遏制日本的野心，英国转而支持俄国在远东的扩张，远东和近东的诸多不稳定因素迫使英国和法国协力将俄国拽入联盟，俄国最终投入协约国的怀抱。俄国外交大臣伊兹沃利斯基积极推动英俄关系拉近，他认为俄国在远东发挥主导作用前，应该先在巴尔干和土耳其实现其历史使命。这一外交计划的实质就是与法国结盟，并与英国和日本达成和解。

英国和法国非常乐意促成俄国的这一外交计划。1908年，法国同意向日本提供3亿法郎借款，但前提是日本要主动缓和与俄国的关系。另一方面，英国外交大臣爱德华·格雷（Edward Gray）积极推动1907年《日俄协约》《英俄协约》的签订及英日同盟的巩固。同时，法国和日本的关系不断拉近，并签订了1907年《日法协议》。俄国、日本、英国和法国签订的各项协议将四国紧密联系在一起，日本成为英、法、俄结成的三国协约集团的伙伴国。应该说，英国并没有把日本视为真正的盟友。外交大臣爱德华·格雷直言不能让日本加入协约国，因为日本的野心完全超出"理性的范围"，它不仅要吃掉德国在中国的势力范围，还想把所有欧洲列强赶出亚洲。

英国在由四国之间缔结各项协约形成的体系中扮演着领导者的角色，这一体系是在日俄战争后世界各国力量对比发生变化后逐渐发展、确立的。1907年列强间签订的三个协议（包括6月10日的《日法协议》、8月31日的《英俄协约》、7月30日的《日俄密约》）使四国暂时搁置了分歧，明确了各自在欧洲、中东和远东的势力范围，规定了权益和义务，奠定了远东各方力量平衡和制约的基础。协约体系的建立以俄国和日本的关系缓和、联手瓜分中国东北为前提，俄国最终被拽入协约国集团。三国协约与以德国为首的同盟国集团形成对立，加快了世界大战的到来。四国间各项协议的签署，改变了英国的世界交通战略，西伯利亚大铁路已经变为英、法和日本可以利用的工具。

第一次世界大战前，从对外政策的角度来看，英国没有卷入朝鲜和中国东北的冲突，因为英国在这两地没有殖民地，但英国支持日本吞并中国东北（1909 年提出）和朝鲜（1910 年提出），鼓励俄国和日本联手反对美国（1910 年提出）。英国在中国东北北部地区和俄国远东地区投入巨额资金，扶持日本反对中国和俄国，影响范围已经覆盖到西伯利亚大铁路沿线地区。英国虽不愿日本和俄国独霸中国东北地区，却间接促成了日俄相继签订两次密约（1910 年、1912 年签订）。为削弱美国实力，英国向日本供应新型军舰，这在增强日本海上舰队实力的同时，还可以迫使美国与协约国集团接近。英国在中国依靠买办资产阶级，在日本和俄国依靠军事封建资产阶级和垄断阶级，想方设法通过一系列政治和经济手段削弱西伯利亚大铁路的竞争力。

第一次世界大战期间，英国进入一场全新的残酷竞争，但这一次英国的竞争对手不再是俄国和德国，而变为日本和美国。日本利用英国一贯对其在亚洲大陆侵略行为的纵容政策，不断向俄国远东地区和英属太平洋南部地区扩张。日本在北方的扩张是为了与俄国争夺领土，在南方则为了与英国争夺太平洋南部的海上贸易。

第一次鸦片战争后，英国成为"唯一在远东拥有较大利益的欧洲强国"。自 19 世纪下半叶起，英国在远东实行"维护现状"政策，然而它的传统优势地位受到来自欧美列强的政治渗透和商业竞争的挑战。俄国是英国在远东的主要竞争对手。英俄两国是世仇，无论在欧洲还是亚洲都有利益冲突。英国对付俄国的政策就是利用三个老弱的封建帝国抵御俄国进攻：在西边把土耳其变成防御俄国的壁垒，在亚洲中部依靠印度，在东边则把中国视作对付俄国的一张"王牌"。

中国在甲午中日战争中的战败不得不使英国扶持清政府抵抗俄国的原

有政策进行调整。为实现防御俄国扩张的目的，英国选择与日本接近，并逐渐将之发展为盟友。英国借助日本之力成功地打击和遏制了俄国，尤其是日俄战争使英国坐收渔翁之利。

英国远东政策的根本目的是维护英国在远东的既得利益和优势地位，竭尽全力防止俄国南下扩张政策的实现。由此可见，无论是支持清政府、反对日本挑起侵华战争，还是拒绝参加干涉"还辽"及后来的与日本媾和，都不违背英国远东政策的出发点。英国远东政策的内容虽然由于战略和策略上的需要发生了改变，但其根本目的是不会改变的。

综上所述，19世纪末20世纪初，英国在远东的对外活动都围绕下述战略目标展开。（1）维护英国在亚洲的优势地位，防御俄国在远东的扩张。因为西伯利亚大铁路是英国世界交通战略布局中所面临的最主要威胁，其极力阻挠将欧洲和亚洲连接起来的西伯利亚大铁路的建设和其他交通、通信联系的发展。（2）加快海上交通运输工具的更新和升级，助推英国、日本、美国工业在亚洲的经济扩张，降低西伯利亚大铁路在全球的经济影响力。（3）破坏俄国在中国东北地区的军事扩张，迫使俄国在政治上回归欧洲并加入反对德国的协约国集团。（4）限制俄国连接欧亚两大洲的国际作用，瓦解俄国借助西伯利亚大铁路对欧洲列强和远东其他国家施压的战略优势。（5）实现更积极地将英国资本通过交通运输网络、银行、矿场和西伯利亚大铁路渗透进远东市场的愿望。

| 结　语 |

　　1860 年中俄《北京条约》和《瑷珲条约》签订后，俄国将黑龙江以北、乌苏里江以东地区划入版图，东部地区的边界范围最终确定。如何对新占领土地进行开发和治理，是摆在俄国政府面前的严峻问题。俄国东部地区地广人稀，与欧俄行政中心相距甚远，但这里却与俄国的亚洲邻国——中国、日本咫尺相隔。俄国政府决定修建一条横贯东西的铁路，将莫斯科与遥远的符拉迪沃斯托克（海参崴）连接起来。从国家层面来看，西伯利亚大铁路的作用可以概括为以下几点。

　　1. 东进战略的重要组成部分

　　俄国历代沙皇无不把使用武力追求绝对安全作为国家对外政策的首要任务，占领土地成为帝国的主要目标。[①] 1581 年，叶尔马克越过乌拉尔山向东挺进，占领了西伯利亚的广袤土地。19 世纪下半叶，俄国资本主义发展，对原料和市场的需求不断扩大，欧俄地区狭小的市场空间已经满足不了资本主义的发展，于是资本家纷纷将目光转向自然资源丰富的俄国东部地区。这一时期，俄国加快了向远东和太平洋地区扩张的脚步，西伯利亚和远东地区的战略地位凸显。正是在这样的背景下，修建铁路通往西伯利亚的方案酝酿出台。西伯利亚大铁路的修建，是俄国向世界展示它作为陆上强权国家地位的最有力证据，也是这一时期东进战略的具体实施步骤。

[①]　卢昌鸿：《历史与现实：俄罗斯东进战略研究》，上海外国语大学博士学位论文，2014，第 5 页。

2. 加速俄国现代化的发展进程

俄国的现代化之路，从 18 世纪初彼得一世改革算起，已经走过了 300 多年。从沙俄帝国到俄罗斯，大大小小的改革不下 10 次，启动现代化航程的次数也有三五轮了，但至今仍未完成现代化的任务。[①] 俄国修建西伯利亚大铁路，客观上促进了俄国东部地区的经济发展，吸引了大量欧俄移民迁居西伯利亚和远东地区，并带动城镇发展，在一定程度上加速了俄国现代化的发展进程。如果没有西伯利亚大铁路的修建，俄国东部地区的开发还会滞后，进而影响全俄的现代化进程。

3. 开发东部和巩固边疆的需要

俄国著名科学家罗蒙诺索夫在 18 世纪就做出了"俄国的强盛有赖于西伯利亚"的论断。俄国西伯利亚和远东地区拥有丰富的自然资源，这里有资本主义发展所需的原料和市场。为了俄国资本主义的快速发展，也为了巩固划入俄国版图不长时间的远东地区，俄国需要在远东地区与莫斯科之间建立起快速的交通联系。此外，这条铁路更是向邻近的中国、朝鲜进行扩张的工具，还可以增加与日本、英国等国抗衡的筹码。

然而，虽然俄国修建西伯利亚大铁路是出于军事战略意图和经济目的，但它的修建成为引发太平洋地区一系列国际冲突的主要原因之一。应该说，在俄国经济技术相对落后的情况下，沙俄政府修建西伯利亚大铁路的决定具有一定的冒险性和殖民色彩。正如《俄国现代化的曲折历程》一书所总结的，俄国的现代化一直是国家主导型的现代化，呈现的是一个矛盾的过程：一方面，俄国在经济上学习西方，引进先进的技术；另一方面，又不断强化专制制度，企图利用国家的行政力量推进现代化进程。[②] 俄国修建西伯利亚大铁路，完全是国家主导的结果，俄国政府集中了全国的财力、物力，使用西方的铁路建设技术，虽然最终建成了横贯俄国东西的钢铁大动脉，但付出了高昂的代价。而且，在俄国政府看来，西伯利亚大铁路的军事战略目的要远远高于经济目的，因而较多地限制了铁路的商

---

① 马龙闪：《俄国现代化何以长路漫漫三百年》，《学习时报》2012 年 5 月 14 日，第 6 版。

② 左凤荣、沈志华：《俄国现代化的曲折历程》（上），北京：社会科学文献出版社，2012，第 4—5 页。

业发展，不可能实现更实际和更富有成效的西伯利亚和远东地区的经济开发，当然更不可能实现占领国际市场的计划。

西伯利亚大铁路穿越的欧亚大陆资源丰富、开发程度低，它在中国境内的分支——中东铁路则是列强染指的目标。在环球海上航线竞争日趋激烈的环境下，太平洋水域引起了日本、英国和美国的关注。为实现不同目的，俄国与日本、美国、德国、英国和法国等竞争对手之间形成了"没有永远的朋友，只有永远的利益"这种扑朔迷离的国际关系网。

一个国家的外交是其国家利益的反映，是实现国家利益的手段，也是执行国家发展战略的过程。国家的利益是一个国家发展战略的基础，发展战略是建立在对国家利益的认知基础之上的，不同国家的利益认知不同，战略决策也不同。而这种认知是不断发展和变化的，国家利益本身的内容也处于一个不断发展和变化的过程，因此一个国家的外交策略也是动态的。

俄国在处理与其他大国的关系方面的基本准则是"国家利益至上"，也就是利用西伯利亚大铁路的修建实现俄国的国家利益，进而形成了截然不同的对外政策：对中国实行蚕食、侵略的"远东政策"，对日本实行或联合或敌对的双面政策，对美国插手亚洲太平洋事务坚决抵制，对英国则实现了从对抗到联盟的转变。

日本在明治维新后，利用便捷的地理条件加快了资本主义生产和贸易的发展。为寻找原料和市场，日本将对外扩张的目标指向邻近的朝鲜、中国，这与俄国在远东的扩张产生矛盾。美国和英国支持日本与俄国敌对，提升了日本在亚洲太平洋地区的优势地位。但是，由于日本资源开发受限、经济发展中海外贸易占比较大、对海上交通线依赖性较强等，日本制定与俄国争夺亚洲霸权的对外政策具有一定的冒险性。

俄国和日本是远东的两大帝国，俄国计划借助西伯利亚大铁路、日本希望依靠海上运输发展各自的经济和军事实力，从而实现称霸远东的目标，然而却遭遇到进入资本主义阶段更早、经济更发达的欧美列强，包括美国、英国、德国和法国的强烈阻挠。英国是老牌帝国主义国家，为了维护强国地位，坚决抵制俄国和日本的崛起，不惜使用各种政治手段阻止俄国在远东实力的增强，还破坏了日本企图占领英属太平洋领地的计划。除俄、日外，英国不仅排挤美国在中国北部地区的势力，还迫使盟友共同反对德国。当然，英国的外交政策从光荣孤立到与他国结盟，归根结底是为了维护自身的利益免受其他列强染指和侵犯。

美国为实现哈里曼提出的"环球铁路运输计划"，须建立连接太平洋、日本、中国东北、西伯利亚、欧洲和大西洋的环行一周的世界运输体系，由美国进行操纵和控制。占领中国东北是实现这一庞大计划的第一步，也是至关重要的一步。为此，美国提出了中东铁路国际化政策，妄图控制中东铁路经营权，与俄国、日本争夺中国东北地区市场，利用西伯利亚大铁路对抗英国海上交通线。当然，哈里曼的计划以失败而告终，美国最终也没能建立起对国际交通运输网络的垄断和控制。对于美国来说，争夺西伯利亚大铁路、建设一条环球铁路运输线只能是一个不切实际的、无法实现的幻想。

第一次世界大战期间，列强之间的相互牵制抑制了美国妄图统治世界的野心。也正是在这时，欧洲国家被战争所累，尚在恢复元气，亚洲则还没有足够力量战胜殖民主义和帝国主义。在多国竞争中，西伯利亚大铁路成为推动远东各国和平发展的重要因素，在巩固各民族的友好关系、扩大反帝国主义和争取民族自由的战争、加快远东市场形成以及在太平洋地区建立起远东与资本主义市场之间的联系方面发挥了不可替代的作用。

西伯利亚大铁路是建筑工程师智慧的伟大创作，是数以万计的建筑工人功勋的丰碑。通过梳理19世纪末20世纪初发生的国际重大事件，分析列强之间的外交政策，有助于深刻认识西伯利亚大铁路的重要意义及其在俄国对外关系中的作用。

参考文献

一 中文部分

（一）专著

〔美〕爱伦·F. 丘：《俄国历史地图解说——一千一百年俄国疆界的变动》，郭圣铭译，北京：商务印书馆，1995。

〔美〕安德鲁·马洛泽莫夫：《俄国的远东政策（1881—1904 年）》，本馆翻译组译，北京：商务印书馆，1977。

步平等编著《东北国际约章汇释（1689—1919）》，哈尔滨：黑龙江人民出版社，1987。

曹维安：《俄国史新论——影响俄国历史发展的基本问题》，北京：中国社会科学出版社，2002。

陈景彦等：《20 世纪中日俄（苏）三国关系史研究》，长春：长春出版社，2011。

陈秋杰：《西伯利亚大铁路研究（19 世纪中叶—1917 年）》，哈尔滨：黑龙江人民出版社，2011。

崔丕：《近代东北亚国际关系史研究》，长春：东北师范大学出版社，1992。

戴桂菊：《俄国东正教会改革（1861—1917）》，北京：社会科学文献出版社，2002。

邓沛勇、刘向阳：《俄国工业史（1700—1917）》，北京：社会科学文献出版社，2021。

董小川：《美俄关系史研究（1648—1917）》，长春：东北师范大学出版社，1999。

〔俄〕M. 图甘－巴拉诺夫斯基：《19 世纪俄国工厂发展史》（第四版），张广翔、邓沛勇译，北京：社会科学文献出版社，2017。

〔俄〕鲍里斯·尼古拉耶维奇·米罗诺夫：《俄国社会史》，张广翔、许金秋、钟建平译，济南：山东大学出版社，2013。

〔俄〕彼得罗夫·尤里·亚历山德罗维奇：《20 世纪初的莫斯科企业家》，张广翔、师成译，北京：社会科学文献出版社，2021。

〔俄〕科罗斯托维茨：《俄国在远东》，李金秋、陈春华、王超进译，北京：商务印书馆，1975。

〔俄〕特·弗·伊兹麦斯捷耶娃：《19 世纪末 20 世纪初欧洲市场体系中的俄国》，张广翔译，北京：社会科学文献出版社，2019。

〔俄〕斯韦特拉娜·弗拉基米罗夫娜·沃龙科娃：《20 世纪初俄国工业简史》，王学礼译，北京：社会科学文献出版社，2017。

〔俄〕维特著、〔美〕亚尔莫林斯基编《维特伯爵回忆录》，傅正译，北京：商务印书馆，1976。

〔俄〕П. Ф. 翁特尔别格：《滨海省（1857—1898 年）》，黑龙江大学俄语系研究室译，北京：商务印书馆，1980。

〔俄〕谢·尤·维特：《俄国末代沙皇尼古拉二世——维特伯爵的回忆》，张开译，北京：新华出版社，1983。

樊亢、宋则行主编《外国经济史（近代现代）》第 2 册，北京：人民出版社，1981。

黄定天：《东北亚国际关系史》，哈尔滨：黑龙江教育出版社，1999。

金士宣、徐文述编著《中国铁路发展史（1876—1949）》，北京：中国铁道出版社，1986。

李济棠编著《中东铁路——沙俄侵华的工具》，哈尔滨：黑龙江人民出版社，1979。

〔美〕理查德·莱亚德、约翰·帕克：《俄罗斯重振雄风》，白洁等译，北京：中央编译出版社，1997。

刘祖熙：《改革和革命——俄国现代化研究（1861—1917）》，北京：北京
　　大学出版社，2001。

《马克思恩格斯选集》第4卷，北京：人民出版社，2012。

〔美〕马士、宓亨利：《远东国际关系史》，姚曾廙译，上海：上海书店出
　　版社，1998。

马蔚云：《中东铁路与黑龙江文化——中俄（苏）关系中的中东铁路问
　　题》，哈尔滨：黑龙江大学出版社，2010。

宓汝成编《中国近代铁路史资料（1863—1911）》，北京：中华书局，1963。

列宁：《帝国主义是资本主义的最高阶段》，北京：人民出版社，2014。

列宁：《列宁选集》第1卷，北京：人民出版社，2012。

〔日〕吉田嗣延等：《日本北方领土》，吉林师范大学外国问题研究所日本
　　研究室编译，上海：上海译文出版社，1978。

〔日〕信夫清三郎编《日本外交史》（上册），天津社会科学院日本问题研
　　究所译，北京：商务印书馆，1980。

石方、刘爽、高凌：《哈尔滨俄侨史》，哈尔滨：黑龙江人民出版社，1998。

〔苏〕B. 阿瓦林：《帝国主义在满洲》，北京对外贸易学院俄语教研室译，
　　北京：商务印书馆，1980。

〔苏〕П. И. 卡巴诺夫：《黑龙江问题》，姜延祚译，哈尔滨：黑龙江人民
　　出版社，1983。

〔苏〕鲍里斯·罗曼诺夫：《俄国在满洲（1892—1906年）》，陶文钊、李
　　金秋、姚宝珠译，北京：商务印书馆，1980。

〔苏〕鲍·亚·罗曼诺夫：《日俄战争外交史纲（1895—1907年）》，上海：
　　上海人民出版社，1976。

〔苏〕梁士琴科：《苏联国民经济史》第2卷，李延栋等译，北京：人民出
　　版社，1954。

〔苏〕米·约·斯拉德科夫斯基：《俄国各民族与中国贸易经济关系史
　　（1917年以前）》，宿丰林译，北京：社会科学文献出版社，2008。

〔苏〕加·尼·罗曼诺娃：《远东俄中经济关系（19世纪至20世纪初）》，

宿丰林、厉声译，哈尔滨：黑龙江科学技术出版社，1991。

〔苏〕B. T. 琼图洛夫等编《苏联经济史》，郑彪等译，长春：吉林大学出版社，1988。

〔苏〕耶·马·茹科夫主编《远东国际关系史（1840—1949）》，北京：世界知识出版社，1959。

孙成木：《俄罗斯文化一千年》，北京：东方出版社，1995。

孙成木、刘祖熙、李建主编《俄国通史简编》，北京：人民出版社，1986。

陶文钊、何兴强：《中美关系史》，北京：中国社会科学出版社，2009。

王铁崖编《中外旧约章汇编》第 2 册，北京：生活·读书·新知三联书店，1959。

王晓菊：《俄国东部移民开发问题研究》，北京：中国社会科学出版社，2003。

王云龙：《现代化的特殊性道路——沙皇俄国最后 60 年社会转型历程解析》，北京：商务印书馆，2004。

王芸生编著《六十年来中国与日本》第 5 卷，北京：生活·读书·新知三联书店，1980。

〔美〕西里尔·E. 布莱克等：《日本和俄国的现代化——一份进行比较的研究报告》，周师铭等译，北京：商务印书馆，1984。

〔美〕西德尼·哈凯夫：《维特伯爵：俄国现代化之父》，梅俊杰译，上海：上海远东出版社，2013。

辛培林、张凤鸣、高晓燕主编《黑龙江开发史》，哈尔滨：黑龙江人民出版社，1999。

徐景学、王晓菊：《西伯利亚学与中国》，哈尔滨：黑龙江教育出版社，2001。

徐景学主编《西伯利亚史》，哈尔滨：黑龙江教育出版社，1991。

姚海：《俄罗斯文化之路》，杭州：浙江人民出版社，1996。

殷剑平：《早期的西伯利亚对外经济联系》，哈尔滨：黑龙江人民出版社，1998。

张凤鸣：《中国东北与俄国（苏联）经济关系史》，北京：中国社会科学出版社，2003。

张广翔：《18—19 世纪俄国城市化研究》，长春：吉林人民出版社，2006。

张丽：《折冲樽俎——维特远东外交政策研究》，北京：北京大学出版社，2011。

张宗海：《远东地区世纪之交的中俄关系》，哈尔滨：黑龙江人民出版社，2000。

中国人民政治协商会议黑龙江省委员会文史资料研究工作委员会编辑部编《中东铁路历史编年》，哈尔滨：黑龙江人民出版社，1987。

中国铁路史编辑研究中心编《中国铁路大事记（1876—1995）》，北京：中国铁道出版社，1996。

周启乾：《日俄关系简史》，天津：天津人民出版社，1985。

周尚文等：《苏联兴亡史》，上海：上海人民出版社，1993。

左凤荣、沈志华：《俄国现代化的曲折历程》（上下），北京：社会科学文献出版社，2012。

（二）论文

白述礼：《试论近代俄国铁路网的发展》，《世界历史》1993 年第 1 期。

部彦秀：《俄国资本主义发展缓慢的原因》，《世界历史》1993 年第 1 期。

陈秋杰：《西伯利亚大铁路修建及其对俄国东部地区农业发展的影响》，《历史教学》（高校版）2010 年第 10 期。

陈秋杰：《西伯利亚大铁路修建中的主要问题及应对措施》，《西伯利亚研究》2012 年第 1 期。

丛佩远：《评日俄战争前俄国的远东政策》（上），《世界历史》1981 年第 5 期。

董小川：《俄国的外国资本问题》，《东北师大学报》（哲学社会科学版）1989 年第 3 期。

董小川：《19 世纪末期以前美俄友好关系探源》，《松辽学刊》（社会科学版）1995 年第 2 期。

傅孙铭、冯兴盛：《试析俄国向东方扩张与资本原始积累的关系》，《东北师大学报》（哲学社会科学版）1985 年第 2 期。

国永春：《沙俄在远东的扩张与日俄战争》，《社会科学战线》1996 年第
　　4 期。

姜文英：《简述甲午战后帝国主义抢夺中国铁路利权和瓜分中国》，《河北
　　大学学报》（哲学社会科学版）1993 年第 S1 期。

李宝仁：《从近代俄国铁路史看铁路建设在国家工业化进程中的地位和作
　　用》，《铁道经济研究》2008 年第 2 期。

李延龄：《中东铁路是中国与俄罗斯两国共同建成》，《辽宁师范大学学报》
　　（社会科学版）2008 年第 3 期。

林秀玉：《英国对外贸易现代化进程之探析》，《历史教学》2003 年第 6 期。

刘成：《19 世纪英国孤立主义外交政策辨析》，《复旦学报》（社会科学版）
　　2016 年第 4 期。

刘爽：《西伯利亚移民运动与俄国的资本主义化进程》，《学习与探索》
　　1995 年第 2 期。

〔日〕大草志一：《中东铁路的附属企业》，于滨力译，《北方文物》1995
　　年第 4 期。

石方：《中东铁路的修筑对哈尔滨经济社会发展的作用与影响》，《学习与
　　探索》1995 年第 4 期。

孙成木：《俄国资产阶级的形成及其历史作用》，《世界历史》1989 年第
　　5 期。

孙成木：《试探十九世纪中叶后俄国资本主义迅速发展的原因》，《世界历
　　史》1987 年第 1 期。

陶惠芬：《俄国工业革命中的对外经济关系》，《世界历史》1994 年第
　　3 期。

王国杰：《20 世纪初期远东地区的俄国移民问题》，《史学集刊》1997 年第
　　2 期。

王少平：《俄国早期对华贸易中政府和私商的斗争》，《史学集刊》1988 年
　　第 2 期。

王少平：《20 世纪初俄国远东地区经济的发展》，《黑龙江社会科学》1996
　　年第 2 期。

王晓菊:《沙俄远东移民运动史略》,《西伯利亚研究》2002 年第 1 期。

王晓菊:《西伯利亚开发与俄国的现代化（1861—1917）》,《世界历史》 2004 年第 3 期。

徐景学:《俄罗斯吸收外国资本的历史与现状》,《学习与探索》1995 年第 5 期。

徐景学:《西伯利亚的开发与中国的西伯利亚研究》,《学习与探索》1986 年第 5 期。

徐曰彪:《试论俄国在华投资与东省铁路财政（1895—1917）》,《近代史研 究》1994 年第 2 期。

殷剑平:《帝国主义时期西伯利亚与远东的外国资本》（上）,《西伯利亚 研究》1988 年第 2 期。

于沛:《马克思论俄国资本主义的发展》,《世界历史》1986 年第 11 期。

余伟:《美日在东北的一场激烈争夺》,载汪熙主编《中美关系史论丛》, 上海：复旦大学出版社,1985。

张凤鸣:《19 世纪后半期黑龙江地区与俄国远东地区的贸易》,《学习与探 索》1994 年第 1 期。

张广翔、逯红梅:《论 19 世纪俄国两次铁路修建热潮及其对经济发展的影 响》,《江汉论坛》2016 年第 12 期。

张广翔:《19 世纪俄国工业革命的特点——俄国工业化道路研究之三》, 《吉林大学社会科学学报》1996 年第 2 期。

张广翔:《外国资本与俄国工业化》,《历史研究》1995 年第 6 期。

张建华、李红:《论维特改革的影响及实质》,《求是学刊》1990 年第 4 期。

张建华:《略论俄国历史上的现代化进程》,《齐齐哈尔师范学院学报》 （哲学社会科学版）1992 年第 5 期。

赵军秀:《土耳其海峡与 1907 年英俄协约》,《世界历史》2002 年第 5 期。

赵欣:《1900 年前后英国人对西伯利亚大铁路及中东铁路的调研》,《社会 科学战线》2016 年第 7 期。

朱新光:《试论 1873 年英俄中亚协定》,《贵州师范大学学报》（社会科学 版）2001 年第 1 期。

（三）学位论文

李艳芬：《美国的中东铁路政策评析（1895—1922）》，东北师范大学硕士学位论文，2007。

马跃：《英国与中国东北关系研究（1861—1911）》，吉林大学博士学位论文，2012。

牟燕：《19 世纪中期到 20 世纪初美国对华政策的特征及其原因分析》，四川大学硕士学位论文，2004。

穆丹萍：《近代哈尔滨地区俄国企业研究（1898—1926）》，东北师范大学博士学位论文，2012。

二 俄文部分

Источники

Великая Сибирская железная дорога. СПб. , 1900.

Забайкальская железная дорога. 1900 – 1910. Иркутск, 1910.

Материалы Комитета Сибирской железной дороги, Т. 1 – 28. СПб. , 1893 – 1904.

Обзор Амурской области за 1901 год. Благовещенск, 1902.

Обзор коммерческой деятельности Забайкальской железной дороги за 1915 год. Иркутск, 1916.

Очерк коммерческой деятельности Китайской Восточной железной дороги за 15 лет существования общества. СПб. , 1912.

Путеводитель по Великой Сибирской железной дороге от Санкт-Петербурга до Владивостока. 1910 – 1911. СПб. , 1912.

Статистические сведения о торговле России с Китаем. СПб. , 1909.

Литература

Аблова Н. Е. История КВЖД и российской эмиграции в Китае. М. , 2004.

Аварин В. Борьба за Тихий океан. М. , 1947.

Александров В. А. Россия на дальневосточных рубежах, 2 – е изд. Хабаровск,

1984.

Артемьев А. Р. , Гаплямова Л. И. , Иващенко Л. Я. и др. История Дальнего Востока СССР в эпоху феодализма и капитализма (ⅩⅦ в. -февраль 1917 г.). М. , 1991.

Богданович А. В. Три последних самодежца. М. -Л. , 1924.

Борзунов В. Ф. Транссибирская магистраль в мировой политике великих держав. Ч. 1 – 2. М. , 2001.

Венюков М. Путешествие по Приамурью, Китаю и Японии. Хабаровск, 1970.

Витте С. Ю. Конспект лекций о народном и государственном хозяйстве, читанных его императорскому высочеству великому князю Михаилу Александровичу в 1900 – 1902 годах. М. , 1912.

Гарусова Л. Н. Российско-Американские региональные отношения на Дальнем Востоке: история и современность, Владивосток, 2001.

Залужная Д. В. Транссибирская магистраль. М. , 1980.

Ильин Ю. Л. Создание Великого Сибирского пути. СПб. , 2005.

Калиничев В. П. Великий Сибирский Путь: историко-экономический очерк. М. , 1991.

Китайская Восточная железная дорога. Исторический очерк. (1896 – 1905 гг.). Т. 1. СПб. , 1914.

Корелин А. , Степанов С. С. Ю. Витте — финасист, политик, дипломат. М. , 1998.

Кутаков Л. Н. Портсмутский мирный договор (Из истории отношений Японии с Россией и СССР. 1905 – 1945 гг.) М. , 1961.

Лукоянов И. В. «Не отстать от держав⋯» Россия на Дальнем Востоке в конце ⅩⅨ-начале ⅩⅩ вв. СПб. , 2008.

Меркулов С. Вопросы колонизации Приамурского края русским населением. СПб. , 1917.

Нарочницкий А. Л. Колониальная политика капиталистических держав на

Дальнем Востоке. 1860 – 1895. М. , 1956.

Нилус Е. Х. Исторический обзор Китайской Восточной железной дороги. Т. 1. Харбин, 1923.

Патрушева М. А. , Сухачева Г. А. Экономическое развитие Маньчжурии (вторая половина XIX – первая треть XX в.) М. , 1985.

Романов Б. А. Россия в Маньчжурии (1892—1906). Очерки по истории внешней политики самодержавия в эпоху империализма. Л. , 1928.

Северная Маньчжурия и КВЖД. Харбин, 1922.

Сигалов М. Р. , Ламин В. А. Железнодорожное строительство в практике хозяйственного освоения Сибири. Новосибирск, 1988.

Синиченко В. В. Правонарушения иностранцев на востоке Российской империи во второй половине XIX —начале XX веков. Иркутск, 2003.

Сладковский М. И. Китай и Англия. М. , 1980.

Сладковский М. И. Китай и Япония. М. , 1971.

Сладковский М. И. Очерки экономических отношений СССР с Китаем. М. , 1957.

Соловьев С. История России с древнейших времен: в 15 кн. М. , 1961 – 1966.

Соловьева А. М. Железнодорожный транспорт России во второй половине XIX в. М. , 1975.

Третьяков В. Г. и др. Железнодорожный транспорт Восточной Сибири из XIX в XXI век: к 100 – летию Транссибирской магистрали: в 2 томах. Иркутск, 2001.

Хобта А. В. Михаил Иванович Хилков и Сибирская железная дорога, Иркутск, 2016.

Хобта А. В. Строительство Транссиба. Очерки истории (конец XIX – начало XX вв.). Иркутск, 2009.

Сборники научных трудов

Актуальные вопросы истории Сибири (Научные чтения пямяти профессора

А. П. Бородавкина). Барнаул, 1998.

Бахрушинские чтения 1966 г. Вып. 2. Сибирь периода феодализма и капитализма. Новосибирск, 1968.

Вопросы истории Сибири и Дальнего Востока. Новосибирск, 1961.

Материалы международной научной конференции "Россия и страны Америки: опыт исторического взаимодействия". 24 – 26 сент. 1997 г. Волгоград, 1998.

Новые идеи нового века. Т. 1. Хабаровск, 2014.

Проблемы генезиса и развития капиталистических отношений в Сибири. Барнаул, 1990.

Процесс формирования региональных направлений внешней политики великих держав в новое и новейшее время. Горький, 1987.

Социально-экономические отношения и классовая борьба в Сибири дооктябрьского периода. Новосибирск, 1987.

Транссиб и научнотехнический прогресс на железнодорожном транспорте: Тез. докл. науч.-техн. конф. (29 мая – 1 июня). Ч. 3. Новосибирск, 1991.

Труды Дальневосточного филлиала СО АН СССР. Серия истории. 1963. Т. 5. 1963.

Хозяйственное освоение Русского Дальнего Востока в эпоху капитализма. Владивосток, 1989.

Хозяйственное освоение Сибири. История, историография, источники. Томск, 1991.

Статьи

Алексеев А. И., Морозов Б. Н. Экономическое развитие Дальнего Востока во второй половине XIX века//Вопросы истории. 1981. № 5.

Борзунов В. Ф. Архивные материалы по истории строительства Сибирской железной дороги (1880 – 1905 гг.) //Исторический архив. 1960. № 5.

Борзунов В. Ф. Государство и частный капитал на строительстве Транссибирской железной дороги в конце XIX – начале XX вв. // Бизнес и политика. 1995. № 11.

Борзунов В. Ф. Инофирмы на Транссибе // Тыл Вооруженных сил. 1992. № 4 – 5.

Виргинский В. С. Первые проекты Великого Сибирского пути // Железнодорожный транспорт. 1961. № 1.

Городецкий Е. , Горшенин А. Второе завоевание Сибири // Час России. 2001. № 2.

Дацышен В. Г. Японцы в Сибири (конец XIX – начало XX в.) // Известия Восточного института ДВГУ. 2004. № 8.

Зайцев Д. М. Японцы во Владивостоке накануне русско-японской войны // Россия и АТР. 2007. № 2.

Зензинов Н. А. , Гоголев А. В. , Павлов В. Е. , Транссибирской магистрали – 100 лет: Подборка материалов // Железнодорожный транспорт. 1991. № 5.

Лоскутов С. А. Великая магистраль на Восток: начало Транссиба // Вестн. Челяб. ун-та. Сер. 10. Востоковедение. Евразийство. Геополитика. 2003. № 1 (2).

Савельев И. Р. Преступая вековой запрет: эмиграция во внешней политике Китая и Японии во второй половине XIX в. // Известия Восточного института ДВГУ. 2006. № 6.

Тамура А. Общество японцев на Дальнем Востоке России // Вестник ДВО РАН. 2006. № 5.

Толстов Ю. Великий Сибирский путь // Филателия. 1991. № 8.

Тумко А. С. Роль Транссибирской железной дороги в экономическом развитии Сибирского региона на рубеже XIX – XX вв. // Иркутский историко-экономический ежегодник. Иркутск, 2001.

Хобта А. В. Так создавали Транссиб // Гудок. 2016. № 92.

Янин И. Русская глобализация. К 100 – летию Транссиба // Час России. 2001. № 2 (4).

Диссертации

Алепко Н. А. Российско-японские экономические отношения на Дальнем Востоке России: 1855 – 1903 гг. Дис. канд. ист. наук. Хабаровск, 2009.

Пименов П. С. Внешняя политика России на Дальнем Востоке (1895 – 1905 гг.). Дис. канд. ист. наук. Тольятти, 2006.

Шулатов Я. А. Российско-японские отношения в дальневосточной политике России (1905 – 1914 гг.). Дис. канд. ист. наук. Хабаровск, 2005.

Эхтиари Ч. М. Русско-английское политическое и экономическое противостояние на Дальнем Востоке в конце XIX – начале XX в. Дис. канд. ист. наук. М., 2013.

三　英文部分

Charles Neu, *An Uncertain Friendship, Theodore Roosevelt and Japan, 1906 – 1909*, Cambridge, Massachusetts: Harvard University Press, 1967.

Marks S. G. Road to Power: The Trans-Siberian Railroad and the Colonization of Asian Russia, 1850-1917/Steven G. Marks. Ithaca (N. Y.): Cornell Univ. Press, 1991.

Stephen Kotkin & David Wolff, Ed. Rediscovering Russia in Asia: Siberia and the Russian Far East. Armonk (N. Y.): M. E. Sharpe, 1995.

Strauss R. Trans-Siberian Rail Guide / Robert Strauss. Chalfont St. Peter: Bradt, 1987.

Tyler Dennett, *Americans in Eastern Asia*, New York: Barnes and Noble, 1941.

后 记

　　本书是笔者 2013 年国家社科基金青年项目"俄修建西伯利亚大铁路及其对外政策研究"（13CSS026）课题的结项成果。当然，在课题结项后，笔者按照书稿体例又充实进部分内容。在课题结项及书稿撰写过程中，笔者得到了诸多前辈学者的指导，特别是刘爽老师、张广翔老师和王晓菊老师对我的书稿给予了很多中肯且具有建设性意义的修改建议，在这里对各位老师表示诚挚的谢意！

　　当然，本课题的研究还有很多不够完善、需要改进的地方，由于精力和研究能力限制，很多值得研究的问题没有展开或者深入研究。例如，只有在对金融资本在俄国对外关系中的作用问题进行深层次剖析之后，对西伯利亚大铁路意义的评价才更具有说服力，因为真正决定资本主义国家事务的并不是政府和君主，而是其身后的垄断资本家集团。因此，未来这一课题的主要研究任务是对交通业垄断公司、国际银行、工业卡特尔在争夺西伯利亚大铁路通向的太平洋的出海口、控制西伯利亚和远东及中亚市场中的作用问题等方面的探讨。此外，还应该厘清法国—比利时工业和银行垄断资本在西伯利亚大铁路商业投资活动中发挥的作用，剖析对外并不活跃的德国资本在远东、西伯利亚大铁路附属地和铁路线以南地区活动的性质；还要研究西欧的罗马基督教、英国圣公会和路德教的传教活动在东亚贸易领域中的作用问题，因为这些教派与俄国东正教在西伯利亚大铁路沿线展开了针锋相对的斗争。

　　总之，未来还有许多与西伯利亚大铁路相关的课题等待我们去研究、去探索。本书只能作为抛砖引玉之作，对诸多问题中的一个点进行了以偏概全的论述，难免挂一漏万，行文中的用词不当、史实论述不清或各种纰漏在所难免，恳请各位专家、老师予以指正。

图书在版编目（CIP）数据

西伯利亚大铁路修建与俄国对外政策研究／陈秋杰
著. -- 北京：社会科学文献出版社，2023.1（2024.5 重印）
ISBN 978 - 7 - 5228 - 1037 - 9

Ⅰ.①西…　Ⅱ.①陈…　Ⅲ.①铁路线路 - 交通运输史
- 史料 - 西伯利亚 ②对外政策 - 研究 - 俄国　Ⅳ.
①F535.12 ②D851.20

中国版本图书馆 CIP 数据核字（2022）第 208535 号

西伯利亚大铁路修建与俄国对外政策研究

著　　者／陈秋杰

出 版 人／冀祥德
责任编辑／胡庆英
文稿编辑／邹丹妮
责任印制／王京美

出　　版／社会科学文献出版社·群学分社（010）59367002
　　　　　地址：北京市北三环中路甲 29 号院华龙大厦　邮编：100029
　　　　　网址：www.ssap.com.cn
发　　行／社会科学文献出版社（010）59367028
印　　装／唐山玺诚印务有限公司

规　　格／开　本：787mm × 1092mm　1/16
　　　　　印　张：19.75　　字　数：312 千字
版　　次／2023 年 1 月第 1 版　2024 年 5 月第 2 次印刷
书　　号／ISBN 978 - 7 - 5228 - 1037 - 9
定　　价／128.00 元

读者服务电话：4008918866